教育部高等学校旅游管理类专业教学指导委员会规划教材

旅游接待业

——理论、方法与实践

LÜYOU JIEDAIYE LILUN FANGFA YU SHIJIAN

◎ 何建民 著

重庆大学出版社

内容提要

本书是教育部高等学校旅游管理类专业教学指导委员会规划教材中四门核心课程教材之一。本书基于国家、地区与产业的宏观与中观管理层面,借助产业经济学、公共管理经济学、管理学等理论,构建起符合旅游接待业整体与各相关行业自身协调发展和演进规律的理论体系和分析框架、方法与工具。全书共 11章,内容包括:旅游接待业研究导论;旅游接待业发展的特点、标杆与环境趋势;旅游接待业发展的理念模式与要求路径;旅游接待业的统计体系;旅游接待业的组织;旅游接待业的市场结构—市场行为—市场绩效及合作与竞争;旅游接待业的结构与优化;旅游接待业的公共服务体系;旅游接待业的高质量发展体系;旅游接待业的人才培养与学科建设;旅游接待业的安全质量管理。对上述内容的理解与掌握,有助于读者从国家、地区、产业、企业与个人角度全面系统地认识、规划、指导、协调、分析与决策旅游接待业的科学发展,以及自身的最优发展。

本书知识完整系统、方法先进具体、案例典型实用,能反映当下旅游接待业研究的热点问题,体现明显的时代特色。本书可以作为高等院校旅游管理类专业(含旅游管理、酒店管理、会展经济与管理、旅游管理与服务教育专业)以及相关专业类本科生教材和教师的教学参考书,也可作为旅游管理、国际商务与产业经济等专业研究生的参考教材,还可供旅游业界,包括企业管理人员、旅游行政管理人员参考。

图书在版编目(CIP)数据

旅游接待业:理论、方法与实践/何建民著.--重庆:重庆大学出版社,2019.8(2024.10 重印)
教育部高等学校旅游管理类专业教学指导委员会规划教材
ISBN 978-7-5689-1603-5

Ⅰ.①旅… Ⅱ.①何… Ⅲ.①旅游—接待业—高等学校—教材 Ⅳ.①F592

中国版本图书馆 CIP 数据核字(2019)第 086859 号

教育部高等学校旅游管理类专业教学指导委员会规划教材
旅游接待业
——理论、方法与实践
何建民 著
责任编辑:尚东亮   版式设计:尚东亮
责任校对:张红梅   责任印制:张 策
*
重庆大学出版社出版发行
出版人:陈晓阳
社址:重庆市沙坪坝区大学城西路 21 号
邮编:401331
电话:(023)88617190   88617185(中小学)
传真:(023)88617186   88617166
网址:http://www.cqup.com.cn
邮箱:fxk@cqup.com.cn(营销中心)
全国新华书店经销
重庆华林天美印务有限公司印刷
*
开本:787mm×1092mm   1/16   印张:20.5   字数:475千
2019 年 8 月第 1 版   2024 年 10 月第 5 次印刷
印数:8 001—9 000
ISBN 978-7-5689-1603-5   定价:49.50 元

编委会

总序

一、出版背景

教材出版肩负着吸纳时代精神、传承知识体系、展望发展趋势的重任。本套旅游教材出版依托当今发展的时代背景。

一是落实立德树人这一根本任务,着力培养德智体美劳全面发展的中国特色社会主义事业合格建设者和可靠接班人。以习近平新时代中国特色社会主义思想为指导,以理想信念教育为核心,以社会主义核心价值观为引领,以全面提高学生综合能力为关键,努力提升教材思想性、科学性、时代性,让教材体现国家意志。

二是世界旅游产业发展强劲。旅游业已经发展成为全球经济中产业规模最大、发展势头最强劲的产业,其产业的关联带动作用受到全球众多国家或地区的高度重视,促使众多国家或地区将旅游业作为当地经济的支柱产业、先导产业、龙头产业,展示出充满活力的发展前景。

三是我国旅游教育日趋成熟。2012年教育部将旅游管理类本科专业列为独立一级专业,下设旅游管理、酒店管理、会展经济与管理3个二级专业。来自文化和旅游部人事司的统计,截至2017年年底,全国开设旅游管理类本科的院校已达608所,其中,开设旅游管理专业的501所,开设酒店管理专业的222所,开设会展经济与管理专业的105所。旅游管理类教育的蓬勃发展,对旅游教材提出了新要求。

四是创新创业成为时代的主旋律。创新创业成为当今社会经济发展的新动力,以思想观念更新、制度体制优化、技术方法创新、管理模式变革、资源重组整合、内外兼收并蓄等为特征的时代发展,需要旅游教材不断体现社会经济发展的轨迹,不断吸纳时代进步的智慧精华。

二、知识体系

本套旅游教材作为教育部高等学校旅游管理类专业教学指导委员会(以下简称"教指委")的规划教材,体现并反映了本届"教指委"的责任和使命。

一是反映旅游管理知识体系渐趋独立的趋势。经过近30年的发展积累,旅游管理学科在依托地理学、经济学、管理学、历史学、文化学等学科发展基础上,其知识的宽度与厚度在不断增加,旅游管理知识逐渐摆脱早期依附其他学科而不断显示其知识体系成长的独立性。

二是构筑旅游管理核心知识体系。旅游活动无论作为空间上的运行体系，还是经济上的产业体系，亦或是社会生活的组成部分，其本质都是旅游者、旅游目的地、旅游接待业三者的交互活动，旅游知识体系应该而且必须反映这种活动的性质与特征，这是建立旅游知识体系的根基。

三是构建旅游管理类专业核心课程。作为高等院校的一个专业类别，旅游管理类专业需要有自身的核心课程，以旅游学概论、旅游目的地管理、旅游消费者行为、旅游接待业作为旅游管理大类专业核心课程，旅游管理、酒店管理、会展经济与管理3个专业再确立3门核心课程，由此构成旅游管理类"4+3"的核心课程体系。确定专业核心课程，既是其他管理类专业成功且可行的做法，也是旅游管理类专业走向成熟的标志。

三、教材特点

本套教材由教育部高等学校旅游管理类专业教学指导委员会组织策划和编写出版，自2015年启动至今历时3年，汇聚了全国一批知名旅游院校的专家教授。本套教材体现出以下特点：

一是准确反映国家教学质量标准的要求。《旅游管理类本科专业教学质量国家标准》既是旅游管理类本科专业的设置标准，也是旅游管理类本科专业的建设标准，还是旅游管理类本科专业的评估标准。其重点内容是确立了旅游管理类专业"4+3"核心课程体系。"4"即旅游学概论、旅游目的地管理、旅游消费者行为、旅游接待业；"3"即旅游管理专业（旅游经济学、旅游规划与开发、旅游法）、酒店管理专业（酒店管理概论、酒店运营管理、酒店客户管理）、会展经济与管理专业（会展概论、会展策划与管理、会展营销）的核心课程。

二是汇聚全国知名旅游院校的专家教授。本套教材作者由"教指委"近20名委员牵头，全国旅游教育界知名专家和教授，以及旅游业界专业人士合力编写。作者队伍专业背景深厚，教学经验丰富，研究成果丰硕，教材编写质量可靠，通过邀请优秀知名专家和教授担纲编写，以保证教材的水平和质量。

三是"互联网+"的技术支撑。本套教材依托"互联网+"，采用线上线下两个层面，在内容中广泛应用二维码技术关联扩展教学资源，如导入知识拓展、听力音频、视频、案例等内容，以弥补教材固化的缺陷。同时，也启动了将各门课程搬到数字资源教学平台的工作，实现网上备课与教学、在线即测即评，以及老师上课所需的配套教学计划书、教学PPT、案例、试题、实训实践题、教学串讲视频等，以增强教材的生动性和立体性。

本套教材在组织策划和编写出版过程中，得到了教育部高等学校旅游管理类专业教学指导委员会各位委员、业内专家、业界精英以及重庆大学出版社的广泛支持与积极参与，在此一并表示衷心的感谢！希望本套教材能够满足旅游管理教育发展新形势下的新要求，为中国旅游教育及教材建设开拓创新贡献力量。

教育部高等学校旅游管理类专业教学指导委员会

2018年4月

前言

探索中国旅游接待业的发展规律与管理原理和方法

本教材的最大特点是在全面总结国内外旅游产业发展理论、方法、案例、经验基础上,站在旅游相关政府部门与非政府组织、旅游企业、旅游者、旅游社区居民、旅游专业人才等旅游业不同主体的立场上,系统探索中国旅游产业和旅游接待业现代化的发展规律与管理原理和方法,构建自主知识体系,在旅游业领域落实党的二十大报告精神:高举中国特色社会主义伟大旗帜,为全面建设社会主义现代化国家而奋斗。

中国旅游接待业(Hospitality Industry),就是从现代旅游服务产业发展及管理视角与特点系统研究论述的中国旅游业(Tourism Industry)。据文化和旅游部统计:2018年,国内旅游人数55.39亿人次,比上年同期增长10.8%;入出境旅游总人数2.91亿人次,同比增长7.8%,其中出境人数为1.49亿人次,比上年同期增长14.7%;全年实现旅游总收入5.97万亿元,比上年同期增长10.5%。初步测算,全年全国旅游业对GDP的综合贡献为9.94万亿元,占GDP总量的11.04%。旅游直接就业2 826万人,旅游直接和间接就业7 991万人,占全国就业总人口的10.29%。由此可见,旅游接待业是一个具有巨大市场需求与国民经济和社会广泛影响力的产业与事业。

作为美国常青藤大学之一的康奈尔大学旅馆管理学院的学报《旅游接待业季刊》(Cornell Hospitality Quarterly),将旅游接待业定义为:为离开家的自愿性的旅行者提供服务的企业或其他组织,包括为旅行者提供交通、住宿、餐饮、娱乐与为旅行者提供其他服务的企业或其他组织。

旅游接待业是一个综合性的、持续发展的产业,在国民经济和社会发展中占有重要地位。据美国《财富杂志》2018年统计,在2017年至少有下列10家旅游接待业企业进入了按收入高低排序的美国500强企业(见表1)。

表1　2017年美国500强企业中的旅游接待业企业的经营绩效指标

公司	排名	营业收入（亿美元）	利润（亿美元）	资产（亿美元）	员工人数（万人）	收入利润率（%）	资产利润率（%）	股东权益利润率（%）
美国迪士尼公司	55	551.37	89.80	957.89	19.90	16.3	9.4	21.7
美国航空集团	71	422.07	19.19	513.96	12.66	4.5	3.7	48.9

续表

公 司	排名	营业收入（亿美元）	利润（亿美元）	资产（亿美元）	员工人数（万人）	收入利润率（%）	资产利润率（%）	股东权益利润率（%）
美国运通公司	86	355.83	27.36	1 811.56	5.50	7.7	1.5	15.0
万豪国际酒店集团	127	228.94	13.72	239.48	17.70	6.0	5.7	36.8
麦当劳公司	131	228.20	51.92	338.03	23.50	22.8	15.4	—
美国威士信用卡公司	161	183.58	66.99	679.77	1.50	36.5	9.9	20.4
拉斯维加斯金沙公司	227	128.82	28.06	206.87	5.05	21.8	13.6	43.2
亿客行在线旅游公司	295	100.59	3.78	185.15	2.26	3.6	2.0	8.4
希尔顿全球控股公司	324	91.40	12.59	143.08	16.30	13.8	8.8	60.8
安飞士巴基特租车公司	333	88.48	3.61	176.99	2.63	4.1	2.0	63.0

据世界银行对 2017 年各国 GDP 总量的排名，美国处于第一位，为 18.03 万亿美元，中国处于第二位，为 11 万亿美元。参照经济总量处于世界第一位的美国旅游接待业的发展经验，中国旅游接待业具有巨大的发展潜力。

每当我阅读哈佛大学教授曼昆撰写的《经济学原理》一书第一章的经济学十大原理时，我就会思考：中国旅游接待业发展的基本规律与管理原理和方法是什么？

在中国旅游接待业自 1978 年改革开放至 2019 年进入高质量发展阶段之际，我通过撰写本书与读者一起探索中国旅游接待业发展的基本规律与管理原理和方法，具有继往开来的重要理论意义和实践价值。

一、本书的重要价值与显著特色

（一）本书的重要价值、写作思路与主要内容

本书的重要价值与写作思路：笔者站在旅游接待业不同主体的立场上，从他们认识旅游接待业的构成，研究旅游接待业的方法，了解旅游接待业发展的特点、标杆与环境趋势，搜集旅游接待业资料的统计体系，选择旅游接待业的发展理念，设计将旅游接待业建成战略性支柱产业的路径，熟悉旅游接待业运行的各种组织，掌握旅游接待业的市场结构—市场行为—市场绩效与合作竞争策略，了解与促进旅游接待业的结构与优化，掌握旅游接待业的公共服务体系，掌握旅游接待业的高质量发展体系，了解旅游接待业的人才培养与学科建设，了解旅游接待业的安全质量管理等维度出发，全面系统地研究说明旅游接待业发展的基本规律与管理原理和方法。

具体说，就是笔者站在与旅游接待业相关政府机构与非政府组织的立场上，站在旅游接待行业协会管理者的立场上，站在旅游接待企业经营管理者的立场上，站在旅游接待业专业人才的立场上，站在游客的立场上，全面系统地说明旅游接待业发展的特点与规律、旅游接

待业管理的原理与方法、旅游接待经营管理专业人才成长的特点与规律,帮助大家认识与把握旅游接待业发展的生态系统和发展路径。

旅游接待业课程是高等学校旅游管理类专业的核心必修课,是旅游学科中一门新兴而又非常重要的课程。本书适合高校本科生、研究生及与旅游相关的企业和政府管理人员阅读。本书基于国家、地区与产业的宏观与中观管理层面,借助产业经济学、公共管理经济学、管理学等理论,构建起符合旅游接待业整体与各相关行业自身协调发展和演进规律的理论体系和分析框架、方法与工具,帮助读者从整体上与各相关行业关系上充分认识与掌握下列内容:①旅游接待业的构成与研究对象和方法;②旅游接待业的发展特点、标杆与环境趋势;③旅游接待业发展的理念模式与要求路径;④旅游接待业的统计体系;⑤旅游接待业的组织;⑥旅游接待业的市场结构—市场行为—市场绩效及合作与竞争;⑦旅游接待业的结构与优化;⑧旅游接待业的公共服务体系;⑨旅游接待业的高质量发展体系;⑩旅游接待业的人才培养与学科建设;⑪旅游接待业的安全质量管理。对上述内容的理解与掌握,有助于我们从国家、地区、产业、企业与个人等角度,全面系统地认识、规划、指导、协调、分析旅游接待业的科学发展,以及自身的最优发展。

(二)本书的显著特色

作者结合自己几十年从事旅游接待业理论研究和实践探索的丰富经验,包括主持的重大项目与所取得的重要研究成果,以解决旅游接待业的发展问题与提高解决旅游接待业发展问题的能力为导向,进行本书的研究与写作工作,努力做到学以致用。

二、旅游接待业发展规律与管理原理和方法的界定

中国旅游接待业的发展规律,就是指人们所发现的影响或决定中国旅游接待业发展各种因素之间必然的、稳定的与反复出现的关系。

中国旅游接待业发展的管理原理,就是指人们实现预测、调控或促进旅游接待业发展目标所必须遵循的规律。

中国旅游接待业发展的管理方法,是指为实现旅游接待业发展的管理目标,依据旅游接待业的管理原理,而采取的手段与行为方式。

三、研究的维度及中国旅游接待业发展的十大基本规律与管理原理和方法

作者从中国旅游接待业发展遇到的下列重大问题展开分析:①旅游接待业的性质与地位;②旅游有效需求的影响因素;③旅游有效供给的影响因素;④旅游供给与需求的平衡关系;⑤旅游接待业的空间布局;⑥旅游接待业市场秩序的建设与维护;⑦旅游接待业目的地的品牌建设;⑧旅游接待业发展的社会治理;⑨旅游接待业企业的特点与能力提升;⑩旅游接待业区域一体化。通过分析,作者发现中国旅游接待业的发展存在以下十大基本规律与管理原理和方法。

第一是中国旅游接待业在不同发展阶段、不同区域,在国家和地区不同层面具有多重属性与地位的规律与管理原理和方法。

①从我国经济与社会发展不同阶段考察,中国旅游接待业在1949年到1978年,其属性

主要属于事业性质,为国家外交关系服务;在 1979 年到 2017 年,其属性主要属于经济产业性质。2009 年《国务院关于加快发展旅游业的意见》明确指出:把旅游业培育成国民经济的战略性支柱产业和人民群众更加满意的现代服务业。自 2018 年 3 月国家旅游局和文化部合并后,旅游接待业进入了既是国民经济的战略性支柱产业,又是提升人民群众福祉的幸福事业阶段。正如我国文化业既具有文化事业属性,又具有文化产业属性一样。

②判断旅游接待业在某一阶段、某一地区与某一层面的性质、地位与管理方式,关键是要看旅游接待业在该阶段、该区域与该层面经济和社会发展大局中的功能与作用,由此决定旅游接待业的性质与地位,以及相应的管理方式。

第二是中国旅游有效需求的影响与调控因素的作用规律与管理原理和方法。

旅游的有效需求是指不仅具有需求意愿,而且具有购买力、购买渠道、旅游时间,符合法规政策要求的旅游需求。

影响中国旅游有效需求的主要因素:选择旅游活动的动机类型,旅游购买力大小,可用于旅游时间的多少与配置,旅游供给状况与干扰因素,旅游宣传推广活动,法规与政策的激励和限制。

依据影响中国旅游有效需求不同因素的特点,可采用不同的方式来对旅游有效需求进行调控。例如,基于选择旅游活动的动机类型,可发展“小手牵大手”的亲子游。基于可用于旅游时间的多少与配置,可采用增加假期、集中使用假期或分散使用假期的方式进行调控。基于旅游供给状况与干扰因素,需要提高供给质量,并对影响旅游需求的意外干扰因素及时采取应对方案,如对“非典”“九寨沟地震”产生的影响的合理说明与引导。

第三是中国旅游有效供给的影响与调控因素的作用规律与管理原理和方法。

旅游有效供给是指不仅使旅游者满意,而且做到能使旅游接待业企业获得合理利润与环境友好的旅游供给行为。

影响中国旅游有效供给的主要因素:自然和文化资源(自然吸引物与气候、文化吸引物等)、基础设施(如交通设施)、旅游上层设施(如旅游主题公园、饭店、餐馆等)、旅游经营部门(不同的旅游企业)的经营能力、旅游服务的好客与专业化精神、旅游营商环境(政策)、信息技术,以及与其他部门和产业的融合发展状况。参照《2017 年全球旅行与旅游竞争力报告》,我国旅游有效供给因素方面存在的主要问题是质量较低,竞争力较弱。

基于影响中国旅游有效供给的不同因素,可以采用不同的供给类型、数量、档次、地点、质量、政策的调控方式。例如,在旅游城市建设基础设施时,需要兼顾居民与游客的需求;可以通过改善旅游营商环境、免签证、免税与退税政策促进旅游投资与入境旅游消费。

第四是中国旅游供给与旅游需求平衡的影响与调控因素的作用规律与管理原理和方法。

旅游供给与需求的平衡主要有:①单项旅游产品或服务的供给与需求的平衡;②旅游综合供给(如整条旅游线路、整个旅游目的地的综合接待能力)与旅游综合需求的平衡。

影响旅游供给与旅游需求平衡的主要因素:短板制约、季节波动、政策失误、投资的加速数。基于上述因素的调控手段主要有:①解决短板制约的策略。自 1978 年改革开放以来,我国旅游接待业先后解决的主要短板制约问题有旅游饭店、旅游吸引物、旅游交通与旅游高质量休闲度假产品的供给不足。②制定引导旅游供给与旅游需求平衡发展的政策。例如，我国房地产商将建设旅游高档饭店作为转移房地产利润与避税的一种策略，一些地方政府又将房地产商建设高档饭店作为其取得建设用地的条件，导致一些地方旅游高档饭店建设过多。③防止"需求量增加或减少引起多倍投资供给量增加或减少的加速数"发生作用，需要建立科学的统计报告体系，设置旅游接待业产能利用率监测指标，合理引导投资方向。

第五是中国旅游接待业空间布局依据比较优势、竞争优势、集群发展的规律与管理原理和方法。

中国旅游接待业的空间布局，首先需要遵循比较优势规律。例如，浙江发展乡村旅游，江苏发展园林旅游，上海发展都市旅游。其次，需要遵循竞争优势规律。在存在竞争对手的情况下，要做到"你无我有、你有我特"。例如，乌镇与时俱进，打造融入艺术节、互联网大会的水乡，形成了与周庄不一样的水乡。最后，要遵循集群发展规律。上海南京路步行街与豫园旅游商城人气很旺，上海迪士尼度假区开业一周年就接待游客1 100万人次，它们都是遵循集群发展规律的典范。

第六是中国旅游接待业市场秩序建设与维护的规律与管理原理和方法。

旅游者从客源地到了陌生的目的地，存在信息不对称现象。旅游者与旅游服务商订立合同前，旅游服务商存在夸大服务品质的可能；订立合同后，旅游服务商存在不履约的可能。因此，需要开展包括"前馈管理——制定市场秩序法规""过程监管——及时处理投诉""反馈管理——不断总结完善法规与监管措施"。同时，要像拥有东方明珠、上海科技馆两个5A级景区的上海陆家嘴旅游休闲综合功能区那样，实施"属地监管、现场监管、综合监管、长效监管"，并综合运用强制性的法规、奖惩性的经济约束、自律性的伦理道德等多种手段进行引导管理。

第七是中国旅游目的地品牌建设规律与管理原理和方法。

旅游目的地品牌是由旅游者对旅游目的地提供的各种产品、服务与环境品牌的整体感知形成的，因此，需要对旅游目的地所有的旅游产品、服务与环境的品质设立强制性的准入门槛，以保证基本的品牌质量。同时，需要采用对优质旅游产品、服务与环境进行认证—推荐—推广的方式，以激励增加与提高优质旅游品牌的数量与水平。前者的典型做法是我国打击"黑店、黑导"欺诈旅游者的购物行为；后者的典型做法，就是我国始于1993年并延续至今的旅游星级饭店划分与评定标准的建设及推广。事实上，对品质设立强制性的准入门槛，以及对优质品牌进行认证—推荐—推广，需要覆盖所有的旅游产品、服务与环境，如此才有可能建设好旅游目的地的整体品牌。

第八是中国旅游接待业发展的社会治理规律与管理原理和方法。

旅游接待业是一个综合性的、跨地区与跨国界的产业，既具有支柱产业的经济性质，又具有实现人民群众幸福生活目标的事业性质，因此，需要纳入国民经济和社会发展规划，采用社会综合治理方式，即由政府相关部门与相关企业、相关社区、相关人员共建、共治、共享。2016年1月由原国家旅游局提出的全域旅游就是社会综合治理的一种有效方式。

第九是中国旅游接待业企业特点与能力提升规律与管理原理和方法。

我国旅游接待业企业具有"小、弱、散"的特点，满足旅游者一次旅游活动综合需求的许多旅游产品与服务往往是由多个"小、弱、散"的旅游接待业企业的临时合作提供的,会存在许多"缺乏规范、缺乏培训、衔接不顺"等质量问题。因此,提升旅游接待业企业高质量供给能力,需要采用品牌化、连锁化、联营化的经营管理方式,并通过优化教育与培训提供优质人力资源,使得旅游接待业企业变得"大、强、合",以提高旅游接待业产业链条中的各环节的品质、规模经济与协同效应。

第十是中国旅游接待业区域一体化发展规律与管理原理和方法。

旅游者的旅游活动具有从客源地出发,到达交通枢纽地、目的地、延伸地,又回到客源地的特点。旅游需求活动是包含旅游信息、旅游吸引物、会展节事活动、旅游交通、旅游餐饮、旅游饭店、旅游文化娱乐表演等内容的综合需求活动,因此,旅游活动与旅游接待业具有天然的跨地区、跨产业的性质。例如,2010年的上海世博会,接待了7 000多万游客,其中有30%左右的人到杭州或苏州进行延伸旅游。

旅游人流可以促进区域内的物流、信息流、项目流、资金流、形象流,因此,旅游接待业区域一体化发展,既是区域一体化发展的必然组成部分,又是区域一体化发展的先导者、促进者与分享者。例如,长三角可以编制与实施"一程多站"的旅游发展规划,包括建设与营销战略,江苏、浙江、上海、安徽可以互为旅游客源地、目的地与延伸地。上海的都市旅游,浙江的美丽乡村旅游,江苏的园林旅游,安徽的山水旅游,可以互补互联,还可以协同向世界营销。

四、全面、系统与富有创造性的学习与研究的路径

马克思的名言:哲学家们只是用不同的方式解释世界,而问题在于改变世界。依据作者的亲身经验,全面、系统与富有创造性的学习与研究路径,至少包括以下3个方面:

第一是"读万卷书",即尽可能地穷尽某一领域的理论、方法与知识的外延,成为某一领域的百科全书。这将帮助您"集思广益,博采众长",发现您的兴趣与擅长的研究与工作领域,为您从事创造性的学习与研究工作奠定良好的基础。

第二是"行万里路",即尽可能地进行相关领域的实践考察,从事相关领域的研究工作。这既是对已有理论的验证与丰富,也为自己创造新的理论提供了实践与验证的机会。

第三是"江山代有才人出,各领风骚数百年",即在自己将理论与实践结合基础上产生的解决新的问题的故事与经验,包括创新创业,撰写成新的论文与著作,让大家分享。

最后,我以自己比较喜欢的两首诗,与大家共勉。第一首诗是:李杜诗篇万口传,至今已觉不新鲜。江山代有才人出,各领风骚数百年。第二首诗是:十年磨一剑,不敢试锋芒。再过十年后,泰山不敢当。

上海财经大学商学院教授、旅游管理博士生导师
全国旅游管理专业学位研究生教育指导委员会委员
教育部高等学校旅游管理类专业教学指导委员会委员(2013—2017年)
2023年10月31日于上海财经大学

目 录

第1章
旅游接待业研究导论

【学习目标】

通过本章学习,读者将了解与掌握:

- 旅游接待业的研究对象;
- 学习与研究旅游接待业的理论意义与实践价值;
- 旅游接待业的研究方法。

1.1 旅游接待业的研究对象

旅游接待业的研究对象是旅游接待业的发展主体、发展主要变量之间的关系与规律。旅游接待业的发展主体包括相关的政府部门、企业、社区、非政府组织和旅游者等。

1.1.1 旅游接待业的定义

1)美国康奈尔大学的定义

美国康奈尔大学自1922年起设立旅馆管理本科专业。其旅馆管理学院创立的学报《康奈尔旅馆与餐馆管理季刊》(*Cornell Hotel and Restaurant Administration Quarterly*)在2004年改为《康奈尔旅游接待业季刊》(*Cornell Hospitality Quarterly*)。《康奈尔旅游接待业季刊》将旅游接待业定义为:为离开家的自愿性的旅行者提供服务的企业或其他组织,包括为旅行者提供交通、住宿、餐饮、娱乐与其他服务的企业或其他组织。

旅游接待业是包括为旅行者提供上述服务的企业或其他组织的全部投入、产出要素及经营管理与服务过程所涉及的所有企业或其他组织。因此,康奈尔大学旅馆管理学院,还设立了5个有关旅游接待业的研究机构,包括:

①旅游接待业研究中心。该中心建于1992年,目的是提升旅游接待业研究的质量与扩大研究的数量,以支持旅游接待业及与其相关服务行业的发展。

②不动产与金融研究中心。这一研究中心的研究工作是由世界上数量最多的和最有名

的学者支持的,他们具有广泛的产业经验,也做出了许多有价值和多方面的研究贡献。

③旅游接待业企业家能力研究所。该研究所拥有一流的行业专家和老师,为学生提供实践机会来学习企业家能力的各个方面的内容。为了支持这些关键目标的实现,该研究所为学生、企业家和老师提供一系列扩展性的课程、方案与活动,聚焦提升学生的企业家知识与能力。

④康奈尔劳动与就业关系研究所。该所将学术资源和行业资源结合起来开展研究、教育与对话,对接待业劳动与管理层的关系,以及人力资源管理的研究做出贡献。为了支持对劳动者与管理层的关系研究,该研究所赞助相关的研究项目、提高课堂内容的丰富性、举办行业的圆桌会议。该研究所也为整个产业的专家和行业实践者提供论坛,对最近的有关劳动与就业的法律问题进行分析研讨。

⑤康奈尔健康未来研究所。由于保健行业面临有关护理成本和质量的前所未有的挑战,在设计以人为中心的护理与健康产品、服务和解决方案领域,出现了一个令人兴奋的新机会。康奈尔健康未来研究所为抓住上述新机会由旅馆管理学院和人类生态学院联合建立。

作为美国在该领域的第一家研究所,康奈尔健康未来研究所的使命是提供一个多学科的平台,将接待业、政策、设计融为一体,策划如何提高健康、健康护理、老年生活和相关行业的品质。

2)联合国世界旅游组织的定义

联合国世界旅游组织(UNWTO)是联合国有关旅游事务的专门机构,是各国政府间的组织。联合国世界旅游组织尚未对旅游接待业的概念作出专门界定,但是对旅游与旅游业的概念作出过专门的界定,这些界定可以作为对旅游接待业概念界定的参考。

联合国世界旅游组织推荐的旅游统计的国际标准《旅游统计的国际建议(2008)》(International Recommendations for Tourism Statistics 2008)对旅游活动进行了界定:旅游是指人们从事旅行和居住在他们惯常所在环境以外的,连续时间不超过一年的,为了休闲、商务与其他目的但与受被访问地雇佣获得报酬无关的活动。旅游是由游客离开其惯常居住地流动而产生的社会、文化、经济现象,由多种动机驱动,乐趣是其通常的动机。

《旅游统计的国际建议(2008)》将广义的旅游者统称为游客(Visitor),其中包括一日游游客与过夜游游客,过夜游游客被专门称为旅游者(Tourist)。我国往往将旅游者与游客两个术语混用,因此,在我国论述过夜旅游者时需要明确指出。本书参照《中华人民共和国旅游法》的用语,将游客与旅游者统称为旅游者。

传统的产业定义是从供给视角展开的。与传统的产业定义视角不同,旅游产业的界定是从旅游者的需求视角展开的。旅游产业是为游客提供信息、游览、住宿、餐饮、交通、购物、娱乐、支付等服务的综合性产业。

3)世界旅行与旅游理事会的定义

世界旅行与旅游理事会(WTTC)是全球旅游企业领袖论坛组织,在英国注册的一家有限公司,办公室在伦敦。世界旅行与旅游理事会没有对旅游接待业概念作出专门界定,但是对旅游业概念作出过专门的界定,可以作为对旅游接待业概念界定的参考。

世界旅行与旅游理事会(WTTC)对旅游业的定义是从旅游业的直接影响、间接影响与引致影响三方面进行的。直接影响行业包括直接为游客提供服务的行业。间接影响行业包括向直接为游客服务行业提供产品与服务的行业,即属于直接服务行业的供应链行业或组织。引致影响行业是指受直接影响行业与间接影响行业就业人员收入支出影响的相关行业。

4) 国家统计局的定义

国家统计局于 2015 年 7 月 21 日发布了《国家旅游及相关产业统计分类(2015)》,2018年 4 月 12 日发布了《国家旅游及相关产业统计分类(2018)》。两者是参照《旅游统计的国际建议(2008)》制定的,并且两者对旅游、游客、旅游产业的定义是完全相同的。

按照《国家旅游及相关产业统计分类(2018)》的规定,本分类中的旅游是指游客的活动,即游客的出行、住宿、餐饮、游览、购物、娱乐等活动。游客是指以游览观光、休闲娱乐、探亲访友、文化体育、健康医疗、短期教育(培训)、宗教朝拜,或公务、商务等为目的,前往惯常环境以外,出行持续时间不足一年的出行者。

《国家旅游及相关产业统计分类(2018)》将旅游产业分为旅游业和旅游相关产业两大部分。旅游业是指直接为游客提供出行、住宿、餐饮、游览、购物、娱乐等服务活动的集合;旅游相关产业是指为游客出行提供旅游辅助服务和政府旅游管理服务等活动的集合。

5) 本书对旅游接待业的定义

本书参考美国康奈尔大学对旅游接待业的定义,依据联合国世界旅游组织推荐的旅游统计的国际标准《旅游统计的国际建议(2008)》对旅游活动与旅游产业的界定,借鉴世界旅行与旅游理事会对旅游业的界定,从旅游接待业为旅游者提供满足其综合需求的产业体系出发,从与该产业投入产出过程配套企业或其他组织的视角出发,将旅游接待业界定为:①为旅游者提供直接服务的企业或其他组织,前者如旅行社、旅游交通企业、旅游景区、旅游主题公园、旅游饭店等,后者如政府出入境签证部门、政府旅游目的地咨询服务中心;②为直接服务企业或其他组织的投资、采购提供服务的企业或其他组织,前者如为直接服务企业服务的供应链企业,后者如政府的交通管理部门、治安管理部门、旅游目的地营销机构、旅游政策制定部门。

1.1.2　旅游接待业的构成体系

有关旅游接待业构成体系的界定主要有:①基于《旅游统计的国际建议(2008)》的构成体系;②基于国家统计局的构成体系;③本书从满足旅游者旅游前、旅游中、旅游后综合需求的研究视角,给出的对旅游接待业构成体系的界定。

1) 基于《旅游统计国际建议(2008)》的旅游接待业构成体系

虽然联合国世界旅游组织推荐的《旅游统计的国际建议(2008)》并未对旅游接待业的

构成体系进行界定,但是该建议对旅游业的构成体系进行了界定。这一界定可为本书对旅游接待业构成体系的界定提供参考。

联合国世界旅游组织推荐的《旅游统计的国际建议(2008)》,依据受旅游需求活动影响程度大小,将旅游产业划分为旅游特征产业与旅游关联产业两部分。

与旅游需求关系密切、受旅游需求变化影响大的产业被定义为旅游特征产业。按照《旅游统计的国际建议(2008)》的观点,旅游业至少由以下12个受旅游消费需求影响较大的特征行业构成,这些旅游特征消费产品和旅游特征行业依据其是否在国际上具有可比性进行分析,其中10个旅游特征消费产品和旅游特征行业具有可比性,2个不具有可比性。具有可比性的10个旅游特征行业:①为游客提供住宿的服务业,②餐饮服务业,③铁路客运业,④公路客运业,⑤水路客运业,⑥航空客运业,⑦交通设备租赁业,⑧旅行社与其他预订服务业,⑨文化服务业,⑩体育与娱乐业。不具有可比性的两个行业:①某一国家经营旅游特征物品的零售业,②某一国家其他旅游特征行业。参阅表1-1。

表 1-1 旅游特征消费产品与旅游特征行业一览表

产　品	行　业
1.游客的住宿服务	1.住宿行业
2.餐饮服务	2.餐饮服务行业
3.铁路乘客交通服务	3.铁路客运交通行业
4.公路乘客交通服务	4.公路客运交通行业
5.水路乘客交通服务	5.水路客运交通行业
6.航空乘客交通服务	6.航空客运交通行业
7.交通设备租赁服务	7.交通设备租赁行业
8.旅行代理商与其他预订服务	8.旅行代理与其他预订服务行业
9.文化服务	9.文化服务行业
10.体育与娱乐服务	10.体育与娱乐行业
11.国家特定的旅游特征物品	11.国家特定的旅游特征物品的零售业
12.国家特定的旅游特征服务	12.国家特定的其他旅游特征行业

资料来源:United Nations. International Recommendations for Tourism Statistics 2008:41-43.

旅游关联产业是指未被列入上述12种行业、统计数据难以进行国际比较的,但某一国认为其受到旅游需求变动影响较大的行业,它们被定义为旅游关联行业,例如乡村旅游业。这类行业之所以没有被列入旅游特征行业,主要原因是它们不符合旅游特征行业的下列标准之一:①在该产品(行业)上的旅游消费支出应该占旅游消费总支出的重要比例(消费支出占总需求的比例);②在该产品(行业)上的旅游消费支出应该占在该经济体中该种产品供给量的重要比例(占供给的比例)。上述标准意味着:如果缺乏大量的旅游者,旅游特征产品的供给就将大量停止。

2) 基于国家统计局的旅游接待业构成体系

国家统计局没有对旅游接待业的构成体系作出界定,但对旅游业的构成体系作出了界定,这一界定可作为本书对旅游接待业构成体系界定的参考。

按照国家统计局印发的《国家旅游及相关产业统计分类(2015)》的规定,旅游业包括:旅游出行业、旅游住宿业、旅游餐饮业、旅游游览业、旅游购物业、旅游娱乐业、旅游综合服务业(旅行社及相关服务业、其他旅游综合服务业)。旅游相关产业包括:旅游辅助服务业、政府旅游管理服务业。

2017 年 6 月 30 日,我国新的《国民经济行业分类》(GB/T 4754—2017)正式颁布。同年 8 月 29 日,国家统计局印发《关于执行新国民经济行业分类国家标准的通知》(国统字〔2017〕142 号),规定从 2017 年统计年报和 2018 年定期统计报表起统一使用新分类标准。鉴于《国家旅游及相关产业统计分类(2015)》(以下简称原分类)已不能满足当前统计工作需要,已经对原分类进行修订。

修订是在《国家旅游及相关产业统计分类(2015)》基础上进行的,修订延续 2015 版的分类原则、方法和框架,包括对旅游、游客、旅游产业的定义,根据新旧国民经济行业的对应关系,仅对《国家旅游及相关产业统计分类(2015)》进行了结构和对应行业代码的调整。

《国家旅游及相关产业统计分类(2018)》中行业大类有 9 个,中类 27 个,与《国家旅游及相关产业统计分类(2015)》保持一致。由于新《国民经济行业分类》对行业小类有合并和拆分,因此,本分类小类数量由原分类的 67 个减少为 65 个。参阅表 1-2。

表 1-2　国家旅游及相关产业统计分类表(2018)

代码			名称	说明	行业分类代码
大类	中类	小类			
			旅游业	本领域包括 11—17 大类	
11			旅游出行		
	111		旅游铁路运输		
		1111	铁路旅客运输		531
		1112	客运火车站		5331
	112		旅游道路运输		
		1121	城市旅游公共交通服务	仅包括为游客提供的公共电汽车客运、城市轨道交通、出租车客运、摩托车客运、三轮车客运、人力车客运、公共自行车等服务	541 *
		1122	公路旅客运输		542

续表

代码			名 称	说 明	行业分类代码
大类	中类	小类			
	113		旅游水上运输		
		1131	水上旅客运输		551
		1132	客运港口		5531
	114		旅游空中运输		
		1141	航空旅客运输		5611
		1142	观光游览航空服务	仅包括公共航空运输以外的空中旅游观光、游览飞行等航空服务	5622
		1143	机场		5631
		1144	空中交通管理		5632
	115		其他旅游出行服务		
		1151	旅客票务代理		5822
		1152	旅游交通设备租赁	仅包括各类轿车、旅游客车、旅行车、活动住房车等旅游用车的租赁，以及旅游船舶、飞行器的租赁	7111 * 7115 * 7119 *
12			旅游住宿		
	121		一般旅游住宿服务		
		1211	旅游饭店		6110
		1212	一般旅馆		612
		1213	其他旅游住宿服务	仅包括家庭旅馆（农家旅舍）、车船住宿、露营地、房车场地、旅居全挂车营地等住宿服务	6130 * 6140 * 6190 *
	122	1220	休养旅游住宿服务	仅包括各类休养所为游客提供的住宿服务	8511 *
13			旅游餐饮		
	131	1310	旅游正餐服务	仅包括在一定场所为游客提供以中餐、晚餐为主的餐饮服务	6210 *
	132	1320	旅游快餐服务	仅包括在一定场所为游客提供的快捷、便利的就餐服务	6220 *

代　码			名　称	说　明	行业分类代码
大类	中类	小类			
	133	1330	旅游饮料服务	仅包括在一定场所为游客提供的饮料和冷饮为主的服务,以及茶馆服务、咖啡馆服务、酒吧服务、冰激凌店和冷饮店服务等	623 *
	134	1340	旅游小吃服务	仅包括为游客提供的一般饭馆、农家饭馆、流动餐饮、单一小吃、特色餐饮等服务	6291 *
	135	1350	旅游餐饮配送服务	仅包括为民航、铁路及旅游机构(团)提供的餐饮配送服务	6241 *
14			**旅游游览**		
	141		公园景区游览		
		1411	城市公园管理	各类主题公园、国家公园等管理服务,以及与公园相关的门票服务,文明旅游宣传引导服务,高风险旅游项目风险提示和培训管理,交通疏散体系管理,突发事件、高峰期大客流应对处置和安全预警管理服务等包含在此类	7850
		1412	游览景区管理	各类游览景区的管理服务,以及与游览景区相关的门票服务,文明旅游宣传引导服务,高风险旅游项目风险提示和培训管理,交通疏散体系管理,突发事件、高峰期大客流应对处置和安全预警管理服务等包含在此类	786
		1413	生态旅游游览	仅包括对游客开放的自然保护区,以及动物园、野生动物园、海洋馆、植物园、树木园等管理服务	771 *
		1414	游乐园		9020
	142		其他旅游游览		
		1421	文物及非物质文化遗产保护	受文物保护的古村镇,以及具有地方民族特色的传统节目展示,手工艺展示,民俗活动展示等包含在此类	8840
		1422	博物馆		8850

续表

代码			名　称	说　明	行业分类代码
大类	中类	小类			
		1423	宗教活动场所服务	仅包括寺庙、教堂等宗教场所为游客提供的服务	9542
		1424	烈士陵园、纪念馆	烈士陵园、烈士纪念馆、爱国主义教育基地等为游客提供的服务包含在此类	8860
		1425	旅游会展服务	仅包括为旅游提供的会议、展览、博览等服务	728＊
		1426	农业观光休闲旅游	仅包括以蔬果、鲜花等植物的种植和养殖为核心的农业观光休闲旅游服务	0141＊ 0143＊ 0149＊ 015＊ 0412＊
15			旅游购物		
	151	1510	旅游出行工具及燃料购物	仅包括为游客购买用于旅游活动的自驾车、摩托车、自驾游用燃料、零配件等提供的零售服务	526＊
	152	1520	旅游商品购物	仅包括为游客购买旅游纪念品、老字号纪念品、免税店商品、旅游用品（不含出行工具、燃料等）、旅游食品等提供的零售服务	521＊ 522＊ 523＊ 524＊
16			旅游娱乐		
	161		旅游文化娱乐		
		1611	文艺表演旅游服务	仅包括与旅游相关的表演艺术（旅游专场剧目表演）和艺术创造等活动	8810＊
		1612	表演场所旅游服务	仅包括音乐厅、歌舞剧院、戏剧场等为游客提供的服务	8820＊
		1613	旅游室内娱乐服务	仅包括为游客提供的歌舞厅、KTV歌厅、演艺吧等娱乐服务，以及电子游艺厅娱乐活动、儿童室内游戏、手工制作等娱乐服务	9011＊ 9012＊ 9019＊
		1614	旅游摄影扩印服务	仅包括与旅游相关的摄影、扩印等服务	8060＊

续表

代码			名　称	说　明	行业分类代码
大类	中类	小类			
	162		旅游健身娱乐		
		1621	体育场馆旅游服务	仅包括可供游客观赏体育赛事的室内、室外体育场所，以及室外天然体育场地的管理服务	892*
		1622	旅游健身服务	仅包括休闲健身场所为游客提供的健身器械、保龄球、台球、棋牌等服务	8930*
	163		旅游休闲娱乐		
		1631	洗浴旅游服务	仅包括为游客提供的洗浴、温泉、桑拿、水疗等服务	8051*
		1632	保健旅游服务	仅包括为游客提供的保健按摩、足疗等服务，以及特色医疗、疗养康复、美容保健等医疗旅游服务	8052* 8053* 8412* 8413* 8414* 8415* 8416*
		1633	其他旅游休闲娱乐服务	仅包括以农林牧渔业、制造业等生产和服务领域为对象的休闲观光旅游活动及公园、海滩和旅游景点内的小型设施服务等	9030* 9090*
17			旅游综合服务		
	171	1710	旅行社及相关服务		7291
	172		其他旅游综合服务		
		1721	旅游活动策划服务	仅包括与旅游相关的活动策划、演出策划、体育赛事策划等服务	7297* 7298* 7299*
		1722	旅游电子平台服务	仅包括一揽子旅游电子商务平台的运营维护服务	6432* 6434* 6439* 6440* 6450*

续表

代码			名　称	说　明	行业分类代码
大类	中类	小类			
		1723	旅游企业管理服务	仅包括旅游饭店、旅游景区、旅行社等单位的管理机构服务，以及与旅游相关的行业管理协会、联合会等行业管理服务	7215＊ 7219＊ 722＊ 9522＊
			旅游相关产业	本领域包括21—22大类	
21			**旅游辅助服务**		
	211		游客出行辅助服务		
		2111	游客铁路出行辅助服务	仅包括为铁路游客运输提供的铁路运输调度、信号、设备管理和养护等服务	5333＊ 5339＊
		2112	游客道路出行辅助服务	仅包括为公路游客运输提供服务的客运汽车站、公路管理与养护、公路收费站、专业停车场等服务	544＊
		2113	游客水上出行辅助服务	仅包括为水上游客运输提供的船舶调度、水上救助等服务	5539＊
		2114	游客航空出行辅助服务	仅包括为航空游客运输提供的机场电力管理、飞机供给、飞机维护和安全、飞机跑道管理等服务	5639＊
		2115	旅游搬运服务	仅包括独立为游客提供的货物装卸搬运服务	5910＊
	212		旅游金融服务		
		2121	旅游相关银行服务	仅包括支持旅游活动的贷款、消费信贷等服务	6621＊ 6623＊ 6624＊ 6629＊ 6634＊ 6635＊ 6636＊ 6637＊ 6639＊
		2122	旅游人身保险服务	仅包括与旅游相关的人身保险服务	6813＊ 6814＊

续表

代 码			名 称	说 明	行业分类代码
大类	中类	小类			
		2123	旅游财产保险服务	仅包括与旅游相关的财产保险服务	6820*
		2124	其他旅游金融服务	仅包括与旅游相关的外汇服务等	6999*
	213		旅游教育服务		
		2131	旅游中等职业教育	仅包括旅游、导游、酒店等中等职业学校教育	8336*
		2132	旅游高等教育	仅包括旅游、酒店、翻译等高等教育	834*
		2133	旅游培训	仅包括导游、外语、厨师、酒店服务、客车驾驶、飞行驾驶等与旅游相关的培训	8391*
	214		其他旅游辅助服务		
		2141	旅游安保服务	仅包括为铁路、民航、港口、酒店、旅游景区等提供的安保服务	7271* 7272*
		2142	旅游翻译服务	仅包括为旅游提供的翻译服务等	7294*
		2143	旅游娱乐体育设备出租	仅包括用于旅游的自行车、照相器材、娱乐设备、运动器材等出租	7121* 7122*
		2144	旅游日用品出租	仅包括用于旅游的纺织品、服装、鞋帽等出租	7123* 7129* 7130*
		2145	旅游广告服务	仅包括与旅游相关的广告制作、发布、代理等服务	725*
22			**政府旅游管理服务**		
	221	2210	政府旅游事务管理	仅包括各级政府部门从事的与旅游相关的综合行政事务管理服务	9221*
	222	2220	涉外旅游事务管理	仅包括各级政府部门从事的旅游签证、护照等涉外事务管理服务	9222*

资料来源:国家统计局。

需要说明的是:①《国家旅游及相关产业统计分类(2018)》建立了与《国民经济行业分类》(GB/T 4754—2017)的对应关系。在国民经济行业分类中仅部分活动属于旅游及相关产业的,行业代码用"＊"做标记。②《国家旅游及相关产业统计分类(2018)》在"说明"栏中,对《国务院关于促进旅游业改革发展的若干意见》中的重点内容,以及带"＊"行业类别的内容作了说明。③《国家旅游及相关产业统计分类(2018)》对应《国民经济行业分类》(GB/T 4754—2017)的具体范围和说明,参见《2017 国民经济行业分类注释》。

3)本书对旅游接待业构成体系的界定

依据本书前面对旅游接待业概念的界定:为旅游者提供直接服务的企业或其他组织,为直接服务企业或其他组织的投资、采购提供服务的企业或其他组织;参照联合国世界旅游组织(UNWTO)推荐的《旅游统计的国际建议(2008)》对旅游业构成体系的界定;参照《国家旅游及相关产业统计分类(2018)》对旅游接待业构成体系的界定,本书对旅游接待业构成体系的界定是:①包括直接为旅游者提供服务的 12 个旅游特征行业与关联行业;②包括为上述行业提供支持的供应链行业;③包括政府相关部门与相关的非政府组织。具体包括的行业类别是《国家旅游及相关产业统计分类(2018)》明确规定的 9 个行业大类,27 个中类,65 个小类。请参阅表 1-2。

1.2 旅游接待业研究的理论意义与实践价值

旅游接待业的理论是指对影响旅游接待业发展的主体或变量之间关系与规律的描述、分析与判断,可以用来预测、促进与调控旅游接待业的发展。

旅游接待业研究的理论意义,就是指通过对旅游接待业的研究能发现与掌握旅游接待业的发展关系与规律。

旅游接待业的实践是指旅游接待业的主体——旅游相关政府组织、企业、社区、旅游者、旅游非政府组织自觉自我的一切行为,具有主观见之于客观的特点,是人们探索、适应、影响和改造旅游接待业的现实世界的一切客观物质的社会性活动。

旅游接待业研究的实践价值,就是指通过对旅游接待业发展的主要变量关系与规律的了解,通过对旅游接待业发展的案例分析与最佳实践的掌握,可以为旅游政府主管部门、旅游非政府组织、旅游社区、旅游企业、旅游消费者的自身的实践提供理论指导与经验借鉴。

1.2.1 旅游接待业研究的理论意义

从影响旅游接待业发展的主要变量关系与规律涉及的领域划分,可以将旅游接待业研究的理论意义分为 3 个方面:①旅游接待业研究的宏观意义;②旅游接待业研究的中观意义;③旅游接待业研究的微观意义。

1)旅游接待业研究的宏观意义

旅游接待业研究的宏观意义,是指旅游接待业研究对国家与地方国民经济和社会发展的指导意义,包括对旅游业在国民经济和社会发展中的地位与作用的认识,对旅游产业性质的认识,对旅游产业发展潜力的认识,对旅游业社会治理方式的认识,对旅游产业政策制定的原理与方法的认识,对旅游产业发展规划编制与实施的理论与方法的认识等。

2) 旅游接待业研究的中观意义

旅游接待业研究的中观意义,是指旅游接待业研究对旅游产业组织、结构、空间布局的指导意义,包括对旅游市场结构的认识,对旅游产业发展的合理化、高度化与融合化的认识,对旅游产业布局的认识,对旅游行业协会管理与服务的认识等。

3) 旅游接待业研究的微观意义

旅游接待业研究的微观意义,是指旅游接待业研究对旅游企业与旅游消费者的指导意义。包括使得旅游企业能认识自身的特点、宏观环境与经营环境,认识品牌化、协同化发展的道路;使得旅游消费者能认识旅游接待业产品与服务的特点与问题,防止旅游消费风险;同时,促进旅游接待业优质服务企业更好地成长与发展。

1.2.2 旅游接待业研究的实践价值

以不同的实践主体分类,可以将旅游接待业研究的实践价值分为:①旅游接待业研究对国家发展的价值;②旅游接待业研究对地方发展的价值;③旅游接待业研究对行业管理的价值;④旅游接待业研究对企业经营管理的价值;⑤旅游接待业研究对旅游者理性消费的价值;⑥旅游接待业研究对旅游管理学科和专业建设的价值,对旅游接待业专业人才成长的价值。

1) 旅游接待业研究对国家发展的价值

旅游接待业研究对国家发展的价值主要表现在:①通过认识旅游接待业的作用与性质,能正确判断旅游接待业在国民经济和社会发展中的性质与地位;②通过认识旅游接待业的发展规律,能有效构建旅游接待业发展的治理模式;③通过认识旅游接待业发展的外部经济与融合发展的特点,能科学制定旅游接待业的发展政策;④通过认识各个旅游接待业发展主体的行为特点,能科学制定引导旅游接待业主体行为合理化的制度规范;⑤通过认识旅游接待业发展对市场信息与趋势了解的需要,能科学构建旅游接待业的统计指标体系与信息系统。

2) 旅游接待业研究对地方发展的价值

旅游接待业研究对地方发展的价值,除了上述旅游接待业对国家发展的价值以外,还表现在:通过认识地方在区域旅游发展中的位置与特点,可以合理制定区域旅游发展战略,包括区域旅游一体化发展的体制、机制、品牌、产品与线路等。

3) 旅游接待业研究对行业管理的价值

旅游接待业研究对行业管理的价值,除了可以了解国家与地方旅游接待业发展的环境以外,即除了上述旅游接待业对国家发展的价值与地方的发展价值以外,还表现在:通过认识行业集体利益与形象的重要性,促进每一个旅游接待业企业更自觉地代表、维护行业的集体利益与形象,促进自身与行业高品质的有效发展。

4)旅游接待业研究对企业经营管理的价值

旅游接待业研究对企业经营管理的价值,除了可以了解国家、地方与行业的发展环境以外,即除了上述旅游接待业对国家发展的价值、对地方的发展价值、对行业的发展价值以外,还表现在:①通过认识旅游接待业企业业态发展规律,更好地发展旅游接待业企业的业态;②通过认识旅游接待业企业核心竞争力的构成原理,更好地建设旅游接待业企业的核心竞争力。

5)旅游接待业研究对旅游者理性消费的价值

旅游接待业研究对旅游者理性消费的价值主要表现在:通过认识旅游市场上旅游产品与服务的质量提升原理,自觉地与旅游企业、旅游企业经营管理人员与服务人员、旅游社区建立共识—共建—共享—共治的旅游产品与服务的质量建设体系。

6)旅游接待业研究对专业人才成长的价值

旅游接待业研究对专业人才成长的价值,除了具有掌握上述各种知识与能力的价值外,还表现在:①通过认识不同的旅游接待业专业人才层次的知识与能力的要求,自觉地学习与掌握不同的知识、能力,并积极参加相关的实践工作;②通过认识旅游接待业专业人才成长的素质与能力要求,为自己的成长提供明确的方向。

1.3　旅游接待业的研究方法

旅游接待业的研究方法,是指在研究中发现旅游接待业发展的新现象、新事物,或提出新理论、新观点,揭示事物内在规律的工具和手段,特别指以解决重大理论与实践问题为导向的发现问题产生原因、提出有效解决问题方案的方法。

本节将说明:①旅游接待业研究方法的不同观点;②旅游接待业研究的特点;③旅游接待业研究问题的提出方式;④旅游接待业研究方法的类型与选用。

1.3.1　旅游接待业研究方法的不同观点

旅游接待业研究的特点是什么?如何有效地开展旅游接待业的研究工作?旅游接待业的理论研究与实践的关系是什么?如何提出问题与建构理论?许多学者对上述问题进行了研究。这方面的代表性观点有:

①美国学者查尔斯·戈尔德耐(Charles R. Goeldner)和J. R.布伦特·里奇(J. R. Brent Ritchie)认为,旅游产业是一个由许多部门、主体、要素组成的综合性行业,因此需要用多种

方法开展研究,包括运用机构方法、产品方法、历史方法、管理方法、经济方法、社会学方法、地理学方法、人类学方法、心理学方法、政治学方法、法律方法、客运交通方法,以及系统方法进行研究,以完成不同的研究任务或实现不同的研究目标。

②原国家旅游局副局长杜江博士指出,有中国特色的当代旅游发展理论要和产业实践相结合,从实践中来,到实践中去。不少学术研究成果停留在文献到文献的层面。

③《旅游学刊》2017 年第 11 期与 12 期专门设立了"中国旅游发展笔谈——旅游研究的理论与实践关系"专栏,许多学者发表了有启发性的观点。如杨振之强调"面向知行合一",何建民说明了系统的实证性研究步骤与方法。

④秦宇提出了要通过描述现象、提出问题和回答问题来促进理论的建构。

1.3.2　旅游接待业研究的特点

要开展任何领域的科学研究,首先需要深入认识该领域研究的特点。旅游接待业领域研究的基本特点,可以从联合国世界旅游组织推荐的《旅游统计的国际建议(2008)》对旅游活动特性的说明中去认识。

《旅游统计的国际建议(2008)》对旅游活动特性的说明概括如下:①旅游是由游客离开其惯常居住地流动而产生的社会、文化、经济现象,由多种动机驱动,乐趣是其通常的动机。②游客的活动可能包括市场交易,也可能不包括市场交易,可能与他的日常生活活动有所不同,或者与他的日常生活活动有相似性。如果与他的日常生活活动有相似性,那么,在旅行时,这些活动发生的频率与强度也是不同的。这些活动体现在人们作为消费者,在旅游前准备、旅游中参与以及旅游后恢复的整个过程中的活动与行为上。③旅游活动对经济、自然和人造环境产生影响,对游客访问地居民以及游客自身也产生影响。④考虑到旅游活动具有上述广泛的影响,以及涉及广泛的利益相关者,因此,需要采用全面的方法对旅游的开发、管理和监测进行研究。这一方法是联合国世界旅游组织(UNWTO)支持的,目的在于帮助制定和实施国家与地方的旅游产业政策,设计旅游营销战略,加强机构之间的联系,评估旅游管理决策方向正确与否及效率的高低,衡量旅游业对国民经济的贡献程度。

从《旅游统计的国际建议(2008)》对旅游活动特性的说明中可以发现,旅游管理领域研究的基本特点:①从旅游需求出发开展对相应的旅游供给的研究,这些供给可能是已经存在的,如公共交通设施,也可能是专门为游客建设的,如黄山的旅游索道,即采用"旅游需求+满足旅游需求的供给"的研究视角;②对游客的旅游空间流动行为进行研究,包括对游客旅游动机或目的进行研究;③对由游客流动产生的客源地、中转地、目的地、延伸地的社会、文化、经济现象进行研究;④对游客的旅游前准备、旅游中参与以及旅游后恢复的整个过程开展研究;⑤对旅游活动产生的各种影响开展研究,包括对经济、自然和人造环境产生的影响开展研究,对游客访问地居民以及游客自身产生的影响开展研究;⑥需要采用全面的方法对旅游的开发、管理和监测进行研究,即需要以旅游供给所涉及的各种相关学科为基础,从满足游客旅游需求的视角进行深入研究;⑦研究的目的是多元的,有宏观的、中观的与微观的,也有社会的、文化的、经济的、自然和人造环境的。

1.3.3 旅游接待业研究的基础

旅游管理学科领域的理论基础主要是管理学和经济学。通过对获得诺贝尔经济学奖的世界著名经济与管理学者研究经历的考察与借鉴,发现旅游接待业管理领域的研究基础至少应该包括以下 3 个方面:①需要掌握研究对象或现象实际运行过程与体系的事实基础;②需要掌握对研究对象或现象内在运行机理进行分析或假设的理论基础;③需要掌握对研究对象或现象内在运行机理或假设进行验证的方法基础。

现在主要说明掌握研究对象或现象实际运行过程与体系的事实基础的重要性。有关如何掌握对研究对象或现象内在运行机理或假设进行分析的理论基础,如何掌握对研究对象或现象内在运行机理或假设验证的方法基础,将在本节第五部分旅游接待业研究方法的类型与选用中进行说明。

赫伯特·西蒙(Herbert A. Simon)是目前唯一一位在管理方面获得诺贝尔经济学奖的学者。他在管理学、经济学、组织行为学、心理学、政治学、社会学、计算机科学等方面都有较深的造诣。1978 年他荣获诺贝尔经济学奖。他的主要著作有:《管理行为》《公共管理》《组织》《经济学和行为科学中的决策理论》《管理决策的新科学》等。

赫伯特·西蒙认为,要对某一领域进行科学研究,首先需要做到使该领域有足够的语言和概念工具,能对研究对象或现象的实际运行过程与体系进行事实求是的刻画,从而为分析该领域的问题奠定全面的事实基础。

赫伯特·西蒙在介绍他自己的开创性著作《管理行为》时说:本书是我个人在从事公共管理研究工作的过程中,尝试构造有效研究工具的探索结果。因为我坚信,我们在这个研究领域还没有找到足够的语言和概念工具,对简单的管理型组织进行实事求是的深刻刻画。所谓刻画管理型组织,就是为科学地分析组织结构和组织运营的效益奠定基础。

获得科学研究成果的研究过程要具有可重复检验性。而构建与掌握研究对象或现象运行过程与体系事实基础的语言和概念工具,是保障研究可重复性的基础。赫伯特·西蒙指出:一项化学实验之所以有效,之所以具有科学权威性,原因在于其可重复性。如果不能足够详细地描绘化学实验的可重复性,那它就站不住脚了。在管理中,如果连说明在管理"实验"中发生了什么现象的本领都很匮乏,那么保证实验的可重复性就更不用说了。

因此,赫伯特·西蒙强调:我们在得以建立恒定不变的管理"原理"之前,首先必须能够用文字精确描述管理型组织的面貌和运转状况。

作者自身在旅游管理领域的科学研究经验也证明了赫伯特·西蒙上述观点的正确性。每当作者开展对某一课题研究时,都会对其进行深入的调查研究,目的是了解该课题领域实际运行过程与体系的状况,这对取得良好的研究成果是必需的。否则,就很可能会变成"瞎子摸象",即你仅在"非知根知底"的二手资料基础上,甚至在你主观想象基础上开展"不接地气"的研究。

例如,1982 年 7 月底到 8 月初,作者有幸参加了由国家旅游局人事司组织的旅游经济管理老师全国旅游考察团,先后对广州市、广东省石景山旅游中心、广东省中山县(现已改为中山市)、武汉市的旅游酒店业进行了考察,这对作者后来撰写出版并获得上海市哲学社会科学优秀成果著作奖的著作《旅游现代化开发经营与管理》帮助很大。又如,作者1989 年到 1991 年在奥地利国际旅游管理学院留学期间,曾专门到伦敦参加世界旅行市场展览会,同时系统考察了维也纳的旅游业和酒店业,并在维也纳万豪酒店参加了 3 个月的实习,这对作者后来撰写出版并获得教育部优秀教材奖的教材《现代宾馆管理的原理与实务》有很大帮助。

1.3.4　旅游接待业研究问题的提出方式

1) 发现旅游接待业领域有较大研究价值的问题

通过对已经获得诺贝尔经济学奖的世界著名经济与管理学者研究经历的考察与借鉴发现,具有较大研究价值的旅游接待业问题的发现方式,至少可分为两种:一种是找出已有的经典理论存在的不足之处,从而对它进行论证完善;另一种是直接从自己长期观察到的现实中发现与提出重要的问题,并进行深入研究。

正如 1982 年诺贝尔经济学奖获得者乔治·斯蒂格勒(George J.Stigler)所指出的那样,一般来说,可以将新的经济观念分为两类:一类是从严格检验其他经济学者的观念而获得,这方面的人物比较多,主要的代表学者有李嘉图、小弥尔、埃奇沃思、庇古以及大部分当代经济学家。另一类是设法直接解释某些实际现象。直接针对实际现象给予解释说明的似乎比较少,这可能是因为实际现象往往杂乱无章,这方面的代表人物主要有亚当·斯密、马歇尔、凯恩斯和弗里德曼。其实这种分类并不完全互相排斥,因为其他经济学者的想法,说到底也可能是对实际现象的解释,同样会把我们引向那些实际现象。

乔治·斯蒂格勒指出他属于第二类。他对经济学最重要的贡献是有关信息经济学理论方面的开创性研究。提出信息经济学方面的理论,是基于他个人的观察。他发现以往的经济学理论从未解释为何几乎每项产品或劳务,在特定时间上都会出现多种价格而非单一价格的现象。他意识到,应该是知识的昂贵代价导致了价格的差异。因为收集信息需要花费时间与精力,还面临不确定性,其成本费用有时甚至是昂贵的。为了跑另一家超市对比商品价格,可能要多花 20 分钟。对一个美国成年人而言,20 分钟的平均价值也许就是 3 美元。同时,知识的价值会随着时间而衰减。所以可以预期,经常重复购买的商品,比价值相同但不经常购买的商品,其价格离散的程度要低。为收集信息所投入的精力,也与居住在某一地区的时间长短有关。因此,到某地旅游的人通常要付出比居住在当地的人更高的价格才能买到同样的产品。

2) 有效提出旅游接待业领域具有较大研究价值的问题

通过对已经获得诺贝尔经济学奖的世界著名经济与管理学者研究经历的考察与借鉴发现,要善于提出具有规律性的、具有指导意义的与具有研究可行性的重要问题。

诺贝尔经济学奖获得者保罗·克鲁格曼(Paul Krugman)指出,要时刻质疑问题,即要讨论思考提出的研究问题是否恰当。他举例说,如果提出一个研究问题是:"美国为什么要生产宽体喷气式飞机?"这个问题不容易回答。应该提出的研究问题是:"为什么喷气式飞机的生产仅仅集中在世界少数几个地方?"这既是一个更容易回答的问题,也是人们一直想解答的问题。同样的,如果提出一个研究问题是:"为什么在 2008 年 9 月 15 日,我们会让一场重大的世界金融危机走向白热化?"这个问题难于回答,也没有普遍的指导意义。应该提出的问题是:"为什么现代经济体似乎总要遭遇周期性的金融危机(而不是危机发生的具体日期和具体方式)?"那才是一个更有价值的问题。

1.3.5 旅游接待业研究方法的类型与选用

参照已经获得诺贝尔经济学奖的世界著名经济与管理学者的研究经验,一般可以从 7 个方面去寻找适用于旅游接待业问题的研究方法,同时,要注意各种研究方法之间的关系。

1)寻找适用于分析与解决旅游接待业问题的研究方法

(1)理论研究方法

理论研究方法主要表现为将已有的、经典的、适用的理论创造性地运用于自己的研究问题,以获得新的研究成果。

例如,诺贝尔经济学奖获得者道格拉斯·诺斯(Douglass C.North),他从立志成为经济学家那一天起,就想研究"什么造成了经济的富裕和贫困"这一问题。他认识到:只有先探索经济绩效的最终根源,才能讨论如何改善经济绩效。他寻找适用理论的历程是:从马克思主义转到了认知科学。

又如,道格拉斯·诺斯将制度因素与理论纳入经济史的分析中,产生了一些创造性的研究成果,其中包括他 1971 年与戴维斯(L.Davis)合著的《制度变迁与美国经济增长》一书,以及 1973 年他与托马斯(Robert Thomas)合著的《西方世界的兴起:新经济史》一书。

再如,道格拉斯·诺斯将交易成本作为研究经济组织成本的切入点,他将科斯关心的决定厂商生存的交易成本,转变为关系经济整体表现的交易成本。他于 1981 年出版的专著《经济史的结构与变迁》体现了上述研究成果。

(2)统计研究方法

统计研究方法是一种从众多研究对象或样本中归纳出适用于某一类对象的某一定律的方法。例如,米尔顿·弗里德曼(Milton Friedman)是诺贝尔经济学奖的获得者,他为我们提供了一个运用统计方法来研究"诺贝尔经济学奖获得者人口统计特征"问题的案例。

米尔顿·弗里德曼在 1985 年 3 月 21 日,介绍他获得诺贝尔经济学奖的成长路径时指出:"幽默地说,身为实证研究的科学工作者,我决定以统计学的观点,来探讨一下诺贝尔经济学奖获得者的人口统计特征这一问题,给未来期望获得诺贝尔经济学奖的学者提供一些启示。"他用统计方法论证了诺贝尔经济学奖获得者的 3 个人口统计特征。

第一是身为男性。因为自 1968 年瑞典中央银行为庆祝该行成立 300 周年设立诺贝尔经济学奖以来,截至 1985 年,共有 22 人获得过该奖,其中没有一位是女性。

第二是美国公民。在 22 位诺贝尔经济学奖获奖者当中,有 12 位来自美国,4 位来自英国,2 位来自瑞典,其余 4 位分别来自不同的国家。不过这个结论没有第一条那么明确,因为美国的人口是英国的 3 倍以上,但获奖人数却是英国的 3 倍,所以从人均数来看,英国的获奖纪录还更好一些。

第三是在美国芝加哥大学受过教育。在 12 位获得诺贝尔经济学奖的美国经济学家中,有 9 位要么是在芝加哥大学受过教育,要么是在那里教过书。

事实上,统计分析的结果是否正确,是否揭示了某一事物具有因果关系的发展规律,最终还需要由实践结果来检验。

(3)历史研究方法

它包括比较研究方法与对标研究方法等。它是指通过对历史事件发生与发展的因果关系的事实说明,通过比较分析不同样本的因果关系,通过对标来寻找不同发展程度及其因果关系,对所探索的机理或规律进行论证。

例如,诺贝尔经济学奖获得者道格拉斯·诺斯,在读研究生的时候,他设定的研究目标是要找出决定经济体系运作的方式及其成败的原因。他发现经济史的课程与研究最符合解决这一问题的需要,因此,他就选择了经济史的课程,并选择研究经济史领域。他运用历史研究方法,找到了决定经济体系运作的方式及其成败的原因,并撰写与出版了众多的经济史著作,由此而获得诺贝尔经济学奖。

(4)案例研究方法

它是指通过对典型事例产生与发展的因果关系的研究,来揭示某一类事物发展的机理。1996 年成功预测亚洲金融危机的诺贝尔经济学奖获得者保罗·克鲁格曼,他在说明可以运用不同的研究方法时,对如何运用案例(模型)研究方法有过特别精彩的说明。

保罗·克鲁格曼指出,成为优秀经济学家的方法有很多种。一种是开展艰苦的实证研究,尤其是靠挖掘数据或生产数据所进行的工作。有些人通过建立实验室,进行实验研究。还有人侧重于创建深刻的理论,他们运用证据和定理得出非常宽泛的原则。不过,他自己一直喜欢迷你型(微型)概念框架。迷你型(微型)概念框架是从真实世界的数据和事件中获得启示,它能提供解决问题的好办法,让人豁然开朗。它不必非得是数学模型,尽管基本上大家都在构建这类模型,它有可能是一则极富深远内涵的真实故事。

保罗·克鲁格曼特别举例说明:如何通过一个案例(模型)来提出与分析问题。他说:美国国会山保姆合作社就是一个相当重要的模型。这是现实生活中的实例。合作社由 150 多对夫妇在 20 世纪 70 年代创立,他们都有年幼的孩子,打算交换保姆以节省开支。合作社在一套优惠券系统上进行操作。优惠券发放给所有成员,每张优惠券代表半小时的保姆时间。当一对夫妇照看另一对夫妇的孩子时,他们会交换适当数量的优惠券:孩子被照看的夫妇要把优惠券交给照看他们孩子的那对夫妇(该故事曾发表在美国的《货币、信贷和银行业务杂志》上)。结果表明,大家都想在抽屉里存放一些优惠券,以防会连续几个晚上外出,导致想持有优惠券的夫妇多过已经发放优惠券的夫妇。所以,保姆合作社的成员都不愿意外出,因为他们都想多积累一些优惠券,这意味着照看孩子以赚取更多优惠券的机会变少了,进而导致人们越发不愿意出门。如此一来,保姆合作社就日渐衰落。显然,大千世界比这要复杂得多,但这则故事引申出一个基本概念,即一个经济体如何变得没有足够的需求。保罗·克鲁格曼说,这类模型与问题常常能打开我的思路,让我形成思考问题的框架。

(5)实验研究方法

实验研究方法就是指控制其他因素,仅变化某一因素,观察这一变化因素(自变量)对受其影响因素(因变量)的变化状况。

有人认为经济学不是科学,因为它不能像物理学那样进行各种受控实验。米尔顿·弗里德曼认为,仅凭这一点,不足以否认经济学的科学性。例如,气象学是大家公认的科学,但它也几乎不可能进行有关受控的实验,许多其他科学领域都存在类似的问题。

米尔顿·弗里德曼认为,事实上,经济学也可以做一些受控的实验。另外,未受控的实验,经常也能够产生近似受控实验的数据资料。例如,如果要比较不同的经济制度,那么,东德与西德的经历就是最好的受控实验。因为这两个国家以前是同一个国家,人们的背景相同、文化相同、遗传基因相同,却因为意外的战争而分裂为两部分。柏林围墙的一边是相对自由的经济体制,而另一边则是集体主义的社会。因此,在经济管理领域,也可以采取典型样本比较方式来进行实验研究。

(6)多情景研究方法

它是指在各种可能发生情景或方案假设基础上进行的推理、验证或选择研究。诺贝尔经济学奖获得者肯尼斯·阿罗(Kenneth J. Arrow)指出,比较先进的经济理论学者都主张,各种架构中的经济行为,都是在有限选择方案中作出本质上理性的选择。例如,一户家庭从不同种类的财货组合中作出选择,这些组合是他们在当前的物价水平和可支配收入范围内能够负担得起的。

事实上,在旅游接待业发展目标与指标体系的制定过程中,必然要对未来进行预测,需要进行多情景的分析。一般可以依据对可能出现情况的预先估计,采用情景设定的方式。

通常可以设定3种情景:乐观、悲观和中性。参照联合国世界旅游组织对未来趋势预测的方法,至少要设定旅游接待业发展的区间情景:①低的发展情景;②高的发展情景;③由上述两端构成的区间情景。

(7)综合研究方法

它是指有针对性地将各种适用方法运用于研究对象,追求协同研究效果的研究方法。大多数创新性研究成果都是采用综合研究方法的结果。

例如,诺贝尔经济学奖获得者道格拉斯·诺斯在研究"决定经济体系运作的方式与成败的原因"问题时,就分别采用了历史研究方法、制度理论的研究方法与计量经济学的研究方法。

2) 各种研究方法之间的关系

可以将众多的研究方法简要地概括为归纳法与演绎法两种。归纳法,包括统计研究方法、历史研究方法、案例研究方法等,是指先观察、搜集与记录若干个别事例,探求其共同特征或特征间关系,从而将所获得的研究结果推广到其他未经观察的类似事例,验证其具有解释、预测与控制等指导功能,从而获得一种机理或规律的方法。演绎法,就是指理论研究方法,它正好与归纳法相反,从一项已经验证过的通则性机理、规律或大前提开始,依据逻辑推论的法则,如三段论法,获得一项个别性的陈述,即符合大前提因而具有大前提所揭示的事物特性或关系的方法。而创造性的研究成果,往往是在综合运用各种方法的基础上,由自己的灵感火花产生的“情理之中、意料之外”的智慧之果。

诺贝尔经济学奖获得者之间对如何运用和看待各种研究方法也存在争论。一般认为,数学方法提高的是论证的严密程度,而不是相关性。

另外,依据实证经济学家米尔顿·弗里德曼的观点,对建立一种富有成效的理论而言,其正确的标准不在于理论假设是否是现实主义的,而在于理论预见得到经验证实的程度。原因在于:任何理论假设都不可避免地存在某种程度的“不真实”。因为科学的目的不是复制充满五光十色的复杂事物的“真实世界”,而是从一般事物中抽象出能反映关键变量之间关系的简单模型,以便于能用来预测相关的行为、趋势。这种对抽象和预测作用的强调产生了一种结果,即米尔顿·弗里德曼反对运用大规模的理论模型(如一般均衡模型)和计量经济模型,他赞成从比较简单,但具有预测力的理论中得出小型的经验模型。

本章小结

- 旅游接待业的研究对象。旅游接待业的研究对象是旅游接待业的发展主体、发展主要变量之间的关系与规律。
- 旅游接待业。旅游接待业包括:①为旅游者提供直接服务的企业或其他组织,前者如旅行社、旅游交通企业、旅游景区、旅游主题公园、旅游饭店等,后者如政府出入境签证部门、政府旅游目的地咨询服务中心;②为直接服务企业或其他组织的投资、采购提供服务的企业或其他组织,前者如为直接服务企业服务的供应链企业,后者如政府的交通管理部门、治安部门、旅游目的地营销机构、旅游政策制定部门。
- 旅游接待业的构成体系。旅游接待业的构成体系包括:①直接为旅游者提供服务的 12 个旅游特征行业与关联行业;②为上述行业提供支持的供应链行业;③政府相关部门与相关的非政府组织。具体包括:《国家旅游及相关产业统计分类(2018)》明确规定的 9 个行业大类,27 个中类,65 个小类。
- 旅游接待业的理论。旅游接待业的理论是指对影响旅游接待业发展的主体或主要变量之间关系与规律的描述、分析与判断,可以用来预测、促进与调控旅游接待业的发展。

- 旅游接待业的实践。旅游接待业的实践是指旅游接待业的主体——旅游相关政府组织、企业、社区、旅游者、旅游非政府组织自觉自我的一切行为，具有主观见之于客观的特点，是人们探索、适应、影响和改造旅游接待业的现实世界的一切客观物质的社会性活动。

- 旅游接待业研究的理论意义。旅游接待业研究的理论意义是通过对旅游接待业的研究能发现与掌握旅游接待业的发展关系与规律。

- 旅游接待业研究的实践价值。旅游接待业研究的实践价值是通过对旅游接待业发展的主要变量关系与规律的了解，通过对旅游接待业发展的案例分析与最佳实践的掌握，可以为旅游政府主管部门、旅游非政府组织、旅游社区、旅游企业、旅游消费者自身的实践提供理论指导与经验借鉴。

- 旅游接待业的研究方法。旅游接待业的研究方法是指在研究中发现旅游接待业发展的新现象、新事物，或提出新理论、新观点，揭示事物内在规律的工具和手段，特别指以解决重大理论与实践问题为导向的发现问题产生原因、提出有效解决问题方案的方法。研究方法主要有：①理论研究方法，②统计研究方法，③历史研究方法，④案例研究方法，⑤实验研究方法，⑥多情景研究方法，⑦归纳法，⑧演绎法，⑧综合研究方法。

复习思考题

1.什么是旅游接待业的研究对象？

2.什么是旅游接待业？

3.旅游接待业的构成体系包括哪些方面？

4.旅游接待业理论的概念是什么？

5.旅游接待业实践的概念是什么？

6.如何认识旅游接待业研究的理论意义？

7.如何认识旅游接待业研究的实践价值？

8.旅游接待业研究的方法有哪些？如何发现与提出研究的问题？如何开展研究工作？

【延伸阅读文献】

［1］UNWTO. United Nations. International Recommendations for Tourism Statistics 2008.

［2］国家统计局.国家旅游及相关产业统计分类(2018).

［3］国家统计局.国民经济行业分类(GB/T 4754—2017).

［4］何建民.科学的旅游理论研究与实践的关系——基于诺贝尔经济学奖获得者的研究与成长的视角[J].旅游学刊,2017(12).

［5］何建民.旅游管理研究的特点、基础、问题、方法及成果评价探索[J].旅游导刊,2018(2).

［6］国家统计局.文化及相关产业分类(2018).

［7］何建民.第十五编 中国会展旅游业发展史[M]//中国经济发展史1949—2019(第五卷).上海:上海财经大学出版社,2020.

第2章
旅游接待业发展的特点、标杆与环境趋势

【学习目标】

通过本章学习,读者将了解与掌握:
- 旅游接待业发展的特点;
- 旅游接待业发展的标杆;
- 旅游接待业发展的环境趋势。

要从事好旅游接待业,首先需要做到知己知彼,深刻认识旅游接待业发展的特点、发展的标杆与发展的环境趋势。

2.1 旅游接待业发展的特点

认识旅游接待业的发展特点是对旅游接待业进行具有针对性管理的重要基础。旅游接待业特点,可以从不同的角度进行分析,包括:①旅游接待业市场需求的特点;②旅游接待业市场供给的特点,包括旅游接待业企业的特点、旅游接待行业与产业的特点;③旅游接待业管理的特点。

2.1.1 旅游接待业市场需求的特点

从旅游者旅游活动的过程考察,旅游接待业市场需求的特点主要有:

第一,旅游需求的异地性。这是指旅游者的旅游活动具有从客源地,到交通枢纽地,到旅游目的地,到旅游延伸地,再回到旅游客源地的特点。

第二,旅游需求的综合性。这是指旅游者从客源地到达目的地与返回客源地的过程中,会产生"交通、观光、度假、会展、餐饮、住宿、娱乐、购物"等各种需求。

第三,旅游者与旅游产品和服务供应商之间存在信息不对称。这是指旅游目的地的旅游接待业企业由于经常接待旅游者,可能对不同旅游者的特点很了解。相反,旅游者对第一次访问的旅游目的地往往是陌生的,通过网上搜索等间接渠道了解一些信息,但缺乏亲身经

验的积累,因此容易受到欺骗。

第四,旅游者逗留时间的短暂性与珍贵性。这是指旅游者在旅游目的地的停留时间一般是短暂的,相对其要进行的大量的旅游活动而言,其逗留的分分秒秒都是十分珍贵的。因此,旅游者一般不愿意在旅游投诉方面花费较多的时间与精力。因此容易导致不法旅游商贩产生欺诈旅游者的行为。

第五,旅游需求的个性化。由于休闲度假旅游属于美国心理学家马斯洛需求层次理论中的最高需求层次——"自我实现的需求",即自己主动花时间、花费用参加自己喜欢的旅游活动,因此,休闲度假旅游者对服务的个性化要求较高。又由于在大众化旅游时代,具有不同收入、不同背景、不同偏好的人都可能参加旅游活动,而且,旅游目的地的接待人员与旅游者往往来自不同的社区或阶层,存在文化差异性,因此,特别需要注意了解与满足旅游者的个性化需要。例如,万豪国际酒店集团要求每一位员工心中要有一个地球,即主动事先了解不同来源地的旅游者的需求特点。

第六,旅游需求的易变性。旅游者的旅游活动需求非常敏感,经常会受到天气变化、身体健康情况变化、工作与生活活动安排变化等影响,具有容易发生变化的特点。因此,旅游接待业企业需要主动地、经常地、定期地核实旅游者预订计划与可能到达的状况,做好应对旅游者可能发生多种变化的预案。

第七,旅游活动影响的多元性。旅游活动会对旅游目的地的经济、社会、文化、自然等各个方面产生重要影响。例如,会产生带动消费、就业的积极影响,也会产生提高物价、增加交通拥挤程度的消极影响。因此,需要从各个角度研究旅游活动的影响,发挥其积极影响,防止其消极影响。

第八,旅游需求的季节波动性。旅游需求容易受到时间因素的影响,包括容易受到春夏秋冬四季的气候与景色的影响,容易受到假期时间安排的影响。前者如海南岛的避寒游,后者如暑假的亲子游。

2.1.2　旅游接待业企业的特点

旅游接待业企业是指直接为接待旅游者服务的企业,或者为直接接待旅游者服务企业提供服务的企业。前者如旅行社、旅游景区点、旅游饭店、邮轮等企业,后者如旅游景区点、旅游饭店、邮轮的供应商。它们是独立核算、自主经营、自负盈亏的经济实体。

旅游接待业企业特点,从其经营管理的产品、服务、质量、规模、集中度、资产、综合性等方面展开分析,主要有:

第一,旅游接待业的产品与服务是费用昂贵的产品与服务。原因在于:不但旅游者住宿的旅游饭店价格比较昂贵,而且,国际旅游者从客源地到旅游目的地的交通费用往往要占其总的旅游支出的 25% 以上。

第二,旅游接待业产品与服务是注重环境气氛与文化艺术的产品与服务。例如,奢华酒店的建筑与装饰,奢华酒店服务员的服装,往往渗透着许多文化、美学与艺术的元素。

第三,旅游接待业的服务是注重热情与细致的服务。例如,奢华酒店往往提供管家服务,其实质就是为顾客提供全面服务的秘书与助手,类似婚礼上新郎的伴郎与新娘的伴娘,他们分别全心全意地为新郎与新娘服务。

第四,旅游接待业的产品与服务是注重专业化表演艺术的产品与服务。例如,迪士尼公司认为,整个迪士尼乐园就是一个表演的大舞台,游客是观众,服务人员是表演的职员。因此,迪士尼乐园将自己的员工称为"演职人员",而不是一般的服务人员。

第五,旅游接待业的产品与服务是质量难以稳定的产品与服务。其主要原因是旅游接待业的产品与服务的质量会受到许多因素的影响。例如,受到天气的影响,受到服务人员的情绪影响,受到交通路况的影响等。因此,特别需要制定工作标准与规范,加强对服务人员的培训,做好各种预测、预案工作。

第六,旅游接待业企业的规模比较小,布局比较分散。其主要原因是在某一地点上的客源规模有限,因此,在某一地点上不需要规模很大的旅游接待业企业,再加上旅游接待业企业的进入门槛低,导致其竞争非常激烈。因此,要实现规模经济与网络效应,就需要在客人经常旅游的地点如国内外门户城市设立旅游企业,同时采用连锁经营与联合经营形式,才能有效地实现网络经济效益与规模经济效益。

第七,旅游接待业的企业有重资产型的,如自己投资的旅游饭店、主题公园与邮轮企业,也有轻资产型的,如传统的旅行社与旅游饭店管理公司。

第八,旅游接待业企业经营的业务往往是综合性的。其主要原因是旅游者的需求是综合性的,这为旅游接待业企业经营业务的综合性及与其他产业的融合发展提供了市场机会。

2.1.3　旅游接待行业与产业的特点

旅游接待行业是指某一类旅游企业的集合。例如,旅行社企业的集合就是旅行社行业;景区点企业的集合就是景区点行业;旅游饭店企业的集合就是旅游饭店行业;航空公司的集合就是航空行业。

旅游产业是指由满足旅游者综合需求的所有相关行业的集合,包括旅行社行业、景区点行业、旅游餐饮行业、旅游饭店行业、旅游交通与车船队行业、邮轮行业、旅游购物品行业、旅游娱乐表演行业等的集合。

受旅游市场需求特点与旅游接待业企业特点的影响,旅游接待行业与产业往往存在进入门槛低、人员流动率高、服务链碎片化与分散化、临时合作为旅游者提供满足其综合需求的旅游活动线路产品和服务的经营管理特点,因此,容易存在缺乏专业化、衔接性、质量不稳定的特点,存在缺乏规模经济与网络经济的特点。

2.1.4　旅游接待业管理的特点

1)旅游接待业管理的微观特点

旅游接待业管理的微观特点就是指旅游接待企业管理的特点,即在旅游接待业企业管理中需要特别注意的问题。简要说,就是面对服务要求较高的个性化旅游者,整个经营管理过程要遵循"精心化、精细化、精致化与精益化"的指导方针。

①精心化,就是指要用心思考、认真做事。②精细化,就是指要描绘出旅游者的活动流

程与接待服务流程,进行全程精细化服务与管理。③精致化,就是指所有的产品与服务要努力附加文化与艺术的体验价值,同时合理提高价格。④精益化,就是指要提供适当的产品与服务,消灭浪费,合理节约成本,做到对旅游者性价比最高,同时又做到旅游接待业企业的收入与利润最高。

这方面的典型案例,就是两度获得美国国家质量奖的丽思·卡尔顿酒店要求员工普遍遵守的不断自觉发现"缺陷"的"Mr.BIV"准则:第一个字母"M",代表单词"Mistakes",其含义是做任何事要假设自己会犯错误,要事先做好预案,防止错误的发生;第二个字母"r",代表单词"Rework",其含义是在第一次做一件事的时候就要将这件事做好,防止因缺乏专业能力造成返工,这就要求所有员工事先都要接受专业培训,拥有上岗证书;第三个字母"B",代表单词"Breakdown",其含义是要防止由于疏忽产生的破坏性行为;第四个字母"I",代表单词"Inefficiency",其含义是要防止发生无效率的行为,如发生服务不足或服务过度的行为;第五个字母"V",代表单词"Variations",其含义是要防止员工发生偏离服务与经营管理标准的行为,对经常容易发生的偏离标准的行为,要注意观察记录,列出清单,事先进行告知与培训。遵循上述准则,既可以提高顾客的满意度、产品与服务的附加值,也可以节约旅游企业的成本,提高旅游企业的利润,也可以提高员工对自己拥有的专业化水平的自豪感。

2) 旅游接待业管理的中观特点

旅游接待业管理的中观特点,就是指旅游接待行业与产业管理的特点,即在旅游行业与产业管理中需要特别注意的问题。旅游行业与产业管理需要特别注意的问题主要有:

①每一家旅游接待业企业都需要积极维护旅游接待行业与产业的集体形象。如果行业的集体形象受到损害,每一家旅游接待业企业都会受到影响。例如,有一段时间经常被曝光的个别导游误导客购物事件,个别旅游饭店出现打扫卫生间的抹布没有分类使用问题,对相关地区的旅游接待行业的影响都很大。

旅游接待行业与产业的集体形象正像一把大雨中的伞。如果在狂风暴雨中没有雨伞,每一家旅游接待企业都会被大雨淋湿衣服。旅游接待行业与产业的集体形象,也像晴朗舒适的天气,如果集体形象好,正像天气舒适那样,会吸引更多的旅游者到访。

②旅游接待行业与产业要注意结构的合理化与高级化。旅游接待行业与产业结构合理化是旅游接待行业与产业结构高级化的基础。

旅游接待行业与产业结构合理化就是指要做到在合理使用资源、使旅游者满意与旅游接待企业获得合理效益及旅游业可持续发展的前提下,旅游市场的供给结构与旅游市场的有效需求结构达到均衡,即旅游供给体系(综合接待能力及其每一构成部分——旅游信息、旅游交通、旅游景区点、旅游餐饮、旅游住宿、旅游文化娱乐活动、旅游购物等行业)既不存在不能满足有效需求的瓶颈缺口,也不存在亏损性的供给过剩现象,特别要关注解决制约整个综合接待能力提升的短板问题。

旅游接待行业与产业结构的高级化是指在与自然和社会环境保持和谐关系与可持续发展前提下,旅游接待行业与产业结构朝着满足旅游者的旅游需求升级需要、增加旅游产品和服务附加值、提高旅游资源的利用效率和旅游企业效益方向发展。旅游接待行业与产业结构高级化从整个投入产出过程考察,包括旅游接待行业与产业结构的投入要素、环境、运营过程、产出结果与各发展主体满意度的高级化。

3)旅游接待业管理的宏观特点

旅游接待业宏观管理的显著特点有以下 3 个方面:

①政府要提供旅游接待业发展的基础设施建设与公共服务,这是因为旅游接待业是依托城市化的交通设施、卫生设施、信息标识系统发展起来的。

②要对相关政府部门进行综合协调管理,即要对各个与旅游接待业发展相关的政府部门建立综合协调管理的机制。这方面的成功做法,就是自 2014 年 9 月 9 日设立的国务院旅游工作部际联席会议机制,联席会议由旅游局(自 2018 年 3 月起旅游局和文化部合并,改为文化和旅游部)、中央宣传部、外交部、发展改革委、教育部、公安部、财政部、国土资源部、环境保护部、住房城乡建设部、交通运输部、农业部、商务部、文化部、卫生计生委、工商总局、质检总局、新闻出版广电总局、安全监管总局、食品药品监管总局、统计局、林业局、气象局、铁路局、民航局、文物局、中医药局、扶贫办共 28 个部门组成,旅游局为牵头单位。如果联席会议还能增加各类旅游企业代表与旅游专家代表将更好。

③要对满足旅游者综合需求的市场供给品质与秩序进行综合治理,即要做到激励每一个旅游接待业的利益相关者积极参加治理工作,同时兼顾每一个利益相关者的合理利益。既要防止假冒伪劣产品和服务,维护旅游者的合法权益,也要维护旅游经营者与旅游社区居民的合法权益,并要保护环境,做到可持续发展。

2.2　旅游接待业发展的标杆

基于先进性、可比性与可借鉴性的视角,考虑到旅游接待业发展需要依托旅游目的地,政府是旅游目的地建设的主导力量,旅游接待业又是由旅游主题公园、景区点、旅行社与旅游饭店等实体构成的,因此,本书选择了以下 5 个国内外旅游接待业发展的标杆,作为学习参考的榜样,或者作为进一步研究旅游接待业各类机构与组织的样本:①新加坡旅游接待业发展成功的经验;②东京迪士尼度假区发展成功的经验;③河南云台山 5A 级景区发展的成功经验;④上海春秋国际旅行社(集团)有限公司发展的成功经验;⑤锦江之星连锁酒店集团发展的成功经验。

2.2.1　国际旅游接待业发展的标杆

1)新加坡旅游接待业发展的成功经验

本书首先说明新加坡旅游接待业发展的业绩与可借鉴性,其次说明新加坡旅游接待业发展的成功经验。

（1）新加坡旅游接待业发展的业绩与可借鉴性

选择新加坡作为标杆研究样本的主要原因：

①新加坡是世界著名旅游强国。据联合国世界旅游组织于 2015 年 4 月发布的《世界旅游业发展晴雨表》（UNWTO World Tourism Barometer）统计①，2014 年，以接待入境过夜旅游者人次排名，新加坡接待了 1 190 万入境过夜旅游者，位于全球旅游目的地的第 25 名，中国接待了 5 560 万入境过夜旅游者，位于全球旅游目的地的第 4 名。2014 年，以旅游外汇收入额排名，新加坡旅游外汇收入为 192 亿美元，位于全球旅游目的地的第 16 名，中国旅游外汇收入为 569 亿美元，位于全球旅游目的地的第 3 名。但是，新加坡是亚洲一个城市型的小国。2014 年，新加坡的面积只有 718.3 平方公里，人口只有 546.97 万。因此，本书将新加坡国际旅游业发展的主要指标与中国国际旅游业最发达的城市上海进行比较说明。

通过对表 2-1 中的统计数据的比较分析可以发现：2014 年，新加坡的人口密度是上海的两倍左右，但是，新加坡人均 GDP 是上海的 3.55 倍；新加坡接待的入境过夜旅游者人次是中国接待入境过夜旅游者人次最多的城市——上海市的 1.86 倍；新加坡的旅游外汇收入是上海市的 3.37 倍；新加坡旅游服务贸易出口额占 GDP 的比重是上海的 4.16 倍；新加坡入境过夜旅游者的人均消费额是上海的 1.81 倍。新加坡取得上述发展成果，是在高度国际化的市场经济环境里采用法治方式全面提高旅游业发展质量的结果。

②新加坡虽然是一个小国，但是，新加坡与中国的发展有类似的特点：两者都在努力建设世界旅游强国；两者都是以华人为主的社会；中国改革与开放的管理体制与社会运行机制越来越与新加坡具有相近性，即重视法制与市场经济。因此，新加坡提升旅游业发展质量的经验具有可借鉴性。

（2）新加坡的主要经验

新加坡的主要经验是在市场经济条件下，制定与执行具有针对性和可操作性的旅游法规，以保证一个国家旅游业发展的基本质量。

除了普遍适用的法律，如《新加坡消费者保护（公平交易）法》外，为了维护好旅游市场秩序、保证旅游产品与服务的基本质量、建设好旅游目的地的整体品牌形象，新加坡制定与实施了一系列旅游法规，明确了旅游经营者与旅游者的权利、义务与违法责任，使每个旅游经营者与旅游者从单纯的追求个人利益的个人理性，转变为同时追求旅游社区和谐与合作利益的集体理性。

新加坡的旅游法规可以分为两大部分，第一部分是由新加坡国家议会专门制定的具有强制性的《新加坡旅游局法》《新加坡旅行社法》和《新加坡旅馆法》等。这些法律往往有附件，例如《新加坡旅游局法》的附件一是《新加坡国家旅游标志使用说明》，附件二是《新加坡旅游局标志使用说明》。

第二部分是由上述法律授权这些法律实施的主管部门可以制定相应的、具有强制性的管理规范及处罚条例。这为法律实施的针对性、有效性提供了工具与保障。例如，新加坡旅游局依据《新加坡旅游局法》的授权，制定了各种相关的新加坡旅游管理条例，其中包括

---

① UNWTO. UNWTO World Tourism Barometer[R]. Volume 13 April 2015-Statistical Annex-11, Annex-13.

表 2-1　2014 年上海旅游业发展主要指标与新加坡的比较

	经济与社会发展基本指标					旅游接待人次指标	旅游收入指标		旅游经营效益与潜力指标					每位居民年平均接待入境过夜游客指标	
	人口（万）	面积		GDP		入境过夜游客人次（万）	入境旅游收入（亿美元）	旅游服务贸易出口额占 GDP 比重（%）	游客人均消费额（美元）	游客平均过夜天数（天）	宾馆年平均房价（美元）	宾馆客房年平均出租率（%）		人次/每位居民	旅游外汇收入/每位居民
		平方公里	人口密度（人数/每平方公里）	总额（亿美元）	人均（美元）										
上海	2 425.68	6 340.5	3 835.69	3 835.54	15 840	639.62	57.05	1.49%	891.94	3.24	105.50	63.54		0.26	235.19
新加坡	546.97	718.3	7 615	3 078.60	56 284	1 190	192	6.2%	1 613.45	3.7	203.61	85.5		2.16	3 510.24

资料来源:2014 年上海国民经济和社会发展统计公报［EB/OL］.上海统计局网站,2015-02-28;新加坡统计局网站。

1973 年 7 月 1 日颁布的《新加坡旅游局法：新加坡导游许可与管理条例》，该条例的附件《导游许可证的先决条件》；1973 年 9 月 1 日颁布的《新加坡旅游局法：新加坡旅游局准成员管理条例》；1988 年 3 月 5 日制定的《新加坡旅游局法：新加坡旅游局条例》等。

与中国的旅游法规比较，新加坡旅游法规的显著特点如下：

①旅游法律适用的对象与约束的行为主体更加明确，即以某一行为主体的人为主要适用对象，包括企业或机构，企业或机构也要落实到具体的负责人身上。例如，旅游股份制企业的所有董事要承担法律责任，员工要对自己的违法行为承担责任，同时，企业管理人员也要对员工的违法行为承担连带责任。

②旅游法律规定的行为要求非常明确，即明确说明应该做什么，哪些行为属于违法行为。

③法律实施主体与实施权力非常明确，实施主体具有制定实施条例的权力与强制执行的权力。例如，《新加坡旅游局法》明确规定新加坡旅游局负责导游的管理工作，可以制定具有强制执行力的导游管理条例。

④对任何违法行为要能够立即进行查处与处罚，要保证产生"违法损失大、要主动防止发生违法行为的自觉遵守效应与积极响应效应"。在新加坡，任何违法行为除了要受到暂停营业、取消营业资格等处罚外，都要受到罚款、监禁或者同时接受上述两种处罚，具有强制执行力。

⑤法律遵守情况的检查及法律执行条件完善。《新加坡旅游局法》规定可以随时进入个人或企业办公室，检查个人或企业有无犯罪行为，执法人具有可以立即制止违法行为的能力与条件。例如，《新加坡旅游局法》规定，只要得到旅游局长的授权，新加坡旅游局的官员可以随时进入旅行社的办公室，查阅各种相关资料，也可以拘留旅行社的工作人员。

新加坡旅游法规按照不同的适用对象，可以分成不同的类型。依据新加坡旅游法针对的不同行为主体，新加坡旅游法规可以分为：《新加坡旅游局法》《新加坡旅行社法》《新加坡旅馆法》《新加坡导游条例》《新加坡旅游税收征收法》。

下面，简要说明《新加坡旅游局法》的主要内容[①]，供借鉴参考。

1964 年 1 月 1 日颁布的《新加坡旅游局法》（Singapore Tourism Board Act Chapter 305B）将新加坡旅游局明确为法定的负责新加坡旅游管理的公司法人机构，可以依法对满足游客综合旅游需要的旅游产业所涉及的各类旅游企业与产品的市场准入和退出的质量标准进行严格管理，以保证旅游产业的基本质量。《新加坡旅游局法》的下列内容特别值得重点研究和借鉴。

第一，《新加坡旅游局法》对新加坡旅游组织、旅游基金、旅游企业、旅游产品体系进行了明确的界定，为全面管理好新加坡旅游业提供了明确的管理对象与范围。

按照《新加坡旅游局法》的规定：

该法律中所说的"准成员"，是指新加坡旅游局的准成员。

该法律中所说的旅游局是指新加坡旅游局。

该法律中所说的行政总裁是指新加坡旅游局的行政总裁。

该法律所说的财务年度是指自每年 4 月 1 日开始为期 12 个月的财务年度。

---

① 　Singapore Parliament. Singapore Tourism Board Act，1964-1-1

该法律所说的基金是指旅游基金。

该法律所说的成员是指旅游局任命的成员。

该法律所说的旅游企业,包括下列所有旅游企业:①任何为乘客提供全国和国际交通工具的企业;②任何为访问新加坡游客提供或安排全部或部分服务的企业,包括提供交通、住宿、旅游或导游的企业,不管是在新加坡国内提供这些服务还是在国外提供这些服务;③任何部分地或全部地从事与旅游相关产品交易与零售的企业;④任何其他企业,包括会议、展览、演出、交易会、宣传活动或主题公园,其目的是全部的或部分的为了谋利,或者为了吸引游客访问新加坡的企业。

旅游相关产品是指主要计划销售给访问新加坡游客的产品,包括:①展示新加坡任何景观与吸引物的产品;②有"鱼尾狮"标志的产品,"鱼尾狮"标志是必须经新加坡旅游局授权使用的新加坡的国家旅游形象标志;③其他具有任何特点的产品,由新加坡工业与贸易部长(主管旅游局的部长)在公告中说明的。

第二,《新加坡旅游局法》严格规定许可进入旅游市场经营的企业、产品、人员、品牌的基本质量要求,违反这些法律规定的,不准进入市场经营,擅自进入旅游市场经营的,作为犯罪行为处理,要受到3种惩罚:一是罚款,二是监禁,三是同时受到上述两种惩罚。即建立了"不敢违法的惩戒机制,不能违法的防范机制,不易违法的保障机制"。

《新加坡旅游局法》规定:

①任何个人在其经营的任何业务中未经新加坡旅游局许可,不能使用"旅行"(Travel)与"旅游"(Tourist)字样,如果使用的话,就属犯罪,要受到不超过2 000新加坡元的罚款,或者受到不超过12个月的监禁,或者同时受到上述两种处罚。当然,新加坡旅游局不能没有正当理由就不允许从事旅游企业经营业务的人员使用"旅行"(Travel)与"旅游"(Tourist)字样。

②任何人未经新加坡旅游局的同意,不能说自己从事的是旅游业务,包括不能说自己从事的是旅行社业务,否则就属于犯罪,要受到不超过2 000新加坡元的处罚,或者不超过12个月的监禁,或者要同时接受上述两种处罚。如果在被判罪后继续违法的话,要接受每天不超过500新加坡元的罚款。

③任何个人使用新加坡旅游局的标志与证书要得到新加坡旅游局的许可,要成为新加坡旅游局的准成员(Associate Member),需要符合规定的要求,并支付标志使用费用,违反上述规定将被判定为犯罪,要受到不超过5 000新加坡元的罚款,受到不超过2年的监禁,或者同时受到上述两种处罚。

④任何人在没有获得新加坡旅游局许可情况下使用新加坡的国家标志"鱼狮尾"标志(the Merlion Symbol),或者使用类似的标志造成混淆的,将受到不超过2 000新加坡元的罚款,或者不超过6个月的监禁,或者同时受到上述两种处罚。

⑤新加坡旅游局具有使用其自身标志的独享权利,任何个人在没有得到新加坡旅游局允许情况下,使用新加坡旅游局的标志,或者使用类似的标志导致产生混淆的,被判定为犯罪,将受到不超过2 000新加坡元的罚款或者不超过6个月的监禁,或者同时受到上述两种处罚。

事实上,新加坡的旅游法规是依据保证旅游业发展基本质量的需要不断完善的。例如:

《新加坡旅馆法》最早于 1954 年制定,1999 年进行了修改。《新加坡旅游局法》1964 年发布,1997 年修订,合并版于 2014 年 7 月 10 日开始实施。《新加坡旅行社法》1975 年颁布,1998 年修订,合并版于 2011 年 2 月 1 日开始实施。在 2015 年 6 月 15 日开始实施的《旅行社旅行保险的附加条件》,要求旅行社要告知参加出境旅游的自费旅游者,购买不低于 500 新加坡元保费的人身保险,如果包括货物与服务保险的话,要购买不低于 1 000 新加坡元保费的人身、货物与服务保险,而且不能指定哪家保险公司,应该让旅游者在推荐的保险公司名单中自己选择。

2) 东京迪士尼度假区发展的成功经验

东京迪士尼度假区(Tokyo Disney Resort)包括东京迪士尼乐园、东京迪士尼海洋乐园,以及相关的饭店、演出活动、交通设施、购物商店与餐饮设施等。

原国家旅游局局长提出了全域旅游的概念:"全域旅游是指在一定区域内,以旅游业为优势产业,通过对区域内经济社会资源尤其是旅游资源、相关产业、生态环境、公共服务、体制机制、政策法规、文明素质等进行全方位、系统化的优化提升,实现区域资源有机整合、产业融合发展、社会共建共享,以旅游业带动和促进经济社会协调发展的一种新的区域协调发展理念和模式"。

本书认为,东京迪士尼度假区是一种旅游主体功能区。旅游主体功能区是全域旅游发展的基本单位、核心单位或增长极,也是我国新型城镇化——老城更新、新城建设的重要组成部分。因此,研究旅游主体功能区发展的标杆东京迪士尼度假区,对提高我国旅游主体功能区的发展质量,甚至对我国旅游接待业和整个经济社会发展都具有较大理论与实践意义。

(1) 东京迪士尼度假区发展的业绩与可借鉴性

东京迪士尼乐园经营与发展的业绩在全世界主题公园中名列前茅。据世界主题公园权威研究机构美国主题娱乐协会(TEA)统计,2014 年,以接待人次排名,在全球前 10 家娱乐主题公园中,除第 2 家是环球影城外,其余 9 家都是迪士尼品牌的主题乐园。名列第一的是位于美国佛罗里达州迪士尼世界中的神奇王国主题乐园,接待人次为 1 933.7 万。同年,在亚洲 20 家最大的娱乐主题乐园中,名列第一位与第二位的分别是东京迪士尼乐园和东京迪士尼海洋乐园,接待人次分别为 1 730 万和 1 410 万,两者总计达到 3 140 万人次[①]。

在 2014 年 3 月到 2015 年 3 月的财务年度中,包括东京迪士尼乐园、东京迪士尼海洋乐园和主题酒店与其他经营业务在内的东京迪士尼度假区的总收入为 4 663 亿日元,经营毛利为 1 106 亿日元,净利润为 721 亿日元,净资产收益率为 13.6%。其中,东京迪士尼乐园、东京迪士尼海洋乐园两者收入与经营毛利占东京迪士尼度假区总收入与总经营毛利的 80% 以上。以当时 1 元人民币换 17.83 日元的汇率计算,在 2014 年 3 月到 2015 年 3 月的财务年度中,东京迪士尼度假区的收入为 261.52 亿元人民币,经营毛利为 62.03 亿元人民币,净利润为 40.44 亿元人民币。

---

① Themed Entertainment Association. 2014 Theme Index and Museum Index[R]. 2015:12,44-45.

东京迪士尼度假区的可借鉴性主要表现在:它是一个旅游主体功能区与全域旅游质量、效益与可持续良性循环发展的标杆。它运用社会责任理念,提供了旅游业发展质量主体、主体之间、主体与资源环境之间互相合作与互相约束、从个人理性走向集体理性、从传统经济走向生态经济、实现共创与共享高品质休闲旅游度假发展利益的机制。它自1983年开业至今持续健康发展的历史,充分证明了这种机制的合理性与有效性。

（2）东京迪士尼度假区的主要经验

东京迪士尼度假区的主要经验:建立旅游接待业发展质量主体——旅游接待业企业、旅游接待业企业员工、游客之间,以及旅游发展质量主体与环境之间的相互和谐合作与约束、从个人理性走向集体理性、实现共创与共享可持续的高品质休闲旅游度假发展利益的机制。

东京迪士尼度假区全面提升旅游主体功能区质量的三大载体或支柱是其商业模式、《游客问题解答》与社会责任报告。

东京迪士尼度假区的商业模式说明其如何基于旅游发展质量各主体利益平衡视角,处理好旅游企业盈利与各种同旅游企业经营管理相关的主体和要素的关系。

东京迪士尼度假区的《游客问题解答》是直接指导与处理旅游企业与游客关系、游客之间关系、游客与环境关系的行为准则和各种具体安排。

东京迪士尼度假区的社会责任报告反映了其处理与其他利益相关者和资源与环境关系的理念与实践的成果。

本节分别对东京迪士尼度假区的商业模式、《游客问题解答》与社会责任报告进行分析说明。

第一,东京迪士尼度假区商业模式的理论与实践揭示与证明了全面提升旅游业发展质量在旅游企业、旅游企业员工和游客之间存在着平等互利合作的、可持续的良性循环关系。

按照日本东方乐园公司(Oriental Land Company)发布的日本东京迪士尼度假区2015年的年度报告《欢乐让我们飞翔得更高》中的表述,东京迪士尼度假区的商业模式由三大部分组成:第一部分是提升公司的价值,其核心是创造欢乐。第二部分就是指商业模式,它包括4个组成部分:①提升东京迪士尼度假区的价值;②吸引更多数量的游客与游客的支出;③增加旅游企业的现金流;④增加新的投资。第三部分是经营使命,其经营使命是通过提供美妙的梦幻般的和动人的体验,提供原创性的、富有想象力的创意来创造游客的欢乐和满意。①

本书分析认为,东京迪士尼度假区的商业模式具有下列富有内在逻辑联系的七大基本特征:

①在市场经济条件下,旅游企业与游客遵循自愿与公平交易的原则,旅游企业要追求经济价值,首先要为游客提供富有竞争优势的高品质的商品、服务与体验的使用价值。

②东京迪士尼度假区从事的是娱乐度假产业,就是要通过提供美妙的梦幻般的和动人的体验,提供原创性的、富有想象力的创意来创造游客的欢乐和满意。

① Oriental Land Co.,Ltd. Annual Report 2015:Happiness Takes Us Higher[EB/OL].东方乐园公司网站,2016-06-09:4-5,28.

③东京迪士尼度假区具有的四大优势是出色的地理位置、便利快速的大容量交通、卓越的品牌力量、高尚动人的好客之道。其具体表现为：

有 3 000 万居民生活在离东京迪士尼乐园 50 公里的半径距离中。

花 15 分钟就可以从东京地铁站抵达东京迪士尼乐园地铁站；从东京羽田机场乘班车到东京迪士尼乐园只要花 30 分钟；从成田国际机场到东京迪士尼乐园只要花 60 分钟。

通过与迪士尼公司签订许可协议，可以在东京迪士尼乐园运营迪士尼品牌的设施。许可费用以日元占收入的比例计算，迪士尼公司与日本东方乐园公司不存在资本与人员关系。

实现提高东京迪士尼乐园演职人员的满意度水平与提高东京迪士尼乐园游客的满意度水平之间的良性循环，即当东京迪士尼乐园的演职人员满意了，他们就会提供更多的欢乐给游客，游客就可以享受到更多的欢乐，同时，也可能提供更多的消费支出，使东京迪士尼乐园的演职人员能获得满意的报酬。

④在上述基础上，实现吸引更多数量的游客与游客支出的目标，增加旅游企业的现金流。

⑤为了使游客满意，首先要使为游客服务的员工与演职人员满意，让他们有动力提供创造欢乐的创意与高品质的服务，特别值得关注的是依据服务营销有关"员工在为游客服务过程中互动营销的原理"，要让东京迪士尼乐园的演职人员在为游客面对面的服务过程中，主动积极地创造游客的欢乐体验。

⑥改善人力资源培训与演职人员好客服务之道的关键是在员工与督导他们的主管之间建立良好的关系。在东京迪士尼度假区，支持演职人员的力量始于他们的主管，主管比以往任何时候更加重视提高演职人员的好客之道与鼓励员工不断地将欢乐带给宾客。因此，从2016 年 4 月开始，东京迪士尼度假区改变直接指导演职人员的上司的期限有限的工作合同，让他们能成为公司的雇员。在主题乐园工作的员工的职业生涯、岗位、期限、条件将定期考核，目的是创造一种环境使他们的业绩能表现得更好。东京迪士尼度假区也重新解释了管理层（部门总监和经理）的行为要求，并将这些行为要求作为对他们进行综合地评估、晋升、培训的依据，也作为考察人力资源系统与运行的一部分。特别是，这包括规定每位管理者要遵循的管理行为的指导方针。这些指导方针是：

寻找——发现问题的原因，制订计划解决这些问题；

决策——确定解决问题要遵循的原则；

驱动——提出创新的主意，吸引团队跟随你；

开发——培育好人力资源是建立所有的合理行动的基础。

⑦为了优化与持续上述良性循环过程，需要增加新的投资。例如，日本东方乐园公司在1983 年投资开业了东京迪士尼乐园，在 2001 年投资开业了东京迪士尼海洋乐园。2015 年，东京迪士尼乐园接待的游客量是 1 660 万人次，东京迪士尼海洋乐园接待的游客量是1 360 万人次。两者加在一起总计为 3 020 万人次[1]。

第二，东京迪士尼度假区在其《常见问题解答》中表达的乐园服务与经营管理的观点与

---

① Themed Entertainment Association (TEA). TEA/AECOM 2015 Theme Index and Museum Index：The Global Attractions Attendance Report [EB/OL].TEA 官网,2016-5-25：12.

实践,揭示与证明了全面提升旅游业发展质量,既需要旅游企业提供精细化、精致化服务,又需要每一位游客具有尊重其他游客的利益、保护环境、尊重旅游企业的合理利益、产生正面外部影响、防止负面外部影响的文明旅游行为,这样做才能保证整个乐园的清洁卫生与全体游客的舒适安全,保证旅游企业的合理利益与乐园的优质服务和可持续发展。[①]

东京迪士尼度假区对常见问题的解答内容分为以下五大部分:①对游客服务问题的解答,共包括对13个问题的解答;②对园区资讯问题的解答,共包括对11个问题的解答;③对购物问题的解答,共包括对4个问题的解答;④对餐饮服务问题的解答,共包括对4个问题的解答;⑤对饭店服务问题的解答,共包括对7个问题的解答。

从对问题解答的不同目的分析,可以将问题的解答分为以下三大类:

①以解决信息不对称为主要目的的问题解答,即要解决东京迪士尼度假区提供的各种交通、游乐、购物、餐饮设施和服务信息的告知问题,虽然游客有这方面的需要,但游客尚不充分了解这方面的信息。

②以提供有效解决游客遇到的重大问题的优质服务方案为目的的问题解答。例如,"带小孩入园时,有哪些便利服务和适合乘坐的游乐设施?"东京迪士尼度假区的回答是:乐园提供救护室、婴儿中心、走失儿童服务中心、适合幼儿乘坐的游乐设施、有供应儿童餐的餐厅。又如,"什么是迪士尼快速通行?"东京迪士尼度假区的回答是:"本制度可以缩短游客排队等候乘坐游乐设施的时间。两座园区内的迪士尼快速通行的详细内容请查看下方链接。"

③引导游客自律以维护公共秩序为主要目的的问题解答。例如,对"可以将宠物带入园内吗?"问题的回答是:非常抱歉,宠物不能带入园内,请在入园前将宠物寄放到宠物俱乐部。可寄放在东京迪士尼乐园宠物俱乐部,或者东京迪士尼海洋乐园宠物俱乐部。为了全体游客的安全与对旅游企业提供寄放服务的酬谢,请携带官方出具的有效狂犬疫苗接种证明(标志牌等证明的原件),同时要支付寄放费用2 880日元,仅限来园当日寄放。又如,"自己携带盒饭等食物时应该怎么办?"东京迪士尼度假区的回答是:"欢迎到各园区专设的野餐区,享受愉快的野餐时光。东京迪士尼乐园的野餐区位于正门入口的左侧,供自带饮料和食物的游客使用。野餐区内设有桌椅,游客可在此与亲朋好友一起用餐。请勿将饮料和食物带入园内。东京迪士尼海洋乐园的野餐区位于正门入口的外侧两端,供自带饮料和食物的游客使用。野餐区内设有桌椅,游客可在此与亲朋好友一起用餐。请勿将饮料和食物带入园内。"如果允许游客将食物带入乐园,可能会导致游客在游览过程中到处用餐,到处产生垃圾,影响乐园的旅游环境,同时,也影响了旅游企业的正常收入。

第三,作为东京迪士尼度假区所有者和经营管理者的东方大地集团发布的《2015年公司社会责任报告》揭示与证明了旅游业发展质量主体之间关系和谐,包括旅游发展质量主体与环境关系和谐,才可能使旅游度假区实现可持续发展。

东方大地集团为东京迪士尼度假区制定的公司社会责任的方针:支持实施下列5种价值观,并形成良性循环圈,以丰富我们的社会与创造充满希望的未来。

①诚实与信任。东方大地集团始终坚持以有效履行经营管理每一方面的承诺来建立诚

[①] 东京迪士尼度假区.常见问题解答[EB/OL].东京迪士尼度假区官网,2016-6-8.

信关系。

②有活力和激励的工作场所。东方大地集团将营造一种工作环境,在这种工作环境里每一位员工将被鼓励开发其个人的与专业的全部潜能。

③对宾客做出保证。东方大地集团将在我们所有的经营活动中考虑到我们宾客的基本需要、欢乐和最佳利益。

④儿童是我们的未来。儿童是将家庭和社区凝聚在一起的力量。作为负责任的公司公民,东方大地集团将培育儿童促进健康和欢乐社会的发展。

⑤关爱环境。在我们的经营活动中,将环境问题放在第一位考虑,以便我们能做到为我们的下一代留下一个健康和整洁的环境。

2.2.2　国内旅游接待业发展的标杆

本书选择了国内旅游接待业中的三类企业代表,分别说明国内旅游接待业企业发展的标杆与可以继续研究的样本:①景区点企业的代表是河南云台山 5A 级景区;②旅行社企业的代表是上海春秋国际旅行社(集团)有限公司;③旅游饭店企业的代表是锦江之星连锁酒店集团。

1) 河南云台山 5A 级景区发展的成功经验

云台山位于郑州西北 70 公里的焦作市修武县境内,总面积 280 平方公里,含红石峡、潭瀑峡、泉瀑峡、青龙峡、峰林峡、子房湖、茱萸峰、叠彩洞、猕猴谷、百家岩、万善寺等 11 个景点,是一处以太行山岳丰富的水景为特色,以峡谷类地质地貌景观和悠久的历史文化为载体,集科学研究价值与美学欣赏价值于一身的科普生态旅游精品景区,因山势险峻,峰壑之间常年云雾缭绕而得名云台山。

(1)云台山 5A 级景区发展的业绩与可借鉴性

荣获国家旅游局全国旅游标准化示范单位称号的河南焦作市云台山 5A 级景区(简称云台山或云台山景区等),2014 年接待游客 522 万人次,综合收入近 5 亿元,是我国人气最旺的自然山水景区之一。

据国家旅游局统计,截至 2016 年 6 月,我国有 5A 级景区 184 个,焦作市云台山风景名胜区是 2007 年第一批被评定为 5A 级的景区,它作为我国 5A 级景区质量、效益与可持续发展管理的榜样,具有典型代表性。[①]

云台山景区自 1985 年开始正式开发。从历史考察,在 1977 年至 1987 年的十年期间开筑叠彩洞。1987 年 12 月 15 日,云台山被河南省政府公布为第一批省级风景名胜区。1988 年 4 月,云台山最早的开发机构——"修武县旅游筹备处"成立。1988 年 10 月更名为"修武县旅游公司",1989 年 1 月又更名为"修武县旅游管理局"。1989 年 4 月,修武县委、县政府根据云台山景区的开发建设事宜存在与地方难以协调的情况,又将"修武县旅游管理局"更名为"修武县

---

① 本书有关云台山景区的调查研究资料,都由云台山风景名胜区管理局提供。特别感谢云台山风景名胜区管理局的大力帮助。

云台山风景区管理局",并采取景(云台山景区)与乡(岸上乡)合一的综合监管体制和模式,将景区内的岸上乡党委、乡政府与景区管理局组成一套人马,两块牌子,合署办公。此后,修武县委、县政府组织人力、物力,开始了对云台山景区的大规模开发建设。

1989年3月,修武县政府组织开展对方庄至岸上路段进行整修,铺设柏油路面,至1989年6月工程竣工,云台山景区即开始接待游客。1989年正式成立云台山风景名胜区管理局。

2003年实行地下埋线,电视、电话、照明三线入地。2003年5月24日,修武县人民政府以修政文〔2003〕34号文,决定将云台山和青龙峡两个景区合称为"云台山风景名胜区"。

2003年9月,修武县委、县政府进一步采取"景政合一"的综合监管模式,作出了将国家森林公园、子房湖水库、百家岩、青龙峡景区管理局以及景区所在乡一把手兼任景区管理局副局长的重大决策,形成了强大的"云台山号"航空母舰,实现了人才、资金、资源、建设、管理上的统一调配、合理使用。

2005年云台山风景名胜区投入巨资建设数字化监控中心,用更加高效、先进的技术管理景区,为游客提供更加舒适便捷的旅游环境。2006年11月,焦作市委、市政府又将峰林峡正式纳入云台山风景名胜区管理。

目前,经过30多年的开发建设,景区的各项基础设施已经完备。游客进入云台山的第一站即百家岩大型生态停车场,占地面积35万平方米,有5 000个停车位,解决了"五一""十一"黄金周游客进不来、出不去的交通瓶颈问题。

云台山景区自开发以来,在各级领导和各界人士的关心支持下,经过不断努力获得了许多荣誉。

1993年5月4日,云台山被林业部命名为云台山国家森林公园。1994年1月10日,云台山风景名胜区被国务院公布为国家重点风景名胜区。

1998年8月18日,国务院批准云台山为国家级猕猴自然保护区。2001年12月云台山被国土资源部命名为国家地质公园。2002年9月被水利部命名为国家水利风景区。2002年10月被国家旅游局命名为国家4A级旅游景区。2003年1月被全国假日办纳入全国假日旅游预报系统,成为河南省唯一被纳入全国假日旅游预报系统的自然景区。

2004年2月,云台山又以全国第三、世界第五的名次被联合国教科文组织命名为全球首批世界地质公园,实现了由区域性景区向世界级景区的跨越,创造了业内人士瞩目的"云台山现象"。

2005年,云台山作为焦作经济的代表被编入全国高中地理课本,并被建设部确定为全国首批18家数字化景区建设试点单位之一。2006年7月,建设部命名云台山为全国首批国家自然遗产。

2007年5月8日,云台山被国家旅游局评定为全国首批5A级旅游景区。同年"云台山"商标被认定为河南省著名商标。2009年3月19日,云台山景区被中央文明办、住房和城乡建设部、国家旅游局授予全国文明风景旅游区。2010年1月,"云台山"商标被国家工商总局认定为中国驰名商标,这是河南旅游业首个,也是国内山水景观中唯一一个中国驰名商标,同年6月23日,云台山被授予河南省省长质量奖单位。

2011 年 9 月 20 日,云台山荣获全国质量工作先进单位,同年 12 月,荣获国家级服务业标准化试点单位。2012 年 3 月,荣获全国旅游标准化示范单位,同年 12 月,荣获全国知名品牌创建示范区。

2014 年,结合焦作市"中国养生地,世界太极城"和修武县"景城融合"的发展理念,云台山景区提出了"一体两翼,复合发展"的总体战略定位和发展思路。同年 9 月,荣获全国旅游服务质量标杆单位,同年 12 月,获批全国服务业标准化示范项目。

2015 年 12 月,云台山荣获"质量之光"年度奖——年度质量标杆企业荣誉。一年一度"质量之光"的公众评选活动为中国质检报刊社创办。2015 年,国家质检总局把该活动提升为质量月活动的主要内容。2015 年"质量之光"评选奖项经过精减、合并,由往年的 10 项压缩到 7 项,分设"年度质量事件""年度质量人物""年度魅力城市""年度魅力品牌""年度质检创新""质量标杆企业"和"卓越技术机构"7 个系列。经过自荐、推荐和初步审查,确定入选单位,利用报纸、网络和微信、微博等媒体向社会公布,通过公众投票、专家委员会评审,最终确定获奖单位。

(2)云台山 5A 级景区的主要经验

①树立正确的"质量—品牌—效益—可持续发展"的理念。

2015 年 12 月,云台山风景名胜区荣获"质量之光"年度奖即年度质量标杆企业荣誉。获奖代表的获奖感言,表达了云台山风景名胜区有关"质量—品牌—效益—可持续发展"之间关系的正确理念。

云台山旅游发展有限公司总经理认为,发展云台山景区,质量必为先。质量被视为云台山的根与魂。质量驱动着云台山阔步发展。质量是景区发展的硬指标和内动力。质量出品牌,质量出效益。短短十余年,云台山通过修炼质量"内功",专注质量"特效",品牌影响力和市场竞争力全面提升,集全球首批世界地质公园、国家首批 5A 级旅游景区、国家级风景名胜区等"桂冠"于一身,获得全国质量工作先进单位、全国知名品牌创建示范区、全国旅游服务质量标杆单位等殊荣,《旅游景区数字化应用规范》成为首个由景区编制的国家标准被推广。

云台山旅游发展有限公司总经理认为,"年度质量标杆企业"称号对于云台山不仅仅是荣誉,更是一份责任、一种鞭策。云台山将一如既往地坚持质量为先,牢记质量使命,实现从优秀到卓越的跨越,以质量助推景区转型升级复合发展,打造国内一流、国际知名的可持续发展的休闲度假旅游目的地。

显然,在"质量—品牌—效益—可持续发展"的正向循环中,质量始终是根本和基础。

②建立旅游供给要素全覆盖的全域旅游的质量管理体制。

云台山 5A 级景区的经验是:要建立"政府主导,覆盖全域旅游供给要素的整合、协调、联动的经营管理体制"。

云台山旅游业的高关联性,决定了旅游业是一把手工程。党委重视,政府主导,部门联动,市场化运作,企业化管理,成为云台山飞速发展的关键所在。

2000 年,焦作市委、市政府已经意识到发展旅游业的重要性,制定了"以旅游业为突破口,带动第三产业全面发展,真正把旅游业作为全市经济结构调整的重点和新的经济增长点"的发展战略,使得以云台山为代表的全市旅游业迅速发展壮大,成功推动焦作市由资源枯竭型城市向绿色经济转型。修武县委、县政府把旅游业确立为龙头地位,大力实施"旅游立县"战略,在全县形成了"旅游是第一产业"的共识,采取"全党动员,全民参与"的办法,累计投入资金 20 亿元,先后组织了云台、青龙峡景区开发,森林公园开发,峰林峡开发等多次大规模的开发建设活动,为云台山快速发展奠定了基础。

为了增强修武县旅游和云台山的竞争优势,修武县委、县政府对全县旅游实施整合管理。2003 年 8 月,将原来分别隶属于林业、水利、文化及方庄镇的云台山国家森林公园、子房湖、百家岩、青龙峡景区全部纳入云台山统一管理,"景政合一"的管理体制彻底解决了云台山发展过程中"多头管理、推诿扯皮"的体制问题。

2006 年 11 月,焦作市委、市政府将峰林峡纳入云台山统一管理,实现了人才、资金、资源、建设、营销、管理上的统一调配、合理使用,形成了强大的"云台山号"旅游航空母舰。

2009 年 12 月,以云台山为龙头,组建成立了包括"食、住、行、游、购、娱"六大旅游要素的焦作云台山旅游股份有限公司,积极运作上市。

③建设高品质的旅游设施与环境。

景区基础设施与服务设施的好坏,决定着景区形象和客源市场是否能持续健康发展。云台山在开发建设上始终坚持精雕细琢、精益求精,一草一木、一石一牌都严格按照规划、结合具体实际建设,使景区产生处处是精品、点点有特色的视觉效果,成为优质、安全、舒适的旅游景区。

第一,保护第一,合理开发。2013 年 9 月 26 日,河南省十二届人大常委会第四次会议表决通过了《河南省云台山景区保护条例》,并于同年 12 月 1 日正式执行,成为河南省第一部自然山水景区保护条例,对云台山的规划、建设、保护和管理活动进行规范,明确了在景区禁止从事的行为,标志着云台山景区的生态保护、规划建设、管理服务真正步入了法治化的轨道,让云台山的青山绿水有了"护身符"。

第二,顶层设计,科学规划。2001 年以来,云台山景区投资 220 万元在"科学规划、统一管理、严格保护、永续利用"的原则指导下,高起点编制了《云台山旅游深度开发规划》《云台山旅游区控制性详细规划》《百家岩旅游休闲度假区详细规划》等一系列规划,有效指导景区科学开发。目前,正围绕中国养生地建设,与国家科技部文化科技创新服务联盟合作编制《云台山旅游发展总体规划》《云台山森林生态系统营造规划》《云台山水资源保护与循环利用总体规划》等,明确景区转型提升的目标、任务和路径,为景区改善环境和持续发展提供支撑。

第三,精品建设,优化环境。在科学规划的基础上,先后投入 10 亿多元,对云台山景区进行高标准的建设,所有环线观光步道达到生态和谐、舒适安全标准;景区厕所按照"五化"标准(设施合理化、设计景观化、服务人性化、管理规范化、使用文明化)全部达到三星级以上;"电力、通信、广电"等线路全部实现挖沟埋地;建设高标准的地质博物馆和水上太极拳表演舞台,全面提升景区文化品位;建设占地 35 万平方米、5 000 个车位的大型生态停车场,购置 230 辆尾气排放达到欧Ⅲ、欧Ⅳ标准的豪华绿色观光巴士,实现了内部交通网络便捷高效;建成了"零电费、零排放"的风光互补照明系统;采用了最先进的无明火、无污染技术,建成可容纳 2 000 人就餐的餐饮服务中心。

第四,完善设施,提升品质。云台山景区遵循"以人为本、游客至上"的原则,在景区全面实施温馨工程。开通郑州、洛阳、新乡、焦作等周边城市到景区旅游班车;全方位提供净化开水、多语种导游图、信息咨询、自动取款机、自动售货机、手机加油站、行李寄存柜、邮政与纪念品服务、医疗救护车、婴儿车、残疾人专用轮椅、医疗点等服务项目;修建了与周围环境相协调的吸烟点和休闲茶社;所有维持游客排队秩序的栏杆缠绑尼龙绳,做到夏季不烫、冬季不凉;安装了服务质量评价器和售票系统双向电子显示屏,方便游客质量监督;景区所有厕所的洗手水温根据季节温度适时调整,常年保持舒服感;所有厕所都配有卫生纸、擦手纸、自动飘香机、空气清新剂、烘手机、檀香、盆栽植物等,仅每年免费手纸费用就达 150 万元;还针对残疾人、老年人等特殊群体,在星级厕所专门设置了残疾人厕位和无障碍通道。目前,景区投资 2 000 万元实施标识、标牌系统改造升级项目,对景区标识、标牌系统全面升级改造,提升景区旅游服务功能。

④建立体现高品质服务行为的制度规范与技术支持系统。

作为全国旅游标准化示范单位和国家级服务业标准化试点单位,云台山视服务为灵魂,把质量当生命,并渗透到细节、体现在平时。云台山景区通过调查发现,近 50% 的游客是通过亲朋好友推荐慕名到云台山游览,口碑相传成为游客认知景区的重要途径,云台山以自然山水景区第一名的成绩荣登中央电视台景区服务正面评价口碑排行榜。2001 年以来,景区未发生一起重大投诉事件,游客投诉率连续 13 年低于 0.05‰,连续 5 年低于 0.022‰。云台山景区提升服务质量的经验主要包括以下 3 个方面。

第一,树立用心服务理念,提供精致服务。云台山景区的员工认为:游客是我们的衣食父母,我们是游客的服务员。云台山景区自上而下要求所有职工树立"不让一位游客在景区受委屈","人人都是旅游环境"的服务理念,教育引导广大干部职工为游客提供优质、高效、人性化的服务。

景区每年都聘请郑州大学、河南财经政法大学等院校的教授利用淡季空闲时间进行旅游服务方面的培训。持续开展全国文明风景旅游区、文明单位、文明商户、青年文明号等品牌创建活动,以文明创建促服务提升,不断提高服务质量和服务效率。

景区制定好人好事奖励办法。每年拿出 50 万元对涌现出的爱岗敬业、拾金不昧、助人为乐的好人好事进行奖励。每年一线职工捡到手机、相机、皮包、现金、证件、衣服等好人好事就有 1 000 多件,帮助游客抱小孩、搀老人、修车、医疗救助、打捞落水物品等好人好事更是数不胜数,用心服务已经成为全体员工的自觉行为。

第二,制定服务标准,精细化管理服务行为。云台山景区以标准求生存,以质量促发展,在全国率先实现了旅游标准化管理。

云台山景区颁布了《关于深入实施标准化发展战略的意见》,把标准化工作上升到战略高度,建立了包括服务质量、安全卫生、环境保护等 658 项标准的《云台山风景名胜区服务标准化体系》,被国家旅游局编入《旅游景区管理制度汇编》向全国推广;编制的《旅游景区数字化应用规范》的国家标准成为我国首个由景区编制的国家标准;《地质公园地质遗迹保护规范》和《景区内部旅游客运交通管理规范》两项河南地方标准已发布实施,使景区的旅游服务从简单粗放逐步走向规范有序,在旅游界树立了行业典范,确立了标杆地位。

第三,数字技术引领,促进便利化管理。早在 2006 年,云台山景区就充分认识到"数字化"对推动景区持续健康发展的重要性,投资1.5亿元实施数字化建设工程,按照"资源保护数字化、经营管理智能化、产业整合网络化"的要求,建成了集规划、应急指挥、信息采集、网络通信、资源保护、市场营销为一体的数字化管理系统,将数字、信息、网络技术应用到景区工作的各方面,并成功创建了全国首批数字化景区建设试点单位、全国智慧旅游景区试点单位等品牌。

随着互联网的兴起,"互联网+旅游"成为新时期智慧景区建设的主题。云台山投资5 000万元实施"爱游云台"智慧旅游示范工程,在城铁站、景区服务区安装自动售票机,在景区入口安装自动验票机;实现了人口聚集区域免费WIFI全覆盖,气象信息实时预测,网上订票身份证直接验票入园;建成了三维地理信息系统和虚拟导览平台。启动车载智能讲解系统、二维码售验票升级改造、微信打印机微信支付调试、微信购票等建设工作,通过现代化信息技术,为游客提供智能化、信息化和人性化服务,打造云台山景区的智慧旅游服务品牌。

⑤建立高素质的人才队伍。

云台山景区确立"人才是第一资源"的发展战略,注重发挥"人育环境、环境育人"的互动促进作用,要求全体职工对游客亲情浓郁、对同事友情有加、对工作热情不减,树立了"敢为人先、勇争一流"的奉献进取精神,而正是这种精神成就了云台山景区的发展速度与行业传奇。

第一,不拘一格引进人才。制定人才引进战略规划,先后从中国人民大学、北京林业大学、郑州大学、河南财经政法大学等全国各高校引进了市场营销、工程建设、电子商务、旅游管理等专业人才。通过人才引进,不断扩大人才总量,完善人才结构。云台山景区现有博士1人;硕士12人;本科毕业生198人,占员工总数的9%;大专毕业生438人,占员工总数的22%。

第二,人尽其才,才尽其用。云台山景区坚持"有德有才破格使用,有德无才培养使用,有才无德限制使用,无德无才坚决不用"的用人原则,全面引入竞争机制,拓宽识人、选人视野,广开用人渠道。

在景区内部实施中层管理人员竞聘上岗制度,为优秀人才提供施展才能的广阔舞台,先后有100多名优秀人才从普通岗位脱颖而出走上了中层管理岗位。

第三,以人为本,养好人才。为了留住人才,养好人才,景区为所引进的优秀人才提供良好的工作与生活环境,解决他们的工资、福利、保险、住房、家属就业等问题;建立职工生日档案,给职工发放生日蛋糕卡,每季度给职工发放劳保用品;印发《关于鼓励职工晋升各类专业职称和学历的奖励办法》,发放学历补助,设立"为景区争得荣誉奖",激励广大职工取得更高学历,不断学习提升,使各类人才引得进,留得住,干得好。

此外,云台山景区还选派优秀人员赴黄山等国内知名景区、重点单位学习锻炼,丰富员工知识,拓宽员工视野。

⑥建立高品质的品牌营销系统。

旅游经济既是品质经济、品牌经济,也是注意力经济与点子经济。围绕"中国养生地,大美云台山"的品牌形象,云台山景区以游客需求为导向,以为游客提供优质服务为支撑,采取大媒体、大活动、大创意的营销策略,强力拓展景区品牌影响力和提升景区市场竞争力。

第一，深入调查调研，对市场准确定位。市场定位是市场营销工作的关键性的第一步。唯有基于深入细致科学的市场调研，才能准确定位客源市场和优化宣传策略。

为了深入了解客源市场，云台山景区每天安排专人在主要路口对进入景区的旅游车辆进行分车型、分地域统计，并配合使用先进的车辆统计系统和停车场管理系统，细致科学地统计分析旅游车辆，按照小车 4 人、中型车 15 人、大巴车 35 人估算人数，分析细分市场规模，准确率达到 98%，一直沿用至今。

在每辆观光大巴上悬挂《游客意见本》，由游客亲自填写，并每周整理分析相关数据，及时准确掌握客源分布、出行习惯、组织方式、认知途径及游客对设施、服务等方面的评价，在此基础上精准定位客源市场。

据分析，云台山景区的一级市场包括半径 800 公里范围内的河南、山东、山西、北京、河北、陕西、天津等；二级市场包括半径为 800 至 1 000 公里的江苏、安徽、湖北、内蒙古、上海；潜在市场为半径 1 000~1 500 公里的辽宁、广东、甘肃、湖南、江西等。境外客源市场以韩国为重点。

第二，持续投入资金，进行大力宣传。每年拿出收入的 10%~15% 用作宣传经费，从 2001 年的 200 万元达到 2014 年的近 4 000 万元，为营销工作提供了强有力的保证。

云台山作为全国第一家旅游景区连续多年在央视《朝闻天下》《午间气象预报》《整点新闻》等栏目推出全年形象宣传；吸引中央电视台的《探索发现》《百家讲坛》《中国通史》《走遍中国》等栏目先后到景区拍摄专题纪录片，深度挖掘与传播云台山深厚的文化内涵和地质地貌常识。

此外，云台山风景区在北京、上海、西安等 7 个城市的地铁站，在首都机场，在北京和上海的交通广播，在韩国首尔地铁以及在重点客源地主流媒体上推出形象宣传广告。

第三，依托活动，增强影响力。充分利用节庆活动进行宣传，云台山景区曾连续 5 年独家承办中央电视台现场直播的"云台山杯"U17 中国青少年乒乓球挑战赛，先后成功举办了三届云台山国际旅游节、四届竹林七贤文化研讨会、三届中国云台山九九国际登山挑战赛、首届焦作市"云台山杯"自行车赛、首届中国热气球俱乐部联赛和中美姐妹公园国际摄影大赛等大型活动，其中中国云台山国际旅游节获得"最佳旅游节庆奖"，促进了景区山水和文化、旅游观光和休闲健身的有机融合，进一步丰富了旅游产品的内涵。景区还积极参加各类旅游交易会，并先后赴欧美、日韩、港澳台、东南亚等地举办专场推介会。

第四，敢为人先，创意营销。云台山很早就树立了强烈的品牌保护意识，注册包括云台山、云台天池、竹林七贤等商标 42 类 512 项，成为河南省旅游业界首个中国驰名商标。

云台山景区与中国科技大学、中国地质大学、北京第二外国语学院、郑州大学等十余所知名高校合作建立产学研基地，中央民族大学在云台山建立了中国第一个旅游博士生实习基地，跟踪研究云台山景区的发展模式。

云台山景区还邀请阎肃、汪国真等著名词曲作家创作了《云台恋歌》《青青云台山》等十几首歌曲。先后设立了全国旅游景区首个驻北京、上海旅游服务中心；设立了我国旅游景区首个境外办事处——云台山驻韩国首尔办事处；成功开通了全国首个以景区命名的北京、武汉至焦作"云台山号"系列旅游专列，开创了服务始于客源地、止于客源地"组接一体化、服务全程化"模式,目前两组专列已分别开行125趟和48趟;并成功冠名河南省首条城际铁路郑焦城铁,开通首尔、上海等重要客源城市包机,极具创造性的营销活动引起社会的广泛关注和各界的一致好评,有效提升了景区形象,带动旅游市场繁荣发展。

第五,与时俱进,网络营销。借助"互联网+"的东风,云台山景区紧随时代步伐,根据发展需求升级景区数字系统,丰富了官网功能,开辟了网上论坛、在线咨询、问卷调查等栏目,建立了网站、微博、微信等自媒体平台。此外,与同程网、携程网、去哪儿等电子商务平台合作进行网络宣传推广;利用中国旅游网、新华网、新浪网、乐途旅游网、大河网等网络媒体,全力进行宣传;与郑州王道乐途出行服务有限公司签订了战略合作协议,开展包含景区智慧化建设、宣传策划、网络营销、软件技术开发等方面的合作,借助旅游电商和利用技术手段不断提高景区营销水平。

⑦带动地区经济高效益发展。

旅游业是一个带动性极强的绿色产业与主导产业。云台山的发展在促进当地农民增收、经济增效、财政增长方面显示了极强的综合带动功能,充分体现了国务院提出的"把旅游业培育成国民经济的战略性支柱产业和人民群众更加满意的现代服务业"的总体要求。

2000年以前,焦作市仅有3家旅行社,截至2015年年底,全市已拥有旅行社116家、导游员3 000名。而修武县2000年还没有一家旅行社,宾馆饭店仅有52家,没有一家星级宾馆,现在全县旅行社已增至36家,宾馆饭店骤增至590家,在建、签约的三星级以上酒店达到14家;旅游综合收入达到26.8亿元,支柱产业的作用愈加显现,确实做到了一个景区带富一个县。

目前,景区员工由2000年的69名增加到近2 000名,全县导游员由2000年仅有的10名增加到1 500余名,由此带动旅游从业人员3万余人,占全县从业人员总数的40%以上,成为增加就业的重要渠道。

云台山所在的云台山镇,通过旅游业综合带动,形成了集住宿、餐饮、购物、娱乐为一体的综合服务区,已从当年居民人均收入仅260元的贫困乡,变成了今天居民人均收入5万多元、全省闻名的富裕乡和全国文明乡镇,岸上村还被农业部确定为全国"美丽乡村"创建试点乡村。

原国家旅游局局长邵琪伟在云台山调研时说:云台山发展旅游对社会主义新农村建设的巨大作用,在这里得到了充分体现。以前总有人认为发展旅游旺丁不旺财,富民不富财,现在看来,发展旅游旺丁又旺财,富民又富财。

⑧不断探索高品质—高效益的发展模式。

云台山景区正在不断探索高品质—高效益的发展模式。云台山景区紧紧围绕"转型提升,融合发展"的总体要求,把握历史机遇,创新发展模式,加快转型升级的步伐。

第一,开拓创新,优化利用各种资源要素,构建复合型发展模式。通过对现有旅游资源、旅游产品、客源市场认真调查分析,云台山风景区提出了"一体两翼,复合发展"的总体战略定位和发展思路。"一体"即以自然山水观光为主体,这是云台山发展的基础也是前景所在,必须不断巩固和发展,不能动摇。"两翼"一个是文化,要努力提升云台山文化内涵和品牌影响力;一个是休闲,积极打造高端休闲度假产品;构建观光旅游、休闲度假旅游、特种旅游齐头并进的复合型发展模式,努力打造国内一流、国际知名的休闲度假旅游目的地。

为了顺利实现景区转型发展目标,云台山景区实施"三步走"战略:第一阶段完善产业配套,弥补产业链短板;第二阶段重点发展高端休闲度假旅游项目,打造云台山国际旅游度假区;第三阶段整合资源、扩大产业平台,打造云台山文化旅游产业集聚区,通过并购重组、输出资本、品牌、管理等走出去方式,进一步扩大产业平台,壮大产业规模。通过分阶段、分步骤实施,努力实现两个阶段性目标任务:一是先用 3 年左右时间,每年投资 3 亿多元,总投资 10 亿多元,综合收入达到 8 亿左右,比目前收入翻一番;二是再用 3~5 年,投资 30 亿元,使综合收入达到 25 亿元左右。

第二,产业集聚,培育优质度假产品。云台山通过项目带动战略,打造产业集聚平台,不断优化产品结构,拉长产业链条,壮大产业规模。

目前,云台山旅游产业集聚区是河南省十大旅游产业集聚区之一,区内科学布局、精心谋划一批融观光、休闲、度假、养生、研学等为一体的旅游新业态项目。其中,投资 5 亿元的云台天阶国际饭店及配套商业设施项目、中原首家以民俗文化为主题的七贤民俗文化村项目等已投入运营;新增景点云溪谷、凤凰岭玻璃栈道已对游客开放。正全面推进景区加油站、茱萸峰和凤凰岭客运索道、水上娱乐、青龙峡和峰林峡游客服务中心、七贤山居高级度假聚落、大型温泉度假酒店、凤凰岭崖壁灵岩酒店、秀美云台多媒体馆、景区空轨、自驾游房车露营地、广告开发及旅游商品经营、太极文化产业、康体养生等一大批在建或拟开工的休闲度假产业项目。

下一步,还将在西沟 600 亩地块建设集大型温泉、旅游度假小镇、高档度假酒店、美食购物中心等业态于一身的旅游度假综合体;在下白掌地块建设以太极养生、禅修、康体、医疗、养老为主题的休闲度假酒店群;依托一斗水、双庙等传统古村落,发展高端乡村旅游度假业态。特色化、差异化培育云台山旅游度假产品,着力丰富旅游度假业态,增加旅游度假元素,完善旅游度假功能,满足各层次游客的旅游度假需求。

第三,丰富内涵,文化与旅游融合发展。文化是旅游发展的灵魂,旅游是文化传承的载体。云台山坚持文化旅游复合发展,实施文化旅游精品工程,提升文化旅游产业品牌。以传承千年的"竹林七贤"文化为核心,实施投资近亿元的百家岩文化旅游服务区项目,主要建设七贤文化体验馆、竹文化开发、百家岩寺、观光水系、休闲服务区等项目。同时投资 1.5 亿元,委托科技部文化科技创新服务联盟,组织国内设计、规划、展演、科技创意方面的顶级专家团队,打造一台突出"竹林七贤"文化特色的大型实景展演项目,并配套建设"竹林七贤"主题度假酒店,将百家岩建设成为以七贤文化为特色,集观光休闲、修身研学、康体养生、文化体验、徒步运动等综合旅游产品为一体的高品位休闲度假区,增强云台山旅游度假区的底蕴和内涵。

第四,推进上市,产业资本与金融资本融合,实现景区跨越式发展。目前,旅游业开始由资源密集型产业向资本密集型产业转变,企业上市是加快企业发展的重大战略举措,借助资本市场可以为企业发展插上腾飞的翅膀。云台山景区把加快股份公司上市工作作为一项重中之重的工作加以推进,并取得突破性进展。

随着《国务院关于促进旅游业改革发展的若干意见》和《国务院办公厅关于进一步促进

旅游投资和消费的若干意见》的发布实施,云台山景区正在以全面质量管理为基础,以郑焦城际铁路建成通车、郑云高速顺利修建为契机,以项目建设、景城融合为载体,以建设中国养生地为目标,坚持转型中提升,在提升中发展,在发展中突破,进一步丰富产品类型,拉长产业链条,全面推进云台山上市和旅游度假区建设,全力打造云台山世界知名、全国一流的休闲度假旅游目的地,努力为焦作建设中原经济区转型示范市作出积极贡献。

2)上海春秋国际旅行社(集团)有限公司发展的成功经验

上海春秋国际旅行社(集团)有限公司(以下简称"春秋国旅")是春秋航空的母公司,成立于1981年。目前,它已拥有4 000余名员工和导游,年营业收入60亿元,业务涉及旅游、航空、酒店预订、机票、会议、展览、商务、因私出入境、体育赛事等行业。它是国际会议协会(ICCA)在中国旅行社中最早的会员,是第53、54、55届世界小姐大赛组委会指定接待单位,是世界顶级赛事F1赛车中国站的境内外门票代理,被授予上海市旅行社中唯一的著名商标企业,也是中国第一家全资创办航空公司的旅行社。[①]

(1)上海春秋国际旅行社发展的业绩与可借鉴性

自1994年至今,上海春秋国际旅行社(集团)有限公司荣获多个全国旅游第一:①1994年起,每年都获国家旅游局排名的国内旅游全国第一。②它是国内连锁经营、全资公司最多、最具规模的旅游批发商和包机批发商。③它拥有"贵族之旅"纯玩团、春之旅(中外宾客同车游)、自游人、爸妈之旅等多种特色旅游产品。④它拥有境内外41个全资分公司,数量位于全国第一。在北京、广州、西安、沈阳和三亚等34个国内大中城市设有全资公司,境外有美国、加拿大、泰国等7个境外全资公司。⑤它拥有100余个全资门店,数量位于全国第一。每个全资公司大都有2~10家连锁店,在上海有50家连锁店。⑥它拥有4 000余家旅游代理,数量位于全国第一。在江浙地区有400余个、全国有4 000余个网络成员,他们使用春秋国旅自行研制开发的电脑系统销售春秋旅游产品,提供"散客天天发,一个人也能游天下"的便利的散客即时预订服务。⑦它是国内旅游业中唯一实施入网48小时必须收款理念的旅行社。年营业收入60亿元,没有坏账的。⑧旅游包机两万航次,包机数量位于全国第一。⑨春秋航班总平均客座率为95%,全国第一。⑩2008年,被评为国内旅游用户满意服务企业。

上海春秋国际旅行社是由国家旅游局命名的全国旅游标准化示范单位,是上海十大品牌,也是上海5A级旅行社。自1981年创业至今,始终以诚信为本。因此,上海春秋国际旅行社在旅游服务质量与效益管理方面都具有可借鉴性。

(2)上海春秋国际旅行社的主要经验

①开发新市场,确立适合目标市场的质量观。

作为上海春秋国际旅行社子公司的春秋航空股份有限公司(以下简称"春秋航空")是中国首批民营航空公司之一,是中国唯一一家低成本航空公司,基地在上海。

---

① 作者在长期追踪研究上海春秋国际旅行社(集团)有限公司发展基础上,于2015年11月3日对上海春秋国际旅行社(集团)有限公司进行了专题调查研究,对上海春秋国际旅行社(集团)有限公司子公司春秋旅游的常务副总经理进行了访谈。从发展历史考察,春秋旅游是春秋航空等其他子公司发展的母体。

经过中国民用航空局对公司严格的运行合格审定,春秋航空 2005 年 7 月 18 日首航,运营上海飞广州、深圳、珠海、揭阳(汕头)、厦门、三亚、福州、沈阳、哈尔滨、长春、大连、青岛、银川、绵阳、石家庄、昆明、重庆、西安、兰州、乌鲁木齐、呼和浩特等多个城市,共开飞了国内 50 多条航线。

2010 年 7 月 28 日,春秋航空开通了中国民营航空公司第一条国际航线即上海—日本茨城航线,同年 9 月 28 日开通上海—香港航线。2011 年 4 月 8 日开通上海—澳门航线。

春秋航空依据其低成本航空公司目标市场对质量期望的特点,定位为旅客提供"安全、低价、准点、便捷、温馨"的低价航空公司的优质航空服务。

春秋航空从市场与管理创新起步,安全、平稳运行,平均客座率达 95%。在 19 家新航空公司中唯一获民航局"安全先进单位"表彰嘉奖。自 2006 年 1 月至今,每月民航局公布的全民航"政府性基金征缴"(指民航基金、机场建设费)总评分第一名。

春秋航空以"让更多的普通大众坐得起飞机"为目标,打造了"三多"新市场:旅客第一次乘飞机的多,周边来乘飞机的多,自费掏腰包的乘客多。

春秋航空定位低成本航空公司,与追求豪华消费和高票价的现有国内航空公司不同,它创新确立了针对廉价航空目标市场的合适质量观。其服务具有下列显著特点。

第一,票价差异。春秋航空推出 99 元、199 元、299 元、399 元等"99 系列特价机票",通过降低运营成本使票价下降,以对价格比较敏感的商务客和旅游观光客为主要客源市场,让更多的乘坐火车和汽车等地面交通工具和从未坐过飞机的人,尤其是自费客人乘坐飞机旅行。

第二,销售方式差异。春秋航空的销售不采用中国民航 GDS 预订系统,全部在春秋自己开发的座位控制销售系统中销售。以网上 B2C 电子客票直销为主。

第三,创新服务。旅客可以在家或在办公室通过网上支付预订机票,还可以在网上选择飞机上的座位,并且可以用普通纸张打印电子客票行程单。

第四,机上服务差异。春秋航空减少非必要服务,不免费供应其他饮料和餐食,旅客如有需要均可有偿使用。飞机上采用蹲式、挎篮式服务。

②实施精益生产方式,利用各种形式提高全要素生产率。

精益生产方式的实质是减少浪费、防止浪费。这样做,既可以降低价格让利给游客,又可以在既定价格下合理提高利润,还可以保护环境、节约资源。①

春秋航空不仅运用精益生产方式,而且积极探索运用其他各种形式提高全要素生产率。

第一,运用"两单""两高"和"两低"的低成本经营模式。

"两单",即单一机型与单一舱位。单一机型:春秋航空公司全部采用空客 A320 机型,统一配备 CFM56-5B 发动机。使用同一种机型和发动机可通过集中采购降低飞机购买和租赁成本、降低飞机自选设备项目成本及自备航材采购成本;通过发动机、辅助动力装置包修降低飞机发动机大修成本,减少备发数量;通过集约化的航材储备降低航材日常采购、送修、仓储的管理成本;降低维修工程管理难度;降低飞行员、机务人员与客舱乘务人员培训的复

①　福斯特.质量管理:整合供应链[M].4 版.何桢,译.北京:中国人民大学出版社,2013:71.

杂程度。

单一舱位，即春秋航空公司的飞机只设置单一的经济舱位，不设头等舱与公务舱。可提供座位数要比通常采用两舱布局航空公司的 A320 飞机高出 15%~20%，可以有效摊薄单位成本。

"两高"，即高客座率与高飞机日利用率。高客座率：在机队扩张、运力增加的情况下，春秋航空公司始终保持较高的客座率水平。一方面，高客座率为该公司获得起降费优惠，进而降低了该公司的单位成本。另一方面，该公司在与各通航城市机场良好的合作过程中，给当地机场带来大量的增量客源，促进当地机场客运量的迅速增加，尤其是促进干线、支线机场客运量的迅猛增长，获得了当地机场或政府给予的起降费减免、航线补贴等多种形式的支持。

高飞机日利用率：在春秋航空公司的成本结构中固定成本占主营业务成本的比重约为30%，主要包括飞机和发动机的固定资产折旧和租赁费。因此，在确保飞行安全的前提下，通过合理安排航线、适当提高飞机利用率，可以最大程度地摊薄单位固定成本（固定成本/可用座位公里）。

"两低"，即低销售费用与低管理费用。低销售费用：春秋航空公司以电子商务直销为主要销售渠道，一方面通过销售特价机票等各类促销优惠活动的发布，吸引大量旅客在该公司网站预订机票；另一方面通过积极推广移动互联网销售，拓展电子商务直销渠道，有效降低了公司的销售代理费用。

低管理费用：春秋航空公司在确保飞行安全、运行品质和服务质量的前提下，通过最大程度地利用第三方服务商在各地机场的资源与服务，尽可能降低日常管理费用。同时通过严格的预算管理、科学的绩效考核以及人机比的合理控制，有效降低管理人员的人力成本和日常费用。

此外，春秋航空公司还通过年轻化机队结构、制订节油奖励政策、简化登机牌、优化和升级计算机飞行计划、在保证航空安全情况下减少非必需飞机物品重量等各种措施提高本公司经营模式在成本方面的优势。例如，春秋航空不提供餐食，因此通过拆除飞机的厨房、增加座位就可以降低 2% 的飞机营运成本。

第二，充分利用上海枢纽机场的基地优势与干线、支线机场的协作优势。

上海是我国重要的经济、金融、航运中心城市，辐射华东地区，春秋航空公司以上海虹桥机场和浦东机场为枢纽基地，有利于该公司持续发展航空运输业务。此外，上海独特的地理位置优势也为该春秋航空公司进一步发展奠定了基础。以上海为中心，春秋航空公司采用的 A320 飞机的飞行范围可通航 26 个国家和地区的 266 个城市，覆盖约 37 亿人口，显示出春秋航空公司未来发展的巨大潜力。

除上海基地外，春秋航空公司于沈阳桃仙国际机场设立过夜基地，建设东北枢纽；于石家庄正定国际机场设立过夜基地，建设华北枢纽；于深圳宝安机场设立过夜基地，建立华南枢纽；于杭州设立过夜航站；并于大阪和济州设立过夜航站，逐步加密东北亚地区航线及扩大东北亚地区辐射范围。

第三，利用辅助服务优势，开拓多元收入来源与提高利润贡献。

春秋航空公司自成立以来,借鉴国外低成本航空公司的运行模式,不断丰富辅助服务项目,开发新产品与服务。

区别于全服务航空公司,春秋航空公司于开航时即采取差异化服务,将客舱餐饮作为机上有偿服务供乘客选择,并相继推出新的出行相关服务项目,如快速登机服务(含座位选择服务)、保险代理等,为客户从订票、支付、登机、乘机和出行的服务过程中提供更多的自主权与便利性;同时,春秋航空公司充分利用网络直销平台的流量优势,不断开发衍生功能,先后开通"空中商城"、租车代理等渠道服务,提高了网站"直客"比例高的优势,开发新的辅助收入产品,做深做广与航空旅行体验相关的航旅产品。大力加强电子商务投入,增加直客流量,同时持续加强对流量变现渠道和形式的创新。

第四,培育信息技术优势,自主研发分销、订座、结算和离港系统。

春秋航空公司使用自主研发和独立于中航信系统的分销、订座、结算和离港系统。

春秋航空公司的航空分销、订座系统集航班计划、航班控制、运价发布、机票销售、订单管理、客户管理、优惠管理、报表统计、机票打印、自助出票、辅助产品销售与服务等功能于一体,应用于营业部、网站、移动互联网等多种销售渠道,支持多国语言以及多币种定价、销售,辅以该公司自行研发的财务结算系统,不仅提升了该公司的渠道掌控力和运营效率、缩短财务结算周期,而且节省了公司大量的代理成本和流动资金融资成本。

该公司自主研发的离港系统可为旅客提供自助值机、自助行李、自助付费选座、自助逾重行李付费等一系列服务,不仅方便旅客快速办理登机手续,而且也节省了大量离港系统使用的费用支出。

第五,培育战略合作优势,利用良好的国内外供应商关系。

春秋航空公司采用由 A320 飞机组成的全空客机队,2014 年底该公司运营 46 架 A320 飞机,是国内最大的全空客机队的民营航空公司。作为国内少数几家拥有全空客机队的航空公司,春秋航空公司自建立日起,即与空客公司开展积极合作,通过购买、融资性租赁和经营性租赁等方式陆续扩大机队规模。空客公司将春秋航空公司视为具有特殊战略关系的合作伙伴,双方基于"双赢"原则建立了良好和广泛的合作关系,在飞机购买、专业管理培训、服务反馈等方面开展了多层次的合作与交流。除空客公司以外,该公司还与中航油、GE Engine Service,Inc.、新科宇航、美国通用电气金融航空服务公司等国内外知名航空领域供应商保持长期良好合作关系,并凭借良好的商业信誉赢得供应商的广泛认可与信赖。

第六,拥有诚信优势,重视严格的诚信制度建设和良好的付款记录。

春秋航空公司自创立之日起就非常重视公司的诚信建设。自 2005 年至今,该公司一直按时足额缴纳民航建设基金和机场建设费,并因此获得了来自中国民航局在航线经营权、航班时刻、飞机引进等方面的大力支持。除此以外,该公司在其他政府性基金、税费、社保等方面均按时足额缴纳,获得相关政府部门的一致好评。

春秋航空公司除了在政府性基金、税费、社保方面保持良好的信誉外,与供应商和金融机构的合作均保持了良好的付款记录,为该公司在与他们长期合作中获得价格上的优惠和服务上的支持提供了有利的条件。

第七,优秀的管理团队与独特的"低成本"文化。

作为国内低成本航空公司的先行者,春秋航空公司核心管理团队成员自该公司设立至今,积极研究国外的低成本航空的业务模式,探索和实践中国低成本航空的业务模式,制定了切实有效的发展策略,带领该公司实现旅客运输量、旅客周转量与净利润的快速增长,将该公司从开航时2架飞机、10余条国内航线,到2014年底,发展成运营46架空客A320飞机,经营国内国际地区航线120多条,其中国内航线90多条,国际地区航线近30条,年客运量逾千万人次的中型航空公司,充分体现了该公司管理团队卓越的运营与管理能力。

春秋航空公司管理团队遵守勤俭节约的原则,在保证安全飞行的前提下,倡导环保、节俭、高效的低成本运营理念,在全公司营造"奋斗、远虑、节俭、感恩"的企业文化。该公司注重制度化管理和人性化管理相结合,在不断加强制度建设的同时,鼓励员工发挥创业精神和主人翁意识,在管理层与员工之间建立公开、公平、公正的沟通与反馈机制。例如,春秋航空公司的员工都知道,董事长王正华的办公室仅有12平方米,喝水要到楼道的公用饮水机取。在春秋航空公司,管理层国内出差住的酒店必须是三星级以下,董事长王正华自己出国考察,住地下室、吃方便面、坐地铁。在春秋航空公司,省钱的方法不胜枚举,这也使春秋航空公司的主营业务成本比行业约低35%,管理费用更是低80%左右。[①]

③建立落实到每一个人的质量管理体系。

本部分以上海春秋国际旅行社对导游(领队)的质量管理体系为例,对上海春秋国际旅行社落实到每一个人的质量管理体系的建设进行分析。

上海春秋国际旅行社对导游(领队)的质量管理体系分为两个方面:第一个方面是质量管理部的机构组成及主要功能。第二个方面是不断完善导游的质量管理模式。

上海春秋国际旅行社建立质量管理流程无缝衔接的质量管理分工与合作机构,具体包括以下3个组成部分:

质量运行标准科。其主要的功能是事先制定好各项服务工作的质量标准,做到任何服务工作可依据标准进行培训、指导、检查与考核。

质量检查科。其主要的功能是检查服务工作标准落实的情况,督促、保证服务工作质量标准在进行服务工作时能全部落实。

质量回访科。其主要功能是对每一次带团结束的领队和导游的带团质量情况进行调查。要对每一团队游客通过随机抽查方式,至少要选择一位游客进行上门访问调查,及时对调查结果进行反馈处理。质量回访科要做到:每周必访,每周出版周报,对每人(导游、领队)建立服务质量档案,每月兑现作为质量考核奖励的绩效奖金。

上海春秋国际旅行社不断完善导游的质量管理模式。截至2015年10月,上海春秋国际旅行社(集团)有限公司,有专职导游(领队)412名,不含兼职的,占员工总数的比例为14%。

上海春秋国际旅行社对导游的质量管理模式主要包括以下6个部分。

第一,导游队伍的来源与素质培育。

其一是"立足上海,面向全国"招聘合适的导游(领队)。例如,上海春秋国际旅行社认

---

① 廉价航空 王正华一个人的战争[EB/OL].凤凰网,2016-06-11.

为导游的学历不是越高越好。目前,上海春秋国际旅行社导游(领队)的学历结构是:本科占16.1%,大专占64.6%,高中(同等学力)占19.3%。每年招聘两次,以保证导游(领队)队伍的稳定。

其二是导游的业务培训,包括岗前培训、日常培训和突击培训。岗前培训是集中进入春秋培训中心进行为期两周的学习培训。培训内容包括《春秋文化》《景点知识》《文明礼仪》《政策法规》和实景踩线等。每年计划培训学员 60 名,合格率达到 97%。

日常培训是每月一次。培训形式是采用"滚筒式"轮班,做到全覆盖,发放函授材料,请专家授课,进行沙龙交流、案例分析、质量探讨和安全警示等。

突击培训的时间一般安排在每年春节、"五一"小长假、国庆黄金周。培训的内容是质量把控、安全警示、突发事件应急处理。

其三是对游客文明旅游的引导。通过旅游服务的"事前提示、事中劝导和事后检查"各环节掌控的"全覆盖",推进文明旅游工作持续、长期、有效地开展。

事前提示的内容包括:领队在出境行前的说明会上倡导游客对文明旅游做出公开承诺,并在承诺书上签字。未到会的游客,领队将用电话、邮件或微信等方式再次向游客宣传并留存游客确认参加宣传活动的痕迹。

事中劝导的工作包括:导游、出境领队承担好文明旅游"三大员"的职责,即"宣传员",为游客解读文明旅游的要求;"服务员",为游客排解文明旅游的"急""难""愁"问题;"劝导员",对游客不文明行为进行劝住、制止和报告。

事后检查,即通过团队质量回访制度,检查导游(领队)对文明旅游工作制度的执行情况。

第二,导游队伍的制度与行为管理。

其一是确立制度管理的原则,即要做到导游员日常行为事无巨细,都有据可查,有章可依,感觉自己不是受制于人,而是受命于事先了解的和公平合理的制度。

其二是不断完善导游服务规范和标准。上海春秋国际旅行社(集团)有限公司根据ISO 9001质量管理标准体系,实行条例明确的职能管理制度,制订了《导游(领队)人员服务规范实施细则》《导游(领队)政治思想工作条例》《导游(领队)奖惩条例》《导游(领队)例会条例》《导游(领队)培训管理条例》《导游(领队)团队质量相关规章制度》《导游(领队)服务提供过程控制规定》《旅游突发事故处理的规定》。

第三,导游队伍行为激励与约束的薪酬管理。

自 2008 年开始,上海春秋国际旅行社(集团)有限公司将专职导游员全面列入企业正式员工编制,签订了劳动合同,每月发放基本工资。导游(领队)的收入构成是:

基本工资 + 带团津贴 + 绩效奖金(质量考核奖励)

公司还为导游(领队)缴纳社会保险,每年为导游购买人生意外保险。

第四,导游服务工作质量管理的理念、目标与措施。

上海春秋国际旅行社(集团)有限公司倡导的质量管理的理念是:"99+0 = 0"。其含义是:即便其他服务工作都做好了,但是,只要有一件事没有做好,质量就是不合格的。它要求员工努力做到"十全十美,不留任何遗憾"。

上海春秋国际旅行社(集团)有限公司制定的质量目标值是:旅游全过程游客满意率在92%以上,公司导游年平均质量分≥60分,领队年平均质量分≥60分。

上海春秋国际旅行社(集团)有限公司制定的对导游(领队)的质量管理措施是:每团必访,即导游(领队)带的每一旅游团结束时要一定对参加该旅游团的游客进行访问调查;每周必报,即每周要出版质量周报;每人建档,即每一位导游(领队)要建立质量服务档案;每月兑现,即每月要落实质量奖励措施;季度评比,张榜公示,绩效挂钩。考核的公示结果将影响导游(领队)的待遇与发展:当年工资级别,当月奖金,派团人数结构,年终综合评定,先进员工评比。

第五,导游队伍行为激励与约束的福利和关爱。

上海春秋国际旅行社(集团)有限公司为导游提供的福利与关爱主要表现在:导游管理部的主管要出席导游婚丧嫁娶活动;每位导游员生日的当天,都会收到公司的祝贺信息;每逢春节、中秋节公司都将发放年货和节礼;导游管理部主管要定期对导游进行家访;导游员生病或家人住院,公司除了给予经济补助外,还会发起捐助活动,帮助导游员渡过难关。

第六,为导游队伍提供成长机会。

上海春秋国际旅行社(集团)有限公司领导要求导游队伍应该成为公司预备干部的基地,管理人才的摇篮,这也为导游队伍成长提供了机会。据上海春秋国际旅行社(集团)有限公司统计,自1981年上海春秋国际旅行社成立以来,已有50余位优秀导游员担任了春秋集团的领导、春秋航空、春秋旅游中层主管、全国各分社总经理等职位。

3) 锦江之星连锁酒店集团发展的成功经验

按照中华人民共和国国家标准《旅游饭店星级的划分与评定》(GB/T 14308—2010)的规定,旅游饭店是以间(套)夜为时间单位出租客房,以住宿服务为主,并提供商务、会议、休闲、度假等相应服务的住宿设施,按不同习惯也被称为宾馆、酒店、旅馆、旅社、宾舍、度假村、俱乐部、大厦、中心等。

作为中国首家经济型酒店,锦江之星旅馆自1996年创立至今,始终以市场为导向,以顾客需求为核心,注重质量管理。凭借务实的精神、专业的水平、真诚的服务,锦江之星旅馆这一酒店品牌已经成为经济型酒店行业的专业典范,也值得其他酒店学习。[①]

(1)锦江之星连锁酒店集团发展的业绩与可借鉴性

1997年建立的锦江之星旅馆,目前已经发展成锦江之星连锁酒店集团。锦江之星连锁酒店集团旗下的各品牌酒店包括锦江之星旅馆、金广快捷酒店、百时快捷酒店,总数近1 000家。锦江之星连锁酒店集团网络分布于全国31个省市自治区的200多个大中型城市,客房总数近100 000间,已成为中国最具影响力的经济型酒店品牌之一。

2012年,锦江之星连锁酒店被国家旅游局认定为"全国旅游标准化示范企业"。2015年

---

① 作者在长期追踪研究锦江之星连锁酒店集团基础上,于2016年2月3日对锦江之星连锁酒店集团进行了专题调查研究,对锦江都城公司首席执行官进行了访谈。

9 月 21 日,上海市质量技术监督局组织有关专家对锦江之星连锁酒店的上海市级标准化示范试点工作进行了考核验收。专家组一致认为,该试点项目已按计划完成建设任务,同意通过验收,综合考核得分为 95.1 分。因此,锦江之星连锁酒店被上海市旅游局、上海市质量技术监督局授予"上海市级旅游标准化示范单位"的光荣称号。

锦江之星连锁酒店为全面提升中国酒店业的服务与管理质量提供了宝贵的经验,因此,具有可借鉴性。

(2)锦江之星连锁酒店集团的主要经验

①坚持以完成好酒店业务为导向来设计酒店业务流程、质量标准、服务和管理的组织机构。

锦江之星连锁酒店集团认为:我国传统的酒店管理往往是先设立酒店组织机构,然后明确每一酒店组织机构的工作任务。科学的方式应该是:以完成好既使宾客满意又能实现酒店合理成本控制与利润目标的业务为导向,顺序设计需要完成的业务流程,指导与检验业务流程完成程度的质量标准,以及相应的进行有效服务与管理的组织机构。

这样做的结果是:质量管理的标准化建设与业务流程和组织架构是一致的,可衔接的,便于高效管理。

②坚持完善质量管理链的闭环系统即"明确质量目标—制定质量标准—实施质量标准—检查质量标准落实情况—进行反馈整改—不断完善质量标准"。

首先,要明确服务与管理的质量目标。要依据国家、地方与行业的相关法规和标准,依据不同目标市场的要求,依据酒店资源和能力,以及竞争优势,明确自己酒店是属于"什么等级的酒店、什么类型的酒店、宾客满意的要求、酒店成本控制的要求与利润的要求",然后制定出合理的服务与管理工作的质量目标。

其次,要制定服务与管理工作的质量标准。例如,重要信息要及时告知宾客,并留下已告知的记录痕迹。如与宾客达成的协议要签字,在接听宾客的预订电话时,要告诉宾客电话会录音。

第三,要实施服务与管理工作的质量标准。即要制定服务与管理工作质量标准的培训计划、质量标准落实情况的检查计划、质量标准落实情况与员工质量工资(奖励)的挂钩计划,即要制定质量标准落实的保障措施。

第四,要运用各种有效手段检查质量标准的落实情况,及时督促与保证质量标准的落实。

锦江之星连锁酒店集团采用以下 4 种方式对质量标准的落实情况进行检查。a.明查。告诉相关部门与人员要定期检查,让大家积极做好准备。具体做法是组织专业人员以专家身份对质量标准的落实情况进行检查,包括对酒店的硬件设施与软件服务进行重点检查。b.暗访。具体做法是组织人员以宾客身份入住酒店 1~2 夜,对发现的问题及时进行反馈处理。c.及时查阅宾客在网上的点评与投诉意见,包括电话的投诉意见。d.聘请第三方专业公司对酒店的硬件设施与软件服务进行调查,包括对客户发放满意度调查表等。

第五,要及时进行反馈整改。锦江之星连锁酒店集团的做法是:对加盟酒店质量检查不合格的,要求及时进行整改,并告知 3 个月内要参加复查。如果复查还不合格,锦江之星连锁酒店集团总部将暂停该酒店的订房服务9个月。如果9个月后检查再不合格,将摘掉该酒店加盟的牌子。

第六,要不断完善质量标准。由于宾客的需要在不断变化,竞争对手的服务与管理水平也在不断变化,酒店行业的技术水平也在不断变化,国家法规与行业标准也在不断变化,因此,酒店服务与管理工作的质量标准也需要不断变化。例如,锦江之星连锁酒店集团正在修订其提供的"Wi-Fi"服务的质量标准。

③不断发现与解决质量管理中的重点与难点问题。

锦江之星连锁酒店集团认为质量管理的重点问题是:a.每个工作岗位与每项工作任务都需要制定完善的质量标准,并要保证每一位员工都知道做好工作的质量要求,并有能力实现质量要求。b.要坚持贯彻质量标准,养成员工遵循服务与工作质量标准的习惯。只有长期坚持,养成习惯,才能提高服务与工作的质量。

锦江之星连锁酒店集团认为质量管理的难点问题是:a.要改变中国员工"被要求贯彻质量标准"的被动型思维方式,要从你要我做,变成我自己要做,我自己要努力使宾客满意。b.质量管理是一把手工程,只有一把手重视,才有可能投入必需的资金、配备必需的人员,对质量管理的冲突问题进行有效的协调处理。例如,在资金紧缺情况下,往往会出现酒店管理人员不愿意将资金投入到质量标准制定与培训、质量检查管理上来的现象。在酒店质量管理部门严格实施质量标准时,往往会引起酒店质量管理部门与其他部门的冲突。因此,为了有效管理整个酒店各个部门的质量管理工作,质量管理部门经理的级别应该比一般部门经理的级别高一些,或者由总经理亲自主管质量管理工作,以便于对各个部门进行有效协调。

④编制、修订与实施《锦江之星企业标准体系表》。

课题组在对锦江之星连锁酒店集团总部的调查研究中发现,锦江之星连锁酒店集团总部已经制定了一整套《锦江之星旅游有限公司企业标准》(Q/JJI通用002—2015)。该标准于2011年首次发布,2015年5月20日第三次修订发布,并于2015年6月20日实施新修订的标准。参照《锦江之星企业标准体系表》,其主要内容包括:企业标准体系编制的职责;企业标准体系的内容;指导企业建立标准体系的法律法规。该标准体系的内容结构对旅游饭店和企业思考如何进行系统的质量管理,具有重要的参考与借鉴意义①。

第一,旅游企业标准体系编制的职责。

旅游企业标准体系的编制,既要发挥专业化优势即由相关部门分工合作制定,又要发挥整合与协同效应即由总体部门负责。例如,《锦江之星企业标准体系表》规定企业标准体系表制定的职责是:企业标准体系结构图由品牌绩效部、办公室负责统筹编制;企业服务通用基础准子体系结构图、标准明细表由办公室、人力资源部、品牌绩效部、市场营销中心负责编制,品牌绩效部负责统筹汇总;企业服务保障标准子体系结构图、标准明细表由办公室、人力资源部、品牌绩效部、餐饮部、营运支持保障中心、信息技术部、市场营销中心、发展、加盟管理部、计划财务部、运营培训部、项目部负责编制,品牌绩效部负责统筹汇总;公司品牌标

---

① 资料来源:在2016年2月3日对锦江之星连锁酒店集团进行专题调查研究期间,由锦江之星连锁酒店集团介绍与提供。

准委员会对企业标准体系表负总责。

第二,旅游企业标准体系内容。

旅游企业标准体系要包括旅游企业通用基础标准、旅游企业服务保障标准、旅游企业服务提供标准。

例如,锦江之星企业标准体系结构图如图 2-1 所示,揭示了锦江之星企业标准体系的主要内容及各部分内容之间的相互关系。

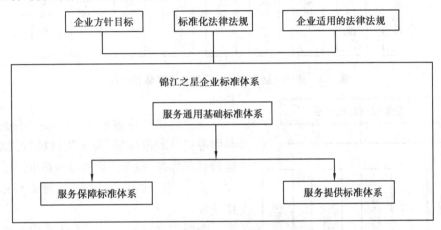

图 2-1　锦江之星企业标准体系结构图

锦江之星企业服务通用技术标准子体系结构图如图 2-2 所示,揭示了锦江之星企业服务通用技术标准体系的内容构成。

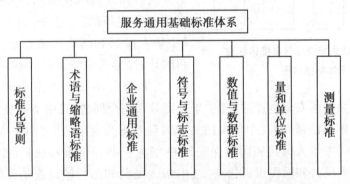

图 2-2　锦江之星企业服务通用技术标准子体系结构图

锦江之星企业服务保障标准子体系结构图如图 2-3 所示,揭示了锦江之星企业服务保障标准体系的内容构成。

锦江之星企业服务提供标准子体系结构图如图 2-4 所示,揭示了锦江之星企业服务提供标准体系的内容构成。

锦江之星企业通用基础标准包括标准化导则、术语与缩略语标准、企业通用标准、符号与标志标准、数值与数据标准、量和单位标准、测量标准。

锦江之星企业服务保障标准包括环境和能源标准、安全和应急标准、职业健康标准、财务管理标准、人力资源标准、设施设备及用品标准、合同管理标准、信息标准、其他适用

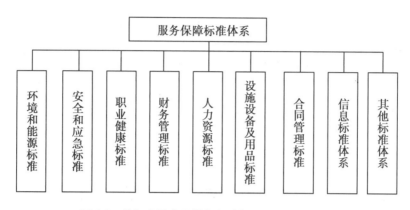

图 2-3　锦江之星企业服务保障标准子体系结构图

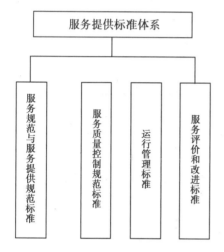

图 2-4　锦江之星企业服务提供标准
子体系结构图

标准。

锦江之星企业服务提供标准包括服务规范与服务提供规范标准、服务质量控制规范标准、运行管理标准、服务评价和改进标准。

第三,指导旅游企业建立标准体系相关的法律法规。

参照锦江之星企业标准体系建立的相关法律法规,指导旅游企业建立标准体系相关的法律法规主要包括《中华人民共和国宪法》《中华人民共和国标准化法》《中华人民共和国标准化法实施条例》《中华人民共和国国旗法》《中华人民共和国产品质量法》《中华人民共和国计量法》《中华人民共和国计量法实施细则》《中华人民共和国企业法人登记管理条例》《中华人民共和国安全生产法》《中华人民共和国合同法》《中华人民共和国广告法》《中华人民共和国民法通则》《中华人民共和国反不正当竞争法》《中华人民共和国消费者权益保护法》《中华人民共和国担保法》《中华人民共和国价格法》《中华人民共和国公司法》《中华人民共和国民事诉讼法》《中华人民共和国行政诉讼法》《中华人民共和国劳动法》《中华人民共和国传染病防治法》《中华人民共和国职业病防治法》《中华人民共和国专利法》《中华人民共和国商标法》《中华人民共和国企业劳动争议处理条例》《中华人民共和国环境保护法》《中华人民共和国环境影响评价法》《中华人民共和国大气污染防治法》《中华人民共和国水污染防治法》《中华人民共和国环境噪声污染防治法》《中华人民共和国节约能源法》《中华人民共和国会计法》《中华人民共和国个人所得税法》《中华人民共和国人口与计划生育法》《中华人民共和国建筑法》《中华人民共和国票据法》《中华人民共和国固体废物污染环境法》《中华人民共和国防震减灾法》《中华人民共和国个人所得税法实施细则》《中华人民共和国营业税暂行条例》《中华人民共和国营业税暂行条例实施细则》《中华人民共和国电力法》《中华人民共和国水法》

《中华人民共和国品质法》《中华人民共和国烟草专卖法》《中华人民共和国烟草专卖法实施条例》《中华人民共和国审计法》《中华人民共和国审计法实施条例》《中华人民共和国统计法》《中华人民共和国统计法实施细则》《中华人民共和国残疾人保障法》《中华人民共和国未成年人保护法》《中华人民共和国妇女权益保障法》《失业保险条例》《突发公共卫生事件应急条例》《工伤保险法》《排污费征收使用管理条例》《建筑工程质量管理条例》《建筑项目环境保护管理条例》《企业财务会计报告条例》《城市居民最低生活保障条例》《价格违法行为行政处罚规定》《社会保险费征缴暂行条例》《中华人民共和国外国人入境出境管理法》《旅馆业治安管理办法》《中华人民共和国治安管理处罚法》《中华人民共和国消防法》《中华人民共和国食品安全法》《餐饮服务食品安全监督管理办法》《公共场所卫生管理条例》《公共场所卫生管理条例实施细则》《中华人民共和国旅游法》《中华人民共和国特种设备安全法》《网络交易平台服务规范》。

第四，从基本质量管理向追求卓越绩效模式转变。

从全球考察，质量管理体系至少可以分为以下三大类。第一类是由国际标准化组织（ISO）制定的ISO 9000系列标准，其主要目的是规范企业管理，建立以产品或服务为中心的质量管理体系，是国际认证认可中的合格评定标准。第二类是全面质量管理体系，它是一种思想和理论，一套管理技术和方法。

全面质量管理体系与国际标准化组织（ISO）制定的ISO 9000系列标准比较各有不同特点。ISO 9000系列标准属于标准化专家型管理，强调监测、控制。其管理方式主要是由管理层制订计划和程序，由操作层执行。而全面质量管理强调"以人为本""全员参与""自主管理"，充分发挥全体人员的积极性和创造性。

第三类是基于卓越质量奖标准，主要是基于美国国家质量奖、欧洲质量管理奖、日本戴明奖制定的卓越绩效评价标准追求的卓越管理。

美国的波多里奇国家质量奖创立于1987年。在欧洲质量组织和欧盟委员会的支持下，欧洲质量基金会开始筹划欧洲质量奖。于1991年正式设立了欧洲质量奖，2006年更名为EFQM卓越奖。EFQM卓越奖是欧洲几十个国家和地区质量奖领域的最高奖项，申请者通常应已获得所在地区和国家的质量奖。日本的戴明奖创立于1951年。我国于2012年制定了国家标准《卓越绩效评价准则》（GB/T 19580—2012）。卓越绩效评价标准，强调质量对组织绩效的增值和贡献，为组织提供了追求卓越绩效的经营管理模式，同时强调战略、绩效结果和社会责任。它不仅可用于评奖，更多的是可用于组织自我评价，指导企业寻找改进机会，追求卓越。

自2014年7月起，由锦江之星连锁酒店集团发展形成的锦江都城公司，它包括锦江之星连锁旅馆、金广快捷酒店、百时酒店、锦江都城酒店等开始实施卓越绩效管理项目，将卓越绩效管理模式（Performance Excellence Model）融入到公司战略、经营、管理、发展等各个环节。

以切实提高管理水平为目标，锦江都城公司多次组织各层级管理者培训，并将其作为一项长期工作，分阶段、有重点推进，运用PDCA（计划、执行、检查、行动）循环圈，持续改进，确保卓越绩效管理工作落实到位。

通过做响、做强、做优旗下酒店品牌,2015 年,锦江都城公司围绕锦江国际集团战略,加快与锦江国际集团系统对接,对旗下四大品牌进行梳理,推进 Campanile 品牌落地,初步完成中端品牌模型的建立和经济型品牌模型的优化。

自 2014 年 7 月以来,锦江都城公司卓越绩效管理项目在提升经营业绩、推动公司进步、提高管理能级等方面的效应逐步显现。锦江都城公司盈利能力位居行业领先地位。截至 2015 年第三季度,锦江都城公司旗下中档酒店快速发展,整体经营稳中有进,"锦江都城酒店"GOP(酒店营业毛利)及 RevPAR(每间可供出租客房的平均实际营收)与 2014 年同比分别上升了 17.65% 和 14.87%。

锦江都城公司计划将从以下七大方面着手,继续完善卓越绩效管理体系。在领导方面:致力发展,培育文化;在战略规划方面:合理调整,谋篇布局;在顾客市场方面:贴合经营,立足创新;在资源配置方面:整合优化,高效配置;在过程管理方面:流程优化,过程管控;在结果方面:结果追溯,责任机制;在测量、分析和改进方面,比、学、赶、帮、超。

锦江都城公司领导表示,未来还将通过探索市场化的人才管理机制,加大以绩效为驱动的考核机制,实施更加灵活的经营管理机制,不断深化卓越绩效管理项目,增效益、降成本,为客人提供更优质的酒店产品和服务。

2.3　旅游接待业发展的环境趋势

环境是相对于某一主体而言的位于其周边的影响因素。宏观环境一般是指对任何主体都会发生影响的共同因素。微观环境,也可以称为某一企业的工作环境或运营环境,一般指与某一主体具有密切关系、对某一主体直接发生影响的因素。

2.3.1　旅游接待业发展的宏观环境趋势

1)旅游接待业发展的人口环境趋势

人口是旅游接待业需求的主体。旅游接待业面临的人口环境的变化趋势主要有:

(1)人口老龄化

当前我国已进入人口老龄化快速发展阶段。据《中华人民共和国 2017 年国民经济和社会发展统计公报》报道,2017 年年底我国 60 周岁及以上的老年人口已达 2.4 亿,占人口总数的 17.3%,2025 年将突破 3 亿。在老龄化的背景下,老年人的健康旅游、养生旅游的需求会显著上升。

(2)儿童与少年人口基数较大

据《中华人民共和国 2017 年国民经济和社会发展统计公报》报道,2017 年年底我国 0~15 岁(含不满 16 岁)的人口达 2.47 亿,占人口总数的 17.8%。这意味着亲子游市场较大。

（3）实施二孩政策

2011年11月,中国各地全面实施双独二孩政策;2013年12月,中国实施单独二孩政策;2015年10月,中国共产党第十八届中央委员会第五次全体会议公报指出:坚持计划生育基本国策,积极开展应对人口老龄化行动,实施全面二孩政策。在我国实施促进生两个孩子的政策背景下,亲子游的市场将会越来越大。

2）旅游接待业发展的经济环境趋势

经济环境将影响人口对旅游接待业的有效需求。旅游接待业面临的经济环境的变化趋势主要有:由于美国对中国打贸易战,中国的出口顺差将大量减少,中国很可能在未来出现外汇紧缺现象。因此,我们就更需要发展入境旅游业,以获取更多的外汇。同时,将实施"旅游业的进口替代战略",即将部分潜在的出境旅游者吸引在国内旅游消费,以替代其到境外旅游消费。

3）旅游接待业发展的自然环境趋势

自然环境是旅游接待业发展的重要吸引物。旅游接待业面临的自然环境的变化趋势主要有:①相对于我国日益增长的人口数量而言,我国的自然资源将更加紧缺。②由于环境污染比较严重,再加上大家对纯净美丽的自然生态环境的欣赏与追求,因此,纯净美丽的自然环境资源的价值将日益提高。

4）旅游接待业发展的技术环境趋势

技术是旅游接待业新产品、新服务、新需求、新业态发展的重要驱动力量。旅游接待业面临的技术环境的变化趋势主要有:①移动互联网的普遍运用,手机APP在旅游接待业各个领域的广泛运用,可以帮助旅游者实时地、动态地掌握当地社会的状况。②智能机器人的使用,一方面增加了便利性,另一方面也可以增加人机互动的娱乐感。③物联网的使用,可以增加旅游者遥控设施与设备的机会。④大数据的运用,可以帮助旅游企业更好地了解与预测旅游者的需求,提高精准营销的质量。⑤虚拟现实与增强现实技术的运用,会增加旅游活动的体验价值。

5）旅游接待业发展的政治法律环境趋势

政治的主要载体是政策。政策是旅游接待业资源配置与需求引导的重要影响因素。法律是每一个旅游接待业主体必须遵循的强制性行为规范。

旅游接待业面临的政治法律环境的变化趋势主要有:①防止环境污染的政策与法规正在加强。例如,按照《中华人民共和国国民经济和社会发展第十三个五年规划纲要》,在"十三五"时期,我国资源环境方面的约束性指标有:万元GDP用水量五年增速下降23%,单位GDP的能源消耗五年降低15%。又如,上海已经制定了严格的禁烟条例,规定不能在室内抽烟。上海自2019年7月1日起施行地方法规《上海市生活垃圾管理条例》,实现生活垃圾减量化、资源化、无害化目标。②防止侵犯知识产权的法规正在加强。例如,要严格执行商标法,保护知识产权,打击侵权行为。

6)旅游接待业发展的社会文化环境趋势

社会文化潮流影响旅游接待业主体的思想理念与行为方式。旅游接待业面临的社会文化环境的变化趋势主要有:①个人主义上升,需求的个性化趋势正在加强,旅游消费者更重视自己的兴趣和成长。②缅怀历史,保护遗产,寻根与怀旧的情绪也在增长。

2.3.2 旅游接待业发展的微观环境趋势

1)旅游者的消费趋势

旅游接待业面临的旅游者的消费趋势主要有:①家庭亲子游的旅游趋势;②散客化的旅游趋势;③自驾车旅游的趋势;④老年旅游者的养生旅游与康养旅游趋势;⑤对精品酒店、民宿、设计酒店等创意与艺术风格的追求和欣赏趋势。

2)竞争环境的发展趋势

旅游接待业面临的竞争环境的发展趋势主要有:①在我国政府大力倡导创新创业的背景下,旅游接待业企业之间的竞争日趋激烈。②传统型旅游接待企业面临如何有效应用移动互联网、大数据、物联网、智能机器人等新技术的巨大机遇与挑战。同时,在线旅游企业也面临如何与线下业务融合发展的巨大机遇与挑战。③在线旅游企业对顾客隐私权的侵犯,以及其产生的垄断势力将受到社会的关注与立法的制约。

3)金融市场与机构的发展趋势

旅游接待业面临的金融市场与机构的发展趋势主要有:如何通过上市有效利用社会资金?如何发行债券?如何有效利用旅游接待业的投资基金?旅游接待业如何抓住资产证券化的机会?如何将金融资本与产业资本有效结合,即将资本经营与资产经营有效结合?如何开展资本经营,即开展实业资本经营、金融资本经营、产权资本经营以及无形资本经营?如何有效认识、挖掘与利用社会资本?

4)营销媒介的发展趋势

旅游接待业面临的营销媒介的发展趋势主要有:①如何有效利用以互联网与移动互联网为平台的新媒体的广告机会?②如何将传统媒体广告与新媒体广告合理组合起来,提高广告的效率?③如何在尊重旅游者个人隐私前提下,有效利用旅游者在互联网上留下的大数据?④如何提高新媒体广告的权威性与可信度?

5)消费者保护组织的发展趋势

旅游接待业面临的消费者保护组织的发展趋势主要有:①旅游接待业消费者权益保护组织正在发展。例如,出现了对消费者自拍酒店服务质量状况视频的广泛关注,反映酒店服务质量状况的视频也引起了消费者保护组织的关注。②保护自然环境的绿色消费者组织的活动也正在加强。

本章小结

- 旅游接待业市场需求的特点。从旅游者旅游活动的过程考察,旅游接待业市场需求的特点主要有:第一,旅游需求的异地性。第二,旅游需求的综合性。第三,旅游者与旅游产品和服务供应商之间存在信息不对称性。第四,旅游者逗留时间的短暂性与珍贵性。第五,旅游需求的个性化。第六,旅游需求的易变性。第七,旅游活动影响的多元性。第八,旅游需求的季节波动性。

- 旅游接待业企业。旅游接待业企业是指直接为接待旅游者服务的企业,或者向直接为接待旅游者服务企业提供服务的企业。它们是独立核算、自主经营、自负盈亏的经济实体。前者如旅行社、旅游交通公司、旅游景区点、旅游饭店、邮轮等企业,后者如旅游景区点服务的供应商、旅游饭店服务的供应商、邮轮服务的供应商等。

- 旅游接待业企业的特点。旅游接待业企业的特点,从其经营管理的产品、服务、质量、规模、集中度、资产、综合性等方面展开分析,主要有:第一,旅游接待业的产品与服务是费用昂贵的产品与服务。第二,旅游接待业产品与服务是注重环境气氛与文化艺术的产品与服务。第三,旅游接待业的服务是注重热情与细致的服务。第四,旅游接待业的产品与服务是注重专业化表演的产品与服务。第五,旅游接待业的产品与服务是质量难以稳定的产品与服务。第六,旅游接待业企业的规模比较小,布局比较分散。第七,旅游接待业的企业有重资产型的,也有轻资产型的。第八,旅游接待业企业经营的业务往往是综合性的。

- 旅游接待行业与产业。旅游接待行业是指某一类旅游企业的集合。例如,旅行社企业的集合就是旅行社行业;景区点企业的集合就是景区点行业。旅游产业是指由满足旅游者综合需求的所有相关行业的集合,包括旅行社行业、景区点行业、旅游餐饮行业、旅游饭店行业、旅游交通与车船队行业、邮轮行业、旅游购物品行业、旅游娱乐表演行业等的集合。

- 旅游接待行业与产业的特点。旅游接待行业与产业往往存在进入门槛低、人员流动率高、服务链碎片化与分散化、临时合作为旅游者提供满足其综合需求的旅游活动线路产品和服务的经营管理特点,容易存在缺乏专业化、衔接性差、质量不稳定的特点,存在缺乏规模经济与网络经济的特点。

- 旅游接待业企业管理的微观特点。旅游接待业企业管理的微观特点就是面对服务要求较高的个性化旅游者,整个经营管理过程要遵循"精心化、精细化、精致化与精益化"的指导方针。

- 旅游接待业行业与产业管理的中观特点。旅游接待业行业与产业管理的中观特点:第一,每一家旅游接待业企业都要积极维护旅游接待行业与产业的集体形象,如果集体形象受到损害或得到提高,每一家旅游接待业企业都会受到影响或获得收益。第二,旅游接待行业与产业要注意结构的合理化与高级化。

- 旅游接待业政府管理的宏观特点。旅游接待业政府管理的宏观特点就是要进行综合协调管理与综合治理。

- 国际旅游接待业发展的标杆。①新加坡旅游接待业成功发展的经验是:在市场经济条件下,制定与执行具有针对性和可操作性的旅游法规,以保证一个国家旅游业发展的基本质量。②东京迪士尼度假区成功发展的经验是:建立旅游接待业发展质量主体——旅游接待业企业、旅游接待业企业员工、游客之间,以及旅游发展质量主体与环境之间的和谐合作与约束、从个人理性走向集体理性、实现共创与共享可持续的高品质休闲旅游度假发展利益的机制。

- 国内旅游接待业发展的标杆。①河南云台山5A级景区成功发展的经验是:第一,树立正确的"质量—品牌—效益—可持续发展"的理念;第二,建立旅游供给要素全覆盖的全域旅游的质量管理体制;第三,建设高品质的旅游设施与环境;第四,建立体现高品质服务的制度规范与技术支持系统;第五,建立高素质的人才队伍;第六,建立高品质的品牌营销系统;第七,带动地区经济高效益发展;第八,不断探索高品质-高效益的发展模式。②上海春秋国际旅行社(集团)有限公司成功发展的经验是:第一,开发新市场,确立适合目标市场的质量观;第二,实施精益生产方式,利用各种形式提高全要素生产率;第三,建立落实到每一个人的质量管理体系。③锦江之星连锁酒店集团成功发展的经验是:第一,坚持以完成好酒店业务为导向来设计酒店业务流程、质量标准、服务和管理的组织机构;第二,坚持完善质量管理链的闭环系统即"明确质量目标—制定质量标准—实施质量标准—检查质量标准落实情况—进行反馈整改—不断完善质量标准";第三,不断发现与解决质量管理中的重点与难点问题;第四,从基本质量管理向追求卓越绩效模式转变;第五,编制、修订与实施《锦江之星企业标准体系表》。

- 旅游接待业发展的宏观环境趋势。旅游接待业发展的宏观环境趋势包括:①人口环境的发展趋势;②经济环境的发展趋势;③自然环境的发展趋势;④技术环境的发展趋势;⑤政治与法律环境的发展趋势;⑥社会文化环境的发展趋势。

● 旅游接待业发展的微观环境趋势。旅游接待业发展的微观环境趋势主要包括：①旅游者的消费趋势；②竞争环境的发展趋势；③金融市场与机构的发展趋势；④营销媒介的发展趋势；⑤消费者保护组织的发展趋势。

复习思考题

1. 旅游接待业市场需求的特点有哪些？
2. 旅游接待业企业的概念与类型是什么？
3. 旅游接待业企业的特点有哪些？
4. 旅游接待行业与产业的概念与类型是什么？
5. 旅游接待行业与产业的特点有哪些？
6. 旅游接待业企业管理的微观特点有哪些？
7. 旅游接待业行业与产业管理的中观特点有哪些？
8. 旅游接待业政府管理的宏观特点有哪些？
9. 旅游接待业发展的宏观环境趋势有哪些？
10. 旅游接待业发展的微观环境趋势有哪些？

【延伸阅读文献】

[1] James A. Fitzsimmons，Mona J. Fitzsimmons. Service Management：Operations，Strategy，and Information Technology[M]. Third Edition. 北京：机械工业出版社，2002.

[2] 派恩，吉尔摩. 体验经济[M]. 北京：机械工业出版社，2002.

[3] 温茨巴奇，等. 现代不动产[M].北京：中国人民大学出版社，2001.

[4] 何建民.上海春秋旅行社导游管理经验的调查报告[N].中国旅游报，2006-06-26，2006-07-03.

[5] 芮明杰，袁安照.现代公司理论与运行[M].上海：上海财经大学出版社，2005.

[6] 何建民.外资进入中国旅游业的现状、趋向及对策研究[M].上海：上海财经大学出版社，2010.

[7] 何建民.国际金融危机对世界国际旅游业的影响研究[J].旅游科学，2020(1).

[8] 何建民.该解决内需"外流"问题了[N].文汇报，2013-2-20(5).

[9] 何建民.促进旅游投资和消费 亟须实现五大转变[N].文汇报，2015-9-14(5).

第3章
旅游接待业发展的理念模式与要求路径

【学习目标】

通过本章的学习,读者将了解与掌握:

- 旅游接待业发展的理念;
- 旅游接待业发展的模式;
- 将旅游接待业培育成战略性支柱产业的要求;
- 将旅游接待业培育成战略性支柱产业的路径。

要从事好旅游接待业,需要拥有旅游接待业正确发展的理念与模式,了解旅游接待业的发展潜力。同时,在国家要将旅游接待业培育成战略性支柱产业的背景下,需要了解与掌握旅游接待业培育成战略性支柱产业的要求与路径。

3.1 旅游接待业发展的理念与模式

本节主要说明:①旅游接待业发展的理念;②旅游接待业发展的模式;③旅游接待业发展理念与模式的类型分析;④不同旅游接待业发展理念与模式选择的依据和适用条件分析;⑤全域旅游的发展理念与模式;⑥全域旅游发展理念与模式的指导意义与创新运用。

3.1.1 旅游接待业发展的理念

《辞海》认为,"理念"就是指观念或思想,有时亦指表象或客观事物在人脑里留下的概括的形象。简言之,上升到理性高度的观念叫"理念"。

"理念"一词在外国营销管理学中出现得较多。外国营销管理学中的"理念"经常用"concept"(观念或概念)一词来表示,即理念等于观念或概念。

按照联合国世界旅游组织倡导的《旅游统计的国际建议(2008)》的观点,科学的研究分析需要包括概念(concepts)、定义(definitions)、分类(classifications)、指标(indicators)等。

因此,本书认为理念与概念"concept"等同,理念是更加偏重于具有全局指导意义的概念,是指对在某一时间(阶段)、某一区域(地点)、影响或决定某一事物发展或问题解决的主要变量(因素)之间规律性关系的描述,为决策提供依据或指导。

例如,营销管理理念就有"生产理念"(production concept)、"产品理念"(product concept)、"销售理念"(selling concept)、"营销理念"(marketing concept)、"社会营销理念"(societal marketing concept)、"全方位营销理念"(holistic marketing concept)等,这些理念都为营销管理的全局性决策提供了依据或指导。

基于上述分析,旅游接待业发展的理念就是指对在某一时间(阶段)、某一区域(地点)、影响或决定旅游接待业发展方向或问题解决的主要变量(因素)之间的规律性关系的描述。这种发展理念具有全局性的指导意义。

3.1.2　旅游接待业发展的模式

模式是指依据从实践经验中提炼出来的核心知识体系即理念、概念或规律,提出的一种解决某一类问题的通用方式,一种固定的组织管理方式或资源配置方式。

模式有助于人们高效率地完成任务。例如,依据营销管理学的"生产理念",人们发现某一类顾客群体具有喜欢购买买得到的、买得起的产品的行为规律。因此,针对这类顾客群体就可以采用"提供单一产品、大规模与流水线生产、广泛的销售渠道布点"以降低成本、降低价格、便于购买的营销模式,这就是历史上著名的福特 T 型小轿车成功的营销模式。

又如,依据"产品理念",人们发现某一类顾客群体具有喜欢购买质量最好、功能最全、声誉最高产品的行为规律。因此,针对这类顾客群体就可以采用"提供高品质与高形象产品"的营销模式,这就是许多奢侈品成功的营销模式。

基于上述分析,旅游接待业发展的模式就是指依据某种发展理念所选择的旅游发展方式,一种固定的旅游发展的组织管理方式或资源配置方式。这种发展模式具有全局性的指导意义。

3.1.3　旅游接待业发展理念与模式的类型

旅游接待业发展从时间演进的维度上考察,将经历具有不同特征的发展阶段;从空间分布的维度上考察,存在不同区位、气候、游客、资源特点的区域,在这些不同的时间阶段上与不同的空间区域里,面临的旅游发展问题是不一样的,影响或决定旅游发展问题解决的主要变量(因素)之间的规律性关系也是不同的。因此,旅游接待业发展理念与模式也是多种多样的,具有各自的适用条件,需要针对所处发展阶段与区域面临的实际问题不断探索创新,就像营销管理的理念与模式是多种多样和不断发展的一样。

从中华人民共和国成立后我国旅游接待业发展演进的时间维度考察,基于当时的国民经济和社会发展状况以及国际环境,我国旅游接待业发展先后采用了下列 4 种发展理念与模式:

①1949—1978 年,我国主要采用了"外事接待型旅游接待业发展理念与模式";②1979—1995 年,我国逐渐采用了"将旅游接待业作为经济产业,特别是重要的创汇产业的发展理念与模式";③1996—2014 年,我国主要采用了"扩大内需、平衡我国过多外汇储备的入境旅游、国内旅游和出境旅游全面发展的理念与模式";④2015 至今,逐渐采用了"全域旅

游发展的理念与模式"。

目前,从我国旅游接待业发展的空间维度考察,基于不同区域的旅游需求市场与供给资源和体系特点,有采用城市旅游发展理念与模式的,如上海都市旅游,也有采用乡村旅游发展理念与模式的,如浙江安吉的乡村旅游;有采用位于城市中心城区旅游发展理念与模式的,如杭州西湖旅游,也有采用位于城市郊区的新城区旅游发展理念与模式的,如杭州西溪国家湿地公园旅游。总之,呈现出多种多样的状况。

以我国旅游发达省浙江省的旅游发达城市杭州市为例,位于杭州市中心城区的西湖,于2002年开始采用了"西湖景点不收门票—带动杭州全域经济"的发展理念与模式。但是,位于杭州近郊的西溪国家湿地公园,2005年开业以来,采用了以"景点收取门票"为主的发展理念与模式。

3.1.4 旅游接待业不同发展理念与模式的选择依据和适用条件

旅游接待业发展理念与模式选择的依据,包括《中华人民共和国旅游法》(简称《旅游法》)、空间经济学、产业发展理论、发展战略选择理论、旅游规划理论、利益相关者理论等。旅游接待业发展理念与模式选择的主要内容、适用条件和步骤可以概述如下:

①要明确选择的主体是国家,还是哪一级地方政府,还是从事某一项目开发与经营管理的旅游企业。《旅游法》第十七条规定,国务院和县级以上地方人民政府应当将旅游业发展纳入国民经济和社会发展规划。同时要注意:在市场经济条件下,具体项目的开发主体往往是旅游企业。

②要明确所选择的旅游发展理念与模式适用于哪一个地区或项目。例如,原国家旅游局提出的全域旅游发展理念与模式适用于国家旅游的总体发展战略。"西湖景点不收门票—带动杭州全域经济"的发展理念与模式适用于杭州中心城区。以"景点收取门票"为主的发展理念与模式适用位于杭州近郊的西溪国家湿地公园。

③要明确开发与经营管理项目的性质。如果是公共福利性质的博物馆,就可以免收门票。因为国务院办公厅2013年2月印发的《国民旅游休闲纲要(2013—2020年)》已经规定:要"稳步推进公共博物馆、纪念馆和爱国主义教育示范基地免费开放。城市休闲公园应限时免费开放"。如果是企业开发的旅游经营性项目,如上海迪士尼乐园就要收费。属于公共福利的免费项目也要落实财政资金的支持方案,如杭州西湖免收门票获得了杭州市财政资金的支持。

④要明确国家、某一地区或某一项目的旅游市场需求现状与趋势,判断是否存在旅游业发展的市场机会,该机会有多大,是否可持续发展。就地区经济发展而言,还要判断该项目是获取旅游景区点的直接收入大,还是带动其他旅游经营活动的间接收入大,它们之间是存在互补联动关系还是替代选择关系。如果旅游直接收入与间接收入之间存在互补联动关系,就可以同时收费;如果旅游直接收入与间接收入存在替代选择关系,在旅游直接收入大、旅游带动间接收入小的情况下,可以选择获取直接收入,如果旅游间接收入远远超过旅游直接收入,而且旅游直接收入的损失可由财政或其他途径补偿而又有余,就可以考虑采用放弃旅游直接收入,仅收取间接收入。

⑤要明确是否存在支持旅游发展的资源,特别是富有吸引力的旅游景区点与各类旅游

活动项目。如杭州的西湖与西溪国家湿地公园、上海的迪士尼乐园等。

⑥要明确是否存在由相应的旅游信息、交通、厕所、餐饮、住宿、娱乐、会展等设施与服务构成的旅游供给体系,是否形成了旅游综合接待能力。

⑦要明确旅游接待业在当地国民经济和社会发展中的地位,旅游接待业的竞争优势与劣势状况,以及可持续发展的潜力。从经济维度考察,要判断旅游接待业是支柱产业、优势产业、主导产业、进口替代产业、形象产业,还是弱势产业;从社会福利维度考察,要判断旅游接待业是否是满足居民基本休闲旅游度假需要的公共福利事业;由此制定相应的发展规划、产业政策,建设提供旅游公共服务与管理的组织机构以及设立旅游发展基金等。

3.1.5　全域旅游的发展理念与模式

2016 年 1 月在海口召开的全国旅游工作会议上,原国家旅游局局长在主报告《从景点旅游走向全域旅游:努力开创我国"十三五"旅游发展新局面》中指出:推进全域旅游是新时期我国旅游发展的总体战略。

全域旅游发展总体战略的实质是什么? 它是一种以旅游业带动和促进经济社会协调发展的理念和模式。

原国家旅游局局长于 2016 年 3 月 4 日在《人民日报》上发表的《全域旅游的价值和途径》一文,对"全域旅游发展总体战略"实质的说明是:全域旅游是指在一定区域内,以旅游业为优势产业,通过对区域内经济社会资源尤其是旅游资源、相关产业、生态环境、公共服务、体制机制、政策法规、文明素质等进行全方位、系统化的优化提升,实现区域资源有机整合、产业融合发展、社会共建共享,以旅游业带动和促进经济社会协调发展的一种新的区域协调发展理念和模式。

全域旅游发展的基本理念是从小旅游格局向大旅游格局转变,基本模式是从景点模式走向全域旅游模式。它具有 5 个鲜明特征:一是在全域优化配置经济社会发展资源,充分发挥旅游带动作用;二是全域按景区标准统筹规划建设,推进美丽中国建设;三是构建全域大旅游综合协调管理体制;四是全域发挥旅游+功能,使旅游与其他相关产业深度融合、相融相盛,形成新的生产力和竞争力;五是全民共建共享全域旅游。

3.1.6　全域旅游发展理念与模式的指导意义和创新运用

1)全域旅游发展理念与模式的指导意义

全域旅游发展理念与模式的指导意义主要表现于它在总体上反映了现阶段我国旅游业发展的基本特征与要求。这些基本特征与要求主要有以下 5 个方面:

①旅游具有游客从客源地到目的地的综合性需求的特点,包括对旅游信息、交通、景区点、厕所、会展、文化娱乐活动、购物活动、住宿、餐饮等需求。

②由此要求与促进旅游目的地相应的综合性旅游供给体系的建设,融合与带动当地相关的经济与文化产业发展。

③随着经济发展和居民收入与休闲时间的增加,居民旅游需求的收入弹性又较高,即居民旅游消费支出增长率(如我国居民国内旅游人次增长率、国内旅游收入增长率)要高于居

民收入增长率(如我国 GDP 的增长率或人均可支配收入增长率)。2015 年我国 GDP 增长率、国内旅游人次增长率、国内旅游收入增长率的比例关系是:6.9%∶10.5%∶13.1%。因此,旅游业成了国民经济的新增长点。同时,世界国际过夜旅游者人次的年均增长率也要高于同期的世界经济年均增长率(1.3∶1)。

④世界银行 2016 年衡量进入中等偏高收入水平国家的指标是:2014 年人均国民收入超过 4 125 美元。据世界银行发布的《2016 年世界发展指标》报道,2014 年我国人均国民收入为 7 400 美元,已经超过该指标。另外,我国居民每年拥有可休闲度假时间超过 120 天。在上述情况下,发展旅游业既可以满足居民的休闲旅游度假生活需要,又可以成为国民经济的支柱产业或优势产业,成为替代旅游进口(替代出国旅游)、拉动内需的重要产业,同时,这也是政府提供公共服务与管理的重要方面,《旅游法》第三条指出:国家发展旅游事业,完善旅游公共服务。《国民旅游休闲纲要(2013—2020 年)》第十一条指出:加大政策扶持力度,逐步增加旅游休闲公共服务设施建设的资金投入,鼓励社会力量投资建设旅游休闲设施。

⑤2015 年 12 月举行的中央城市工作会议已经提出我国的城镇要从过去偏重于生产,向统筹生产、生活、生态、休闲与旅游转变,旅游业发展需要纳入国家与地方国民经济和社会发展规划,纳入国家与地方各相关部门的日常管理工作中。例如,各相关部门要主动制定该部门为游客提供的服务与管理规划,设立相应的服务与管理岗位,甚至要设立专门的旅游服务与管理机构。如城市总体规划部门要主动将城市旅游发展规划纳入城市总体规划中;交通部门要主动将旅游交通服务与管理纳入自己的日常工作中;警察要将为旅游者服务纳入自己的工作职责中,甚至要像西班牙、俄罗斯那样,专门设立旅游警察部门和岗位,如三亚市公安局建立了我国首支旅游警察支队。

全域旅游示范区建设的下列准则,对旅游接待业的发展具有非常重要的指导意义:

第一,构建现代旅游治理体系,主要包括:①要建立党政主要领导挂帅的全域旅游组织领导机制。②要探索建立与全域旅游发展相适应的旅游综合管理机构。③要积极推动公安、工商、司法等部门构建管理内容覆盖旅游领域的新机制。④要积极创新旅游配套机制。⑤要推动旅游政策创新。

第二,做好全域旅游顶层设计,主要包括:①将旅游发展作为重要内容纳入经济社会发展、城乡建设、土地利用、基础设施建设和生态环境保护等相关规划中。②城乡基础设施、公共服务设施和产业发展中的重大建设项目,在立项、规划设计和竣工验收等环节,可就其旅游影响及相应旅游配套征求旅游部门的意见。③完善旅游规划体系。④加强旅游规划实施管理。

第三,创造和谐旅游环境,主要包括:①推动"厕所革命"覆盖城乡全域。②构建畅达便捷交通网络。③完善集散咨询服务体系。④规范完善旅游引导标识系统。⑤合理配套建设旅游停车场。

第四,推进服务人性化、品质化,主要包括:①充分发挥标准在全域旅游工作中的服务、指引和规范作用。②按照旅游需求个性化要求,实施旅游服务质量标杆引领计划,鼓励企业实行旅游服务规范和承诺,建立优质旅游服务商目录,推出优质旅游服务品牌。开展以游客评价为主的旅游目的地评价,不断提高游客满意度。③推进服务智能化。④完善旅游志愿服务体系。

第五,增加有效供给,主要包括:①"旅游+城镇化、工业化和商贸"。②"旅游+农业、林业和水利"。③"旅游+科技、教育、文化、卫生和体育"。④"旅游+交通、环保和国土"。⑤提升旅游产品品质,开发中高端市场与中高端产品。⑥丰富品牌旅游产品。⑦推动主体创新。

第六,凸显区域旅游品牌形象,主要包括:①制订全域旅游整体营销规划和方案。②拓展营销内容。③实施品牌营销战略。④建立政府部门、行业、企业、媒体、公众等参与的营销机制,充分发挥企业在推广营销中的作用,整合利用各类宣传营销资源和方式,建立推广联盟合作平台,形成上下结合、横向联动、多方参与的全域旅游营销格局。⑤创新全域旅游营销方式。

第七,切实保障游客权益,主要包括:①加强旅游执法。公安、工商、质监、物价等部门按照职责加强对涉旅领域执法检查。建立健全旅游与相关部门的联合执法机制。②加强旅游投诉举报处理。③强化事中事后监管。④加强旅游文明建设。

第八,推进共建共享,主要包括:①加强资源环境生态保护。②推进全域环境整治。③强化旅游安全保障。④大力促进旅游创业就业。⑤大力推进旅游扶贫和旅游富民。⑥营造旅游发展良好社会环境。

第九,开展评估管理,主要包括:①创建工作应由本地区党委政府统筹负责,研究制订全域旅游示范区创建工作方案,建立全域旅游示范区创建工作目标责任考核体系,各级旅游行政管理部门具体负责创建工作考核,确保各项工作务实高效推进。②省(自治区和直辖市)示范区创建工作由国家旅游局(国家旅游局与文化部合并后,现称文化和旅游部)负责年度评估监测。③国家旅游局制定《全域旅游示范区考核命名和管理办法》。④对已命名的示范区适时组织复核。

2) 全域旅游发展理念与模式的创新运用

全域旅游的发展理念与模式比较适合旅游目的地建设,但不适合旅游中转地与旅游延伸地的建设;比较适合将旅游业作为优势产业来发展的地区,但还存在不少地方,在这些地方旅游业还不是优势产业,它们仍然需要寻找适度发展旅游业的理念与模式。这些都是需要对全域旅游发展理念与模式进行创新运用的地方。特别值得关注的是,全域旅游中的"全域"这个词容易引起误解。

因为,不是所有地方都适合发展旅游业的,至少在"全域"里还有其他产业与功能区要发展,甚至还有其他支柱产业或优势产业要发展。因此,建议使用"全方位旅游发展的理念与模式"或者"现代旅游产业与公共服务管理体系建设的理念与模式",要比提全域旅游发展的理念与模式更符合实际。

3.2 旅游接待业培育成战略性支柱产业的要求与潜力

在 2009 年发布的《国务院关于加快发展旅游业的意见》中提出了"要把旅游业培育成国民经济的战略性支柱产业"的目标。要实现这个目标,迫切需要回答下列问题:①战略性支柱产业的定义是什么? ②战略性支柱产业的带动性要求是什么? ③与其他支柱产业相比,我国旅游接待业目前发展的相对位置、存在问题与解决方法是什么? ④与国际一流旅游目的地的旅游接待业相比,我国旅游接待业的发展潜力还有多大?

由于要真实反映 2009 年前我国旅游接待业的发展状况,并回答如何将它培育成战略性支柱产业,因此,本书选择了上海 2000 年到 2009 年的相关数据进行分析说明。

3.2.1 战略性支柱产业的定义

依据产业经济学的原理,支柱产业就是指其产业增加值高,处于众多产业的前列,其增加值一般占本地生产总值 5% 以上,并对经济发展由其较大产业关联性产生重要的带动作用。

战略性支柱产业的含义,在支柱产业含义基础上引入了全面(经济、社会、文化、环境各方面)、动态(目前与未来)两个因素,即从国民经济与社会发展全局以及目前和未来动态发展角度考察,该产业需求的收入弹性高,随着经济发展、可支配收入与闲暇时间增加,会成为人们普遍的生活方式,会持续成为支柱产业,如果目前还不是支柱产业,那么,该产业在未来可以也应该被培育成为支柱产业。

3.2.2 战略性支柱产业的带动要求

战略性支柱产业的带动要求可以从主导产业的特征去认识。按照产业经济学的原理,战略性支柱产业就是主导产业。所谓主导产业,是指对产业结构系统的未来具有决定性引导作用的产业。主导产业的特征包括:①具有较强的关联效应;②能够满足较大的潜在的市场需求或创造出较大的新的市场需求;③能够迅速吸收先进的科学技术成果,创造较高的生产效率和更多的附加值。

3.2.3 旅游接待业符合战略性支柱产业定义与主导产业特征的验证

本书运用上海国民经济发展的统计数据与联合国世界旅游组织(UNWTO)倡导的旅游卫星账户理论(TSA),对上海旅游接待业符合战略性支柱产业的定义与具有主导产业的 3 个特征进行论证说明。

第一,据《2009 年上海市国民经济和社会发展统计公报》报道:2009 年上海全年实现旅游产业增加值 1 007.08 亿元,比上年增长 6.9%,占本市生产总值 14 900.93 亿元的 6.76%。这说明上海旅游产业增加值高,占上海生产总值比例超过 5%。同时,在国际金融危机背景下旅游产业增加值仍然增长 6% 以上,说明旅游产业能满足较大的潜在市场需求或创造出较大的新的市场需求。2010 年上海世博会接待 7 300 多万人次也是一个明证。

第二,上海旅游产业具有较强的产业关联效应。参照联合国世界旅游组织(UNWTO)推荐的旅游统计的国际标准——旅游卫星账户的理论,旅游产业是从游客的消费需求角度展开研究的,是指受到旅游消费需求影响较大的相关产业。按照世界旅游组织(UNWTO)最新研究成果《旅游卫星账户:推荐的方法框架(2008)》的观点,旅游业至少由以下 12 个受旅游消费需求影响较大的特征行业构成:①为游客提供住宿的服务业;②餐饮服务业;③铁路客运业;④公路客运业;⑤水路客运业;⑥航空客运业;⑦交通设备租赁业;⑧旅行社与其他预订服务业;⑨文化服务业;⑩体育与娱乐业;⑪某一国家经营旅游特征物品的零售业;⑫某一国家其他旅游特征行业。

　　我国国民经济行业分类反映在投入产出统计表中,与上述 12 个旅游特征行业相对应的部门(行业)至少有以下 16 个:①住宿业(66103,为投入产出部门代码,下同);②餐饮业(67104);③铁路旅客运输业(51090);④道路运输业(52092)、城市公共交通运输业(53093);⑤水上运输业(54094);⑥航空旅客运输业(55095);⑦租赁业(73108);⑧旅游业(74110),仅指旅行社等相关旅游代理服务机构;⑨文化艺术和广播电影电视业(88120);⑩体育事业(91121)、娱乐业(92122);⑪商务服务业(24109)、批发和零售贸易业(63102);⑫邮政业(59099)、信息传输服务业(60100)等。

　　第三,旅游产业能够迅速吸收先进的科学技术成果,创造较高的生产效率和更多的附加值。在这方面最典型的例子是旅游航空技术——大型客机、旅游信息技术——全球分销系统、旅游娱乐创意技术——迪士尼乐园、旅游建筑技术——星级宾馆等,高品质旅游服务的附加值也是很高的。例如,携程旅行网由携程计算机技术有限公司于 1999 年创立,总部设在上海,目前已在北京、广州、深圳、成都、杭州、南京、厦门、重庆、青岛、武汉、三亚、南通等 95 个境内城市,新加坡、首尔等 22 个境外城市设立分支机构,在中国南通、苏格兰爱丁堡设立服务联络中心,员工 3 万余人。作为中国领先的综合性旅行服务公司,携程成功整合了高科技产业与传统旅行业,向超过 3 亿会员提供集无线应用、酒店预订、机票预订、旅游度假、商旅管理及旅游资讯在内的全方位旅行服务。凭借稳定的业务发展和优异的盈利能力,携程旅行网于 2003 年 12 月在美国纳斯达克成功上市,目前市值超过 230 亿美元。

3.2.4　旅游接待业与其他支柱产业比较的地位、问题及解决方法

　　为了与统计局的有关统计资料的科目相一致,下文所使用的旅游产业与旅游接待业的意义相同。

　　依据产业经济学的理论,将旅游业培育成国民经济的战略性支柱产业,其实质就是产业结构优化,包括产业结构的合理化与高级化。产业结构合理化与高级化水平和路径研究的主要方法是比较"产业结构合理化与高级化的标准水平和路径",发现存在的问题并进行改进。

　　运用上述方法,本部分的研究思路是:将上海旅游产业(旅游接待业)与已有的六大支柱产业进行比较,认识目前上海旅游业发展所处的位置、存在的问题及解决的方法。

　　本书运用上海旅游产业增加值和六大支柱产业增加值及其占上海生产总值比重与年增长率 4 个指标,比较分析上海旅游业所处的相对位置。

　　从表 3-1 中的统计数据可以发现,2008 年上海旅游产业增加值在上述 7 个产业中处于第 4 位,占上海生产总值比重也处于第 4 位,年增长率处于第 5 位。

表 3-1　上海旅游产业与六大支柱产业发展状况比较

	2007 年产业增加值(亿元)	2007 年占上海生产总值比重(%)	2007 年排位	2008 年产业增加值(亿元)	2008 年占上海生产总值比重(%)	2008 年排位	2008 年比 2007 年(%)	年增长率排位
信息产业	1 473.24	12.09	1	1 670.52	12.2	1	13.39	3
金融业	1 209.08	9.92	2	1 442.60	10.53	2	19.31	2

续表

	2007 年产业增加值(亿元)	2007 年占上海生产总值比重(%)	2007 年排位	2008 年产业增加值(亿元)	2008 年占上海生产总值比重(%)	2008 年排位	2008 年比2007 年(%)	年增长率排位
商贸流通业	1 077.76	8.84	3	1 266.37	9.24	3	17.5	4
汽车制造业	423	3.47	7	408	2.98	7	−3.5	6
成套设备制造业	603	4.95	6	730	5.33	6	21.06	1
房地产业	806.79	6.62	5	747	5.45	5	−7.32	7
旅游产业	858.09	7.04	4	958.5	7	4	11.7	5

注释:①信息产业增加值含有与其他行业的交叉重复因素,本表中"六大支柱产业增加值占上海市生产总值的比重"已经扣除重复计算因素。②商贸流通业中不包括餐饮业增加值。③2007 年上海生产总值为 12 188.85 亿元;2008 年上海生产总值为 13 698.15 亿元。

资料来源:上海市统计局.2009 年上海统计年鉴[M].北京:中国统计出版社,2009:71.

本书继续对 2000—2008 年期间上海旅游产业增加值与六大支柱产业增加值年均增长率进行比较,以此说明上海旅游产业长期增长率在六大支柱产业中所处的相对位置。

从表 3-2 中可以观察到:上海旅游产业的年均增长率处于上述七大产业的第 3 位,为 19.12%;处于第 1 位的是成套设备制造业,年均增长率是 24.1%;处于第 2 位的是信息产业,年均增长率是 22.1%;处于第 4 位的是商贸流通业,年均增长率是 14.4%;处于第 5 位的是房地产业,年均增长率是 13.92%;处于第 6 位的是汽车制造业,年均增长率是 11.89%;处于第 7 位的是金融业,年均增长率是 11.52%。上述数据说明,从长期角度考察,旅游产业具有持续发展、满足巨大潜在需求或者创造出新的市场需求的能力。

表 3-2 上海旅游产业与六大支柱产业年均增长率比较

	2000 年产业增加值	2008 年产业增加值	2000—2008 年均增长率	2000—2008 年均增长率排位
信息产业	338.18	1 670.52	22.10%	2
金融业	602.95	1 442.60	11.52%	7
商贸流通业	431.43	1 266.37	14.40%	4
汽车制造业	166.05	408	11.89%	6
成套设备制造业	129.73	730	24.10%	1
房地产业	263.35	747	13.92%	5
旅游产业	236.37	958.5	19.12%	3

资料来源:上海市统计局.2001 年上海统计年鉴[M].北京:中国统计出版社,2001:21.上海市统计局.2009 年上海统计年鉴[M].北京:中国统计出版社,2009:71.

　　值得进一步探讨的问题是:既然上海旅游产业的增加值及其年均增长率已经分别位于上海支柱产业的第 4 位与第 3 位,那么,为什么在上海市"十一五"发展规划中,仅被列为现代服务业的支柱产业,而没有被列为国民经济的支柱产业呢? 通过对上海市统计局与上海区县旅游局部分相关领导的调查研究,发现主要原因有 3 个:第一,政府关注 GDP,但旅游产业增加值分布在各个与旅游相关的行业中,不像汽车工业这样集中与显著;第二,政府关注税收,而旅游产业发展带来的政府税收,受上述原因影响,直接税收额不高,分散在其带动的相关产业发展的税收中,也不集中与显著;第三,受中国传统文化影响,重视投资、生产与工作,忽视消费、享受与对幸福生活质量的追求,认为旅游产业就是"吃喝玩乐",因此,也没有引起人们的足够重视。

　　解决上述问题的方法是:①参照联合国《国民核算体系(2008)》《旅游卫星账户:推荐的方法框架(2008)》《旅游统计的国际建议(2008)》制定与完善我国及各地区的旅游卫星账户,科学统计旅游业的增加值、税收及占 GDP 的比重;②贯彻《国务院关于加快发展旅游业的意见》,转变观念,将发展旅游业看作是促进我国经济向依靠消费、投资、出口协调拉动转变的重要驱动力,看作是增加就业与人民福利、保障和改善民生的重要领域。

3.2.5　战略性支柱产业的发展潜力

　　传统的产业经济学从供给角度对产业进行界定:产业是由提供相近产品和服务,或使用相同原材料、相同工艺技术,在相同或相关价值链上活动的企业共同构成的集合。旅游经济学是从游客旅游活动产生的旅游消费需求角度对旅游接待业进行界定的,游客的旅游活动又是一种从客源地到目的地的空间位移活动,受整个旅游目的地相关环境与因素的影响。因此,对一个目的地旅游接待产业发展潜力的研究,不能采用单纯的产业与产业的比较研究方式,而需要采用将该旅游目的地与类似的已经成功发展的旅游目的地的综合比较研究方式。

　　本书继续以上海为例分析说明旅游接待业作为战略性支柱产业的发展潜力。上海旅游业"十一五"与"十二五"发展规划提出了建设世界著名旅游城市的目标,因此,本书采用比较研究方法,以上海建设世界著名旅游城市的参照城市——伦敦、纽约、巴黎、维也纳、东京和香港为比较对象,认识上海在世界著名旅游城市建设中的相对位置与发展潜力,为将上海旅游接待业培育成战略性支柱产业提供参照指标。

　　本书选择影响上海建设世界著名旅游城市的基本潜力要素指标与产出—贡献指标进行比较研究。基本潜力要素指标包括城市面积、常住人口、人口密度、人均绿地面积、开放度、GDP 和人均 GDP、第三产业所占比重、第三产业就业所占比重等 8 项指标;产出—贡献指标包括入境过夜旅游人次、旅游外汇收入、国内游客人均旅游花费额、旅游购物消费在旅游消费总额中的比重等 4 项指标。

　　第一,上海全市面积为 6 340.5 平方千米,仅次于巴黎大区面积,居 7 个城市第 2 位。各城市面积从大到小的排序是:巴黎大区为 12 012 平方千米(中心城区 105 平方千米),上海为 6 340.5 平方千米(中心城区 2 648.6 平方千米),东京为 2 155 平方千米(市区 617.8 平方千米),大伦敦为 1 580 平方千米(中心城区 319 平方千米),香港为 1 104 平方千米(中心城区 16 平方千米），纽约为 930 平方千米，维也纳为 415 平方千米。上海全市面积是巴黎大区的 1/2 左右，是东京的近 3 倍，是大伦敦的 4 倍，是香港的 6 倍，是纽约的 7 倍，是维也纳的 15 倍。从土地面积考察，上海地域广阔，具有建设世界著名旅游城市的巨大空间拓展潜力。

第二，2008 年上海市常住人口总数为 1 888.46 万，居 7 个城市首位。各城市常住人口数量从大到小排序是：上海为 1 888.46 万（中心城区 1 453 万），东京为 1 275.8 万（市区 848.3 万），巴黎大区为 1 129 万（中心城区 220 万），纽约为 800 万，大伦敦为 740 万（中心城区 297.29 万），香港为 690 万，维也纳为 160 万。上海市常住人口总数是东京的 1.48 倍，是巴黎大区的 1.67 倍，是纽约的 2.36 倍，是大伦敦的 2.55 倍，是香港的 2.74 倍，是维也纳的 11.8 倍。从常住人口规模考察，上海人口众多，具有建设世界著名旅游城市较大的本地市场潜力。

第三，2008 年上海全市人口密度为 2 638 人/平方千米，市区人口密度为 5 486 人/平方千米，均居 7 个城市第 6 位。其中，上海市全市人口密度高于巴黎大区人口密度，是纽约的 1/4 左右，是香港的 2/5 左右，是大伦敦和东京的 1/2 左右，是维也纳的 3/5 左右，是巴黎大区的 2.7 倍。上海市区人口密度高于维也纳人口密度，是巴黎市区的 1/5 左右，是纽约的 1/2 左右，是内伦敦的 3/5 左右，是香港的 4/5 左右，与东京接近，是维也纳的 1.3 倍。从人口密度考察，上海人口密度相对较低，具有建设世界著名旅游城市较大的空间密度提高潜力。

第四，2008 年上海人均绿地面积为 12.51 平方米，居 7 个城市第 5 位。各城市人均绿地面积从大到小排序是：巴黎为 24.7 平方米，伦敦为 22.8 平方米，纽约为 19.2 平方米，维也纳为 18 平方米，上海为 12.51 平方米，东京为 5.24 平方米，香港为 2.9 平方米。2008 年上海人均绿地面积是大伦敦和巴黎大区的 1/2 左右，是纽约的 3/5 左右，是维也纳的 7/10 左右，是东京的 2.4 倍，是香港的 4.3 倍。从人均绿地面积考察，上海人均绿地面积较低，建设世界著名旅游城市在环境绿化方面，存在较大的差距与提高潜力。

第五，上海开放度不够高。旅游业是一个具有高度综合关联性的产业，因此，它的发展必然会受到制约相关产业发展的开放度的影响。

从拥有的全球金融中心等级、跨国企业总部和国际组织的数量以及经济自由度考察，伦敦是全球最大金融中心和欧洲企业总部集聚地；纽约是联合国总部所在地，全球三大金融中心之一；巴黎是多家国际性和地区性机构所在地；香港是世界著名的自由贸易港和全球最自由经济体，对全世界 170 多个国家提供免签证；维也纳是继纽约和日内瓦之后的第三座联合国机构的驻地城市，同时也是许多其他国际组织的所在地。从城市开放度考察，上海开放度还存在较大差距，建设世界著名旅游城市在开放水平方面存在较大的差距与提高潜力。

第六，2008 年上海市 GDP 为 13 698.15 亿元，人均 GDP 为 72 536 元。上海市 2008 年人均 GDP 只相当于上述世界著名旅游城市相应年度的 6.97%～35.27%，差距巨大。上海 2008 年 GDP 是纽约和东京 2007 年的 1/7 左右，是巴黎大区 2007 年的 1/3 左右，是大伦敦 2006 年的 2/5 左右，是香港 2007 年的 4/5 左右，是维也纳 2004 年的 4.2 倍。从 GDP 和人均 GDP 考察，上海建设世界著名旅游城市的经济发展水平还有较大差距与提高潜力。

第七，2008 年上海市三次产业结构中，第三产业所占比重为 53.7%，与上述国际大都市相比，明显偏低。伦敦、纽约、东京、巴黎等城市第三产业比重均在 85% 以上，香港 2005 年服务业比重更高达 91%。从三次产业结构考察,上海第三产业比重明显偏低,建设世界著名旅游城市在产业结构方面存在较大差距与提高潜力。

第八,2008 年上海市就业结构中,第三产业就业比重为 52.49%,明显偏低。2007 年伦敦第三产业就业比重为 91.97%,纽约第三产业就业比重超过 70%,2005 年东京第三产业就业比重也达到 74.4%。从就业结构考察,上海建设世界著名旅游城市在第三产业就业比重方面存在较大差距与发展潜力。

第九,与上述世界著名旅游城市相比,上海旅游业在产出—贡献方面存在较大的差距。2007 年上海入境过夜旅游者人次数为 520.10 万,列第 5 位,仅为世界排名第 1 的伦敦的 1/3 左右。2007 年,各城市接待入境过夜旅游者人次数从多到少排序是:伦敦为 1 534.50 万,巴黎为 837.50 万(2006 年数据),纽约为 824.50 万,香港为 806.13 万,上海为 520.10 万,东京为 480.80 万(2006 年数据),维也纳为 460.00 万。

2007 年上海旅游外汇收入折算成人民币为 346 亿元,列第 5 位,仅为列第 1 位的伦敦的 1/4 左右。2007 年,各城市旅游外汇收入折算为人民币从多到少依次排序:伦敦为 1 207.86 亿元,纽约为 903.52 亿元,维也纳为 430.10 亿元,香港为 380.76 亿元,上海为 346 亿元,巴黎为 317.81 亿元(2006 年数据),东京为 221.46 亿元(2006 年数据)。

2007 年上海国内游客人均旅游花费额为 1 578.00 元,列最后一位,仅为列第 1 位的香港的 1/3 左右。2007 年,各城市国内游客人均花费折算为人民币,从多到少排序:香港为 4 723.38 元,伦敦为 3 181.66 元,纽约为 2 384.80 元,巴黎为 1 668.77 元,上海为 1 578.00 元。

2007 年上海国内游客支出构成中,以购物消费为主,占 41.20%,但远低于香港 72.60% 的购物消费比例。

本部分分析的主要结论是:

①上海旅游接待业发展的空间拓展与市场规模潜力较大,具体表现在上海土地面积较大,居 7 个城市第 2 位;常住人口最多,居 7 个城市首位;人口密度比较低,居 7 个城市的第 6 位。

②上海的经济总量增加与经济结构调整的潜力较大,具体表现在 GDP 总量与人均 GDP 较低,第三产业的增加值与就业量占 GDP 总量和就业总量的比例较低。

③按照城市经济学揭示的世界著名城市发展规律:随着经济发展,GDP 总量与人均 GDP 的提高,第三产业增加值与就业量占 GDP 总量与就业总量的比例会急剧提高。其中,旅游产业也会加速发展,因此,上海建设世界著名旅游城市的潜力较大。

④与上述世界著名旅游城市比较,上海旅游接待业的发展潜力较大,可以制定并实施旅游接待业发展的倍增计划:以伦敦为例,上海旅游入境过夜人次可以增加三倍,从 2007 年的 520.10 万人次增加到 1 500 万人次,外汇收入也可以增加三倍,从 2007 年的折合人民币 346 亿元增加到 1 200 亿元;以香港为例,上海国内旅游的人均消费额可以增加一倍,从 2007 年的 1 578.00 元增加到 4 700 元;以香港为例,上海国内游客的旅游购物消费比例可以提高 50%,从 2007 年占总消费额的 41.2%,提高到 72%;以纽约为例,上海旅游总收入可以增加一倍,从 2007 年的 1 957.32 亿元增加到 4 000 亿元;以巴黎为例,上海旅游就业量占城市总就业量比重可以提高三倍,从 2007 年占总就业量的 3.85% 增加到占总就业量的 12%。

3.3 旅游接待业培育成战略性支柱产业的发展路径与对策

3.3.1 旅游接待业培育成战略性支柱产业的发展路径

本书对在 2009 年 12 月发布《国务院关于加快发展旅游业的意见》前的上海旅游接待业与已有的六大支柱产业发展的不同路径进行比较研究,目的是借鉴六大支柱产业成功发展的经验,探讨将旅游接待业加速培育成战略性支柱产业的问题与路径。

参照产业经济学有关支柱产业发展的关键要素,比较研究的内容分为以下 7 个方面:①产业地位;②产业发展目标;③产业发展战略;④产业发展重点项目与投资;⑤产业发展基地建设;⑥招商引资的投资目录;⑦产业支持政策体系。

从产业地位比较分析,在上海市政府的文件中,信息产业、金融业、商贸流通业、汽车制造业、成套设备制造业、房地产业等六大产业都被明确列为支柱产业发展,而旅游接待业仅被明确作为现代服务业中的支柱产业发展。

从产业发展目标比较分析,六大支柱产业的发展目标明确,包括三大内容:其一是具有明确的产业发展规模,如 2010 年工业增加值达 6 000 亿元以上,工业总产值达到25 000 亿~27 000亿元。其二是具有明确的产业发展结构,如装备制造业占全市制造业比重从现在的47%提高到54%。其三是具有明确的产业基地的建设任务,如 2010 年全面建成微电子、汽车、精品钢材、化工、船舶、装备等六大产业基地。相反,在上海市政府文件中从来没有明确提出过类似的旅游接待业基地的建设任务。即便对上海国家级旅游度假区佘山而言,也没有明确提出过具体的建设任务与指标。

从产业发展战略比较分析,六大支柱产业均采用园区集聚与企业集群的发展战略。但上海旅游接待业,除新建的松江欢乐谷外,却主要采取依托城市已有建设成果(如东方明珠电视塔、上海科技馆和上海野生动物园等)的产业融合发展战略。

例如,上海现代制造业基本以集群形式发展。其中的汽车业,汇集了通用、大众等生产厂商,生产汽车齿轮、汽车饰件、汽车电子的协作配套厂商,形成了垂直和水平分工协作的格局。

园区是上海现代制造业企业集群的主要空间载体。"郊区体现实力和水平",生产加工环节逐步向郊区特别是"1+3+9"工业园区集中("1"是指上海浦东新区;"3"是指闵行经济技术开发区、漕河泾新兴技术开发区、上海化学工业区;"9"是指莘庄工业区、宝山城市工业园区、嘉定工业区、康桥工业区、松江工业区、金山嘴工业区、青浦工业区、崇明工业园区、上海市工业综合开发区——原奉浦工业区)。这些园区各项主要指标均占全市工业产值三成以上,成为全市经济的重要支撑点和发展的动力源。

可喜的是,上海迪士尼乐园开业第一年接待人次就达到了 1 100 万。另外,上海正在建设以迪士尼为核心的上海国际旅游度假区。

从产业发展重点项目与投资额比较分析,六大支柱产业都有一系列明确的重点建设项目及投资额,而旅游接待业却没有。例如,上海市政府明确,电子信息、汽车、钢铁、石化四大产业今后 3 年在建和拟建项目总投资额约为 3 215 亿元,占先进制造业总投资的 76%。

从产业发展基地建设比较分析,六大支柱产业都有明确的产业发展基地,上海旅游接待业却缺乏明确的产业发展基地。例如,上海市政府明确,微电子产业基地包括核心区和扩展区:核心区是以张江高科技园区为重点,以金桥出口加工区和外高桥保税区为延伸的浦东微电子产业带;扩展区包括漕河泾新兴技术开发区、松江科技园区和出口加工区、青浦工业园区、国家集成电路设计上海产业化基地和紫竹科学园区等。

从招商引资的投资目录比较分析,六大支柱产业都有招商引资的投资目录,上海旅游接待业却缺乏招商引资的投资目录。例如,上海市政府规定,电子及通信设备制造业的招商投资目录有:①集成电路的设计、封装、测试,线宽 0.35 微米以下大规模集成电路的制造;②微电子设备、配件、原材料、元器件制造;③通信及网络设备为主的电子信息产品制造;④计算机及备件制造;⑤电真空器件制造;⑥数字音视频电子产品制造。

从产业政策的比较分析,六大支柱产业都有系统的产业发展政策,旅游接待业却缺乏系统的产业发展政策。六大支柱产业的发展政策主要包括:①着力推进产业结构优化升级;②积极对接国家重点产业调整和振兴规划,制订公布本市重点行业调整振兴的实施意见,推动一批重点项目列入国家规划,着力提升汽车、装备、船舶、电子信息等优势产业的国际竞争力;③加强国家重大科技专项配套支持,争取国家级科研设施落户上海;④设立 100 亿元的上海自主创新和高新技术产业化重大项目专项资金;⑤引导社会资金投入,积极推进新能源、民用航空制造业、先进重大装备、生物医药、电子信息制造业、新能源汽车、海洋工程装备、新材料、软件和信息服务业等重点领域高新技术产业化;⑥以建设国家信息化和工业化融合试验区为契机,聚焦钢铁、石化等行业,推进一批产业信息化重点项目建设;⑦设立政府创业投资引导基金,引导民间资金加大对重点领域种子期、起步期创业企业的投入力度;⑧加快淘汰落后生产能力,聚焦水泥、纺织印染等行业和电镀、热处理、铸造、锻造等生产工艺,力争每年完成 600 项左右的产业结构调整项目。表 3-3 总结了上海六大支柱产业成功发展的经验与上海旅游接待业发展存在的问题。

表 3-3　上海旅游接待业与六大支柱产业的成功发展路径比较

	产业地位	产业发展目标	产业发展战略	重点项目与投资额	发展基地建设	招商引资的投资目录	产业政策
信息产业	国民经济支柱产业	有具体目标	集聚与集群发展战略	有重点项目与投资额	有发展基地建设计划	有招商引资的投资目录	有优于国外的产业发展政策体系
金融业	国民经济支柱产业	有具体目标	集聚与集群发展战略	有重点项目与投资额	有发展基地建设计划	有招商引资的投资目录	有优于国外的产业发展政策体系
商贸流通业	国民经济支柱产业	有具体目标	集聚与集群发展战略	有重点项目与投资额	有发展基地建设计划	有招商引资的投资目录	有优于国外的产业发展政策体系

续表

	产业地位	产业发展目标	产业发展战略	重点项目与投资额	发展基地建设	招商引资的投资目录	产业政策
汽车制造业	国民经济支柱产业	有具体目标	集聚与集群发展战略	有重点项目与投资额	有发展基地建设计划	有招商引资的投资目录	有优于国外的产业发展政策体系
成套设备制造业	国民经济支柱产业	有具体目标	集聚与集群发展战略	有重点项目与投资额	有发展基地建设计划	有招商引资的投资目录	有优于国外的产业发展政策体系
房地产业	国民经济支柱产业	有具体目标	集聚与集群发展战略	有重点项目与投资额	有发展基地建设计划	有招商引资的投资目录	有优于国外的产业发展政策体系
旅游接待业	现代服务业中的支柱产业	缺乏具体目标	依托与融合其他产业发展战略	缺乏重点项目与投资额	缺乏发展基地建设计划	缺乏招商引资投资目录	缺乏系统的产业发展政策

资料来源:本表依据作者研究成果编制。

通过对上海旅游接待业与已有六大支柱产业成功发展路径的比较研究,本书认为:上海旅游接待业发展虽然取得了巨大成就,但是尚未达到其市场潜力应有的规模与水准。例如,2008 年,以国际过夜旅游者接待人次计,香港被联合国世界旅游组织列为世界第十四大旅游目的地,年接待国际过夜旅游者人次高达 1 730 万,为同年上海接待的 526.47 万国际过夜旅游者人次的 3 倍;以旅游外汇收入计,香港被联合国世界旅游组织列为世界第十三大旅游目的地,旅游外汇收入高达 153 亿美元,为同年上海旅游外汇收入 50.27 亿美元的 3 倍。特别值得关注的是:上海的土地面积是香港的 6 倍左右,上海的常住居民是香港的 3 倍左右。

上海旅游接待业发展尚未达到其市场潜力应有规模与水准的主要问题之一就是没有遵循国民经济支柱产业成功发展的路径。如果遵循国民经济支柱产业成功发展的路径,即具有明确的支柱产业地位、具体的发展目标、采用空间集聚与企业集群的发展战略、建设产业发展基地、有重点项目与投资额、有招商引资项目的目录与产业发展支持政策体系,那么,上海旅游接待业将获得更大发展。

特别需要强调的是:旅游接待业具有围绕旅游吸引物这一核心产品对相关的旅游信息标识、旅游交通、旅游餐馆、旅游饭店、旅游购物设施、旅游文化娱乐健身活动、旅游会展设施进行配套发展的特点,因此,采用空间集聚与旅游企业集群的发展战略极为重要。上海规划建设以迪士尼乐园为核心的国际旅游度假区就是这方面的重要探索。

3.3.2 旅游接待业培育成战略性支柱产业的发展对策

如何将旅游接待业培育成战略性的支柱产业?本书继续以上海为例进行分析。

如何将上海建设世界著名旅游城市的发展潜力转化为现实,加快将上海旅游接待业培育成战略性支柱产业？参照上海已有六大支柱产业成功的发展路径，以及国内外著名旅游城市的发展经验，主要对策有以下 9 个方面。

第一，要确立将旅游接待业作为战略性支柱产业进行培育的地位。上述产业地位的确立要体现在实施"大规模资源投入与产出"的产业化发展举措上，即不但要与其他产业融合发展，而且自身要投资建设发展。

第二，要明确旅游接待业发展的综合目标及对策。它包括：经济目标及对策，如旅游收入、游客的人均旅游支出、旅游增加值及占 GDP 的比重；社会文化目标及对策，如就业量、文化遗产保护、游客满意度与居民生活的幸福指数；可持续发展的环境友好目标及对策，如节能减排指标、环境保护指标。

第三，要明确旅游接待业产业化的发展战略，即要实施空间集聚、企业集群、资源集约的旅游综合体与品牌化、集团化的发展战略。例如，向杭州学习，明确提出完善与建设上海 100 个旅游综合体的发展战略。旅游综合体包括各种旅游主题街区综合体与各种主题园区综合体，前者如上海南京路与北京王府井的购物主题街区，后者如上海迪士尼乐园、深圳东部华侨城。特别要注意将东方明珠、上海科技馆、上海野生动物园、上海欢乐谷等已经具有良好聚客效应的景区点扩展为大型旅游综合体，并注意建设夜旅游文化娱乐街区或园区。

第四，要明确旅游接待业发展的重点建设项目与投资额。向香港学习，努力做到：每年有规划待建的旅游重点项目，每年有建成开业的旅游重点项目，每年有更新改造的旅游重点项目。另外，政府在基础设施配套建设的土地与资金方面，以及对具有巨大带动效应的旅游吸引物项目建设的土地与资金方面，要给予特别的支持。

第五，要规划建设旅游接待业发展基地。这是世界著名旅游城市资源集约、企业集群、品牌化与规模化高效发展的空间载体，也是上海已有支柱产业成功发展的重要经验。

参照 2008 年 2 月由伦敦政府发布的《伦敦规划：大伦敦发展的空间战略》所提供的经验，城市建设要以 5 种功能为导向，即生活的城市、工作的城市、联通的城市、享受的城市、设计的城市，如"生活的伦敦（Living in London）、工作的伦敦（Working in London）、联通的伦敦（Connecting London）、享受的伦敦（Enjoying London）、设计的伦敦（Designs on London）"。享受的城市的建设包括对"游客城市"（Visitors' London）功能的建设：

①旅游接待业空间布局要考虑入境游客、外地游客和本地游客的不同需要，城市规划要将建立满足不同游客需要的旅游功能区作为重要内容，包括规划与建设满足国际游客需要的重要旅游区（群落）、满足外地游客需要的重要旅游区（群落）和满足本地游客需要的重要旅游区（群落）。这些旅游区的建设可以采用与城市遗产保护、居民文化休闲娱乐及购物设施建设融合发展战略。

②城市规划要将建设满足游客晚上娱乐活动需要的"夜经济区"（群落）作为重要的规划内容。上海可以分工设立市级与区级的旅游产业发展基地，构建旅游产业发展基地体系。

第六，要每年公布旅游接待业招商引资的投资目录。学习北京市面向国内外推介 30 个重大旅游产业项目的经验，针对市场潜在需求，上海至少可在下列 8 个领域每年设立与推介重大旅游项目，进行招商引资：①休闲娱乐类项目；②生态度假类项目；③传统文化类项目；④农业旅游类项目；⑤工业旅游类项目；⑥旅游特色村镇项目；⑦汽车露营地类项目；⑧旅游装备制造业项目。

第七,要构建对旅游接待业的支持政策体系。探索与构建综合性的世界著名旅游城市的旅游接待业发展政策体系,包括入境游客的免签证政策、入境与国内游客的购物消费免税政策、旅游企业投资与税收的优惠政策、旅游推广政策等,建议在浦东新区创建都市旅游综合改革试验区,探索具有国际竞争力的我国城市旅游产业政策体系。

第八,建设与完善旅游接待业的公共服务体系。从培育国民经济战略性支柱产业、培育国际核心竞争力与可持续发展角度,建设、完善与优化九大旅游公共服务体系:①旅游规划与项目建设的协调体系;②旅游产业动态发展趋势统计分析与报告体系;③旅游目的地营销体系;④旅游集散中心体系;⑤旅游信息咨询中心体系;⑥旅游市场的监管体系;⑦优质服务企业的认证与品牌推荐体系;⑧旅游人力资源的引进与培训体系;⑨突发事件的预防处理体系。

第九,建设符合旅游接待业综合性产业特点的协调发展体制。旅游业发展始终存在着"旅游部门的小马难以拉动旅游综合性产业发展大车"的困境。旅游接待业是为游客多种旅游需要和跨地区旅游活动提供服务的产业,具有综合性与跨地区性的特点,因此,需要具有跨部门与跨地区的协调发展机制,这就要求与游客旅游线、旅游产业链相关的其他行业部门,主动满足旅游接待业发展需要,积极与旅游接待业的发展规划相衔接。例如,美国政府要求各部门规划必须包含旅游专项规划的内容。

本章小结

- 旅游接待业发展的理念。旅游接待业的发展理念就是指对在某一时间(阶段)、某一区域(地点)、影响或决定旅游接待业发展方向或问题解决的主要变量(因素)之间的规律性关系的描述。这种发展理念是选择旅游接待业发展模式的依据。
- 旅游接待业发展的模式。旅游接待业发展的模式就是指依据旅游接待业的发展理念所选择的旅游发展方式,一种固定的旅游发展的组织管理方式或资源配置方式。这种发展模式具有全局性的指导意义。
- 旅游接待业发展理念与模式的类型。旅游接待业发展理念与模式是多种多样的,具有各自的适用条件,需要针对所处发展阶段与区域面临实际问题不断探索创新。
- 旅游接待业不同发展理念与模式选择的依据和适用条件。旅游接待业发展理念与模式选择的依据,包括《中华人民共和国旅游法》、空间经济学、产业发展理论、发展战略选择理论、旅游规划理论、利益相关者理论等。旅游接待业发展理念与模式的适用条件需要考虑发展主体、项目性质、经济和社会发展阶段等多种因素。
- 全域旅游的发展理念与模式。全域旅游是指在一定区域内,以旅游业为优势产业,通过对区域内经济社会资源尤其是旅游资源、相关产业、生态环境、公共服务、体制机制、政策法规、文明素质等进行全方位、系统化的优化提升,实现区域资源有机整合、产业融合发展、社会共建共享,以旅游业带动和促进经济社会协调发展的一种新的区域协调发展理念和模式。

- 全域旅游发展理念与模式的指导意义与创新运用。全域旅游发展理念与模式的指导意义主要表现于它在总体上反映了现阶段我国旅游业发展的基本特征与要求。要结合各地的资源禀赋、基础设施、产业状况、市场条件创造性地运用全域旅游的发展理念与模式。

- 支柱产业与战略性支柱产业。支柱产业就是指其产业增加值高,处于众多产业的前列,其增加值一般占本地生产总值5%以上,并对经济发展由其较大产业关联性产生重要带动作用的主导产业。战略性支柱产业,是在支柱产业含义基础上引入了全面(经济、社会、文化、环境各方面)、动态(目前与未来)两个考察因素,即各方面影响大、目前与未来发展潜力大的支柱产业。

- 战略性支柱产业的带动要求。①具有较强的关联效应;②能够满足较大的潜在的市场需求或创造出较大的新的市场需求;③能够迅速吸收先进的科学技术成果,创造较高的生产效率和更多的附加值。

- 旅游接待业培育成战略性支柱产业的发展路径与对策。①明确旅游接待业的支柱产业地位与具体的发展目标;②采用空间集聚与企业集群的发展战略;③建设产业发展基地;④有重点项目与投资额;⑤有招商引资项目的目录;⑥有产业发展支持政策体系。

复习思考题

1.什么是旅游接待业发展的理念?

2.什么是旅游接待业发展的模式?

3.旅游接待业的发展理念与模式有哪些类型?

4.旅游接待业不同发展理念与模式选择的依据和适用条件有哪些?

5.什么是全域旅游的发展理念与模式?

6.全域旅游发展理念与模式的指导意义有哪些? 如何创新运用全域旅游的发展理念?

7.支柱产业与战略性支柱产业的定义是什么?

8.战略性支柱产业的带动要求有哪些？

9.将旅游接待业培育成战略性支柱产业的发展路径与对策是什么？

【延伸阅读文献】

［1］中华人民共和国国务院.关于加快发展旅游业的意见［N］.中国旅游报,2009-12-4(1).

［2］World Tourism Organization. Tourism Satellite Account：Recommended Methological Framework 2008［EB/OL］.2008.

［3］何建民.我国都市旅游发展的产业政策研究——上海问题与国际经验［J］.旅游科学,2006(6).

［4］何建民.上海旅游业培育成战略性支柱产业的要求、路径、潜力与对策研究［J］.旅游学刊,2011(5).

［5］何建民.旅游发展的理念与模式研究:兼论全域旅游发展的理念与模式［J］.旅游学刊,2016(12).

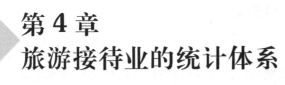

第4章
旅游接待业的统计体系

【学习目标】

通过本章学习,读者将了解与掌握:
- 中外旅游接待业统计体系建设的目的、功能、理论与原则;
- 中外旅游接待业统计内容、指标体系、数据收集与分析方法和工具;
- 中外旅游接待业统计组织体制、工作制度、旅游统计数据收集分析与报告的质量标准。

要科学、全面、系统地了解、认识、描述、分析、说明与预测旅游接待业发展的过去、现状与未来,需要认识与掌握旅游接待业的统计体系。

由于目前我国旅游接待业的统计体系尚不完善,我国面临依据中国现状、特点与需要,学习发达国家和地区在相关领域的先进经验,不断完善我国旅游统计体系的任务,因此,本章主要说明中外旅游接待业统计体系建设的目的、功能、理论与原则,中外旅游接待业统计内容、指标体系、数据收集与分析方法和工具的比较,中外旅游统计组织体制、工作制度、旅游统计数据收集分析与报告质量标准的比较,为运用与完善旅游接待业的统计体系打下良好的基础。

4.1 中外旅游接待业统计体系建设的目的、功能、理论与原则的比较

4.1.1 相关概念界定

1) 世界重要组织

本书所指的世界重要组织,是指在世界经济与社会统计领域具有重要影响的组织,同时,又与旅游统计体系建设,包括旅游统计体系建设的目的、功能、理论、原则、内容、指标体系、统计方法与工具、统计体制与机制、统计质量标准等有重要指导或参考关系的组织。主

要包括联合国经济及社会理事会、世界旅游组织、世界旅行与旅游理事会、欧盟委员会等。

由于受到相关研究资料可获得性与本书篇幅的限制,本书将选择一些既可获得资料又具有重要借鉴意义的世界重要组织的相关文献进行比较分析。

2) 世界旅游强国和地区

世界旅游强国和地区是一个比较概念,可以用不同的标准进行衡量与界定。如可以用人均旅游外汇收入的产出指标,即居民人均旅游外汇收入、居民人均旅游外汇盈余等,也可以用决定旅游外汇收入产出水平的竞争能力指标。

判断某一国家或地区(经济体)是否是世界旅游强国或地区,关键依据是其作为国际旅游目的地的竞争能力,另外,旅游统计体系建设也是其竞争能力的重要组成部分,因此,本书所指的世界旅游强国和地区,是指由世界经济论坛(WEF)发布的《2017年全球旅游业竞争力报告》中排名前10位的国家和地区,包括西班牙、法国、德国、日本、英国、美国、澳大利亚、意大利、加拿大、瑞士。

考虑到研究资料的丰富性与可获得性,本书选择了西班牙、法国、英国、美国作为本书的比较研究对象。

考虑到同处在亚洲地区、同属华人文化,具有较大的可比性与可借鉴性,本书也选择排名在第11位、人均旅游外汇收入较高的中国香港地区与排名在第13位、人均旅游外汇收入较高的新加坡作为本书的比较研究对象。

由于受到相关研究资料可获得性与本书篇幅的限制,本书将选择一些既可获得资料、又具有重要借鉴意义的上述国家和地区的相关文献进行比较研究。

3) 旅游接待业统计体系

依据《中华人民共和国统计法》,本书将旅游接待业统计体系界定为:由实际开展统计工作的指标体系、统计制度、统计行为、统计方法、统计组织体系、统计技术手段、统计法制保障、统计人员素质与服务水平等构成的统计工作与服务体系。

我国旅游接待业统计体系现代化的内容包括:统计指标全面、系统,调查制度科学,调查行为规范,调查方法透明,组织体系完善,技术手段先进,统计质量标准与法制保障有力,队伍素质优良,服务水平一流。

4) 旅游接待业统计体系建设的目的

旅游接待业统计体系建设的目的通常有两种含义。第一种含义:旅游接待业统计体系建设的目的是指旅游接待业发展主体或利益相关者(游客、旅游企业、政府机构、非政府组织如旅游行业协会、社区、居民、新闻媒体等)在一定时期内期望实现的成果,即结果性目标。如反映游客满意度状况,反映旅游接待业企业经营状况,反映旅游接待产业供求平衡与结构优化状况,反映旅游社区居民对旅游接待业发展的意见状况等。

第二种含义:旅游接待业统计体系建设的目的是指旅游接待业发展主体或利益相关者(游客、旅游接待业企业、政府机构、非政府组织如旅游接待业行业协会、社区、居民、新闻媒体等)

在一定时期内要完成的任务,即任务性目标。如要设计游客满意度调查表,并开展定期的抽样调查工作;要设计旅游接待业企业经营状况调查表,要求旅游接待业企业定期填报。

本书所指的旅游接待业统计体系建设目的,包括上述两种目的。事实上,结果性目的,是任务性目的的努力方向与成果;任务性目的,是实现结果性目的的工作过程。从旅游接待业统计成果的投入产出角度考虑,旅游接待业统计工作存在一个投入产出的任务目的与结果目的的因果链。

从不同性质或领域划分,旅游接待业统计体系建设的目的还可以细分成不同的目的类型。例如,衡量旅游接待业经济效益的目的、衡量旅游接待业社会效益的目的、衡量旅游接待业生态效益的目的、衡量旅游接待业综合效益的目的等。

从不同利益相关者划分,旅游接待业统计体系建设的目的还可以分成旅游者的目的、旅游接待业企业的目的、旅游行业协会的目的、旅游消费者协会的目的、旅游政府主管部门的目的、旅游社区居民的目的等。

旅游接待业统计体系建设的目的,从其相互之间实现的前后顺序、因果关系划分,还可以分成手段性(保障性)目的与结果性目的。例如,以旅游接待业统计指标设计为例,增加旅游接待人次与旅游收入是反映结果性目的的统计指标,建设新的旅游景区(点)是反映实现增加接待旅游人次与旅游收入目的性指标的手段性指标。

5) 旅游接待业统计体系建设的功能

本书所指的旅游接待业统计体系建设的功能,就是指旅游接待业统计体系建设要发挥的作用。

《中华人民共和国统计法》第二条规定:统计的基本任务是对经济社会发展情况进行统计调查、统计分析,提供统计资料和统计咨询意见,实行统计监督。因此,旅游接待业统计体系建设的目的就是要更好地发挥旅游接待业统计的三大功能:第一是信息功能;第二是咨询功能;第三是监督功能。这 3 种功能是相互作用、相互促进、相互联系的。其中,信息功能即进行统计调查、统计分析与提供统计资料是最基本的功能,是保证咨询与监督功能有效发挥的前提。

6) 旅游接待业统计体系建设的理论

理论是对某一领域有关变量之间关系的科学说明,可以用来分析、预测或指导管理该领域的问题、趋势与工作。

旅游接待业统计体系建设的理论是有关旅游接待业统计体系建设的目的、统计对象特点、统计体系建设的功能、统计体系建设的原则、统计指标体系建设、统计组织体制与机制构建、统计方法选择的科学说明,或者对上述关系的科学说明。

不同的世界组织、世界旅游强国和地区,甚至不同的学者,会选择不同的理论,来认识有关旅游接待业统计体系建设的目的、旅游接待业统计对象特点、旅游接待业统计体系建设的功能、旅游接待业统计体系建设的原则、旅游统计指标体系与旅游统计方法选择以及上述各项之间的关系,从而构建出不同的旅游接待业统计体系。

7)旅游接待业统计体系建设的原则

原则是指在相似场景下,为了实现既定目标,反复运用的一套理念或工作与行动的准则。

旅游接待业统计体系建设的原则就是指在建设旅游接待业统计体系的场景下,为了实现旅游接待业统计的目标,需要遵循的一套理念或工作与行动的准则。

当然,在不同的旅游接待业统计目的、不同的旅游接待业统计体系建设场景下,需要研究选择最合理与合适的旅游接待业统计体系的建设原则。

8)旅游接待业数据体系

在统计中,经常运用到3个相关的词是统计资料、统计信息、统计数据,并且对资料、信息与数据有不同的定义。

资料的英文单词与数据的英文单词相同,都是"data"。由英国牛津大学出版社出版的《牛津高阶英汉双解词典》对信息(information)的解释是:信息是指事实或者有关某人与某事的细节(facts or details about sb/sth)。信息(information)也可以翻译成情报。

《牛津高阶英汉双解词典》对数据的解释是:数据是指事实或者信息,特别是指通过检验可用来发现情况与规律或者做出决策的事实或者信息(facts or information,especially when examined and used to find out things or to make decisions)。[①]

依据上述对信息与数据的解释进行推理,旅游接待业统计信息就是指通过统计搜集的与旅游接待业相关的人与事物的事实或细节。旅游接待业统计数据就是指通过统计收集、检验可用来发现旅游接待业情况与旅游接待业规律或者帮助作出决策的事实与信息。

旅游接待业数据体系(hospitality industry data system),也可以称为旅游接待业数据系统,是指为了实现发现旅游接待业情况和规律、帮助作出科学的旅游接待业决策的目的,由旅游接待业数据获取、旅游接待业数据存储、旅游接待业数据更新、旅游接待业数据流通和旅游接待业数据挖掘分析使用5个部分组成的系统。这样,就可以迅速、有效地了解旅游接待业发展的各种宏观、中观和微观的情况,并充分发挥这些数据的作用。

4.1.2 我国与世界重要组织旅游接待业统计体系建设目的、功能、理论与原则的比较

1)我国与联合国经济及社会理事会的比较

经济及社会理事会(Economic and Social Council),简称"经社理事会",于1945年依照《联合国宪章》设立,是联合国的6个主要机构之一。其主要职能是协调联合国及各专门机构的经济和社会工作,研究国际经济、社会、发展、文化、教育、卫生及有关问题,就其职权范围内的事务,召开国际会议,并起草公约草案提交联合国大会审议,还承担其他联合国大会建议执行的职能,同时还负责联合国各主要会议和首脑会议的后续活动。

---

① A S Hornby.牛津高阶英汉双解词典[M].6版.北京:商务印书馆,2004:428,906.

（1）对我国有关旅游接待业统计体系建设目的、功能、理论与原则的研究

本书通过对我国旅游统计体系建设具有重要指导意义的文献《中华人民共和国旅游法》（2016 修订版）、《中华人民共和国统计法》（2009 修订版）、《旅游统计管理办法》（1998）的梳理，归纳出目前我国旅游接待业统计体系建设目的、功能、理论与原则的主要观点。

第一，有关我国旅游统计体系建设目的的观点。在《中华人民共和国旅游法》中，尚未出现"旅游统计"4 个字。依据《中华人民共和国旅游法》的相关规定，我国旅游统计体系建设的目的是：要"为保障旅游者和旅游经营者的合法权益，规范旅游市场秩序，保护和合理利用旅游资源，促进旅游业持续健康发展"服务。

依照《中华人民共和国统计法》的观点，我国旅游统计体系建设的目的是"为了科学、有效地组织统计工作，保障统计资料的真实性、准确性、完整性和及时性，发挥统计在了解国情国力、服务经济社会发展中的重要作用，促进社会主义现代化建设事业发展"。

依照《旅游统计管理办法》（1998）的观点，我国旅游统计体系建设的目的是"为了加强旅游统计管理，保障旅游统计资料的准确性和及时性"。

第二，有关我国旅游统计体系建设功能的观点。依照《中华人民共和国旅游法》的观点，我国旅游统计体系建设的功能是：要为"旅游规划和促进"服务，要为旅游者提供旅游信息与咨询服务。《中华人民共和国旅游法》第二十六条明确规定：国务院旅游主管部门和县级以上地方人民政府应当根据需要建立旅游公共信息和咨询平台，无偿向旅游者提供旅游景区、线路、交通、气象、住宿、安全、医疗急救等必要信息和咨询服务。显然，重视旅游者的旅游信息需要，忽略了其他相关主体对旅游统计数据的需要。

依照《中华人民共和国统计法》的观点，"统计的基本任务是对经济社会发展情况进行统计调查、统计分析，提供统计资料和统计咨询意见，实行统计监督"。

依照《旅游统计管理办法》（1998）的观点，我国旅游统计体系建设的功能与《中华人民共和国统计法》的规定相同："旅游统计的基本任务是对旅游企事业单位的经营、业务情况进行统计调查、统计分析，提供统计资料和咨询，实行统计监督。"

第三，有关我国旅游统计体系建设理论的观点。《中华人民共和国旅游法》尚未提到我国旅游统计体系建设需要遵循的理论。

《中华人民共和国统计法》虽然没有指出我国旅游统计体系建设需要遵循的具体理论，但是，其第五条明确规定："国家加强统计科学研究，健全科学的统计指标体系，不断改进统计调查方法，提高统计的科学性。"

《旅游统计管理办法》也尚未提到有关我国旅游统计体系建设必须遵循的具体理论，尚未提到必须开展旅游统计的科学研究工作。

第四，有关我国旅游统计体系建设原则的观点。依照《中华人民共和国旅游法》的观点，我国旅游统计体系建设的原则是：必须反映旅游业发展的社会效益、经济效益和生态效益相统一的情况。因为《中华人民共和国旅游法》第四条明确规定："旅游业发展应当遵循社会效益、经济效益和生态效益相统一的原则。"

依照《中华人民共和国统计法》的观点，我国旅游统计体系建设的原则要覆盖或指导以下 6 个方面的工作：①总则，即总的工作行为准则；②统计调查管理原则；③统计资料的管理

和公布原则;④统计机构和统计人员管理原则;⑤监督检查原则;⑥法律责任原则。

依照《旅游统计管理办法》的观点,我国旅游统计体系建设的原则就是在旅游统计领域落实《中华人民共和国统计法》的要求,但《旅游统计管理办法》在这方面规定得还不够具体。

参照我国法规对旅游统计体系建设的观点,可以将我国法规有关旅游接待业统计体系建设的目的、功能、理论与原则的主要观点概括如下,请参阅表4-1。

表4-1　我国法规有关旅游接待业统计体系建设目的、功能、理论与原则的主要观点

我国法规对旅游接待业统计体系建设领域的规定	我国法规相关规定的主要观点
对旅游接待业统计体系建设目的的规定	为保障旅游者和旅游经营者的合法权益,规范旅游市场秩序,保护和合理利用旅游资源,促进旅游业持续健康发展
对旅游接待业统计体系建设功能的规定	统计的基本任务是对经济社会发展情况进行统计调查、统计分析,提供统计资料和统计咨询意见,实行统计监督
对旅游接待业统计体系建设理论的规定	国家加强统计科学研究,健全科学的统计指标体系,不断改进统计调查方法,提高统计的科学性
对旅游接待业统计体系建设原则的规定	①总则,即总的工作行为准则;②统计调查管理原则;③统计资料的管理和公布原则;④统计机构和统计人员管理原则;⑤监督检查原则;⑥法律责任原则

资料来源:作者依据相关研究成果编制。

（2）对联合国经济及社会理事会有关旅游接待业统计体系建设目的、功能、理论与原则的研究

在20世纪80年代末,中欧国家由中央计划经济向以市场为导向的政体转变,十分重要的是要保证这些国家的统计体系,能遵循专业与科学的标准,提供适当的与可靠的数据。为了实现这一目标,在1991年举行的欧洲统计大会上,制定与采纳了《官方统计的基本原则》（the Fundamental Principles of Official Statistics）。1992年,这些官方统计的基本原则又在欧洲经济委员会的部长会议上被采纳。

世界其他地方的统计人员迅速认识到:这些原则具有更加广泛的全球重要性。因此,随着国际的磋商进程,出现的里程碑式的进展是在1994年4月11日到15日联合国统计委员会的特别会议上,这些原则被采纳,并被更名为"联合国官方统计的基本原则"（the United Nations Fundamental Principles of Official Statistics）。在2011年,这些原则又在联合国统计委员会的第44次会议上被采纳。2013年7月21日到24日联合国经济及社会理事会接受联合国统计委员会的建议,做出决议,采纳这些原则。2014年1月29日,在联合国第68次大会上,联合国做出采纳这些原则的决议。

这些原则共有10条,是广义的原则,是建设国家统计体系的一个框架,包括了建设国家统计体系各方面要注意遵守的原则。当然,也可以将这些原则细分为国家统计体系建设的

目的、功能、理论与原则,这里的原则仅指适用于某一方面的狭义原则①。

联合国官方统计基本原则中的第一条原则,说明了国家统计体系建设的目的:"它向政府、经济部门和公众提供经济、人口、社会和环境状况的数据。应为此目的编纂通过检验证明有实际用途的官方统计,由官方统计机构公正不偏地公开这些数据,以履行尊重公民获得公共信息的权利的义务。"而且,第一条原则还指出:"官方统计是一个民主社会信息系统中不可缺少的组成部分。"

本书认为:旅游接待业统计体系建设的目的就是在可行情况下,为旅游接待业发展各相关主体"人人尽责、人人享有"的社会治理提供数据,了解发展条件与状况。

联合国官方统计基本原则中的第二条原则,说明了国家统计体系建设的理论与方法。第二条原则规定:为了保持对官方统计的信任,统计机构需按照严格的专业上的考虑,包括科学原则和专业道德,确定搜集、处理、储存和展示统计数据的方法及其程序。

联合国官方统计基本原则中的第三条原则与第四条原则,说明了国家统计体系建设的功能或任务。第三条原则规定:为了便于正确解释数据,统计机构应按照有关统计数据来源、方法和程序的科学标准展示资料。第四条原则规定:统计机构有权就统计的错误解释及其滥用发表评论。

联合国官方统计基本原则中的第五至第十条原则,说明了开展某一方面的具体的统计工作需要遵循的狭义原则。

第五条原则:用于统计目的的数据可取自各种来源,不管是统计调查还是行政记录。统计机构在选择资料来源时应考虑到数据的质量、及时性、代价及其给回答者造成的负担。

第六条原则:统计机构为统计汇编所搜集的个人数据,不管是涉及自然人还是法人,都应严格保密,而且只能用于统计上的目的。

第七条原则:管理统计系统的各项法律、规章和措施应向社会公开。

第八条原则:各国境内的统计机构间的协调是统计体系获得一致性和效率的基本条件。

第九条原则:各国统计机构使用国际性概念、分类和方法可提高各级官方统计系统的一致性及其效率。

第十条原则:统计方面的双边和多边合作可促进各国官方统计系统的改进。请参阅表4-2。

表4-2　联合国官方统计基本原则有关旅游接待业统计体系建设目的、功能、理论与原则的主要观点

联合国官方统计基本原则对旅游接待业统计体系建设的参考领域	联合国官方统计基本原则的主要观点
对旅游接待业统计体系建设目的的参考	它向政府、经济部门和公众提供经济、人口、社会和环境状况的数据。应为此目的编纂通过检验证明有实际用途的官方统计,由官方统计机构公正不偏地公开这些数据,以履行尊重公民获得公共信息的权利的义务

① United Nations Economic and Social Council. Fundamental Principles of Official Statistics. 46th plenary meeting 24 July 2013.

续表

联合国官方统计基本原则对旅游接待业统计体系建设的参考领域	联合国官方统计基本原则的主要观点
对旅游接待业统计体系建设功能的参考	为了便于正确解释数据,统计机构应按照有关统计数据来源、方法和程序的科学标准展示资料。统计机构有权就统计的错误解释及其滥用发表评论
对旅游接待业统计体系建设理论的参考	为了保持对官方统计的信任,统计机构需按照严格的专业上的考虑,包括科学原则和专业道德,确定搜集、处理、储存和展示统计数据的方法及其程序
对旅游接待业统计体系建设原则的参考	①用于统计目的的数据可取自各种来源,不管是统计调查还是行政记录。统计机构在选择资料来源时应考虑数据的质量、及时性、代价及其给回答者造成的负担。②统计机构为统计汇编所搜集的个人数据,不管是涉及自然人还是法人,都应严格保密,而且只能用于统计上的目的。③管理统计系统的各项法律、规章和措施应向社会公开。④各国境内的统计机构间的协调是统计体系获得一致性和效率的基本条件。⑤各国统计机构使用国际性概念、分类和方法可提高各级官方统计系统的一致性及其效率。⑥统计方面的双边和多边合作可促进各国官方统计系统的改进

资料来源:作者依据相关研究成果编制。

(3)我国与联合国经济及社会理事会有关旅游接待业统计体系建设目的、功能、理论与原则的比较研究及启示

将我国有关旅游接待业统计体系建设目的、功能、理论与原则的观点,与联合国经济及社会理事会的观点进行比较,联合国经济及社会理事会的观点为我们提供了下列重要启示。

第一,在旅游接待业统计体系建设的目的方面,我国尚没有列出完整的旅游接待业统计服务的利益相关者,而联合国经济及社会理事会列出了完整的统计服务的利益相关者:政府、经济部门和公众,特别是强调提供经过验证可用的公共统计数据是市场经济有效运行的前提,是政府必须履行的让公民享有获得公共信息权利的义务。

第二,在旅游接待业统计体系建设的功能方面,我国《统计法》关注要履行提供统计资料、统计咨询与统计监督的功能,除此之外,联合国经济及社会理事会还特别强调要正确解释数据,让读者掌握有关统计数据来源、方法和程序的科学展示全貌:为便于正确解释数据起见,统计机构应按照有关统计数据来源、方法和程序的科学标准展示资料。同时,强调统计机构有权就统计的错误解释及其滥用发表评论。

第三,在旅游接待业统计体系建设的理论方面,我国《统计法》提出了要加强统计科学研究,健全科学的统计指标体系,不断改进统计调查方法,提高统计的科学性。联合国经济及社会理事会强调:为了保持对官方统计的信任,统计机构需按照严格的专业上的考虑,包括科学原则和专业道德,确定搜集、处理、储存和展示统计数据的方法及其程序。

这里突出了"信任""专业""科学原则""专业道德",以及在统计数据全过程管理中采

用科学的与专业道德的方法及程序。

　　第四,在旅游接待业统计体系建设的原则方面,我国《统计法》主要站在政府角度提出要求,联合国经济及社会理事会主要从市场经济背景下统计工作如何有效开展的角度提出要求,其提出的下列原则值得我们借鉴:①统计工作要做到质量与效率统一,即统计机构在选择资料来源时应考虑到数据的质量、及时性、代价及其给回答者造成的负担。②统计工作要注意合理的保密性,即统计机构为统计汇编所搜集的个人数据,不管是涉及自然人还是法人,都应严格保密,而且只能用于统计上的目的。③统计工作法规的公开性,即规制统计系统的各项法律、规章和措施应向社会公开。④提倡统计工作概念、分类和方法的国际标准化,即各国统计机构使用国际性概念、分类和方法可提高各级官方统计系统的一致性及其效率,还以提高可比性。⑤提倡统计工作国际合作性,即统计方面的双边和多边合作可促进各国官方统计系统的改进。请参阅表 4-3。

表 4-3　联合国官方统计基本原则为我国旅游接待业统计体系建设目的、功能、理论与原则提供的启示

联合国官方统计基本原则为我国旅游接待业统计体系建设提供启示的领域	我国与联合国官方统计基本原则比较研究结论
对旅游接待业统计体系建设目的的启示	我国尚未列出完整的旅游接待业统计服务的利益相关者,而联合国经济及社会理事会列出了完整的统计服务的利益相关者
对旅游接待业统计体系建设功能的启示	我国《统计法》关注要履行提供统计资料、统计咨询与统计监督的功能,联合国经济及社会理事会除此之外,还特别强调要正确解释数据,让读者掌握有关统计数据来源、方法和程序的科学展示全貌
对旅游接待业统计体系建设理论的启示	我国《统计法》提出了要加强统计科学研究,健全科学的统计指标体系,不断改进统计调查方法,提高统计的科学性。联合国经济及社会理事会强调:"为了保持对官方统计的信任,统计机构需严格按照专业上的考虑,包括科学原则和专业道德,确定搜集、处理、储存和展示统计数据的方法及其程序。"这里突出了"信任""专业""科学原则""专业道德",以及在统计数据全过程管理中采用科学的与专业道德的方法及程序
对旅游接待业统计体系建设原则的启示	我国《统计法》主要站在政府角度进行说明,联合国经济及社会理事会主要从市场经济背景下统计工作实际有效开展的角度进行说明,其提出的下列原则值得我们借鉴:①统计工作要做到质量与效率统一,即统计机构在选择资料来源时应考虑到数据的质量、及时性、代价及其给回答者造成的负担。②统计工作要注意合理的保密性,即统计机构为统计汇编所搜集的个人数据,不管是涉及自然人还是法人,都应严格保密,而且只能用于统计上的目的。③统计工作法规的公开性,即规制统计系统的各项法律、规章和措施应向社会公开。④提倡统计工作概念、分类和方法的国际标准化,即各国统计机构使用国际性概念、分类和方法可提高各级官方统计系统的一致性及其效率,还可提高国际可比性。⑤提倡统计工作国际合作性,即统计方面的双边和多边合作可促进各国官方统计系统的改进

资料来源:作者依据相关研究成果编制。

2) 我国与联合国世界旅游组织的比较研究

联合国世界旅游组织（United Nations World Tourism Organization，UNWTO）是联合国系统的政府间国际组织，是旅游领域的领导性国际组织。最早由国际官方旅游宣传组织联盟（International Union of Official Tourist Propaganda Organizations，IUOTPO）发展而来。2003 年 11 月成为联合国的专门机构。现有 156 个正式会员国和 6 个联系成员。其宗旨是促进和发展旅游事业，使之有利于经济发展、国际相互了解、和平与繁荣。总部设在西班牙马德里。

联合国世界旅游组织负责制定国际性旅游公约、规则，研究全球旅游政策，收集和分析旅游数据，定期向成员国提供统计资料。参与旅游领域的经济活动，倡导以旅游促进经济发展、消除贫困、解决就业、与各国开展合作项目。为旅游经济活动提供咨询、援助，开展技术合作。

（1）对联合国世界旅游组织有关旅游接待业统计体系建设目的、功能、理论与原则的研究

联合国世界旅游组织有关旅游接待业统计体系建设的指导文献主要有两个：《旅游统计的国际建议（2008）》与《旅游卫星账户：推荐的方法框架（2008）》。《旅游卫星账户：推荐的方法框架（2008）》是基于《旅游统计的国际建议（2008）》的基本原理在统计旅游经济贡献领域的深化。因此，本书主要通过对《旅游统计的国际建议（2008）》相关内容的梳理来说明世界旅游组织有关旅游接待业统计体系建设目的、功能、理论与原则的观点。

由联合国世界旅游组织按照联合国统计委员会在 2004 年 3 月 2 日到 5 日举行的第 35 次会议上要求编辑的《旅游统计的国际建议（2008）》（International Recommendations for Tourism Statistics 2008），是世界各国旅游接待业统计体系建设的指导性文件。该文件有关旅游接待业统计体系建设目的、功能、理论与原则的观点可以概述如下。

第一，世界旅游组织有关旅游接待业统计体系建设目的的观点。《旅游统计的国际建议（2008）》指出：旅游接待业统计的目的是"制定营销战略，加强机构间联系，评价管理决策的效率和有效性，衡量在整个国民经济中的旅游业发展状况"[①]。因为"拥有更多的和更可靠的统计数据是决策者做出有效决策所必需的。只有拥有足够的和合适的数据所产生的可信的统计资料，才可能对旅游业进行不同类型的分析，评估旅游业发展的不同方面，制定支持和改进政策与做出决策。"[①]

按照联合国世界旅游组织的上述观点，旅游接待业统计体系建设的目的就是为各个旅游接待业的相关主体开展有关对旅游接待业发展的分析、评估、决策与改进服务的。

第二，联合国世界旅游组织有关旅游接待业统计体系建设功能的观点。《旅游统计的国际建议（2008）》指出：旅游统计的国际建议聚焦游客的活动，从旅游需求与供给两个方面，同时用货币与非货币的指标对这些活动进行测度。它的目的是为使用这一建议的国家编制旅游统计时提供一种共同的参照系。

《旅游统计的国际建议（2008）》的主要作用是提供包括概念、定义、分类、指标的体系，

---

① United Nations. International Recommendations for Tourism Statistics 2008[R].2010:1.

这一体系的构成因素具有内部的一致性，促进在旅游卫星账户、国民账户、国际收支平衡表、劳动统计，以及其他统计之间的联系。另外，它也将提供有关数据来源和数据编制方法方面的通用指导，它出版的编制指南也将提供这方面的补充指导①。

第三，联合国世界旅游组织有关旅游接待业统计体系建设理论的观点。《旅游统计的国际建议（2008）》指出：①旅游是由游客离开其惯常居住地流动而产生的社会、文化、经济现象，由多种动机驱动，乐趣是其通常的动机。②游客的活动可能包括市场交易，也可能不包括市场交易，可能与游客的日常活动有所不同，或者与游客的日常活动有相似性。如果与日常活动有相似性，那么，在旅行时，这些活动发生的频率与强度也是不同的。③这些活动体现在人们作为消费者，在旅游前准备、旅游中参与以及旅游后恢复的整个过程中的活动与行为上。④旅游活动对经济、自然和人造环境产生影响，对游客访问地居民以及游客自身也产生影响。⑤考虑旅游活动具有上述广泛的影响，以及涉及广泛的利益相关者，因此，需要采用全面的方法对旅游的开发、管理和监测进行研究，即需要以旅游供给所涉及的各种相关学科为基础，从满足游客旅游需求与可持续发展的视角进行深入研究②。

第四，联合国世界旅游组织有关旅游接待业统计体系建设原则的观点。《旅游统计的国际建议（2008）》指出：其所有的概念、定义、分类与指标都遵循下列准则：①定义与分类应该是实际适用于全球的发达经济体与发展中经济体的；②这些定义与分类也应该与在国民账户、国际收支、国际服务贸易统计、家庭和移民统计中使用的定义和分类相一致，另外，分类也应该参考两个主要的国际经济分类标准：主要产品分类标准（the Central Product Classification，CPC）和所有经济活动的国际标准产业分类（the International Standard Industrial Classification of All Economic Activities，ISIC）；③适用于描述和分析在国家与省市层面的旅游活动；④旅游统计的概念必须是准确的，在对游客和为游客提供服务活动的统计观察范围内是可以计量的③。请参阅表 4-4。

表 4-4　世界旅游组织有关旅游接待业统计体系建设目的、功能、理论与原则的观点

旅游接待业统计体系建设领域	世界旅游组织的主要观点
旅游接待业统计体系建设目的	为了制定营销战略、加强机构间联系、评价管理决策的效率和有效性、衡量在整个国民经济中的旅游业发展状况
旅游接待业统计体系建设功能	聚焦游客的活动，同时用货币与非货币的指标对这些活动进行测度。提供包括概念、定义、分类、指标的体系，这一体系的构成因素具有内部的一致性，促进在旅游卫星账户、国民账户、国际收支平衡表、劳动统计，以及其他统计之间的联系

① United Nations. International Recommendations for Tourism Statistics 2008[R].2010:4.
② United Nations. International Recommendations for Tourism Statistics 2008[R].2010:1-2.
③ United Nations. International Recommendations for Tourism Statistics 2008[R].2010:6.

续表

旅游接待业统计体系建设领域	世界旅游组织的主要观点
旅游接待业统计体系建设理论	考虑到旅游对经济、自然和人造环境会产生影响,对游客访问地居民以及游客自身也会产生影响,以及涉及广泛的利益相关者,因此,需要采用全面的方法对旅游的开发、管理和监测进行研究,即需要以旅游供给所涉及的各种相关学科为基础,从满足游客旅游需求与可持续发展视角进行深入研究
旅游接待业统计体系建设原则	①定义与分类应该是实际适用于全球的发达经济体与发展中经济体的;②这些定义与分类也应该与国民账户、国际收支、国际服务贸易统计、家庭和移民统计中使用的定义和分类相一致,另外,分类也应该参考两个主要的国际经济分类标准:主要产品分类标准(the Central Product Classification,CPC)和所有经济活动的国际标准产业分类(the International Standard Industrial Classification of All Economic Activities,ISIC);③适用于描述和分析在国家与省市层面的旅游活动;④旅游统计的概念必须是准确的,在对游客和为游客提供服务活动的统计观察范围内是可以计量的

资料来源:作者依据相关研究成果编制。

(2)我国与联合国世界旅游组织有关旅游接待业统计体系建设目的、功能、理论与原则的比较研究及启示

将我国有关旅游接待业统计体系建设目的、功能、理论与原则的观点,与联合国世界旅游组织的观点进行比较,联合国世界旅游组织的观点提供了下列重要启示。

第一,在旅游接待业统计体系建设的目的方面,我国目前还不够具体与全面,世界旅游组织倡导的《旅游统计国际建议(2008)》规定得非常明确:为相关企业、机构决策的效率与效果服务,反映旅游业在国民经济中的地位。

第二,在旅游接待业统计体系建设的功能方面,我国《统计法》关注要履行提供统计资料、统计咨询与统计监督的功能,世界旅游组织倡导的《旅游统计国际建议(2008)》强调要从需求与供给两种视角,采用货币与非货币的统计指标,包括概念、定义、分类、指标的体系,这一体系的构成因素要保持内部一致性,与旅游卫星账户、国民账户、国际收支平衡表、劳动统计,以及其他统计之间建立联系。

第三,在旅游接待业统计体系建设的理论方面,我国《统计法》提出了要加强统计科学研究,世界旅游组织倡导的《旅游统计国际建议(2008)》指出需要采用全面的方法对旅游的开发、管理和监测进行研究。

第四,在旅游接待业统计体系建设的原则方面,我国《统计法》主要站在政府角度进行要求,世界旅游组织倡导的《旅游统计国际建议(2008)》重视以下4个关键点:①旅游统计体系要适用于不同的经济体;②旅游统计的定义与分类要同其他统计的国际标准一致、衔接;③旅游统计体系要适用于描述与分析各地的旅游活动;④在对游客和为游客提供服务活动的统计观察范围内是可以计量的。请参阅表4-5。

表 4-5　联合国世界旅游组织有关旅游接待业统计体系建设目的、功能、理论与原则观点的启示

联合国世界旅游组织为我国旅游接待业统计体系建设提供的启示领域	我国与联合国世界旅游组织的比较研究结论
对旅游接待业统计体系建设目的的启示	为相关企业、机构决策的效率与效果服务,反映旅游业在国民经济中的地位
对旅游接待业统计体系建设功能的启示	要采用货币与非货币的统计指标,包括概念、定义、分类、指标的体系,这一体系的构成因素要保持内部一致性,与旅游卫星账户、国民账户、国际收支平衡表、劳动统计,以及其他统计之间建立联系
对旅游接待业统计体系建设理论的启示	需要采用全面的方法对旅游的开发、管理和监测进行研究
对旅游接待业统计体系建设原则的启示	①旅游统计体系要适用于不同的经济体;②旅游统计的定义与分类要同其他统计的国际标准一致、衔接;③旅游统计体系要适用于描述与分析各地的旅游活动;④在对游客和为游客提供服务活动的统计观察范围内是可以计量的

资料来源:作者依据相关研究成果编制。

3) 我国与世界旅行与旅游理事会的比较研究

世界旅行与旅游理事会(World Travel and Tourism Council,WTTC)是全球旅游接待业企业领袖论坛组织,是在英国注册的一家有限公司,办公室在伦敦。其成员包括全球旅游业中近 150 家公司的总裁、董事长和首席执行官。这些公司包括酒店、航空公司、机场、旅游经营商、邮轮、汽车租赁公司、旅行代理商、铁路公司、新出现的分享经济企业。作为全球范围内代表世界旅游接待业企业的唯一机构,它对全球旅游接待业有着独特的影响力和见解。

世界旅行与旅游理事会创立于 1990 年,由当时的美国运通公司首席执行官 James Robinson 领导。一批旅游业的首席执行官发现,正如美国前国务卿基辛格博士所说,旅游业的巨大规模没有被认可,原因在于其是一个碎片化的产业,很少人认识到旅游业是世界第一大产业与最大的就业机会的提供者,更别提政府了,因此,他们在巴黎召开了第一次会议。其使命是:提高公众对发展旅游业重要性的认知,使旅行变得更容易,告知政府有关鼓励旅游业发展的政策——规划、投资适当的基础设施与实施使得旅游企业具有竞争性的税收政策,促进旅游业可持续发展。

(1)对世界旅行与旅游理事会有关旅游接待业统计体系建设目的、功能、理论与原则的研究

第一,世界旅行与旅游理事会有关旅游接待业统计体系建设目的的观点,正如其在自己使命中所说的那样,主要包括:①提高公众对发展旅游业重要性的认知;②使旅行变得更容易;③告知政府采取有关鼓励旅游业发展的政策;④促进旅游业可持续发展[①]。

---

① 参阅世界旅行与旅游理事会网站。

第二,世界旅行与旅游理事会有关旅游接待业统计体系建设功能的观点,正如其在实际开展的统计工作中所显示的那样,主要包括:①要开展正确认识旅游业对经济贡献的统计研究。具体包括:旅游业对城市经济影响的统计分析;旅游业对各国经济影响的统计分析;每月更新的统计资料;标杆统计报告,如2017年由美国运通公司赞助的标杆统计报告将旅游业的经济贡献与农业、汽车制造业、银行业、化学品制造业、建筑业、金融服务业、采矿业、零售业等8个产业的经济贡献相比较。②要开展正确制定旅游业发展政策的统计研究。它具体包括:管理旅游目的地过度拥挤的统计分析;可持续发展报告;签证便利化影响的统计分析;国家旅游政策与治理;税收;人力资本;贸易和投资。③要开展解决其他专门问题的专项统计研究。它具体包括:使商务旅行机会最大化的统计研究;旅游业可持续发展关键问题的统计研究;汇率与旅游业发展绩效关系的统计研究;旅游业作为和平驱动因素的统计研究等[①]。

第三,世界旅行与旅游理事会有关旅游接待业统计体系建设理论方法的观点,参照由世界旅行与旅游理事会和牛津经济研究中心联合编制的重要研究文献《2017年旅行与旅游经济影响研究方法》(WTTC/Oxford Economics 2017 Travel & Tourism Economic Impact Research Methodology)对它们的研究理论方法的说明,其基本理论方法是:①运用现存的可以获得的有关旅行与旅游的数据,基于所缺乏信息与必需的有关旅行与旅游统计指标之间关系,通过估计获得补充资料,来填补空缺的数据;②运用联合国统计署批准的《旅游卫星账户:推荐的框架方法(2008)》(Tourism Satellite Account:Recommended Methodological Framework 2008),并使用实际的与估算获得的数据,来计算旅行与旅游业对国民经济的直接贡献;③衡量、反映旅游活动对供应链的间接影响,还会衡量、反映由旅游直接就业人员与间接就业人员收入支出所产生的引致影响[②]。

第四,世界旅行与旅游理事会有关旅游接待业统计体系建设原则的观点,参照由世界旅行与旅游理事会和牛津经济研究中心联合编制的重要研究文献《2017年旅行与旅游经济影响研究方法》(WTTC/Oxford Economics 2017 Travel & Tourism Economic Impact Research Methodology)对它们的研究原则的说明,可以发现主要有以下3项原则:①直接贡献统计原则,即运用旅游卫星账户计算旅游业对GDP与就业的直接贡献;②间接贡献统计原则,即运用旅行与旅游业投资支出、政府在旅行与旅游业上的集体支出、旅游企业从旅游供应商采购物品与劳务所产生的影响3个方面统计旅行与旅游业对GDP与就业的间接贡献;③引致贡献统计原则,即从旅游直接就业人员与间接就业人员收入支出所产生对GDP与就业的引致贡献,包括在食品饮料、娱乐、服装、住房、家庭用品等方面的支出影响[③]。

(2)我国与世界旅行与旅游理事会有关旅游接待业统计体系建设目的、功能、理论与原则的比较研究及启示

将我国有关旅游接待业统计体系建设目的、功能、理论与原则的观点,与世界旅行与旅

① 参阅世界旅行与旅游理事会网站。
② WTTC/Oxford Economics. 2017 Travel & Tourism Economic Impact Research Methodology[R]:1.
③ WTTC/Oxford Economics. 2017 Travel & Tourism Economic Impact Research Methodology[R]:3.

游理事会的观点进行比较,世界旅行与旅游理事会的观点提供了下列重要启示。

第一,在旅游接待业统计体系建设的目的方面,我国目前主要基于政府对旅游业发展进行治理的视角,还不够具体与全面,世界旅行与旅游理事会基于为旅游企业营造良好的发展环境的视角,提出了下列统计体系建设的目的,值得我们借鉴:①提高公众对发展旅游业重要性的认知;②使旅行变得更容易;③告知政府应该采取的有关鼓励旅游业发展的政策;④促进旅游业可持续发展。

第二,在旅游接待业统计体系建设的功能方面,我国《统计法》关注要履行提供统计资料、统计咨询与统计监督的功能,世界旅行与旅游理事会提出了要开展下列3方面的统计研究工作:①要开展正确认识旅游业经济贡献的统计研究;②要开展正确制定旅游业发展政策的统计研究;③要开展解决其他专门问题的专项统计研究。

第三,在旅游接待业统计体系建设的理论方面,我国《统计法》提出了要加强统计科学研究,世界旅行与旅游理事会关注的是:①运用现存的可以获得的有关旅行与旅游的数据;②运用联合国统计署批准的《旅游卫星账户:推荐的框架方法(2008)》,并使用实际的与估算获得的数据,来计算旅行与旅游业对国民经济的直接贡献;③衡量、反映旅游活动对供应链的间接影响,还要衡量、反映由旅游直接就业人员与间接就业人员收入支出所产生的引致影响。

第四,在旅游接待业统计体系建设的原则方面,我国还停留在遵循一般的统计原则上,世界旅行与旅游理事会从全面反映旅游业经济贡献角度提出了要遵循3项统计原则:①直接贡献统计原则;②间接贡献统计原则;③引致贡献统计原则。请参阅表4-6。

表4-6　世界旅行与旅游理事会有关旅游接待业统计体系建设目的、功能、理论与原则观点的启示

世界旅行与旅游理事会为我国旅游接待业统计体系建设提供启示领域	我国与世界旅行与旅游理事会比较研究结论
对旅游接待业统计体系建设目的的启示	基于为旅游企业营造良好发展环境视角,旅游统计体系建设目的包括:①提高公众对发展旅游业重要性的认知;②使旅行变得更容易;③告知政府应该采取的有关鼓励旅游业发展的政策;④促进旅游业可持续发展
对旅游接待业统计体系建设功能的启示	基于为旅游企业营造良好发展环境视角,旅游统计体系建设功能包括:①要开展正确认识旅游业经济贡献的统计研究;②要开展正确制定旅游业发展政策的统计研究;③要开展解决其他专门问题的专项统计研究
对旅游接待业统计体系建设理论的启示	①运用现存的可以获得的有关旅行与旅游的数据;②运用联合国统计署批准的《旅游卫星账户:推荐的框架方法(2008)》,使用实际的与估算获得的数据,来计算旅行与旅游业对国民经济的直接贡献;③衡量、反映旅游活动对供应链的间接影响,还要衡量、反映由旅游直接就业人员与间接就业人员收入支出所产生的引致影响
对旅游接待业统计体系建设原则的启示	①直接贡献统计原则;②间接贡献统计原则;③引致贡献统计原则

资料来源:作者依据相关研究成果编制。

4) 我国与欧盟的比较研究

1991 年 12 月 11 日,欧洲共同体马斯特里赫特首脑会议通过了建立"欧洲经济货币联盟"和"欧洲政治联盟"的《欧洲联盟条约》(通称《马斯特里赫特条约》,简称"马约")。1992 年 2 月 7 日,《马斯特里赫特条约》签订,设立理事会、委员会、议会,逐步由区域性经济共同开发转型为区域政治与经济的整合发展。1993 年 11 月 1 日,《马斯特里赫特条约》正式生效,欧洲联盟正式成立,这标志着欧共体从经济实体向经济政治实体过渡,同时发展共同外交及安全政策,并加强司法及内政事务上的合作。

欧盟原有 28 个成员国,包括奥地利、比利时、保加利亚、塞浦路斯、克罗地亚、捷克共和国、丹麦、爱沙尼亚、芬兰、法国、德国、希腊、匈牙利、爱尔兰、意大利、拉脱维亚、立陶宛、卢森堡、马耳他、荷兰、波兰、葡萄牙、罗马尼亚、斯洛伐克、斯洛文尼亚、西班牙、瑞典、英国,其中英国已经宣布脱欧,正处在脱欧过程中。2020 年 1 月 30 日欧盟正式批准了英国脱欧。因此,欧盟现有 27 个成员国。

(1) 欧盟有关旅游接待业统计体系建设目的、功能、理论与原则的研究

第一,按照欧盟统计局(Eurostat)对其使命的说明,欧盟有关旅游接待业统计体系建设的目的(使命)是:为整个欧洲提供高质量的统计数据。

第二,按照欧盟统计局(Eurostat)的说明,欧盟有关旅游接待业统计体系建设关键任务即功能是:为欧盟层面、欧盟成员国层面、企业、公众、媒体提供数据,使得欧盟成员国和地区之间可以进行比较研究与决策分析。同时,为相关部门、机构与主体提供统计数据,使得它们可以对旅游业进行研究分析与决策。因为在市场经济社会里,如果没有可靠与客观的统计数据,欧盟决策层、欧盟成员国、地方政府和企业都难以作出正确的决策。公众和媒体也需要统计数据准确描绘出社会发展状况与评估政治家和其他人的绩效。

第三,按照欧盟统计局的实践,欧盟有关旅游接待业统计体系建设理论方法方面的突出特点是建立全面质量管理的统计体系,包括制定:①欧盟统计机构、欧盟成员国统计机构、欧盟成员国其他相关机构必须遵循的《欧洲统计的实践准则》;②欧盟统计机构、欧盟成员国统计机构、欧盟成员国其他相关机构必须遵循的《欧洲统计体系的质量保证框架》。

其主要内容包括:①统计环境的质量保证,要遵循"对统计质量的承诺、对统计资料提供者的保密性、公平性和客观性";②统计过程的质量保证,要遵循"合理的统计方法、合适的统计程序、对统计数据提供者不增加过度的负担、关注成本的有效性";③统计数据产出的质量保证,要遵循"相关性、准确性与可靠性、制定统计资料收集的时间表与提供的守时性、统计数据内在的一致性与可比性、统计数据的可获得性与清晰性"。

第四,为了实现欧盟统计体系建设的目的(使命),欧盟统计局指出其遵循的价值观即有关旅游接待业统计体系建设的原则是:①尊重与可信;②鼓励优秀;③促进创新;④服务导向;⑤职业独立;⑥寻找可以持续改进统计产品与服务质量的方法。在 2016 年 11 月,欧盟统计局获得了由欧洲质量管理基金会颁发的"质量优秀奖"。

(2) 我国与欧盟有关旅游接待业统计体系建设目的、功能、理论与原则的比较研究及启示

第一,在旅游接待业统计体系建设的目的方面,我国目前对旅游接待业统计质量,尚未

像欧盟这样重视。因此,我国应该向欧盟学习,将提供高质量统计数据作为重要目标。

　　第二,在旅游接待业统计体系建设的功能方面,我国目前尚未将全国旅游接待业统计数据、省市旅游接待业统计数据、行业与企业及市场统计数据列入既分工又合作的收集范围与任务,以满足各个旅游接待业活动相关主体包括游客、公众和媒体的需要。因此,我国应该向欧盟学习,将满足旅游活动各相关主体需要的旅游接待业统计数据,包括将提供全国旅游接待业统计数据、省市旅游接待业统计数据、行业与企业及市场统计数据等,列入旅游接待业统计体系建设的功能中。

　　第三,在旅游接待业统计体系建设的理论方面,我国目前尚未在旅游接待业统计领域引入全面质量管理的理论与方法,因此,欧盟建立统计质量体系的理论与方法值得我们学习。

　　第四,在旅游接待业统计体系建设的原则方面,我国目前尚未重视下列统计体系建设的重要原则:服务导向与统计工作独立。我国应该向欧盟学习,倡导上述原则。请参阅表 4-7。

表 4-7　欧盟有关旅游接待业统计体系建设目的、功能、理论与原则观点的启示

欧盟为我国旅游接待业统计体系建设提供启示领域	我国与欧盟比较研究结论
对旅游接待业统计体系建设目的的启示	我国应该向欧盟学习,将提供高质量统计数据作为重要目标
对旅游接待业统计体系建设功能的启示	我国应该向欧盟学习,将满足旅游接待业统计活动各相关主体需要的旅游统计数据,包括全国旅游接待业统计数据、省市旅游接待业统计数据、行业与企业及市场统计数据等,列入旅游接待业统计体系建设的功能中
对旅游接待业统计体系建设理论的启示	欧盟建立统计质量体系的理论与方法值得我们学习
对旅游接待业统计体系建设原则的启示	我国应该向欧盟学习,重视统计体系建设的重要原则:服务导向、统计工作独立

资料来源:作者依据相关研究成果编制。

4.1.3　我国与世界旅游强国和地区旅游接待业统计体系建设目的、功能、理论与原则的比较

　　本书按照位于瑞士的世界经济论坛(World Economic Forum)发布的《2017 年全球旅行与旅游竞争力报告》中对全球旅行与旅游竞争力排序,依次对下列国家进行比较研究:西班牙、法国、英国和美国。

1) 我国与西班牙的比较研究

　　据位于瑞士的世界经济论坛发布的《2017 年全球旅行与旅游竞争力报告》,西班牙位于全球旅游竞争力的第 1 位。

　　西班牙王国(The Kingdom of Spain),简称西班牙,位于欧洲西南部的伊比利亚半岛,地

处欧洲与非洲交界处。该国是一个多山国家,总面积505 925平方公里,其海岸线长约7 800公里。以西班牙语作为官方语言的国家数量位于世界第二,仅次于英语。

2016年,西班牙人口为4 644万,国土面积为505 925平方公里,人口密度为92.8人/平方公里,国内生产总值(GDP)为1.237万亿美元,人均国内生产总值为26 528美元。

西班牙是一个高度发达的国家,也是欧盟和北约成员国,还是欧元区第五大经济体,国内生产总值居欧洲国家第6名,世界第13名。

(1)西班牙有关旅游接待业统计体系建设目的、功能、理论与原则的研究

第一,西班牙有关旅游接待业统计体系建设的目的。西班牙的旅游接待业统计工作由西班牙统计局完成。西班牙统计局的愿景是要成为西班牙社会与国际了解西班牙统计数据的中心,它要建立具有下列特征的旅游接待业统计体系:①使用可获得的资源,尽可能使得统计工作具有效率与有效果,与其他统计机构与公共部门的合作,与社会和科学机构合作;②为了发挥好其指定的作用,持续改进西班牙统计局的统计数据的生产过程,以适应欧盟的建议与发展趋势;③将对被访谈调查者隐私的保密作为一项关键的原则;④加强质量管理体系的建设,以便在中长期内将质量保证框架建立起来;⑤通过对西班牙国家统计体系建设来提高西班牙统计局的协调能力;⑥通过使用适当的方法和行政资源来减少访谈的重负;⑦促进对统计数据的认识,注意统计信息的发布与正确使用;⑧在任何时候都要关心统计数据的使用者,关注使用者对统计数据的需要,促进使用者易于获得统计信息,持续改进使用者获得信息的条件。

第二,西班牙旅游接待业统计体系建设的功能。按照西班牙统计局的使命,西班牙旅游统计体系建设的任务或功能是:为整个社会收集、生产和发布相关的、高质量的、官方的统计信息,采用有效的、独立的、专业化的和完整的方式,使得统计数据易于被整个社会获得,以促进合理的决策。

第三,西班牙旅游接待业统计体系建设的理论方法。在这方面,西班牙统计局主要是遵循欧盟统计局提出的统计质量管理理论与方法。其主要内容包括:①建立保证统计质量的组织机构,包括质量管理的行政单位,质量管理委员会;②建立保证统计质量的统计质量评估与监测体系,它由一系列工具与方法组成,包括质量报告和质量指标,对统计数据使用者的调查,对整个统计体系的外部同行评估;③西班牙统计局质量体系的其他组成部分,包括举行统计质量讨论交流会议,统计数据的发布政策,对提供统计信息者的保密政策,统计数据的修改政策等。

第四,西班牙有关旅游接待业统计体系建设与运行所遵循的原则是:遵循欧洲统计委员会于2005年2月采纳的《欧洲统计实践准则》(European Statistics Code of Practice)。其要点是:①统计工作的独立性;②保护统计数据提供者的隐私;③统计数据结果的准确性与可靠性;④统计数据提供的计划性与守时性;⑤统计数据的可获得性与清晰性;⑥统计数据的一致性与可比性。

(2)我国与西班牙有关旅游接待业统计体系建设目的、功能、理论与原则的比较研究及启示

第一,在旅游接待业统计体系建设的目的方面,我国目前尚未提出要建立让我国社会与

国际社会了解我国旅游接待业发展的旅游统计中心和旅游统计体系的目标,西班牙统计局提出要建立类似中心与统计体系的目标值得我国借鉴。

第二,在旅游接待业统计体系建设的功能方面,我国目前尚未提出要为整个社会收集、生产和发布相关的、高质量的、官方的旅游接待业统计信息。西班牙统计局提出要为全社会提供统计服务的功能,也值得我国借鉴。

第三,在旅游接待业统计体系建设的理论方面,我国目前尚未提出要建立旅游统计全面质量管理的理论与方法。西班牙统计局遵循欧盟统计局提出的统计质量管理理论与方法的经验也值得我国借鉴。

第四,在旅游接待业统计体系建设的原则方面,我国目前尚未制定详细的旅游接待业统计工作的准则。西班牙统计局遵循《欧洲统计实践准则》,启示我国要制定与遵循详细的旅游接待业统计准则。请参阅表4-8。

表 4-8　西班牙有关旅游接待业统计体系建设目的、功能、理论与原则观点的启示

西班牙为我国旅游接待业统计体系建设提供启示领域	我国与西班牙比较研究结论
对旅游接待业统计体系建设目的的启示	我国目前尚未提出要建立让我国社会与国际社会了解我国旅游接待业发展的旅游统计中心和旅游统计体系的目标,西班牙统计局提出要建立类似中心与统计体系的目标值得我国借鉴
对旅游接待业统计体系建设功能的启示	我国目前尚未提出要为整个社会收集、生产和发布相关的、高质量的、官方的旅游统计信息,西班牙统计局提出要为全社会提供统计服务的功能,也值得我国借鉴
对旅游接待业统计体系建设理论的启示	我国目前尚未提出要建立旅游统计全面质量管理的理论与方法,西班牙统计局遵循欧盟统计局提出的统计质量管理理论与方法的经验也值得我国借鉴
对旅游接待业统计体系建设原则的启示	我国目前尚未制订详细的旅游统计工作的准则,西班牙统计局遵循《欧洲统计实践准则》,启示我国要制订与遵循详细的旅游接待业统计准则

资料来源:作者依据相关研究成果编制。

2) 我国与法国的比较研究

据位于瑞士的世界经济论坛发布的《2017 年全球旅行与旅游竞争力报告》,法国位于全球旅游竞争力的第 2 位。

法兰西共和国(French Republic),简称"法国"(France),是一个本土位于西欧的半总统共和制国家,海外领土包括南美洲和南太平洋的一些地区。法国为欧洲国土面积第三大、西欧面积最大的国家。

2016 年,法国人口为 6 689.6 万,国土面积为 672 834 平方公里(本土面积 553 965 平方公里),人口密度为 122.2 人/平方公里,国内生产总值为 2.465 万亿美元,人均国内生产总值

为 38 720 美元。

法国是一个高度发达的国家,是欧洲四大经济体之一,其国民拥有较高的生活水平和良好的社会保障制度,是联合国安理会五大常任理事国之一,也是欧盟和北约创始会员国、申根公约和八国集团成员国,以及欧洲大陆主要的政治实体之一。

(1)对法国有关旅游接待业统计体系建设目的、功能、理论与原则的研究

第一,法国的旅游接待业统计是由法国国家统计与经济研究机构(The National Institute of Statistics and Economic Studies)负责的。法国国家统计与经济研究机构与统计体系建设的目的:收集、分析与发布有关法国经济和社会的信息。它是按照 1946 年 4 月的法国预算法建立的,是隶属法国经济和财政部的一个局,在整个法国领土设有机构。在法国国家统计与经济研究局制定的《法国国家统计与经济研究局 2025 年展望》的工作计划中,按照其传统,将其目的定义为:团结和动员它的所有员工,持续地告知经济的和社会的争论,正如它成立至今的 70 多年来所做的那样。

第二,在旅游接待业统计体系建设的功能方面,法国国家统计与经济研究机构具有 4 个显著特点:①将统计工作与研究工作并重。②法国统计体系是由国家统计与经济研究机构和有关政府部门(农业、地方政府、文化、国防、可持续发展、海关、教育、高等教育与研究、公共财政、民政服务、移民、青年事务与体育、政法、健康和团结、国家安全、劳动就业和培训)的统计机构一起组成的,它们在统计数据的准备与发布方面协调决定统计方法、程序与标准。③明确法国统计体系在欧盟统计体系中的作用。欧盟一体化程度的提高已经增加了对欧洲统计数据的需要,欧洲统计局是隶属欧洲委员会的一个部门,负责欧盟与统计相关的政策。法国国家统计与经济研究局是欧洲研究的积极贡献者,既作为直接的贡献者,又作为法国有关部的统计部门的协调者,具体通过上述两个层面行动,起草和采纳欧盟有关统计的法律,生产和传播统计数据。欧洲统计体系(European Statistical System:ESS)包括欧盟委员会的统计机构——欧盟统计局、国家统计机构和在成员国的其他统计机构,它们协调开发、生产、发布欧洲的统计数据。④主要统计工作包括收集数据编制数量化的成果,对公众关注的问题提供官方的统计数据,分析所提供的数量化的信息。

第三,在旅游接待业统计体系建设的理论方面,法国国家统计与经济研究局关注统计数据概念的界定、分类、统计数据来源与统计方法说明,并以上述理论逻辑在统计网上展示统计数据。

第四,法国有关旅游接待业统计体系建设与运行所遵循的原则:统计工作的独立性。按照 2008 年 8 月 4 日通过的法国经济现代化法规定,官方统计机构有责任保证统计工作的独立性原则,体现在官方统计数据的设计、生产与发布中。

(2)我国与法国有关旅游接待业统计体系建设目的、功能、理论与原则的比较研究及启示

第一,在旅游接待业统计体系建设的目的方面,法国国家统计与经济研究局将其定义为:团结和动员它的所有员工,持续地告知经济的和社会的争论,对我国旅游接待业统计体系建设有一定启示。即旅游接待业统计体系除了反映重要发展事实外,还需要反映各个发展主体关注的重大问题与争议的统计数据及观点。

第二,在旅游接待业统计体系建设的功能方面,法国国家统计与经济研究局重视统计工作与研究工作并重,与其他相关部门协调,明确在国际统计体系、国家统计体系即国内各部门与各地统计体系中的关系与作用具有启发意义,我国以前忽视了这方面的内容。

第三,在旅游接待业统计体系建设的理论方面,法国国家统计与经济研究局在收集、研究与发布统计数据时,重视对统计数据概念界定、分类,对统计数据来源与方法的说明,具有启发性,这样可以更加全面地理解统计数据。我国以前对上述内容有所忽视。

第四,在旅游接待业统计体系建设的原则方面,我国以前对统计工作的独立性重视不够,法国与法国国家统计与经济研究局对此很重视,这也值得我国借鉴。请参阅表4-9。

表 4-9　法国有关旅游接待业统计体系建设目的、功能、理论与原则观点的启示

法国为我国旅游接待业统计体系建设提供启示领域	我国与法国比较研究结论
对旅游接待业统计体系建设目的的启示	旅游统计体系除了反映重要发展事实外,还需要反映各个发展主体关注的重大问题与争议的统计数据
对旅游接待业统计体系建设功能的启示	法国国家统计与经济研究局重视统计工作与研究工作并重,与其他相关部门协调,明确在国际统计体系、国家统计体系即国内各部门与各地统计体系中的关系与作用具有启发意义,我国以前忽视了这方面的内容
对旅游接待业统计体系建设理论的启示	在收集、研究与发布统计数据时,要重视对统计数据概念界定、分类,对统计数据来源与方法的说明
对旅游接待业统计体系建设原则的启示	我国以前对统计工作的独立性重视不够,法国与法国国家统计与经济研究局对此很重视,值得我国借鉴

资料来源:作者依据相关研究成果编制。

3) 我国与英国的比较研究

据位于瑞士的世界经济论坛发布的《2017 年全球旅行与旅游竞争力报告》,英国位于全球旅游竞争力的第 5 位。

大不列颠及北爱尔兰联合王国(United Kingdom of Great Britain and Northern Ireland),简称"英国"(United Kingdom),本土位于欧洲大陆西北面的不列颠群岛,被北海、英吉利海峡、凯尔特海、爱尔兰海和大西洋包围。

英国是由大不列颠岛上的英格兰、威尔士和苏格兰以及爱尔兰岛东北部的北爱尔兰以及一系列附属岛屿共同组成的一个西欧岛国。除本土之外,其还拥有 14 个海外领地,以英格兰人(盎格鲁-撒克逊人)为主体民族,占全国总人口的占 83.9%。

2016 年,英国的人口为 6 563.7 万,国土面积为 24.41 万平方公里(包括内陆水域),人口密度为 255.6 人/平方公里,国内生产总值为 2.649 万亿美元,人均国内生产总值为 42 330 美元。

英国是一个高度发达的国家,欧洲四大经济体之一,其国民拥有较高的生活水平和良好的社会保障制度。作为英联邦元首国、八国集团成员国、北约创始会员国,英国同时也是联合国安全理事会五大常任理事国之一。

(1)对英国有关旅游接待业统计体系建设目的、功能、理论与原则的研究

第一,英国旅游接待业统计体系建设的目的。英国国家统计局(Office for National Statistics)负责英国的旅游统计工作。英国国家统计体系建设的主要目的:收集、分析与发布有关英国经济、社会、人口的统计资料。依此类推,其旅游接待业统计体系建设的目的是收集、分析与发布有关英国旅游经济、社会、人口的统计资料。

第二,英国旅游接待业统计体系建设的功能。按照英国国家统计局对整个英国统计体系建设功能说明,英国旅游接待业统计体系建设的功能包括3个方面:①提供一系列有关旅游经济、社会、人口的统计资料,额外的信息可以依据要求提供,主要提供旅游市场统计资料与旅游卫星账户;②提供一些专业服务,有些服务是免费的,有些服务是收费的;③开展一些研究项目与建设项目,以提供新的统计资料、改进信息技术的基础设施、改进统计信息的可获得性和培养统计员工。英国国家统计局树立了一个既提供公共统计服务,又提供定制统计服务,既提供免费统计服务,又提供收费统计服务,既开发新统计研究项目,又加强统计设施、人员与能力建设的榜样。

第三,在旅游接待业统计体系建设的理论方面,英国国家统计局遵循将公共统计服务的公益性与一些定制化统计服务的收费相结合的理论。

第四,英国有关旅游接待业统计体系建设与运行所遵循的原则:①独立性原则,即独立于英国各部之外,由英国统计机构直接向英国议会汇报;②透明性治理原则,即英国统计局的组织机构与预算支出、使用者提出对英国国家统计局其他信息的要求可公开告知;③公共统计资料服务的自由性原则,即公众对英国国家统计局在其统计网站上公布的信息可以自由地向英国国家统计局提出自己的需要。

(2)我国与英国有关旅游接待业统计体系建设目的、功能、理论与原则的比较研究及启示

第一,在旅游接待业统计体系建设的目的方面,我国目前尚未将旅游社会影响统计列入旅游统计体系建设的重要目的,可以向英国国家统计局学习,加入这一建设目的。

第二,在旅游接待业统计体系建设的功能方面,我国目前尚未将旅游统计的公共服务与商业服务、旅游统计服务与旅游统计设施和能力建设结合起来,这方面可以向英国国家统计局学习。

第三,在旅游接待业统计体系建设的理论方面,我国公共旅游统计服务在预算约束情况下,可以向英国国家统计局学习,引入公共统计服务免费与一些定制的商业统计服务收费相结合的理论与实践。

第四,在旅游接待业统计体系建设的原则方面,为了保持统计数据的科学性、使用的便利性,需要向英国国家统计局学习,引入独立性原则、透明性治理原则、公共统计资料服务的自由性原则。请参阅表4-10。

表 4-10　英国有关旅游接待业统计体系建设目的、功能、理论与原则观点的启示

英国为我国旅游接待业统计体系建设提供启示领域	我国与英国比较研究结论
对旅游接待业统计体系建设目的的启示	我国目前尚未将旅游的社会影响统计列入旅游统计体系建设的重要目的,可以向英国国家统计局学习,加入这一建设目的
对旅游接待业统计体系建设功能的启示	我国目前尚未将旅游统计的公共服务与商业服务、旅游统计服务与旅游统计设施和能力建设结合起来。这方面可以向英国国家统计局学习
对旅游接待业统计体系建设理论的启示	我国公共旅游统计服务在预算约束情况下,可以向英国国家统计局学习,引入公共统计服务免费与一些定制的商业统计服务收费相结合的理论与实践
对旅游接待业统计体系建设原则的启示	为了保持统计数据的科学性、使用的便利性,需要向英国国家统计局学习,引入统计数据提供的独立性原则、统计数据使用的透明性治理原则、公共统计资料服务的自由性原则

资料来源:作者依据相关研究成果编制。

4) 我国与美国的比较研究

据位于瑞士的世界经济论坛发布的《2017 年全球旅行与旅游竞争力报告》,美国位于全球旅游竞争力的第 6 位。

美利坚合众国(United States of America),简称"美国",是由华盛顿哥伦比亚特区、50 个州和关岛等众多海外领土组成的联邦共和立宪制国家。其主体部分位于北美洲中部,通用英语,是一个移民国家。

2016 年,美国人口为 3.231 亿,国土面积为 983.4 万平方公里,人口密度为 35.3 人/平方公里,国内生产总值为 18.624 万亿美元,人均国内生产总值为 56 810 美元。

美国是一个高度发达的国家,在两次世界大战中,美国和其他盟国取得胜利,经历数十年的冷战,在苏联解体后,美国成为唯一的超级大国,在经济、文化、工业等领域都处于全世界的领先地位。

(1)对美国有关旅游接待业统计体系建设目的、功能、理论与原则的研究

第一,美国旅游接待业统计体系建设的目的。依据主管美国旅游统计体系的美国旅行与旅游办公室(National Travel & Tourism Office,NTTO)的说明,其任务主要是为了通过减少公共机构对旅游业发展的障碍,创造积极的旅行与旅游业发展环境,管理好联合的营销努力,提供美国官方的旅行与旅游统计资料,为协调美国联邦机构的美国旅游业政策理事会(the Tourism Policy Council)提供服务。它特别关注提高美国国际旅行与旅游业的竞争力,增加旅游出口,由此创造美国的就业与经济增长。

第二,在旅游接待业统计体系建设的功能方面,美国旅游统计体系提供美国国家和地方层面的数据,追踪反映过去的业绩,提供对未来的深刻见解,提供关键旅行者特征的数据,指

导以研究为基础的营销活动。其要完成的工作可以分为三大类:第一是统计与研究旅游业对国民经济的贡献,为制定国家旅游产业政策服务;第二是统计与研究旅游市场状况,为旅游推广服务;第三是统计国际旅行的收入与支出,为制定国际旅游服务贸易政策服务。其具体的旅游统计与研究工作有以下几个方面:

①编制基于国民经济核算账户体系的旅行与旅游卫星账户,这是一个准确衡量旅行与旅游业对美国经济影响的工具,提供产业间的可比性数据,以及所创造的就业机会。

②从美国国土安全部获得相关资料,建立国际游客的数据库,统计到美国访问的入境旅行者(不包括来自加拿大和墨西哥的入境旅行者)数量,按国家、进入港口、签证类型与交通方式进行分类统计。

③从美国国土安全部获得相关资料,建立国际航空流量数据库,估算通过美国航空公司与外国航空公司出境旅游的美国旅行者数量,按出境口岸与前往国家分类统计。

④对国际航空旅行者进行调查(在机舱内进行调查),基本研究内容是搜集30多个来到与离开美国的国际旅行者的关键特征,这一项目是唯一一个提供全面的、可比较的到美国访问的海外游客访问美国和美国城市的数据,同样,提供美国居民访问国际旅游目的地的数据。

⑤收集国际旅行收入和支出的数据,作为美国经济分析局相关资料的唯一来源,估算美国旅行与乘客费用的出口额和进口额,多达30个国家。

⑥为美国经济分析局提供作为唯一来源的美国国际旅行收入与支出数据,对超过30个国家的作为美国出口和进口的旅行和客运费用进行估算。

⑦加拿大来到美国的旅行者与美国到加拿大的旅行者的统计,由加拿大统计局进行统计调查。

⑧国际游客预测项目,即依据复杂的经济模型,估算入境游客到美国旅行的状况。

⑨美国贸易晴雨表项目,是一项在互联网上每一季度开展的对到美国来的主要旅游市场进行的贸易调查,为旅游业提供短期的旅行需求与条件方面的预测,也对每一个被调查国家游客到美国旅行存在的障碍状况进行调查。

⑩建立官方航空指南数据库,为在到美国与离开美国的航空班机上作竞争状况的分析调查提供样本框架。

第三,在旅游接待业统计体系建设的理论方面,美国旅游统计体系建设体现了各相关机构与国家间的协同性,统计数据的重点性,即主要为增加美国旅游出口、增加就业服务。

第四,美国旅游接待业统计体系建设与运行所遵循的原则是不断改进。作为美国联邦旅游办公室的美国旅行与旅游办公室,其核心责任是为美国旅行与旅游统计体系收集、分析与发布国际旅行与旅游统计资料。因此,美国旅行与旅游办公室管理、改进、扩展旅游统计体系以充分反映与报告旅行与旅游业在美国的影响。

(2)我国与美国有关旅游接待业统计体系建设目的、功能、理论与原则的比较研究及启示

第一,在旅游接待业统计体系建设的目的方面,我国目前在对减少公共机构对旅游业发展障碍、重视增加旅游业出口、加强旅游业在国际市场的营销活动与竞争力方面,还没有像美国旅游统计体系这样重视。

第二,在旅游接待业统计体系建设的功能方面,我国目前规划与执行得还没有像美国旅游统计体系这样细致,美国包括10方面的工作。这10方面的工作,也为我国旅游统计体系的具体功能建设提供了有益的启示。

第三,在旅游接待业统计体系建设的理论方面,在有限建设资源约束情况下,我国可以借鉴美国旅游统计体系建设的"协同性、重点性"理论,突出与聚焦有限的与重要的建设目标,如旅游高质量发展目标与增加旅游出口目标。

第四,在旅游接待业统计体系建设的原则方面,美国不断改进旅游统计体系与开展重点项目研究工作的经验值得我们学习。请参阅表4-11。

表4-11　美国有关旅游接待业统计体系建设目的、功能、理论与原则观点的启示

美国为我国旅游接待业统计体系建设提供启示领域	我国与美国比较研究结论
对旅游接待业统计体系建设目的的启示	我国目前在对减少公共机构对旅游业发展障碍、重视增加旅游业出口、加强旅游业在国际市场的营销活动与竞争力方面,还没有像美国旅游统计体系这样重视
对旅游接待业统计体系建设功能的启示	我国目前在旅游统计体系功能的规划与执行方面,还没有像美国旅游统计体系这样细致。美国包括10方面的工作。这10方面的工作,也为我国旅游统计体系的具体功能建设提供了启示
对旅游接待业统计体系建设理论的启示	在有限建设资源约束情况下,我国可以借鉴美国旅游统计体系建设的"协同性、重点性"理论,突出与聚焦有限的与重要的建设目标,如旅游高质量发展的目标与增加旅游出口目标
对旅游接待业统计体系建设原则的启示	美国旅游统计体系不断改进与开展重点项目研究工作的经验值得我们学习

资料来源:作者依据相关研究成果编制。

4.2　中外旅游接待业统计内容、指标体系、数据收集与分析方法和工具的比较

4.2.1　相关概念界定

1)旅游统计内容

旅游统计的内容就是指旅游统计要完成的资料与数据的搜集和分析工作。从不同角度,可以对旅游统计内容进行不同的分类。

从旅游统计资料与数据的性质划分,一般可分为以下两类:①描述统计。描述统计就是指从已知的观察资料,运用一定的统计理论和方法搜集、整理、分析研究资料,用以说明研究现象的情况和特征。②推断统计。推断统计就是指凭样本资料推断总体特征的技术和方法。描述统计是推断统计的前提,推断统计是描述统计的发展①。

从旅游活动不同主体的决策需要对旅游统计内容进行划分,可以将旅游统计内容分成多种类别,例如,可以分成:①旅游政府主管部门决策需要的统计内容;②旅游企业决策需要的统计内容;③旅游者决策需要的统计内容;④旅游社区决策需要的统计内容。

从旅游统计内容所反映的问题领域进行划分,可以将旅游统计内容分成多种类别,例如,可以分成:①旅游市场需求状况统计;②旅游供给状况统计;③旅游经济贡献状况统计;④旅游就业贡献状况统计;⑤旅游外汇收入贡献状况统计;⑥旅游可持续发展状况统计;⑦旅游竞争力状况统计;⑧货币指标统计与实物指标统计;等等。

本书主要从旅游活动不同主体的决策需要与旅游统计内容所反映的问题领域对旅游统计内容的需要进行分类研究。

2)旅游统计指标体系

依据统计研究目的,确定所要研究的社会现象的总体和总体单位,然后对总体各单位的标志的具体表现(变异和变量)进行登记、汇总,最后形成说明总体综合特征的各种数字资料,就是统计指标。

单个统计指标只能说明某种社会现象。为了全面说明社会现象之间的数量关系,需要用一整套指标。统计指标体系是全面说明社会现象数量关系的具有内在联系的一系列指标所构成的整体,完整地反映社会现象和过程,反映社会现象的因果联系、依存关系和平衡关系。在统计指标体系中,基本指标处于中心地位,其他各项指标围绕着基本指标有机地结合在一起。

本书所指的旅游统计指标体系是:全面说明旅游接待业发展现象数量关系的具有内在联系的一系列指标所构成的整体,它完整地反映旅游接待业发展的现象和过程,反映旅游接待业发展现象的因果联系、依存关系和平衡关系。

3)旅游统计数据收集与分析方法

(1)旅游统计数据的收集方法

旅游统计数据收集的方法,也可称为旅游统计数据的调查方法。旅游统计调查,就是指对旅游统计资料的收集,是指根据研究的目的和要求,有组织、有计划地向调查对象收集原始资料和次级资料的过程。

原始资料又可称为初级资料,是指为了研究某个问题而进行的实地观察,或者通过对党政机关、企事业单位、学校和其他团体调查研究而获得的第一手资料。

次级资料是指原始资料经过加工而成的资料,例如从旅游统计年鉴、会计报表、报纸杂

---

① 徐国祥.统计学[M].上海:上海人民出版社,2007:7-10.

志上摘引的资料。

由于次级资料一般都是从原始资料整理而来,所以统计调查所收集的资料主要是原始资料。

由于旅游活动是具有综合性需求的活动,满足旅游活动综合性需求的旅游接待业也是综合性的产业,因此,旅游统计调查所收集的资料既有原始资料,如游客需求调查资料,也有其他部门机构已经搜集与整理过的次级资料,如国民核算账户中与旅游需求相关的产业供给资料。

旅游统计调查是统计整理、统计分析、统计预测和统计决策的前提,因此,所收集的资料必须满足准确性、及时性和完整性的要求。

旅游统计调查按照收集资料的组织方式不同,分为专门调查和统计报表两种。

旅游专门调查是指为了某些特定目的而专门进行的调查。这种调查多属一次性或定期性调查,一般有普查、重点调查、抽样调查和典型调查 4 种。

旅游统计报表是我国搜集旅游统计资料的主要方式之一。旅游统计报表有定期、临时和全面、非全面之分。主要的旅游统计报表是全面的、定期的统计报表,在收集统计资料工作中占有重要的地位。旅游统计报表是按国家有关法规的规定,自上而下地统一布置,自下而上地逐级提供统计资料的一种调查方法。

旅游统计调查根据其要求按以下方式进行:①按调查范围不同,可分为全面和非全面统计表;②按报表内容和实施范围不同,可分为国家统计报表、部门统计报表和地方统计报表;③按报送周期长短不同,可分为日报、旬报、月报、季报、半年报和年报;④按填报单位的不同,可分为基层统计报表和综合统计报表。

(2)旅游统计数据的分析方法

旅游统计数据的分析方法,是指为了获得科学的决策数据对旅游统计资料进行分析研究的方法。旅游统计数据分析方法按不同的标准划分,可以分成多种类型。

本书主要按旅游活动主体对不同领域统计数据的分析需要进行划分,可以分为:①旅游市场需求统计数据的分析方法;②旅游供给统计数据的分析方法;③旅游经济贡献统计数据的分析方法;④旅游就业贡献统计数据的分析方法;⑤旅游外汇收入统计数据的分析方法;⑥旅游可持续发展统计数据的分析方法;⑦旅游竞争力统计数据的分析方法;⑧货币统计指标数据与实物统计指标数据的分析方法。

4) 旅游统计数据收集与分析工具

(1)旅游统计数据收集工具

旅游统计数据的收集工具是指要达到旅游统计数据收集的预期目的而运用的手段或技术,主要有调查问卷、统计表、计算机辅助电话调查、收集互联网数据的爬虫技术等。

(2)旅游统计数据分析工具

旅游统计数据的分析工具是指要达到旅游统计数据预期分析目的所选用的旅游统计数据分析手段或技术,主要有时间序列分析预测方法、相关分析与回归分析方法等。

4.2.2 我国与世界重要组织旅游接待业统计内容、指标体系、数据收集与分析方法和工具的比较

1）我国旅游接待业统计内容、指标体系、数据收集与分析方法和工具

本部分主要参考我国下列文献：①国家统计局发布的《中国国民经济核算体系2016》、《国民经济行业分类》（2017）和《国家旅游及相关产业统计分类（2018）》；②国家旅游局发布的《旅游统计管理办法》（1998）；③国家旅游局制定的《旅游统计调查制度》（2017）；④国家旅游局编辑出版的中国旅游统计年鉴、中国旅游统计年鉴（副本）、旅游抽样调查资料（包括入境游客抽样调查资料、国内旅游抽样调查资料）、中国旅游景区发展报告、中国旅游财务信息年鉴；⑤中国旅游饭店协会与浩华管理顾问公司发布的中国饭店业务统计等。

（1）我国旅游接待业统计内容与指标体系

第一，依据国家统计局2017年7月发布与施行的《中国国民经济核算体系2016》（国统字〔2017〕115号）的规定，我国要遵循《旅游卫星账户：建议的方法框架（2008）》开展旅游核算工作。其中要运用到在《国民经济行业分类》（2017）和《国家旅游及相关产业统计分类（2018）》中阐明的重要的统计内容、指标体系、数据收集与分析方法和工具。

《中国国民经济核算体系2016》指出：旅游核算是以旅游经济活动为核心的扩展核算，国际上通常称为旅游卫星账户（TSA）。联合国世界旅游组织制定的《旅游卫星账户：建议的方法框架（2008）》（TSA），是推荐各国使用的旅游核算的标准文本。旅游卫星账户（TSA）对旅游的消费和供给、相关产业的生产和资本形成，以及与旅游有关的各种非货币信息，实行综合测量，反映旅游活动的供求关系及与其他部门的联系。我国旅游核算遵循旅游卫星账户（TSA）的基本原则和编制方法，结合我国的具体情况，精简了账户内容和指标设置[①]。

2017年6月30日，我国新的《国民经济行业分类》（GB/T 4754—2017）正式颁布。同年8月29日，国家统计局印发《关于执行新国民经济行业分类国家标准的通知》（国统字〔2017〕142号），规定从2017年统计年报和2018年定期统计报表起统一使用新分类标准。鉴于《国家旅游及相关产业统计分类（2015）》（以下简称"原分类"）已不能满足当前统计工作需要，已经对原分类进行修订。

修订是在《国家旅游及相关产业统计分类（2015）》基础上进行的，修订延续2015版的分类原则、方法和框架，根据新旧国民经济行业的对应关系，仅对《国家旅游及相关产业统计分类（2015）》进行了结构和对应行业代码的调整。

《国家旅游及相关产业统计分类（2018）》中行业大类有9个，中类27个，与《国家旅游及相关产业统计分类（2015）》保持一致。由于新《国民经济行业分类》对行业小类有合并和

---

① 国家统计局.中国国民经济核算体系2016〔R〕.国家统计局网站，2017:70-71.

拆分,因此,本分类小类数量由原分类的 67 个减少为 65 个①。

第二,从原国家旅游局编制的《2017 中国旅游统计年鉴》分析,我国旅游接待业统计的内容与指标体系包括:①入境旅游市场统计内容与指标体系,即入境旅游人数、主要特征、国际旅游外汇收入、地方接待过夜旅游者情况统计;②国内旅游市场基本情况统计内容与指标体系,即城镇居民国内游客与农村居民国内游客人次构成、人均每次花费统计;③主要旅游企业基本状况的统计内容与指标体系,即星级饭店基本情况统计、旅行社基本情况统计、A级旅游景区基本情况统计;④主要旅游企业就业情况统计内容与指标体系,即全国不同省市星级饭店、旅行社、A 级景区(固定从业人员)的从业人数统计;⑤全国旅游院校基本情况统计内容与指标体系,即旅游院校数(所)、旅游院校学生数(人)统计;⑥旅游统计基本概念和主要指标解释②。

第三,从原国家旅游局编制的《2017 中国旅游统计年鉴(副本)》分析,我国旅游接待业统计的内容与指标体系包括:①全国旅游企业综合资料,即全国旅游企业综合资料、分地区旅游企业资料、主要城市综合资料、分城市旅游企业资料;②全国星级饭店综合资料,即全国星级饭店综合资料、全国五星级饭店综合资料、全国四星级饭店综合资料、全国三星级饭店综合资料、全国二星级饭店综合资料、全国一星级饭店综合资料③。

第四,从原国家旅游局编制的《2016 年中国旅游景区发展报告》分析,我国旅游景区统计内容与统计指标体系主要包括:①A 级旅游景区的统计内容与统计指标体系,包括 A 级旅游景区数量统计、等级构成统计、类型构成统计、门票价格统计、游客接待统计、旅游收入统计、投资统计、经营管理主体统计、就业统计、新增旅游景区统计;②5A 级旅游景区的统计内容与统计指标体系,具体统计指标同上;③参照国家行政区划代码,将全国分为六大区域,即华东区、华北区、东北区、西北区、西南区、中南区,上述每一个 A 级旅游景区的统计内容与统计指标体系同上述①或②④。

第五,从原国家旅游局编制的《2017 中国旅游财务信息年鉴》分析,旅游财务统计的内容与指标体系包括以下几个方面:

①全国旅游行业经济效益评价主要财务指标表,即《全国旅游行业经济效益评价主要财务指标表(全部旅游企业)》《全国旅游行业经济效益评价主要财务指标表(全部旅行社)》《全国旅游行业经济效益评价主要财务指标表(经营出境旅行社)》《全国旅游行业经济效益评价主要财务指标表(经营非出境旅行社)》《全国旅游行业经济效益评价主要财务指标表(全部旅游饭店)》《全国旅游行业经济效益评价主要财务指标表(五星级饭店)》《全国旅游行业经济效益评价主要财务指标表(四星级饭店)》《全国旅游行业经济效益评价主要财务指标表(三星级饭店)》《全国旅游行业经济效益评价主要财务指标表(二星级饭店)》《全国

① 国家统计局.国家统计局关于印发《国家旅游及相关产业统计分类(2018)》的通知[R].2018-4-11。
② 中华人民共和国国家旅游局.2017 年中国旅游统计年鉴[M]. 北京:中国旅游出版社,2017:1-160.
③ 中华人民共和国国家旅游局.2017 年中国旅游统计年鉴(副本)[M]. 北京:中国旅游出版社,2017:4-163.
④ 中华人民共和国国家旅游局.2016 年中国旅游景区发展报告[M]. 北京:中国旅游出版社,2017:1-198.

旅游行业经济效益评价主要财务指标表(一星级饭店)》《全国旅游行业经济效益评价主要财务指标表(未评星级饭店)》《全国旅游行业经济效益评价主要财务指标表(旅游集团)》《全国旅游行业经济效益评价主要财务指标表(全部旅游景区)》《全国旅游行业经济效益评价主要财务指标表(自然类旅游景区)》《全国旅游行业经济效益评价主要财务指标表(文物类旅游景区)》《全国旅游行业经济效益评价主要财务指标表(主题类旅游景区)》《全国旅游行业经济效益评价主要财务指标表(其他旅游企业)》。

②全国旅游行业经济效益评价补充财务指标表,即《全国旅游行业经济效益评价补充财务指标表(全部旅游企业)》《全国旅游行业经济效益评价补充财务指标表(全部旅行社)》《全国旅游行业经济效益评价补充财务指标表(经营出境旅行社)》《全国旅游行业经济效益评价补充财务指标表(经营非出境旅行社)》《全国旅游行业经济效益评价补充财务指标表(全部旅游饭店)》《全国旅游行业经济效益评价补充财务指标表(五星级饭店)》《全国旅游行业经济效益评价补充财务指标表(四星级饭店)》《全国旅游行业经济效益评价补充财务指标表(三星级饭店)》《全国旅游行业经济效益评价补充财务指标表(二星级饭店)》《全国旅游行业经济效益评价补充财务指标表(一星级饭店)》《全国旅游行业经济效益评价补充财务指标表(未评星级饭店)》《全国旅游行业经济效益评价补充财务指标表(全部旅游景区)》《全国旅游行业经济效益评价补充财务指标表(自然类旅游景区)》《全国旅游行业经济效益评价补充财务指标表(文物类旅游景区)》《全国旅游行业经济效益评价补充财务指标表(主题类旅游景区)》[①]。

第六,中国旅游饭店业协会与浩华管理顾问公司编制了《2017中国旅游饭店业务统计》,其旅游饭店的统计内容与统计指标体系主要包括:①饭店业务摘要;②部门收支;③客房部门;④餐饮部门;⑤水疗/健身部门及其他营运部门;⑥未分配经营开支;⑦客源构成;⑧餐饮统计;⑨人事统计;⑩主要市场分类信息;⑪客房类型;⑫客源构成及房价贡献;⑬样本饭店构成信息;⑭部分城市业绩指标比较;⑮收入及支出构成;⑯饭店历史业绩比较;⑰饭店业景气预测[②]。

第七,其他部门的旅游统计内容和指标体系。这方面做得较好的是农业部。自2011年起,休闲农业逐步成为我国一种新型的农业产业形态和消费业态,为"三农"发展做出了突出的贡献。农业部编制的自2012年到2015年期间的《中国农业年鉴》设有"休闲农业概况"条目,对休闲农业统计的主要内容与指标是:①开展休闲农业与乡村旅游活动的村的数量;②休闲农业与乡村旅游经营单位数量,其中包括农家乐数量、规模以上休闲农业园数量、年接待游客人次、年营业收入额、从业人员数量[③]。目前尚缺乏有关休闲农业及其他与旅游业融合发展产业的完整的统计指标体系。

---

① 中华人民共和国国家旅游局. 2017 中国旅游财务信息年鉴[M]. 北京:中国旅游出版社,2017:2-227.
② 中国旅游饭店业协会,浩华管理顾问公司. 2017 中国饭店业务统计[M]. 北京:中国旅游出版社,2017:1-55.
③ 中国农业年鉴编辑委员会.中国农业年鉴[M]. 北京:中国农业出版社,2013:15-16.

（2）我国旅游接待业统计数据收集与分析的方法和工具

第一，从由中华人民共和国国家旅游局制定、中华人民共和国国家统计局批准的《旅游统计调查制度》（2017）分析，我国旅游数据收集的方法和工具主要包括：①基层统计报表；②综合统计报表；③部门统计报表；④专业统计报表；⑤旅游抽样调查。请参阅表 4-12—表 4-16。

表 4-12　我国基层旅游统计报表一览表

表　号	表　名	报告期别	填报范围	报送单位	报送日期及方式	页　码
旅统基 1 表	旅游单位基本情况	年报	辖区内所有星级饭店、重点旅游住宿单位、旅行社和旅游景区	各地旅游行政管理部门	4 月 15 日前网上填报	9
旅统基 2 表	旅游单位基本情况	季报	辖区内所有从事相关业务的旅行社	同上	季后 15 日内网上填报	10
旅统基 3 表	旅行社外联接待入境旅游情况	季报	辖区内所有从事相关业务的旅行社	同上	季后 15 日内网上填报	11
旅统基 4 表	旅行社组织出境旅游情况	季报	辖区内所有从事相关业务的旅行社	同上	季后 15 日内网上填报	12
旅统基 5 表	旅行社财务状况	年报	辖区内所有旅行社	同上	4 月 15 日前网上填报	13
旅统基 6 表	星级饭店住宿接待情况	月报	辖区内所有从事相关业务的星级饭店	同上	月后 15 日内网上填报	14
旅统基 7 表	星级饭店财务状况	月报/季报/年报	辖区内所有从事相关业务的星级饭店	同上	月后 15 日内/季后 25 日/4 月 15 日前网上填报	15
旅统基 8 表	非星级旅游住宿样本单位接待情况	月报	辖区内非星级旅游住宿单位样本	同上	月后 15 日网上填报	16
旅统基 9 表	旅游景区接待情况	季报	辖区内所有旅游景区	同上	季后 15 日内网上填报	17
旅统基 10-1 表	旅游景区（企业单位）财务状况	年报	辖区内所有旅游景区	同上	4 月 15 日前网上填报	18
旅统基 10-2 表	旅游景区（事业单位）财务状况	年报	辖区内所有旅游景区	同上	4 月 15 日前网上填报	19

注：表中页码是指某一表格在 2017 年 11 月编制的《旅游统计调查制度》一书中出现的页码。

表 4-13　旅游综合统计报表一览表

表　号	表　名	报告期别	填报范围	报送单位	报送日期及方式	页　码
旅统综 1 表	旅游综合贡献测算情况	年报	我国(大陆)旅游业收入、对全国 GDP 的综合贡献,旅游就业	国家旅游局数据中心	4 月 15 日前电子表格	23
旅统综 2 表	国内旅游情况	季报	在我国(大陆)的国内游客	国家旅游局数据中心	季后 15 日内电子表格	23

注:表中页码是指某一表格在 2017 年 11 月编制的《旅游统计调查制度》一书中出现的页码。

表 4-14　部门统计报表一览表

表　号	表　名	报告期别	填报范围	报送单位	报送日期及方式	页　码
旅统综 3 表	入境游客情况	月报	来我国(大陆)的外国人、港澳台同胞等入境游客	公安部出入境管理局	月后 15 日内电子表格	27
旅统综 4 表	入境外国游客情况	月报	来我国(大陆)的外国游客	同上	月后 15 日内电子表格	28
旅统综 5 表	中国(大陆)出境游客情况	月报	出境的我国(大陆)公民	同上	月后 15 日内电子表格	29
旅统综 6 表	中国(大陆)公民出境情况	月报	出境的我国(大陆)公民	同上	月后 15 日内电子表格	30
旅统综 7 表	入境过夜游客花费构成情况	年报	入境游客样本	各地旅游行政管理部门	年后 15 日内电子邮件	31
旅统综 8 表	入境一日游游客花费构成情况	年报	入境游客样本	同上	年后 15 日内电子邮件	32

注:表中页码是指某一表格在 2017 年 11 月编制的《旅游统计调查制度》一书中出现的页码。

表 4-15　专业统计报表一览表

表　号	表　名	报告期别	填报范围	报送单位	报送日期及方式	页　码
旅统专 1 表	全国旅游院校基本情况报表	年报	辖区内开办旅游专业的高、中等院校	国家旅游局人事司	年后 30 日内电子表格	35
旅统专 2 表	全国旅游系统职工教育培训情况年报表	年报	辖区内旅游行政管理部门、旅游协会、旅游院校、旅游企业等旅游培训单位	同上	年后 30 日内电子表格	37

注:表中页码是指某一表格在 2017 年 11 月编制的《旅游统计调查制度》一书中出现的页码。

表 4-16　旅游抽样调查

表　号	表　名	报告期别	填报范围	报送单位	报送日期及方式	页　码
旅统调 1 表	入境游客在中国(大陆)花费情况调查表(A)	年报	来我国(大陆)的外国人、港澳台同胞等入境游客	部分省(区、市)旅游行政管理部门	7 月 31 日前电子邮件	41
旅统调 2 表	入境游客在中国(大陆)花费情况调查表(B)	年报	来我国(大陆)的外国人、港澳台同胞等入境游客	各省(区、市)旅游行政管理部门	7 月 31 日前电子邮件	45
旅统调 3 表	旅行社外联(接待)入境游客调查表	年报	经营入境旅游业务的旅行社	同上	7 月 31 日前电子邮件	49
旅统调 4 表	国内旅游抽样调查问卷(A)	年报	在本地旅游的国内游客	当地旅游行政管理部门	各省(区、市)旅游行政管理部门自定	50
旅统调 5 表	国内旅游抽样调查问卷(B)	年报	在本地旅游的国内游客	同上	各省(区、市)旅游行政管理部门自定	53

注:表中页码是指某一表格在 2017 年 11 月编制的《旅游统计调查制度》一书中出现的页码。

从国家旅游局编制的《2017 旅游抽样调查资料》分析,我国旅游抽样调查资料的主要内容包括:①入境游客抽样调查资料;②国内旅游抽样调查资料[①]。目前尚缺乏对我国居民出

---

① 中华人民共和国国家旅游局. 2017 年旅游抽样调查资料[M]. 北京:中国旅游出版社,2017:5-317.

境旅游的抽样调查资料。

第二,中国旅游饭店业协会与浩华管理顾问公司编制的《2017中国旅游饭店业务统计》,对我国旅游饭店统计数据收集的方法与工具是调查问卷,分析的主要方法是将当期的统计数据与上一年的统计数据进行比较,将当期的统计数据与计划的指标数据进行比较①。

2)我国与联合国世界旅游组织有关旅游接待业统计内容、指标体系、数据收集与分析方法和工具的比较研究

在上面对我国有关旅游接待业统计内容、指标体系、数据收集与分析方法和工具梳理基础上,本部分从以下两方面展开比较研究工作:①对联合国世界旅游组织有关旅游接待业统计内容、指标体系、数据收集与分析方法和工具的梳理;②我国与联合国世界旅游组织有关旅游接待业统计内容、指标体系、数据收集与分析方法和工具比较研究的启示。

联合国世界旅游组织的参考文献有:《旅游统计的国际建议(2008)》(International Recommendations for Tourism Statistics 2008),《旅游卫星账户:推荐的框架方法(2008)》(Tourism Satellite Account: Recommended Methodological Framework 2008),《旅游统计国际建议(2008)编制指南》(International Recommendations for Tourism Statistics 2008 Compilation Guide)。

(1)对联合国世界旅游组织有关旅游接待业统计内容、指标体系、数据收集与分析方法和工具的梳理

下面,分析联合国世界旅游组织编制的《旅游统计的国际建议(2008)》(International Recommendations for Tourism Statistics 2008)、《旅游统计的国际建议(2008)编制指南》(International Recommendations for Tourism Statistics 2008 Compilation Guide)倡导的旅游统计的内容、指标体系、旅游数据收集与分析的方法和工具。

第一,《旅游统计的国际建议(2008)》(International Recommendations for Tourism Statistics 2008)与《旅游统计的国际建议(2008)编制指南》(International Recommendations for Tourism Statistics 2008 Compilation Guide)倡导的旅游统计的内容与指标体系主要包括:①旅游需求侧的游客与旅游活动统计;②旅游需求侧的旅游支出统计;③旅游产品和生产活动(行业)的统计;④旅游供给侧的统计单位与旅游产业统计;⑤旅游产业的就业统计;⑥旅游卫星账户的统计;⑦旅游国际收支的统计;⑧旅游可持续发展的统计。

第二,《旅游统计的国际建议(2008)》(International Recommendations for Tourism Statistics 2008)与《旅游统计的国际建议(2008)编制指南》(International Recommendations for Tourism Statistics 2008 Compilation Guide)倡导的旅游数据收集与分析的方法和工具主要包括:①许多国家可采用游客进入与离去卡片,在边境、在目的地(住宿调查),或者作为家庭入室调查的一部分(了解国内旅游与出境旅游状况)。对调查入境旅游情况,联合国世界旅游

① 中国旅游饭店业协会,浩华管理顾问公司.2017中国饭店业务统计[M].北京:中国旅游出版社,2017:1-55.

组织已经编制了边境调查问卷可供许多国家使用。②调查游客逗留时间长度的方法是：从出入境移民管理部门获取游客进入与离去卡片数据，并进行对照，这是掌握入境与出境游客逗留时间的基本渠道。这些卡片搜集的统计数据包括姓名、性别、年龄、国籍、现在的地址、到达日期（在离去卡片上是离去的日期）、旅行目的、访问的主要目的地、逗留的时间长短（入境游客的预计到达时间与实际离去时间、出境游客的预计离开时间与实际到达时间）。③在缺乏对国家边境旅行者全面控制的情况下的国家，可以采用的一种替代性的统计方法，即可以对住在旅馆里的宾客进行调查。在没有使用其他补充性方法纠正上述方法存在的缺点时，要注意：不是所有的旅游者都是居住在集体宿舍里的。④在调查旅游者居住时间时，首先要确定居住者是居民还是非居民，在确定是非居民后，要确定是否属于旅游者。⑤对就业的统计可以综合与协调采用：人口普查、对家庭的抽样调查、对旅游生产单位的抽样调查、行政记录。

　　下面分析联合国世界旅游组织编制的《旅游卫星账户：推荐的框架方法（2008）》（Tourism Satellite Account：Recommended Methodological Framework 2008）倡导的旅游统计的内容、指标体系、旅游数据收集与分析的方法和工具。

　　第一，联合国世界旅游组织编制的《旅游卫星账户：推荐的框架方法（2008）》（Tourism Satellite Account：Recommended Methodological Framework 2008）倡导的旅游统计的内容与指标体系主要包括：①需求侧的旅游支出与旅游消费统计，旅游固定资产形成总额的统计，旅游集体消费统计。②供给侧的旅游产品与旅游产业统计，度假屋的统计。③10 张旅游统计表的统计。④旅游总量统计，主要总量统计指标包括：境内旅游支出与境内旅游消费、旅游产业总增加值、旅游直接总的增加值、旅游直接的国内生产总值。其他总量包括：旅游就业、旅游固定资产形成总额、旅游集体消费、总的旅游境内需求。⑤除了在国家层面进行卫星账户统计外，还可以对旅游卫星账户调整使之适用于在省市层面的卫星账户的建设。

　　第二，联合国世界旅游组织编制的《旅游卫星账户：推荐的框架方法（2008）》（Tourism Satellite Account：Recommended Methodological Framework 2008）倡导的旅游统计的数据收集与分析方法和工具主要包括：

　　①与《2008 国民核算账户体系》（the System of National Accounts 2008）供给和使用表建立联系的 10 张旅游统计表，构成了旅游卫星账户的统计体系。

　　②这 10 张表包括：表 1 是按产品与游客类型分类的入境旅游支出（Table 1 Inbound tourism expenditure by products and classes of visitors）；表 2 是按产品、游客类型和旅游类型分类的国内旅游支出（Table 2 Domestic tourism expenditure by products, classes of visitors and types of trips）；表 3 是按产品和游客类型分类的出境旅游支出（Table 3 Outbound tourism expenditure by products and classes of visitors）；表 4 按产品分类的境内旅游消费（Table 4 Internal tourism consumption by products）；表 5 旅游产业与其他产业的产品账户（以基本价格计算）（Table 5 Production accounts of tourism industries and other industries at basic prices）；表 6 是总的国内供给与境内旅游消费（以购买价格计算）（Table 6 Total domestic supply and internal tourism consumption at purchasers'prices）；表 7 是旅游产业的就业（Table 7 Employment in the tourism industries）；表 8 是旅游产业与其他产业的固定资本形成总额（Table 8 Tourism gross fixed capital formation of tourism industries and other industries）；表 9 是按产品与政府层级分类的旅游集体消费（Table 9 Tourism collective consumption by products and levels of government）；表 10 是非货币指标（Table 10 Non-monetary indicators）。

③第一阶段的目的是编制表 1 到表 7 和表 10 的统计数据。就旅游卫星账户而言，至少必须包括反映由游客获得的物品和服务及由生产这些物品、组成部分和服务的产业所消费（包括表 1 到表 4）与供给的详细资料（表 5），这些构成了旅游卫星账户体系的核心部分（表 6）。

由于旅游业在实施就业政策方面的重要性，表 7 旅游产业的就业情况，也构成了旅游卫星账户的核心部分，表 10 非货币统计指标也很重要（因为如果考虑了游客流和旅游供给与需求的其他描述性特点，旅游经济的变量就将被更好地分析与理解，特别对评估核实货币统计数据与实物统计数据关系，游客对实物需求与供给平衡，如交通设施、住宿设施供求平衡状况，意义重大）。

相反，编制表 8 旅游业与其他产业固定资本形成总额与编制表 9 按产品和政府层级分类的旅游集体消费，不仅要求从各种通常目前还不是国家旅游管理部门统计内容中的一部分的渠道获得数据，而且还要克服一些概念挑战。因此，表 8 与表 9 的编制将在旅游卫星账户编制的未来的深入阶段进行考虑。

10 张表说明了旅游卫星账户编制要做的工作，应该被考虑作为提供旅游卫星账户数据收集的指南。每一个国家应该决定编制旅游卫星账户最合适的方式，即考虑旅游业的实际情况和可获得资料的范围。

可以用表 4-17 将世界旅游组织有关旅游接待业统计主要内容、指标体系、收集与分析方法和工具概括如下。

表 4-17　世界旅游组织有关旅游接待业统计主要内容、指标体系、收集与分析方法和工具

旅游统计文献	旅游接待业统计的主要内容、指标体系、收集与分析方法和工具
《旅游统计的国际建议（2008）》（International Recommendations for Tourism Statistics 2008）与《旅游统计的国际建议（2008）编制指南》（International Recommendations for Tourism Statistics 2008 Compilation Guide）	（1）旅游接待业统计的主要内容与指标体系：①旅游需求侧的游客与旅游活动统计；②旅游需求侧的旅游支出统计；③旅游产品和生产活动（行业）的统计；④旅游供给侧的统计单位与旅游产业统计；⑤旅游产业的就业统计；⑥旅游卫星账户的统计；⑦旅游国际收支的统计；⑧旅游可持续发展的统计。（2）旅游接待业统计的收集与分析方法和工具：①许多国家可采用游客进入与离去卡片；②调查游客逗留时间长度的方法是出入境移民管理部门获取游客进入与离去卡片数据，并进行对照；③在缺乏对国家边境旅行者全面控制的情况下的国家，可以采用的一种替代性的统计方法，即可以对住在旅馆里的宾客进行调查；④在调查游客居住时间时，首先要确定居住者是居民还是非居民，在确定是非居民后，要确定是否属于旅游者

旅游统计文献	旅游接待业统计的主要内容、指标体系、收集与分析方法和工具
《旅游卫星账户：推荐的框架方法（2008）》 （Tourism Satellite Account：Recommended Methodological Framework 2008）	（1）旅游接待业统计的主要内容与指标体系：①需求侧的旅游支出与旅游消费统计，旅游固定资产形成总额的统计，旅游集体消费统计。②供给侧的旅游产品与旅游产业统计，度假屋的统计。③10张旅游统计表的统计。④旅游总量统计，主要总量包括：a.境内旅游支出与境内旅游消费；b.旅游供给侧的旅游产业总增加值；c.旅游直接总的增加值；d.旅游直接的国内生产总值，其他总量包括：旅游就业、旅游固定资产形成总额、旅游集体消费、总的旅游境内需求；e.除了在国家层面进行卫星账户统计外，还可以对旅游卫星账户调整以适用于省市层面。 （2）旅游接待业统计的收集与分析方法和工具：①与《2008国民核算账户体系》（the System of National Accounts 2008）供给和使用表建立联系的10张旅游统计表，构成了旅游卫星账户的统计体系。②第一阶段的目的是编制表1到表7和表10的统计数据。就旅游卫星账户而言，至少必须包括反映由游客获得的物品和服务及由生产这些物品、组成部分和服务的产业所消费（包括表1到表4）与供给的详细资料（表5），这些构成了旅游卫星账户体系的核心部分（表6）。由于旅游业在实施就业政策方面的重要性，表7旅游产业的就业情况，也构成了旅游卫星账户的核心部分，同样的表10非货币统计指标也重要（因为如果考虑了游客流和旅游供给与需求的其他描述性特点，旅游经济的变量就将被更好地分析与理解）。③编制表8旅游业与其他产业固定资本形成总额与编制表9按产品和政府层级分类的旅游集体消费，不仅要求从各种通常目前还不是国家旅游管理部门统计内容中的一部分的渠道获得数据，而且还要克服一些概念挑战。因此，表8与表9的编制将在旅游卫星账户编制的未来的深入阶段进行考虑。④10份表说明了旅游卫星账户编制要做的工作，应该被考虑作为提供旅游卫星账户数据的指南。每一个国家应该决定编制旅游卫星账户最合适的方式，即考虑旅游业的实际情况和可获得资料的范围。

资料来源：作者依据研究成果编制。

（2）我国与联合国世界旅游组织有关旅游接待业统计内容、指标体系、数据收集与分析方法和工具比较研究的启示

从上述我国与联合国世界旅游组织有关旅游接待业统计内容、指标体系、数据收集与分析方法和工具的比较研究中可以发现下列问题。

在旅游接待业统计内容与指标体系方面：①我国目前尚缺乏参照《旅游统计国际建议2008》、适合中国特点、具有重大理论与实践指导意义及可操作性的中国旅游接待业统计概念、定义、分类与指标体系，作为整个中国旅游接待业统计工作的依据、标准与指南。②我国目前尚缺乏参照《旅游卫星账户：推荐的方法框架（2008）》、适合中国特点、具有重大理论与

实践指导意义及可操作性的中国旅游卫星账户的统计概念、定义、分类与指标体系,作为整个中国与省市旅游卫星账户统计工作的依据、标准与指南。③我国目前尚缺乏旅游接待业可持续发展状况的统计。

在旅游接待业统计数据收集与分析方法和工具方面:我国目前尚未将下列方法与工具协调运用,即将入境与出境的登记卡片、旅馆住宿调查、居民户入室调查、全国抽样调查与统计报表结合起来,将旅游统计数据与国民经济核算账户数据结合起来,从旅游需求、旅游供给、旅游就业、旅游固定资产形成总额、旅游集体消费、旅游增加值、旅游国际收支等各个维度完整地反映整个旅游业的发展状况与趋势,以满足游客、旅游社区、旅游企业、地方政府、中央政府、研究机构等各个相关主体的需要。

我们将比较研究的启示概括在表4-18中。

表4-18 世界旅游组织有关旅游接待业统计内容、指标体系、收集与分析方法和工具的启示

世界旅游组织为我国旅游接待业统计体系建设提供启示领域	我国与世界旅游组织有关旅游接待业统计内容、指标体系、数据收集与分析方法和工具的比较研究结论
对旅游接待业统计内容与指标体系的启示	①我国目前尚缺乏参照《旅游统计国际建议2008》、适合中国特点、具有重大理论与实践指导意义及可操作性的中国旅游接待业统计概念、定义、分类与指标体系,作为整个中国旅游统计工作的依据、标准与指南。②我国目前尚缺乏参照《旅游卫星账户:推荐的方法框架(2008)》、适合中国特点、具有重大理论与实践指导意义及可操作性的中国旅游卫星账户的统计概念、定义、分类与指标体系,作为整个中国与省市旅游卫星账户统计工作的依据、标准与指南。③我国目前尚缺乏旅游接待业可持续发展的统计。
对旅游接待业统计数据收集与分析方法和工具的启示	我国目前尚未将下列方法与工具协调运用,即将入境与出境的登记卡片、旅馆住宿调查、居民户入室调查、全国抽样调查与统计报表结合起来,将旅游统计数据与国民经济核算账户数据结合起来,从旅游需求、旅游供给、旅游就业、旅游固定资产形成总额、旅游集体消费、旅游增加值、旅游国际收支等各个维度完整地反映整个旅游业的发展状况与趋势,以满足游客、旅游社区、旅游企业、地方政府、中央政府、研究机构等各个相关主体的需要

资料来源:作者依据相关研究成果编制。

3)我国与世界旅行与旅游理事会有关旅游接待业统计内容、指标体系、数据收集与分析方法和工具的比较研究

在上面对我国有关旅游接待业统计内容、指标体系、数据收集与分析方法和工具梳理基础上,本部分从以下两方面展开比较研究工作:①对世界旅行与旅游理事会有关旅游接待业统计内容、指标体系、数据收集与分析方法和工具的梳理;②我国与世界旅行与旅游理事会有关旅游接待业统计内容、指标体系、数据收集与分析方法和工具比较研究的启示。

由于世界旅行与旅游理事会有关旅游统计文献的重要代表作是由世界旅行与旅游理事

会和牛津经济研究院合著的《2017 年旅行与旅游经济影响研究方法》（WTTC/Oxford
Economics 2017 Travel & Tourism Economic Impact Research Methodology），因此，本书对这一
重要文献开展研究。

（1）对世界旅行与旅游理事会有关旅游统计内容、指标体系、数据收集与分析方法和工
具的梳理

第一，分析世界旅行与旅游理事会有关旅游接待业统计内容与指标体系。世界旅行与
旅游理事会的目的是全面统计旅行与旅游业对国内生产总值（GDP）的贡献，其旅游统计的
主要内容与指标体系是：①旅行与旅游的直接国内生产总值＝境内旅行与旅游消费金额（即
游客花费，包括入境游客与国内居民旅行与旅游支出和政府在个人旅行与旅游方面的花费，
如政府在博物馆和国家公园方面的花费）－由不同的旅行与旅游提供部门在国内与境外的采
购金额；②旅行与旅游的间接国内生产总值＝国内供应链（不包括进口供应链）＋资本投资＋
政府集体消费（如政府的旅游营销、行政管理、治安工作、环境卫生等支出）－满足间接花费
的进口物品；③旅行与旅游总的国内生产总值＝旅行与旅游的直接国内生产总值＋旅行与旅
游的间接国内生产总值＋引致的国内生产总值（指为游客提供直接与间接服务部门就业员工
收入支出产生的影响）。

第二，分析世界旅行与旅游理事会有关旅游接待业统计数据收集与分析方法和工具。
参照由世界旅行与旅游理事会与牛津经济研究中心联合编制的重要研究文献《2017 年旅行
与旅游经济影响研究方法》（WTTC/Oxford Economics 2017 Travel & Tourism Economic Impact
Research Methodology），世界旅行与旅游理事会收集与分析旅游统计数据的方法和工具是：
①运用现存的可以获得的有关旅行与旅游的数据，基于所缺乏信息与必需的有关旅行与旅
游统计指标之间关系，通过估计获得补充资料，来填补空缺的数据；②运用联合国统计署批
准的《旅游卫星账户：推荐的框架方法（2008）》（Tourism Satellite Account：Recommended
Methodological Framework 2008），并使用实际的与估算获得的数据，来计算旅行与旅游业对
国民经济的直接贡献；③也将衡量、反映旅游活动对供应链的间接影响；④还会衡量、反映由
旅游直接就业人员与间接就业人员收入支出所产生的影响。

（2）我国与世界旅行与旅游理事会有关旅游接待业统计内容、指标体系、数据收集与分
析方法和工具比较研究的启示

虽然我国目前已经开始使用旅游对国内生产总值的综合贡献指标，但是，在《旅游统计
调查制度》（2017）中，还没有列出详细的统计内容、统计指标体系、统计数据的收集与分析
方法和工具。因此，在这方面，可以借鉴《2017 年旅行与旅游经济影响研究方法》（WTTC/
Oxford Economics 2017 Travel & Tourism Economic Impact Research Methodology），针对我国特
点与可行性，说明全面的旅游接待业贡献统计内容、统计指标体系、统计数据的收集与分析
方法和工具。

我们可以用表 4-19 来概括我国与世界旅行与旅游理事会有关旅游接待业统计内容、指
标体系、数据收集与分析方法和工具比较研究的启示。

表 4-19　世界旅行与旅游理事会有关旅游接待业统计内容、指标体系、数据收集与
分析方法和工具的启示

有关旅游接待业统计内容、指标体系、数据收集与分析方法和工具的启示领域	主要启示
有关旅游接待业统计内容与指标体系	全面统计旅行与旅游业对国内生产总值（GDP）的贡献，其旅游统计的主要内容与指标体系是：旅行与旅游总的国内生产总值＝旅行与旅游的直接国内生产总值+旅行与旅游的间接国内生产总值+引致的国内生产总值
有关旅游接待业统计数据收集与分析方法和工具	虽然我国目前已经开始使用旅游对国内生产总值的综合贡献指标，但是，在《旅游统计调查制度》（2017）中，还没有列出详细的统计内容、统计指标体系、统计数据的收集与分析方法和工具。因此，在这方面，可以借鉴《2017 年旅行与旅游经济影响研究方法》（WTTC/Oxford Economics 2017 Travel & Tourism Economic Impact Research Methodology），针对我国特点与可行性，说明全面的旅游接待业贡献统计内容、统计指标体系、统计数据的收集与分析方法和工具

资料来源：作者依据相关研究成果编制。

4）我国与欧盟委员会有关旅游接待业统计内容、指标体系、数据收集与分析方法和工具的比较研究

在上面对我国有关旅游接待业统计内容、指标体系、数据收集与分析方法和工具梳理基础上，本部分从以下两方面展开比较研究工作：①对欧盟委员会有关旅游接待业统计内容、指标体系、数据收集与分析方法和工具的梳理；②我国与欧盟委员会有关旅游接待业统计内容、指标体系、数据收集与分析方法和工具比较研究的启示。

欧盟委员会遵循联合国世界旅游组织倡导的《旅游统计的国际建议（2008）》（International Recommendations for Tourism Statistics 2008）、《旅游卫星账户：推荐的框架方法（2008）》（Tourism Satellite Account：Recommended Methodological Framework 2008）。

由于欧盟委员会有关旅游统计的重要文献是《旅游业可持续发展指南：提高发展中国家旅游业可持续发展的能力》（Sustainable Tourism for Development Guidebook：Enhancing capacities for Sustainable Tourism for development in developing countries）[①]，因此，本书对这一重要文献开展研究。这一文献对如何进行旅游业可持续发展的分析评价，提供了重要的统计指标体系的构建框架与广泛的启示。

（1）欧盟委员会倡导的旅游可持续发展的统计指标体系

第一，对旅游可持续发展的定义。旅游可持续发展的定义运用了联合国世界旅游组织提出的："旅游要充分考虑目前与未来的经济、社会和环境影响，满足游客、产业、环境和东道社区的需要。"

---

①　European commission. Sustainable Tourism for Development Guidebook：Enhancing capacities for Sustainable Tourism for development in developing countries，2013.

依据联合国世界旅游组织与联合国环境发展署的解释,旅游可持续发展包括以下 12 个方面的目标:

①经济有活力。即确保旅游目的地和企业具有活力和竞争力,以便于它们能持续地繁荣与产生长期的收益。

②地方繁荣。要使旅游对东道主目的地的繁荣做出最大的贡献,包括游客支出保持在当地的比例。

③就业的质量。要求加强由旅游产生和支持的当地工作机会的数量和质量。对所有人而言,包括薪酬水平、服务环境、工作机会的可获得性,不存在性别、种族、残疾或其他方面的歧视。

④社会平等。追求从旅游产生的经济和社会收益在整个接待社区的广泛分享,包括改进对穷人可获得的机会、收入和服务。

⑤游客的实现感。对所有游客提供安全、满意与充分的体验,而不存在性别、种族、残疾或者其他方面的歧视。

⑥地方控制。在该地区旅游管理和未来发展方面的决策,当地的社区应该参与并赋予他们决策权,并听取其他利益相关者的意见。

⑦社区的安康。保持和加强地方社区的生活品质,包括社会结构、可获得的资源、环境和生活支持系统,要避免产生任何形式的社会环境的下降或者被不正当的手段利用。

⑧文化的丰富性。尊重和提高历史遗产、原真性文化、传统和东道社区的特色价值。

⑨空间的完整性。保持和提高城市与农村的风景质量,避免在环境方面出现空间与视觉的欣赏质量下降。

⑩生物的多样性。要支持保护自然区、动植物的栖息地、野生动物,使得对它们的损害最小化。

⑪资源的有效利用。在旅游设施与服务的开发与运营过程中,要在使用稀缺的与不可再生的资源方面保持最小化。

⑫环境的纯净化。要做到空气、水、土地的污染最小化,由旅游企业与游客产生的垃圾最小化。

第二,旅游可持续发展的统计指标体系。旅游可持续发展的统计指标体系包括 5 个一级指标、17 个二级指标、32 个三级指标。5 个一级指标是:①旅游政策和治理;②经济绩效、投资和竞争力;③就业、体面工作和人力资本;④贫困减少与社会包容性;⑤自然与文化环境的可持续发展。

(2)欧盟委员会倡导的旅游可持续发展的统计指标体系对我国的启示

我国目前在国家层面尚未有旅游可持续发展的统计指标体系,因此,欧盟委员会倡导的旅游可持续发展的统计指标体系,对我国有较大的启示,包括旅游可持续发展的定义与旅游可持续发展的指标体系。

我们可以用表 4-20 来概括欧盟委员会倡导的旅游可持续发展的统计指标体系对我国的启示。

表 4-20　欧盟委员会倡导的旅游可持续发展的统计指标体系对我国的启示

欧盟委员会倡导的旅游可持续发展的统计指标体系对我国的启示领域	主要启示
旅游可持续发展定义与目标的启示	（1）旅游可持续发展定义："旅游要充分考虑目前与未来的经济、社会和环境影响,满足游客、产业、环境和东道社区的需要。" （2）旅游可持续发展目标:①经济有活力;②地方繁荣;③就业的质量;④社会平等;⑤游客的实感;⑥地方控制;⑦社区的安康;⑧文化的丰富性;⑨空间的完整性;⑩生物的多样性;⑪资源的有效利用;⑫环境的纯净化。
旅游可持续发展指标的启示	旅游可持续发展的统计指标体系包括 5 个一级指标、17 个二级指标、32 个三级指标。5 个一级指标是:①旅游政策和治理;②经济绩效、投资和竞争力;③就业、体面工作和人力资本;④贫困减少与社会包容性;⑤自然与文化环境的可持续发展

资料来源:作者依据相关研究成果编制。

4.2.3　我国与世界旅游强国和地区旅游接待业统计内容、指标体系、数据收集与分析方法和工具的比较

通过前面的系统研究发现,世界旅游强国和地区旅游接待业统计内容、指标体系、数据收集与分析方法和工具具有下列特点,这也是值得我国努力借鉴学习的方面。

①遵循《旅游统计国际建议（2008）》的旅游统计标准,设计本国的游统计内容、指标体系、数据收集与分析方法和工具。

②遵循《旅游卫星账户:推荐的框架方法（2008）》,设计本国的旅游卫星账户的统计内容、指标体系、数据收集与分析方法和工具体系。

③在旅游统计网站上,呈现出下述内容:本国的游统计内容、指标体系、数据收集与分析方法和工具;设计本国的旅游卫星账户的统计内容、指标体系、数据收集与分析方法和工具。

4.3　中外旅游统计组织体制、工作制度、旅游统计数据收集分析与报告质量标准的比较

4.3.1　相关概念界定

1）旅游统计组织体制

旅游统计组织体制是指实现旅游统计目标与完成旅游统计任务所需要配置的机构、岗位、人员及其相互之间的分工、指挥、合作、协调关系。

2）旅游统计工作制度

旅游统计工作制度是指为完成好旅游统计任务,对配置的机构、岗位、人员及其相互之间的分工、指挥、合作、协调关系的规定,包括工作规范、程序与标准。

3）旅游统计数据收集分析与报告质量标准

质量的一般含义是指"固有属性满足需求的程度"。旅游统计数据收集分析与报告质量标准是指为了实现旅游统计目标,完成旅游统计任务,满足旅游统计数据需求主体要求需要遵循的工作程序与规范。

4.3.2　我国与世界重要组织旅游接待业统计组织体制、工作制度、统计数据收集分析与报告质量标准的比较

1）我国与世界重要组织旅游统计组织体制、工作制度的比较研究

按照联合国世界旅游组织倡导的《旅游统计的国际建议(2008)》,一个国家要建立国家旅游统计体系与国家旅游统计机构,并与相关的机构积极合作,如与国家统计局、中央银行、外汇管理局、出入境检验机构、地方统计局等。

目前,我国已经有了国家旅游统计机构,但在与相关机构积极合作方面,如与国家统计局、中央银行、外汇管理局、出入境检验机构、地方统计局等的合作机制方面,还需要不断完善。

2）我国与世界重要组织旅游统计数据收集分析与报告质量标准的比较研究

参照联合国世界旅游组织(UNWTO)编制的《旅游统计的国际建议(2008)》,旅游信息收集、编制与发布质量的基本要求有以下 8 个方面,我国在这 8 个方面还存在较大差距,值得我们认真学习借鉴。

第一,保证旅游信息质量的前提要求。它是指对所有影响旅游信息质量的制度性与组织性条件的要求,包括制定收集发布旅游信息的法律依据,确保提供旅游信息机构之间分享与协调信息的充分性,确保旅游信息提供的保密性,要确保实施收集编制旅游信息方案在人力资源、财务、技术方面的充分性,实施信息收集方案的成本有效性,提高对旅游信息质量的意识。

第二,提高旅游信息的相关性。它是指旅游信息满足使用者需要的程度。旅游信息提供者要认识主要使用者的需要,可以将目前所提供的旅游信息与满足主要使用者需要之间不存在差距作为衡量旅游信息相关性的指标。

第三,提高旅游信息的可信性。它是指旅游信息使用者对负责旅游信息收集与提供者形象的信任性。旅游信息要遵循收集编制的质量标准,提高专业化与透明度,防止被操纵或屈服于政治的压力。

第四,提高旅游信息的准确性。它是指旅游信息对正确评估与描述相关事物数量与特

点的正确程度。

第五,提高旅游信息的时效性。它是指旅游信息计划收集与发布时间和该信息实际向公众发布、公众可获得使用之间的延期时间,可以用延期的时间来衡量。在这方面可能存在及时发布与准确性较低,延期发布与准确性较高的交替关系。旅游信息的时效性也影响旅游信息的相关性。

第六,提高旅游信息收集方法的健全性。它是指旅游信息收集方法符合在旅游信息收集方面的国际标准、指南与好的做法。

第七,提高旅游信息的一致性。旅游信息是由许多相关机构提供的,它们提供的信息要保持逻辑性与一致性。

第八,提高旅游信息的可获得性。它是指旅游信息的使用者易于从旅游信息的收集提供机构获得旅游信息。它要求旅游信息提供者要事先编制与发布提供旅游信息时间的日历表,并且使旅游信息的使用者知道在什么地方与如何获得这些旅游信息。上述旅游信息提供的质量标准是一个互相关联的整体,要努力全部遵循。

4.3.3 我国与世界旅游强国和地区旅游接待业统计组织体制、工作制度、统计数据收集分析与报告质量标准的比较

1)我国与世界旅游强国和地区旅游统计组织体制、工作制度的比较研究

综观世界旅游强国和地区旅游统计组织体制、工作制度,特别值得我国学习借鉴的是英国与我国香港特别行政区的旅游统计组织体制与工作制度。

英国国家统计局,不但提供规范的旅游统计服务,还可以提供定制化的旅游统计服务。

香港政府统计处(Census and Statistics Department)指导与负责旅游统计工作,虽然香港旅游发展局(Hong Kong Tourism Board)具体负责香港旅游市场统计数据。香港政府统计处对香港统计体系建设的目的,包括旅游统计体系建设的目的是:提供高质量的统计服务,为香港的社会和经济发展作出贡献。

香港政府统计处承担的香港统计功能,也是指导香港旅游统计体系功能建设的指导方针:①进行统计调查及运用统计系统,编制各类社会和经济统计数据,例如人口、对外贸易、工商业、劳工、物价、国民收入及国际收支平衡等数据;②进行统计分析及发布统计数据和分析结果;③为各政府部门提供与统计有关的咨询及支援服务。

香港统计处不但遵循国民核算账户的理论与方法,遵循旅游卫星账户的理论与方法,而且,还积极开展统计理论方法的普及工作。在这方面,香港统计处在其网站上设有"统计认知与学生专区",提供下列统计知识的普及服务:①学生专区;②教育材料;③《统计与生活教材》;④为公众人士开办的课程与讲座。

香港政府统计处倡导的统计价值观即原则,也是指导香港旅游统计的原则:①专业精神;②客观中立;③成本效益;④尊重隐私;⑤与时俱进;⑥力求卓越。

2)我国与世界旅游强国和地区旅游统计数据收集分析与报告质量标准的比较研究

综观世界旅游强国和地区旅游统计数据收集分析与报告质量标准,值得我国深入研究

与借鉴的是适用于整个欧盟 28 个成员国的欧洲统计体系的质量保证框架。这方面的内容已经在前面有关欧盟旅游接待业统计研究部分做了介绍,这里就省略了。

4.4　旅游服务贸易的统计指标

一个国家或一个经济体(具有独立货币与关境的地区,如中国香港与澳门)出入境旅游业及旅游接待业的国际投资,属于旅游服务贸易领域与统计范畴。本节将说明:①服务贸易的界定与旅游服务贸易的方式;②旅游服务贸易的统计指标;③旅游服务贸易的发展现状与潜力。

4.4.1　服务贸易的界定与旅游服务贸易的方式

根据世界贸易组织(WTO)在 1994 年签署的《服务贸易总协定》(GATS, General Agreement on Trade in Service)的规定,服务贸易是指一国的法人或自然人在其境内或进入他国境内提供服务的贸易行为,服务贸易有下列 4 种提供方式,旅游服务贸易也包括了下列 4 种方式。

①跨境交付:指服务的提供者在一成员方的领土内,向另一成员方领土内的消费者提供服务的方式。例如,在中国境内通过电信、邮政、计算机网络等手段实现对境外的外国消费者提供的服务。在旅游服务贸易领域,例如,携程旅行网为国外旅游者提供在中国旅游的预订服务。

②境外消费:指服务提供者在一成员方的领土内,向来自另一成员方的消费者提供服务的方式。例如,中国公民在其他国家短期居留期间,享受国外的医疗服务。在旅游服务贸易领域,例如,中国旅游者在美国旅游,接受美国当地旅行社和导游提供的服务。

③商业存在:指一成员方的服务提供者在另一成员方领土内设立商业机构,在后者领土内为消费者提供服务的方式。例如,外国服务类企业在中国设立公司为中国企业或个人提供服务。在旅游服务贸易领域,例如,上海锦江国际酒店(集团)股份有限公司收购法国卢浮酒店集团,在法国的卢浮酒店为法国人提供服务;开元产业投资信托基金在德国收购一家德国的酒店并进行经营管理,为德国领土内的顾客提供服务。

④自然人流动:指一成员方的服务提供者以自然人的身份进入另一成员方的领土内提供服务的方式。例如,某外国律师作为外国律师事务所的驻华代表到中国境内为消费者提供服务。在旅游服务贸易领域,例如,中国的导游、厨师输出到国外,在国外为消费者服务。

目前,在旅游服务贸易领域更多的是关注与统计境外旅游消费,即本国居民出境旅游消费与海外居民入境旅游消费。其他 3 种旅游服务贸易方式,一方面由于交易总额较小,另一方面由于数据较难获得,所以关注与统计得较少。但是,随着中国旅游服务贸易方式的全面发展,将逐渐开展对上述问题的全面研究。

4.4.2　旅游服务贸易的统计指标

依据统计研究目的,确定所要研究的社会现象的总体和总体单位,然后对总体各单位的标志的具体表现(变异和变量)进行登记、汇总,最后形成说明总体综合特征的各种数字资料,就是统计指标。

单个统计指标只能说明某种社会现象。为了全面说明社会现象之间的数量关系,需要运用一整套指标。统计指标体系是全面说明社会现象数量关系的具有内在联系的一系列指标所构成的整体,它完整地反映社会现象和过程,反映社会现象的因果联系、依存关系和平衡关系。在统计指标体系中,基本指标处于中心地位,其他各项指标围绕着基本指标有机地结合在一起。

本书所指的旅游服务贸易统计指标体系:是全面说明实现旅游服务贸易发展目标现象数量关系的具有内在联系的一系列指标所构成的整体,它完整地反映旅游服务贸易发展目标实现的现象和过程,反映旅游服务贸易发展目标实现现象的因果联系、依存关系和平衡关系。

旅游服务贸易指标有各种类型:相对指标与绝对指标;静态指标与动态指标;客观指标与主观指标;单项指标与综合指标;愿景性指标、路径性指标与评价性指标;约束性指标(基本指标)、预期性指标、理想性指标(参考性指标)等。

按照世界贸易组织(WTO)在 1994 年签署的《服务贸易总协定》(GATS, General Agreement on Trade in Service)的规定,服务贸易有 4 种提供方式,旅游服务贸易也包括 4 种方式,因此,相应地,旅游服务贸易的统计包括下列 4 个方面的指标体系。

①旅游跨境交付服务的指标体系。例如,由中国旅行社为国外旅游者提供在中国旅游的预订服务的数量指标、质量指标、收入(支出)指标和利润指标所构成的旅游跨境交付服务的指标体系。

②旅游境外消费服务的指标体系。例如,由中国旅游者在美国旅游,接受美国当地旅行社和导游服务的数量指标、质量指标、收入(支出)指标、利润指标所构成的旅游境外消费服务的指标体系。

③旅游商业存在的指标体系。例如,由中国旅游服务类企业在境外设立公司为当地企业或个人提供的旅游服务的数量指标、质量指标、收入(支出)指标、利润指标所构成的旅游商业存在的指标体系。

④旅游服务方面的自然人流动的指标体系。例如,由中国的导游、厨师输出到国外、在国外为消费者服务的数量指标、质量指标、收入(支出)指标、利润指标所构成的旅游服务方面自然人流动的指标体系。

目前,联合国世界旅游组织、各国和各地政府更多的是关注与统计由本国与本地居民出境旅游消费与海外居民入境旅游消费所产生的旅游服务贸易数据。

参照联合国世界旅游组织定期编制的《世界旅游晴雨表》[①],在国际游客的自然人流动

---

① World Tourism Organization. UNWTO World Tourism Barometer. Volume 15 · June 2017-Statistical Annex:Annex-15.

方面的旅游服务贸易即出境与入境旅游消费一般称为国际旅游业。本书认为反映国际游客作为自然人流动方面的旅游服务贸易即国际旅游业的统计指标体系主要包括下列指标：

①世界旅游服务出口额在世界货物与商业服务出口额中的排名；②世界旅游服务出口额在世界货物与商业服务出口额中的比重；③发达经济体旅游服务出口额在世界货物与商业服务出口额中的排名；④发达经济体旅游服务出口额在世界货物与商业服务出口额中的比重；⑤新兴经济体旅游服务出口额在世界货物与商业服务出口额中的排名；⑥新兴经济体旅游服务出口额在世界货物与商业服务出口额中的比重；⑦目的地国家或地区旅游服务贸易出口额在本国出口货物与服务出口额中的排名；⑧目的地国家或地区旅游服务出口额在本国出口货物与服务出口额的比重；⑨目的地国家或地区接待国际过夜旅游者人次；⑩目的地国家或地区接待国际过夜旅游者人次在世界各国和各地区接待国际过夜旅游者人次中的排名；⑪目的地国家或地区接待国际过夜旅游者人次占世界接待国际过夜旅游者总人次的比重；⑫目的地国家或地区国际旅游外汇收入；⑬目的地国家或地区国际旅游外汇收入在世界各国或地区旅游外汇收入中的排名；⑭目的地国家或地区国际旅游外汇收入在世界旅游外汇总收入中的比重；⑮目的地国家或地区国际旅游外汇支出；⑯目的地国家或地区国际旅游外汇收支盈余；⑰目的地国家或地区国际旅游外汇收支赤字；⑱目的地国家或地区居民人均国际旅游外汇收入；⑲目的地国家或地区居民人均国际旅游外汇支出；⑳目的地国家或地区居民人均国际旅游外汇收入盈余额；㉑目的地国家或地区居民人均国际旅游外汇赤字额。

4.4.3 旅游服务贸易的发展现状与潜力

本书用下面6张表(表4-21—表4-26)来说明世界著名旅游目的地国家或经济体旅游服务贸易统计指标数值的现状，为将我国建设成世界旅游强国、增加旅游服务贸易额进行对标研究提供重要参考。

从表4-21的统计数据中可以发现：①2016年，世界国际旅游业的外汇收入在世界货物与服务贸易收入总额中占6.9%；②2016年，先进经济体国际旅游业的外汇收入在先进经济体的货物与服务贸易收入总额中占7%；③2016年，新兴经济体国际旅游业的外汇收入在新兴经济体的货物与服务贸易收入总额中占6.8%；④在新兴经济体向先进经济体的发展过程中，国际旅游业的外汇收入占经济体的货物与服务贸易收入总额中的比重还会继续上升。

表4-21 国际旅游业在国际收支中的地位

年份	（10亿美元）								占市场总额比重（%）			
	2005	2010	2011	2012	2013	2014	2015	2016	2005	2010	2015	2016
世界												
货物和服务出口总额	13 164	19 220	22 744	23 026	23 773	24 155	21 350	20 864	100	100	100	100
货物出口总额	10 509	15 301	18 338	18 496	18 953	19 011	16 488	15 985	79.8	79.6	77.2	76.6
服务出口总额	2 655	3 919	4 406	4 530	4 820	5 154	4 862	4 879	20.2	20.4	22.8	23.4

续表

年份	（10亿美元）								占市场总额比重（%）			
	2005	2010	2011	2012	2013	2014	2015	2016	2005	2010	2015	2016
国际旅游（国际乘客旅行）	**836**	**1 138**	**1 278**	**1 325**	**1 423**	**1 490**	**1 421**	**1 444**	**6.3**	**5.9**	**6.7**	**6.9**
—国际旅游收入	704	967	1 080	1 117	1 204	1 260	1 202	1 225	5.3	5.0	5.6	5.9
—国际客运交通	132	171	197	208	219	230	219	219	1.0	0.9	1.0	1.0
先进经济体												
货物和服务出口总额	**9 246**	**12 359**	**14 257**	**14 192**	**14 708**	**15 003**	**13 493**	**13 393**	**100**	**100**	**100**	**100**
货物出口总额	7 153	9 410	10 951	10 815	11 105	11 143	9 887	9 771	77.4	76.1	73.3	73.0
服务出口总额	2 093	2 949	3 307	3 377	3 603	3 860	3 606	3 621	22.6	23.9	26.7	27.0
国际旅游（国际乘客旅行）	**582**	**753**	**854**	**872**	**937**	**991**	**925**	**939**	**6.3**	**6.1**	**6.9**	**7.0**
—国际旅游收入	483	629	713	728	790	837	779	793	5.2	5.1	5.8	5.9
—国际客运交通	99	124	141	144	147	155	146	146	1.1	1.0	1.1	1.1
新兴经济体												
货物和服务出口总额	**3 918**	**6 861**	**8 487**	**8 834**	**9 065**	**9 152**	**7 857**	**7 471**	**100**	**100**	**100**	**100**
货物出口总额	3 356	5 891	7 387	7 681	7 848	7 858	6 601	6 214	85.7	85.9	84.0	83.2
服务出口总额	562	970	1 100	1 153	1 217	1 294	1 256	1 258	14.3	14.1	16.0	16.8
国际旅游（国际乘客旅行）	**253**	**385**	**424**	**452**	**486**	**499**	**496**	**505**	**6.5**	**5.6**	**6.3**	**6.8**
—国际旅游收入	220	338	368	388	414	414	423	431	5.6	4.9	5.4	5.8
—国际客运交通	33	47	56	64	72	72	73	73	0.8	0.7	0.9	1.0

资料来源：World Tourism Organization. UNWTO World Tourism Barometer. Volume 15 · December 2017-Statistical Annex：Annex-8.

从表 4-22 的统计数据中可以发现:①在 2016 年,世界国际旅游业的外汇收入在世界各种货物与服务贸易项目收入中,按各种货物与服务贸易项目收入大小排序被排在第三位;②在 2016 年,先进经济体国际旅游业的外汇收入在先进经济体的各种货物与服务贸易项目收入中,按各种货物与服务贸易项目收入大小排序被排在第三位;③在 2016 年,新兴经济体国际旅游业的外汇收入在新兴经济体的各种货物与服务贸易项目收入中,按各种货物与服务贸易项目收入大小排序被排在第三位。

表 4-22 国际旅游业在世界不同出口项目收入中的地位

年份	1995	2000	2005	2010	2011	2012	2013	2014	2015	2016
(10 亿欧元)										
世界										
1 化学制品	486	584	1 102	1 694	1 983	1 985	1 988	2 051	1 852	1 821
2 燃料	376	663	1 456	2 374	3 250	3 391	3 301	3 053	1 834	1 513
3 国际旅游(国际乘客旅行)	**498**	**593**	**836**	**1 138**	**1 278**	**1 325**	**1 423**	**1 490**	**1 421**	**1 444**
—国际旅游收入	415	495	704	967	1 080	1 117	1 204	1 260	1 202	1 225
—国际客运交通	83	97	132	171	197	208	219	230	219	219
4 汽车产品	476	576	920	1 090	1 281	1 302	1 347	1 403	1 329	1 362
5 食品	453	430	681	1 117	1 351	1 372	1 447	1 485	1 334	1 351
6 纺织品与服装	311	352	481	606	712	698	755	795	744	726
7 电信设备	…	287	465	583	636	656	693	723	710	683
8 除汽车产品以外的交通设备	…	256	395	591	673	668	687	708	692	682
9 除燃料以外的矿产品	169	190	353	679	854	764	740	714	579	548
10 集成电路与电子零部件	…	307	345	484	494	488	539	535	528	528
11 计算机和办公设备	…	371	468	546	554	561	549	560	492	464
12 钢铁	155	141	316	423	526	483	450	470	380	343
先进经济体										
1 化学制品	437	516	947	1 376	1 567	1 522	1 555	1 589	1 441	1 429
2 汽车产品	430	517	795	872	1 020	1 201	1 040	1 077	1 015	1 041

续表

(10亿欧元)										
年份	1995	2000	2005	2010	2011	2012	2013	2014	2015	2016
3 国际旅游（国际乘客旅行）	**382**	**438**	**582**	**753**	**854**	**872**	**937**	**991**	**935**	**939**
—国际旅游收入	313	360	483	629	713	728	790	837	779	793
—国际客运交通	69	78	99	124	141	144	147	155	146	146
4 食品	319	296	440	654	768	770	817	840	745	758
5 燃料	129	222	466	762	1 042	1 091	1 081	1 026	670	568
6 除汽车产品以外的交通设备	…	227	325	457	509	506	521	547	536	541
7 集成电路和电子零部件	…	265	296	420	423	408	427	455	447	471
8 电信设备	…	237	331	342	368	363	372	383	378	369
9 除燃料以外的矿产品	67	119	203	371	470	419	407	397	316	299
10 计算机和办公设备	…	308	325	300	311	302	295	298	272	258
11 纺织品与服装	217	216	247	249	280	262	271	279	250	247
12 钢铁	119	105	210	267	325	293	273	275	224	202
新兴经济体										
1 燃料	247	441	990	1 621	2 208	2 300	2 220	2 027	1 164	945
2 食品	133	134	241	463	583	601	631	646	589	593
3 国际旅游（国际乘客旅行）	**116**	**155**	**253**	**385**	**424**	**452**	**486**	**499**	**496**	**505**
—国际旅游收入	102	136	220	338	368	388	414	424	423	431
—国际客运交通	14	19	33	47	56	64	72	75	73	73
4 纺织品与服装	94	136	233	357	432	437	484	516	495	479
5 化学制品	49	68	154	317	416	429	433	462	412	393
6 电信设备	…	50	134	241	268	293	321	341	332	314
7 汽车产品	46	59	125	218	261	281	307	326	314	322

续表

（10亿欧元）										
年份	1995	2000	2005	2010	2011	2012	2013	2014	2015	2016
8　除燃料以外的矿产品	102	71	150	308	384	344	332	317	262	249
9　计算机和办公设备	…	63	143	246	243	258	254	262	221	205
10　除汽车产品以外的交通设备	0	29	70	134	165	163	166	161	156	142
11　钢铁	36	36	106	156	201	190	177	195	156	141
12　集成电路和电子零部件	…	42	48	64	71	80	111	80	81	57

资料来源：World Tourism Organization. UNWTO World Tourism Barometer. Volume 15 · December 2017-Statistical Annex：
Annex-9.

从表4-23的统计数据中可以发现：2016年我国接待的国际过夜旅游者人次为5 930万人次，是位于第一位的法国接待的8 260万国际过夜人次的71.79%，还有增加的空间。另外，2016年我国香港接待的国际过夜旅游者人次为2 660万人次，是我国内地接待国际过夜旅游者人次的44.86%，接近一半左右，因此，我国具有增长的巨大潜力。

表4-23　2005—2016年世界主要旅游目的地国家或地区接待国际过夜旅游者人次排名

排名			全年					与去年同期比较变动率	
			2005	2010	2014	2015	2016	15/14	16/15
16年	15年		（百万）					（%）	
		世界	809	953	1 139	1 191	1 237	4.6	3.9
1	1	法国	75.0	77.6	83.7	84.5	82.6	0.9	-2.2
2	2	美国	49.2	60.0	75.0	77.5	75.9	3.3	-2.1
3	3	西班牙	55.9	52.7	64.9	68.2	75.3	5.0	10.5
4	4	中国	46.8	55.7	55.6	56.9	59.3	2.3	4.2
5	5	意大利	36.5	43.6	48.6	50.7	52.4	4.4	3.2
6	8	英国	28.0	28.3	32.6	34.4	35.8	5.6	4.0
7	7	德国	21.5	26.9	33.0	35.0	35.6	6.0	1.8
8	9	墨西哥	21.9	23.3	29.3	32.1	35.1	9.4	9.3

续表

排名			全年					与去年同期比较变动率	
16年	15年		2005	2010	2014	2015	2016	15/14	16/15
			（百万）					（%）	
9	10	泰国	11.6	15.9	24.8	29.9	32.6	20.6	8.9
10	6	土耳其	24.2	31.4	39.8	39.5	30.3	−0.8	−23.3
11	12	奥地利	20.0	22.0	25.3	26.7	28.1	5.7	5.2
12	14	马来西亚	16.4	24.6	27.4	25.7	26.8	−6.3	4.0
13	13	香港（中国）	14.8	20.1	27.8	26.7	26.6	−3.9	−0.5
14	15	希腊	14.8	15.0	22.0	23.6	24.8	7.1	5.1
15	11	俄罗斯	22.2	22.3	25.4	26.9	24.6	5.6	−8.6
16	16	日本	6.7	8.6	13.4	19.7	24.0	47.1	21.8
17	18	加拿大	18.8	16.2	16.5	18.0	20.0	8.7	11.1
18	17	沙特阿拉伯	8.0	10.9	18.3	18.0	18.0	−1.5	0.3
19	19	波兰	15.2	12.5	16.0	16.7	17.5	4.6	4.4
20	25	韩国	6.0	8.8	14.2	13.2	17.2	−6.8	30.3
21	20	荷兰	10.0	10.9	13.9	15.0	15.8	7.8	5.5
22	22	澳门（中国）	9.0	11.9	14.6	14.3	15.7	−1.8	9.8
23	21	匈牙利	10.0	9.5	12.1	14.3	15.3	17.9	6.6
24	23	阿联酋	5.8	7.4	13.2	14.2	14.9	7.6	4.9
25	24	印度	3.9	5.8	13.1	13.3	14.6	1.4	9.7
26	26	克罗地亚	7.7	9.1	11.6	12.7	13.8	9.1	8.9
27	27	乌克兰	17.6	21.2	12.7	12.4	13.3	−2.2	7.3
28	28	新加坡	7.1	9.2	11.9	12.1	12.9	1.6	7.1
29	29	捷克	9.4	8.6	10.6	11.6	12.1	9.4	4.1
30	34	葡萄牙	6.0	6.8	9.3	10.1	11.3	9.3	11.9
31	35	印度尼西亚	…	…	…	10.0	11.1	…	11.1

续表

排名			全年					与去年同期 比较变动率	
			2005	2010	2014	2015	2016	15/14	16/15
16 年	15 年		(百万)					(%)	
32	32	丹麦	9.2	8.7	10.3	10.4	10.8	1.5	3.4
33	31	台湾(中国)	3.4	5.6	9.9	10.4	10.7	5.3	2.4
34	30	瑞典	4.9	5.0	10.5	…	…	…	…
35	37	瑞士	7.2	8.6	9.2	9.3	10.4	1.6	11.8
36	33	摩洛哥	5.8	9.3	10.3	10.2	10.3	−1.0	1.5
37	36	爱尔兰	7.3	7.1	8.8	9.5	10.1	8.1	6.0
38	39	南非	7.4	8.1	9.5	8.9	10.0	−6.8	12.8
39	41	越南	3.5	5.0	8.0	7.9	10.0	−0.2	26.0
40	42	澳大利亚	5.5	5.9	6.9	7.4	8.3	7.6	11.0
41	43	保加利亚	4.8	6.0	7.3	7.1	8.3	−2.9	16.2
42	40	比利时	6.7	7.2	7.9	8.4	7.5	5.9	−10.5
43	44	巴西	5.4	5.2	6.4	6.3	6.6	−1.9	4.3
44	45	斯洛伐克	6.2	5.4	6.0	…	…	…	…
45	49	菲律宾	2.6	3.5	4.8	5.4	6.0	10.9	11.3
46	48	挪威	3.8	4.8	4.9	5.4	6.0	10.4	11.2
47	47	多米尼加	3.7	4.1	5.1	5.6	6.0	8.9	6.4
48	50	突尼斯	6.4	7.8	7.2	5.4	5.7	−25.2	6.8
49	52	智利	2.0	2.8	3.7	4.5	5.6	21.9	26.0
50	46	阿根廷	3.8	5.3	5.9	5.7	5.6	−3.3	−3.1

资料来源：World Tourism Organization. UNWTO World Tourism Barometer. Volume 15 · December 2017-Statistical Annex：
　　　　Annex-10.

　　从表 4-24 的统计数据中可以发现：2016 年我国国际旅游业的外汇收入为 444 亿美元，是位于第一位的美国国际旅游业外汇收入 2 059 亿美元的 21.56%，还有增加的巨大空间。另外，2016 年我国香港国际旅游业的外汇收入为 329 亿美元，是我国内地国际旅游外汇收入的 74.1%，远远超过 50%，因此，我国具有增长的巨大潜力。

表 4-24 2005—2016 年世界主要旅游目的地国家或地区旅游外汇收入排名

排名			全年					用当地货币与当时价格计算与去年同期比较变动率	
排名			2005	2010	2014	2015	2016	15/14	16/15
16 年	15 年		（10 亿美元）					（%）	
		世界	**704**	**967**	**1 260**	**1 202**	**1 225**		
1	1	美国	101.5	137.0	191.9	205.4	205.9	7.0	0.3
2	2	西班牙	49.7	54.6	65.1	56.6	60.5	4.0	7.2
3	5	泰国	9.6	20.1	38.4	44.9	48.8	23.0	12.2
4	4	中国	29.3	45.8	44.0	45.0	44.4	3.6	5.3
5	6	法国	44.0	47.0	58.1	44.9	42.5	−7.6	−5.1
6	3	英国	32.1	34.9	50.0	45.5	41.5	−1.9	3.3
7	7	意大利	35.4	38.8	45.5	39.4	40.2	3.8	2.3
8	8	德国	29.2	34.7	43.3	36.9	37.0	2.0	1.7
9	10	澳大利亚	18.4	32.6	35.9	34.2	37.0	14.5	9.3
10	9	香港(中国)	10.3	22.2	38.4	36.2	32.9	−5.8	−9.0
11	13	日本	6.6	13.2	18.9	25.0	30.7	51.4	10.4
12	11	澳门(中国)	6.9	22.3	42.7	31.0	30.0	−27.6	−2.9
13	14	印度	7.5	14.5	19.7	21.0	22.4	9.6	14.0
14	16	墨西哥	11.8	12.0	16.2	17.7	19.6	9.4	10.8
15	18	阿联酋	3.2	8.6	15.2	17.5	19.5	14.8	11.5
16	15	奥地利	16.1	18.6	20.8	18.2	19.3	4.8	5.9
17	12	土耳其	19.2	22.6	29.6	26.6	18.7	−9.9	−29.6
18	19	新加坡	6.2	14.2	19.1	16.6	18.4	−6.1	11.5
19	17	马来西亚	8.8	18.1	22.6	17.6	18.1	−7.1	9.2
20	20	加拿大	13.7	15.8	17.7	16.5	18.0	7.8	12.9
21	23	韩国	5.8	10.3	17.8	15.2	17.3	−14.7	13.9
22	21	瑞士	10.0	14.7	17.8	16.4	16.3	−3.2	1.4
23	22	希腊	13.3	12.7	17.8	15.7	14.6	5.5	−6.5

排名			全年					用当地货币与当时价格计算与去年同期比较变动率	
			2005	2010	2014	2015	2016	15/14	16/15
16 年	15 年		（10 亿美元）					（%）	
24	25	荷兰	9.1	11.7	14.7	13.2	14.1	7.3	6.9
25	26	葡萄牙	7.7	10.1	13.8	12.7	14.0	10.2	10.7
26	24	台湾（中国）	5.0	8.7	14.6	14.4	13.4	−1.6	−7.0
27	28	瑞典	6.6	8.4	11.8	11.3	12.6	17.6	13.1
28	27	比利时	9.9	11.4	13.9	12.0	11.6	2.9	−2.8
29	29	印度尼西亚	4.5	7.0	10.3	10.8	11.2	4.9	4.4
30	31	沙特阿拉伯	4.6	6.7	8.2	10.1	11.1	23.0	9.5
31	30	波兰	6.3	9.6	11.8	10.5	11.0	5.8	9.5
32	33	克罗地亚	7.4	8.1	9.9	8.8	9.6	7.6	8.5
33	32	新西兰	6.5	6.5	8.4	9.0	9.5	27.8	4.9
34	36	越南	2.3	4.5	7.4	7.4	8.3	−0.8	12.2
35	35	南非	7.5	9.1	9.3	8.2	7.9	3.6	10.7
36	34	俄罗斯	5.9	8.8	11.8	8.4	7.8	−28.4	−7.5
37	38	丹麦	5.3	5.9	7.6	6.7	7.0	5.1	5.5
38	37	黎巴嫩	5.5	8.0	6.5	6.9	6.8	5.1	−0.5
39	40	多米尼加	3.5	4.2	5.6	6.1	6.7	8.6	9.9
40	39	摩洛哥	4.6	6.7	7.4	6.3	6.5	−1.4	5.0
41	41	捷克	4.8	7.2	6.8	6.1	6.3	5.1	3.5
42	42	巴西	3.9	5.3	6.8	5.8	6.0	−14.6	3.1
43	43	以色列	3.2	4.8	5.8	5.8	5.7	0.5	−1.2
44	44	匈牙利	4.1	5.6	5.9	5.3	5.7	8.9	7.2
45	46	卡塔尔	0.8	0.6	4.6	5.0	5.4	9.7	7.5
46	48	挪威	3.5	4.7	5.6	4.9	5.2	12.3	10.8
47	49	爱尔兰	4.8	4.1	4.9	4.8	5.2	18.2	8.4

续表

排名			全年					用当地货币与当时价格计算与去年同期比较变动率	
排名			2005	2010	2014	2015	2016	15/14	16/15
16 年	15 年		（10 亿美元）					（%）	
48	45	菲律宾	2.3	2.6	5.0	5.3	5.1	4.8	-2.5
49	50	哥伦比亚	1.5	2.8	3.8	4.2	4.8	11.0	12.4
50	47	阿根廷	2.7	4.9	4.6	4.9	4.7	6.5	-4.9

资料来源：World Tourism Organization. UNWTO World Tourism Barometer. Volume 15 · December 2017-Statistical Annex：
Annex-11.

从表 4-25 的统计数据中可以发现：2016 年我国国际旅游业的外汇支出为 2 611 亿美元，位于世界第一，是美国国际旅游业外汇支出 1 236 亿美元的两倍多，说明我国具有实施旅游业发展的"进口替代"战略的可行性。

表 4-25　2005—2016 年世界主要国家与地区国际旅游支出排名

排名			全年					以当地货币与当时价格计与去年比较的变化率	
排名			2005	2010	2014	2015	2016	15/14	16/15
16 年	15 年		（10 亿美元）					（%）	
		世界	704	967	1 260	1 202	1 225		
1	1	中国	21.8	54.9	227.3	249.8	261.1	11.4	11.7
2	2	美国	80.0	86.6	105.7	114.7	123.6	8.6	7.8
3	3	德国	74.4	78.1	93.3	77.5	79.8	-0.6	3.2
4	4	英国	62.9	55.2	67.4	66.6	64.8	6.5	10
5	4	法国	31.8	38.5	48.8	39.3	40.5	-3.5	3.3
6	8	澳大利亚	13.7	26.6	33.2	29.2	30.8	5.5	6.5
7	7	加拿大	18.0	29.7	34.4	30.1	28.7	1.4	-1.1
8	9	韩国	15.4	18.8	23.2	25.3	27.2	9.0	7.8
9	10	意大利	22.4	27.1	28.8	24.4	25.0	1.4	2.4
10	11	香港（中国）	13.3	17.4	22.0	23.1	24.2	4.7	5.1
11	6	俄罗斯	17.0	26.7	50.4	34.9	24.0	-30.7	-31.4

续表

排名			全年					以当地货币与当时价格计与去年比较的变化率	
			2005	2010	2014	2015	2016	15/14	16/15
16 年	15 年		（10亿美元）					（%）	
12	12	新加坡	10.1	18.7	24.4	22.1	22.1	−1.6	0.6
13	14	比利时	15.0	19.0	23.8	18.9	19.5	−4.9	3.2
14	16	西班牙	15.2	17.0	18.0	17.4	19.3	15.3	11.4
15	13	沙特阿拉伯	9.1	21.1	24.1	19.3	18.7	−19.8	−3.2
16	20	日本	27.3	27.9	19.3	16.0	18.5	−5.3	4.0
17	15	荷兰	15.4	19.2	21.1	18.0	18.1	2.3	0.4
18	18	阿联酋	6.2	11.8	15.8	16.6	17.1	5.0	2.9
19	22	台湾(中国)	8.7	9.4	14.0	15.5	16.6	10.8	6.9
20	19	瑞士	8.8	11.2	16.9	16.3	16.5	1.5	3.8
21	23	印度	6.2	10.5	14.6	14.8	16.4	6.9	15.6
22	21	挪威	9.7	13.5	18.4	15.8	15.9	9.8	5.0
23	17	巴西	4.7	16.0	25.6	17.4	14.5	−32.1	−16.5
24	24	瑞典	10.0	12.1	15.8	14.4	14.5	12.1	1.9
25	25	科威特	4.5	6.4	11.3	12.4	12.3	15.6	0.2
26	26	菲律宾	3.0	5.5	10.6	11.3	11.2	7.0	−1.6
27	27	马来西亚	3.7	8.3	12.4	10.7	10.5	2.5	4.1
28	28	墨西哥	7.6	7.3	9.6	10.1	10.3	5.1	2.0
29	29	奥地利	9.3	10.2	11.1	9.3	9.7	1.0	4.7
30	30	丹麦	6.9	9.0	10.5	9.0	9.2	3.0	2.0
31	31	卡塔尔	1.8	0.5	8.7	8.2	9.1	−5.9	11.2
32	34	泰国	3.8	5.6	7.1	7.7	9.1	15.0	21.3
33	36	阿根廷	2.8	4.9	5.4	7.0	9.0	30.2	29.3
34	32	伊朗	3.7	9.7	9.5	8.1	…	−14.4	…

续表

排名			全年				以当地货币与当时价格计与去年比较的变化率	
			2005	2010	2014	2015	2016	15/14	16/15
16年	15年		（10亿美元）					（%）	
35	33	波兰	5.5	8.6	8.9	7.9	8.0	7.1	5.0
36	35	印度尼西亚	3.6	6.4	7.7	7.3	7.7	−5.1	5.4
37	37	以色列	3.3	3.7	5.2	6.0	6.8	15.9	13.8
38	38	爱尔兰	6.1	7.1	6.4	5.7	6.2	6.4	9.5
39	42	芬兰	3.1	4.3	5.3	4.8	5.2	8.7	8.5
40	44	黎巴嫩	2.9	4.9	5.0	4.7	5.0	−5.1	6.3
41	45	乌克兰	2.8	3.7	5.1	4.4	5.0	−12.2	12.2
42	43	捷克	2.4	4.3	5.1	4.8	4.9	10.0	2.4
43	41	伊拉克	0.4	1.6	4.2	4.8	4.9	15.3	2.4
44	40	土耳其	3.1	5.2	5.1	5.4	4.8	5.8	−10.9
45	49	越南	0.9	1.5	2.7	3.6	4.6	35.7	26.8
46	47	葡萄牙	3.1	3.9	4.4	4.0	4.3	8.9	6.6
47	46	哥伦比亚	1.5	2.6	4.7	4.3	4.2	−7.7	−3.7
48	50	埃及	1.6	2.2	3.1	3.4	4.1	9.6	19.4
49	48	新西兰	2.7	3.0	4.1	3.7	4.0	8.2	7.0
50	51	南非	3.4	5.6	3.2	3.0	2.8	10.9	9.9

资料来源：World Tourism Organization. UNWTO World Tourism Barometer. Volume 15 · December 2017-Statistical Annex: Annex-13.

从表 4-26 的统计数据中可以发现：2016 年美国国际旅游业的外汇收支盈余为 823 亿美元，美国 3.2 亿人口平均每人盈余额为 255 美元；我国香港国际旅游业外汇收支盈余为 87 亿美元，香港 730 万人口平均每人盈余额为 1 176 美元。从表 4-24 和表 4-25 上可以发现，同年，中国旅游业的外汇赤字为 2 167 亿美元，中国 14 亿人口的人均赤字为 186.5 美元。上述数据说明，我国具有提高旅游外汇收入盈余的巨大潜力。

表 4-26　在国际旅游收支中的主要盈余国家与地区状况

排名 15年	排名 16年	国家/地区	国际旅游收入 (10亿美元) 2014	2015	2016	占世界比重(%) 2016	人均收入(美元) 2016	国际旅游支出 (10亿美元) 2014	2015	2016	占世界比重(%) 2016	人均支出(美元) 2016	国际旅游收支盈余 (10亿美元) 2014	2015	2016	人均盈余(美元) 2016
		世界	1 252	1 196	1 220	100	166	1 252	1 196	1 220	100	166	0	0	0	0
1	1	美国	191.9	205.4	205.9	16.9	637	105.7	114.7	123.6	10.1	382	86.3	90.7	82.3	255
3	2	泰国	38.4	44.9	49.9	4.1	723	7.1	7.7	8.3	0.7	121	31.3	37.2	41.5	602
2	3	西班牙	65.1	56.5	60.3	4.9	1 303	18.0	17.4	20.2	1.7	436	47.1	39.1	40.1	867
4	4	澳门（中国）	42.7	31.0	29.9	2.4	45 412	1.2	1.2	…	…	…	41.5	29.7	…	…
6	5	意大利	45.5	39.4	40.2	3.3	663	28.8	24.4	25.0	2.0	411	16.6	15.0	15.3	252
5	6	土耳其	29.6	26.6	18.7	1.5	235	5.1	5.4	4.8	0.4	60	24.5	21.2	14.0	175
7	7	希腊	17.8	15.7	14.6	1.2	1 347	2.8	2.3	2.2	0.2	205	15.0	13.4	12.4	1 143
10	8	日本	18.9	25.0	30.7	2.5	242	19.3	16.0	18.5	1.5	146	-0.4	9.0	12.2	96
9	9	奥地利	20.8	18.2	19.3	1.6	2 221	10.8	9.1	9.5	0.8	1 094	10.0	9.1	9.8	1 127
11	10	葡萄牙	13.8	12.7	14.0	1.2	1 359	4.4	4.0	4.3	0.3	413	9.4	8.7	9.8	947
13	11	墨西哥	16.2	17.7	19.6	1.6	160	9.6	10.1	10.2	0.8	84	6.6	7.6	9.3	76
12	12	克罗地亚	9.9	8.8	9.6	0.8	2 310	0.8	0.8	0.9	0.1	227	9.0	8.1	8.7	2 084
8	13	香港（中国）	38.4	36.2	32.9	2.7	4 460	22.0	23.1	24.2	2.0	3 284	16.4	13.1	8.7	1 176

续表

	排名	国际旅游收入					国际旅游支出					国际旅游收支盈余		
		(10亿美元)			占世界比重(%)	人均收入(美元)	(10亿美元)			占世界比重(%)	人均支出(美元)	(10亿美元)		人均盈余(美元)
14	14 马来西亚	22.6	17.6	18.1	1.5	571	12.4	10.7	10.5	0.9	331	10.2	7.6	240
15	20 澳大利亚	31.4	28.9	32.4	2.7	1 335	26.9	23.8	24.9	2.0	1 026	4.6	7.5	309
16	16 多米尼加	5.6	6.1	6.7	0.6	667	0.4	0.5	0.5	0.0	45	5.2	6.3	622
17	15 印度	19.7	21.0	22.4	1.8	17	14.6	14.8	16.4	1.3	13	5.1	6.1	5
18	18 新西兰	8.4	9.0	9.6	0.8	2 031	4.1	3.7	4.0	0.3	841	4.3	5.6	1 190
19	21 摩洛哥	7.4	6.3	6.5	0.5	194	1.5	1.4	1.5	0.1	43	5.9	5.1	151
20	19 南非	9.3	8.2	7.9	0.6	141	3.2	3.0	2.8	0.2	51	6.2	5.1	91
21	22 越南	7.4	7.4	8.3	0.7	89	2.7	3.5	4.5	0.4	48	4.8	3.8	41
22	24 印度尼西亚	10.3	10.8	11.3	0.9	44	7.7	7.3	7.7	0.6	30	2.6	3.6	14
23	23 匈牙利	5.9	5.3	5.7	0.5	575	2.0	1.8	2.2	0.2	220	3.8	3.5	355
24	25 巴拿马	3.7	4.1	4.3	0.3	1 055	0.9	0.8	0.8	0.1	203	2.7	3.5	852
25	26 波多黎各	3.4	3.8	4.0	0.3	1 168	0.8	0.7	0.8	0.1	222	2.7	3.2	946

资料来源：World Tourism Organization. UNWTO World Tourism Barometer. Volume 15·June 2017-Statistical Annex: Annex-15.

说明：由于站在世界角度，全世界的国际旅游收入就是全世界的国际旅游支出，两者在总量上是相等的，类似一块一块硬币的两面，只是从不同角度即收入角度或支出角度进行统计分析。因此，全世界国际旅游收入减全世界国际旅游支出的盈余等于零。

本章小结

- 世界重要组织。本书的世界重要组织是指在世界经济与社会统计领域具有重要影响的组织,同时,又与旅游统计体系建设,包括旅游统计体系建设的目的、功能、理论、原则、内容、指标体系、统计方法与工具、统计体制与机制、统计质量标准等有重要指导或参考关系的组织。

- 世界旅游强国和地区。世界旅游强国和地区是指由世界经济论坛(WEF)发布的《2017 年全球旅游业竞争力报告》中排名前 10 位的国家,包括西班牙、法国、德国、日本、英国、美国、澳大利亚、意大利、加拿大、瑞士。

- 旅游接待业统计体系。旅游接待业统计体系是指由实际开展统计工作的指标体系、统计制度、统计行为、统计方法、统计组织体系、统计技术手段、统计法制保障、统计人员素质与服务水平等构成的统计工作与服务体系。

- 旅游接待业统计体系建设的目的。一是指旅游接待业发展主体或利益相关者(游客、旅游企业、政府机构、非政府组织如旅游行业协会、社区、居民、新闻媒体等)在一定时期内期望实现的成果,即结果性目标。二是指旅游接待业发展主体或利益相关者(游客、旅游接待业企业、政府机构、非政府组织如旅游接待业行业协会、社区、居民、新闻媒体等)在一定时期内要完成的任务,即任务性目标。结果性目标与任务性目标存在因果链关系。

- 旅游接待业统计体系建设的功能。第一是信息功能;第二是咨询功能;第三是监督功能。信息功能即进行统计调查、统计分析与提供统计资料是最基本的功能,是保证咨询与监督功能有效发挥的前提。

- 旅游接待业统计体系建设的理论。旅游接待业统计体系建设的理论是有关旅游接待业统计体系建设的目的、统计对象特点、统计体系建设的功能、统计体系建设的原则、统计指标体系建设、统计组织体制与机制构建、统计方法选择的科学说明,或者对上述关系的科学说明。

- 旅游接待业统计体系建设的原则。旅游接待业统计体系建设的原则是指在建设旅游接待业统计体系的场景下,为了实现旅游接待业统计的目标,需要遵循的一套理念或工作与行动的准则。

- 旅游接待业数据体系。旅游接待业数据体系是指为了实现发现旅游接待业情况和规律、帮助做出科学的旅游接待业决策的目的,由旅游接待业数据获取、旅游接待业数据存储、旅游接待业数据更新、旅游接待业数据流通和旅游接待业数据挖掘分析使用 5

个部分组成的系统。

- 旅游统计内容。旅游统计内容是指旅游统计要完成的资料与数据的收集和分析工作。从不同角度,可以对旅游统计内容进行不同的分类。

- 旅游统计指标体系。旅游统计指标体系是全面说明旅游接待业发展现象数量关系的具有内在联系的一系列指标所构成的整体,它完整地反映旅游接待业发展的现象和过程,反映旅游接待业发展现象的因果联系、依存关系和平衡关系。

- 旅游统计数据的收集方法。旅游统计数据的收集方法也可以称为旅游统计数据的调查方法,就是指对旅游统计资料的收集,它是指根据研究的目的和要求,有组织、有计划地向调查对象收集原始资料和次级资料的过程。

- 旅游统计数据的分析方法。旅游统计数据的分析方法是指为了获得科学的决策数据对旅游统计资料进行分析研究的方法。按不同的标准划分,可以分成多种类型。

- 旅游统计数据收集工具。旅游统计数据收集工具是指要达到旅游统计数据收集的预期目的而运用的手段或技术,主要有调查问卷、统计表、计算机辅助电话调查、收集互联网数据的爬虫技术等。

- 旅游统计数据分析工具。旅游统计数据分析工具是指要达到旅游统计数据预期分析目的所选用的旅游统计数据分析手段或技术,主要有时间序列分析预测方法,相关分析与回归分析方法,等等。

- 旅游统计组织体制。旅游统计组织体制是指实现旅游统计目标与完成旅游统计任务所需要配置的机构、岗位、人员及其相互之间的分工、指挥、合作、协调关系。

- 旅游统计工作制度。旅游统计工作制度是指为完成好旅游统计任务,对配置的机构、岗位、人员及其相互之间的分工、指挥、合作、协调关系的规定,包括工作规范、程序与标准。

- 旅游统计数据收集分析与报告质量标准。旅游统计数据收集分析与报告质量标准是指为了实现旅游统计目标,完成旅游统计任务,满足旅游统计数据需求主体要求需要遵循的工作程序与规范。

- 服务贸易与旅游服务贸易的方式。服务贸易是指一国的法人或自然人在其境内或进入他国境内提供服务的贸易行为,服务贸易有下列 4 种提供方式,旅游服务贸易也包括了下列 4 种方式,即①跨境交付;②境外消费;③商业存在;④自然人流动。

● 旅游服务贸易统计指标体系。旅游服务贸易统计指标体系是全面说明实现旅游服务贸易发展目标现象数量关系的具有内在联系的一系列指标所构成的整体,它完整地反映旅游服务贸易发展目标实现的现象和过程,反映旅游服务贸易发展目标实现现象的因果联系、依存关系和平衡关系。

复习思考题

1.旅游接待业统计体系建设的目的是什么?世界相关组织、国家和地区是如何认识的?

2.旅游接待业统计体系建设的功能是什么?世界相关组织、国家和地区是如何认识的?

3.旅游接待业统计体系建设的理论是什么?世界相关组织、国家和地区是如何认识的?

4.旅游接待业统计体系建设的原则是什么?世界相关组织、国家和地区是如何认识的?

5.旅游统计内容包含哪些方面?世界相关组织、国家和地区是如何认识的?

6.旅游统计指标体系包含哪些方面?世界相关组织、国家和地区是如何认识的?

7.旅游统计数据的搜集方法与分析方法有哪些?

8.旅游统计数据收集工具与分析工具有哪些?

9.旅游统计组织体制与旅游统计工作制度的概念是什么?

10.旅游统计数据收集分析与报告的质量标准是什么?

11.旅游服务贸易有哪些主要方式?

12.旅游服务贸易统计的指标有哪些?

13.我国国际旅游业在世界上发展的位置与发展潜力的状况是什么?

【延伸阅读文献】

[1] 国家统计局:《中国国民经济核算体系(2016)》《国民经济行业分类(2017)》和《国家旅游及相关产业统计分类(2018)》。

[2] 国家旅游局:《旅游统计调查制度(2017)》。

［3］国家旅游局:《旅游统计管理办法(1998)》。

［4］国家旅游局:历年的中国旅游统计年鉴、中国旅游统计年鉴(副本)、旅游抽样调查资料(包括入境游客抽样调查资料、国内旅游抽样调查资料)、中国旅游景区发展报告、中国旅游财务信息年鉴。

［5］中国旅游饭店协会与浩华管理顾问公司:《中国饭店业务统计(2017)》。

［6］United Nations. International Recommendations for Tourism Statistics 2008.

［7］World Tourism Organization. Tourism Satellite Account: Recommended Methodological Framework 2008.

［8］United Nations. System of National Account 2008.

［9］Oxford Economics. WTTC/Oxford Economics 2017 Travel & Tourism Economic Impact Research Methodology. March 2017.

［10］European Commission. Sustainable Tourism for Development Guidebook: Enhancing Capacities for Sustainable Tourism for Development in Developing Countries,2013.

［11］何建民.旅游现代化开发经营与管理[M].上海:上海学林出版社,1989.

［12］何建民.旅游公共信息服务网站建设及服务质量标准[J].旅游学刊,2012(2).

［13］何建民.自由贸易区促进中国旅游服务贸易与产业改革开放研究[M].上海:格致出版社,2015.

第 5 章
旅游接待业的组织

【学习目标】

通过本章学习，读者将了解与掌握：

- 旅游接待业的企业组织；
- 旅游接待业的行业组织；
- 旅游接待业的国家与地方组织；
- 旅游接待业的区域组织；
- 旅游接待业的世界组织。

组织是人们创立的一种实体。人们在这种实体中，并通过这种实体而相互作用，以达到个人和集体的目的。整个旅游接待业是由人与组织的网络所构成的，低级组织通过高级组织联系起来。

旅游接待业最高级的组织是作为整体的旅游接待业本身。虽然将整个旅游接待业作为一个组织来考虑与传统的组织概念有些不同，但这种看法却有启发性。因为，它强调旅游接待业体系是人为创造的，也是可以依据实现目标的需要与环境的变化不断进行调整创新的，而且较小的更规范的组织所面临的许多问题，在整个接待业水平上也同样存在。作为一个组织，整个旅游接待业就可以，而且应当基于其在不同安排之下的表现进行评价，以便于发现问题，并进行改进。

5.1 旅游接待业的企业组织

依据 2014 年颁布的《中华人民共和国企业法人登记管理条例施行细则》，企业是在一定法规约束条件下，自主经营、自负盈亏、能独立承担民事责任的经济实体。旅游接待业的企业组织特点，至少可以从企业的所有权形式与企业间的联系形式两种视角进行考察分析。

5.1.1 以所有权分类的旅游接待业企业组织

以资金来源或所有权的不同对旅游接待业企业进行分类,旅游接待业企业的主要类型有:①个人业主制旅游企业;②合伙制旅游企业;③旅游上市公司;④旅游投资信托公司;⑤私有共有的度假公寓组织;⑥分时度假旅馆组织。

1) 个人业主制旅游企业

个人业主制旅游企业是指以旅游收入为唯一或主要收入来源的、个人出资建立的承担无限责任的企业。主要有个人业主制的旅行社、旅馆、餐馆、咨询公司等。其优点是所有权与经营管理权合一,由业主亲自掌握,业主的积极性高,不存在由委托代理、信息不对称产生的代理人的"逆向选择""道德风险"问题。缺点是缺乏资金规模,由于主要依赖于业主个人的资源与能力,容易产生经营管理缺乏稳定性与可持续性的问题。

2) 合伙制旅游企业

依据 1997 年 8 月 1 日起施行《中华人民共和国合伙企业法》,旅游合伙企业,是指自然人、法人和其他组织依照本法在中国境内设立的以旅游收入为唯一或主要收入来源的普通合伙企业和有限合伙企业。

普通合伙企业由普通合伙人组成,合伙人对合伙企业债务承担无限连带责任。

有限合伙企业由普通合伙人和有限合伙人组成,普通合伙人对合伙企业债务承担无限连带责任,有限合伙人以其认缴的出资额为限对合伙企业债务承担责任。历史上,美国汽车旅馆 Holiday Inn 的创始人凯蒙·威尔逊,就是采用 2 个人的合伙制形式发展起来的。

合伙制旅游企业与个人业主制旅游企业比较,由于可以增加合伙人,由此可以扩大资金来源。但是,由于普通合伙人要对旅游企业债务承担无限连带责任,而经营管理工作往往由少数合伙人承担,因此,在信息不对称、容易产生风险情况下,也限制了合伙制企业的合伙人数量,限制了合伙制企业的发展规模。当然,有限合伙制企业可以适当扩大合伙旅游企业的规模。

3) 旅游公司

依据 2013 年 12 月 28 日第三次修订的《中华人民共和国公司法》,旅游公司是指在中国境内设立的以旅游收入为唯一或主要收入来源的有限责任公司和股份有限公司。

公司是企业法人,有独立的法人财产,享有法人财产权。公司以其全部财产对公司的债务承担责任。有限责任公司的股东以其认缴的出资额为限对公司承担责任;股份有限公司的股东以其认购的股份为限对公司承担责任。

公司股东依法享有资产收益、参与重大决策和选择管理者等权利。公司从事经营活动,必须遵守法律、行政法规,遵守社会公德、商业道德,诚实守信,接受政府和社会公众的监督,承担社会责任。

由于公司出资人存在有限责任性,增加了对投资人的吸引力,因此,可以扩大资金的来源,特别是股份有限公司。由于公司存在所有权与经营权的分离现象,因此,容易导致公司管理者产生"逆向选择"与"道德风险"的问题。

4) 旅游投资信托公司

旅游投资信托就是汇集广大投资者的零星资金,作为整笔基金,对旅游业的项目进行代理投资的方式。其中,购买旅游股票及公司债在投资中最具典型性。但是旅游股票投资不仅需要丰富的专门知识,而且需要熟悉旅游股票买卖的方法。因此,具有专业的旅游投资管理知识的旅游投资信托公司就产生了。

投资信托这种投资方法,小额资金是办不到的,因此,需要集中许多零星资金汇成整笔的投资基金,再由专门的经纪人(如证券公司等)代替各投资人加以管理运用,于是,就产生了投资信托制度。这种制度于 1860 年在英国创设,此后,英国便相继设立了许多投资信托公司。它采取的方法是,由此类投资信托公司发行普通股、优先股和公司债,将所筹集到的资金从事各种证券投资,而一般的投资人则购进投资公司的股票或公司债。在英国投资信托日益发展的情况下,美国也出现了投资信托制度,特别是在第一次世界大战后更加活跃。

旅游投资信托公司的一个案例就是开元产业投资信托基金。开元产业投资信托基金是全球第一个专注中国内地的酒店产业投资信托基金。开元产业投资信托基金是一个单位信托基金形式组成的集体投资计划,并根据香港证券及期货条例第 104 条获得认可,为全球第一个驻扎在中国的酒店产业信托。在 2017 年 7 月出售上海松江开元名都大酒店后,开元产业投资信托有 5 家五星级酒店,即杭州开元名都大酒店、杭州千岛湖开元度假村、宁波开元名都大酒店、长春开元名都大酒店、开封开元名都大酒店;有两家四星级酒店,即浙江开元萧山宾馆与荷兰开元假日酒店——荷兰埃因霍温假日酒店。开元产业投资信托基金的长期目标与发展策略是:实施稳健的发展策略,在中国分散投资于有固定收入的酒店相关的地产组合,逐步扩大至全球各地有固定收入的多元房地产组合,包括零售或商业物业,以及酒店或其他相关物业。

5) 私有共有的度假公寓组织

私有共有的度假公寓是一种新的旅馆企业的所有权形式与经营管理形式。其基本特点是:度假公寓的住宿单元是由个人拥有的,度假公寓的公共区域是由住宿单元的业主共同拥有的,或者由业主协会共同拥有的,或者由度假胜地的开发商拥有的。

度假公寓可以由业主自己住,也可以由业主委托度假地的管理公司出租管理,业主可分享租金。

私有共有的度假公寓组织形式的显著优点是度假公寓开发商可以及时收回投资,并获得度假公寓经营管理的长期收益。同时,开发商也免除了未来对度假公寓进行更新改造时需要的资金压力。

6) 分时度假旅馆组织

分时度假旅馆是一种新的旅馆企业的所有权形式与经营管理形式。其基本特点是:分时度假旅馆的购买者购买了一家旅馆一段时间的使用权,这段时间可以与某一家旅馆的某一间客房相联系,也可以不与某一家旅馆的某一间客房相联系。在拥有多家分时度假旅馆的情况下,甚至可以不与某一家特定的旅馆相联系。例如,分时度假旅馆的购买者可以购买海南岛亚龙湾一家万豪酒店301房间的一段时间的使用权,也可以购买海南岛亚龙湾一家万豪酒店任何一间客房一段时间的使用权,具体哪间客房在实际预订使用时确定,甚至也可以购买万豪酒店集团任何一间客房一段时间的使用权,具体哪家酒店的哪间客房也在实际预订使用时确定。

一般的惯例是:全年52周,分时度假旅馆以一间客房的一周使用时间为销售单位,销售每间客房全年50周的使用权,其中2周供客房的维修保养用,可以销售40年的使用权,每一间客房每一周的使用权也可以销售给不同的人。例如,一间客房全年可以销售给50个人,每人在每年有一周的使用权,享有40年的使用权。使用时,可以采用"先预约先使用的方式",也可以采用事先固定使用时间的方式。购买者,也可以将自己未使用的时间段委托分时度假旅馆的经营管理公司出租给其他人,以获得租金收益。

分时度假旅馆组织形式的显著优点是分时度假旅馆的开发商可以及时收回投资,并获得分时度假旅馆经营管理的长期收益。同时,开发商也免除了未来对分时度假旅馆进行更新改造时需要的资金压力。

5.1.2 以联系形式分类的旅游接待业企业组织

旅游接待业企业显著的特点是:①其在某一个具体地点上的企业规模往往较小,这是因为在这一个具体地点上的旅游者的数量往往是有限的,再加上面临多种同类企业的激烈竞争;②旅游接待业的企业往往要招徕、接待来自遥远客源地的旅游者,需要进行品牌营销,需要开展专业化的培训,需要获得规模经济。因此,旅游接待业的企业往往除了有单体旅游企业组织外,还有①连锁旅游企业组织;②联营旅游企业组织;③旅游企业的战略联盟与战略联盟网络组织。

1)单体旅游企业组织

单体旅游企业组织,是指在同一个品牌旗帜下只有一家旅游企业的组织。许多刚创业的旅游企业,在其品牌下就只有一家旅游企业。例如,美国假日酒店集团创始人凯蒙·威尔逊1955年在美国田纳西州创业时,就只有一家假日酒店。美国万豪国际酒店集团,在1957年建第一家双桥酒店时,在这个品牌下也只有一家酒店。目前在上海,总的旅馆数达8 000多家,其中星级酒店只有200多家,大多数是单体的社会旅馆。

单体旅游企业的弱点是专业化程度较低,并缺乏规模经济与网络经济。

2)连锁旅游企业组织

连锁旅游企业组织,是指在同一个品牌旗帜下拥有多家旅游企业并进行统一管理的旅游企业集团。这些旅游企业之间的关系是:由母公司直接投资与经营管理,或者由同一品牌的管理公司输出管理,或者是由同一品牌的公司特许经营。

例如,据 2018 年 8 月美国《旅馆》杂志统计,2017 年以客房数量计算,全球最大的酒店集团是万豪国际酒店,其拥有的酒店客房数量为 119.514 1 万间,拥有的酒店数量为 6 333 家,在全球 127 个国家经营管理酒店,其中,由万豪国际酒店集团输出管理的酒店有 1 949 家,由万豪国际酒店集团特许经营的酒店有 4 400 家。

连锁旅游企业的优点是专业化程度高,可以分享品牌声誉经济、规模经济与网络经济,在连锁旅游企业中,可以建立常旅客俱乐部,进行交叉营销。

3) 联营旅游企业组织

联营旅游企业组织,就是指在激烈的市场环境中,特别是在连锁旅游企业竞争的压力下,单体旅游企业为了获得规模经济、网络经济与品牌声誉经济,主动在营销上联合起来,使用集体品牌进行营销推广工作,在营销方面获得与连锁旅游企业类似的利益,同时,又保留每家单体旅游企业对自己企业独立的经营管理权。

例如,据 2018 年 8 月美国《旅馆》杂志统计,著名的总部位于美国纽约市的酒店联合营销组织——世界一流酒店组织(The Leading Hotels of the World),在 2017 年拥有联合营销成员酒店高达 378 家,客房总数为 60 102 间。

4) 旅游企业的战略联盟与战略联盟网络组织

(1) 旅游企业的战略联盟

旅游企业的战略联盟,就是指一家旅游企业与其他企业为了实现各自的战略目标,在保持自身独立经营管理的基础上,达成一种合作方式。例如,东方航空公司加入了国际航空联盟中的天合联盟。

天合联盟(SkyTeam)是航空公司所形成的国际航空服务网络。2000 年 6 月 22 日由法国航空公司、达美航空公司、墨西哥国际航空公司和大韩航空公司联合成立,曾被翻译为“空中联队”。

2004 年 9 月与“飞翼联盟”(也被译为航翼联盟)合并后,荷兰皇家航空公司以及美国西北航空公司也成为其会员。

天合联盟航空会员来自世界各国,2011 年 6 月 21 日,中国东方航空公司正式加入天合联盟。天合联盟 20 个成员航空公司分别是:俄罗斯国际航空公司、阿根廷航空公司、墨西哥航空公司、西班牙欧洲航空公司、法国航空公司、意大利航空公司、中华航空公司、中国东方航空公司、中国南方航空公司、捷克航空公司、达美航空公司、印度尼西亚鹰航空公司、肯尼亚航空公司、荷兰皇家航空公司、大韩航空公司、黎巴嫩中东航空公司、沙特阿拉伯航空公司、罗马尼亚航空公司、越南国家航空公司和厦门航空有限公司。

据东方航空公司介绍:加入后可以为国内外旅客提供更优质的服务和更多的旅行线路选择。天合联盟 20 个成员航空公司在世界各地向客户开放了超过 516 个候机室。天合联盟每年服务的旅客达到 5.16 亿人次,每天为旅客提供飞往 177 个国家和地区 1 052 个目的地超过 16 323 个航班。

（2）旅游企业的战略联盟网络

旅游企业的战略联盟网络,就是指一家旅游企业与其他多家企业双边或多边的联盟关系的深化。即依据各类协议,深度整合联盟成员企业的相关要素资源,实现联盟成员企业既定战略目标而缔结的一种新兴网络组织。网络组织中的网络特指联盟成员各自市场与资源互惠分享的多重关系。

例如,一家酒店可以与多家酒店建立共建、共享预订网站的战略联盟,也可以建立共同采购的战略联盟。此外,一家酒店也可以同时与多家供应商建立战略联盟,也可以与多家学校建立人力资源培训实习基地与人力资源供给保障的战略联盟。一个学校也可以与多家酒店建立人力资源培训实习基地与人力资源供给保障的战略联盟。上述一家旅游企业与多家旅游企业或机构建立的各种战略联盟集合在一起,可以总称为旅游企业的战略联盟网络。

5.2　旅游接待业的行业组织

某一类旅游接待业企业的集合就构成了某一类旅游接待业的行业。按照满足旅游者需求或引起旅游者关注的旅游接待行业提供产品与服务的先后顺序考察,旅游接待业的行业组织主要有:①旅游景区与游憩娱乐业的行业组织;②会展的行业组织;③旅行社的行业组织;④航空运输的行业组织;⑤铁路的行业组织;⑥邮轮的行业组织;⑦饭店的行业组织;⑧旅游接待业综合性的行业组织。

本节按上述顺序介绍旅游接待业行业组织的原因是:旅游者一般先关注提供旅游吸引物活动的行业,如旅游景区与游憩娱乐业、商务会展业;接着关注提供预订服务的旅游行业,如传统旅行社业与在线旅行社业;接着关注旅游交通业,如航空运输行业、铁路行业、邮轮行业,当然,邮轮同时也具有旅游吸引物的特点;接着关注接待旅游者过夜的旅游饭店行业,当然还存在着将上述行业融合在一起的综合性的行业组织。

旅游接待业行业组织的形式主要是各种行业协会。它们的主要工作是:①对行业发展进行规划、协调;②制定行业发展规范,维护行业利益与形象;③代表行业与政府及其他相关部门联系,争取行业发展的合理政策与利益;④为行业提供各种服务,包括市场与政策信息服务,专题研究服务,培训服务。

本书介绍国内外旅游接待业中典型的行业组织,目的是帮助大家了解内外相关行业组织的类型与运营方式。

5.2.1　旅游景区与游憩娱乐业的行业组织

考虑到代表性、国际性与发展趋势性,本部分介绍的旅游景区与游憩娱乐业的行业组织主要有:①中国旅游景区协会;②美国游憩协会,其中包括:美国游憩房车协会、国际娱乐公园与吸引物协会。

1) 中国旅游景区协会

据中国旅游景区协会网站介绍:中国旅游景区协会是由全国旅游景区行业及与景区相关企事业单位在平等自愿基础上组成的全国旅游景区行业协会,具有独立的社团法人资格。协会接受国家旅游局(自 2018 年 3 月起,国家旅游局已与文化部合并,改为文化和旅游部)的领导、民政部的业务指导和监督管理。

2009 年底,华侨城集团公司等企业作为成立中国旅游景区协会的发起单位向国家民政部申报成立中国旅游景区协会,2010 年 10 月 24 日民政部以民函〔2010〕258 号批复同意成立中国旅游景区协会。

中国旅游景区协会遵照国家的宪法、法律、法规和有关政策,代表和维护景区行业的共同利益和会员的合法权益,按照协会章程的有关规定,积极开展调查研究、沟通协调、业务交流、岗位职务培训和市场开拓等活动,积极推进行业自律,努力提高景区行业服务水平和核心竞争力,竭诚为会员、行业与政府服务,在政府和会员之间发挥桥梁纽带作用,促进我国旅游景区行业的持续、快速、健康发展。

深圳华侨城为中国旅游景区协会会长单位,颐和园等 24 家单位为副会长单位。中国旅游景区协会是顺应我国各类旅游景区发展的产物,也顺应了我国深化政治、经济体制改革,进一步强化协会职能,促进旅游产业大发展的要求。

2) 美国游憩协会

游憩是指在休闲时间的娱乐活动,特别是在户外的娱乐活动。在美国,游憩娱乐业是一个多元化的行业,美国居民参加游憩娱乐活动的支出每年要达到 4 000 多亿美元。这一行业,创造了数百万个相关的制造、销售和服务领域的就业岗位。美国游憩娱乐制造业包括游憩娱乐房车制造商与经销商、游船制造商与经销商、所有游憩产品的制造商等。美国游憩协会主要有:

①美国游憩娱乐房车协会(Recreation Vehicle Industry Association)位于美国弗吉尼亚州的雷斯顿市。

②国际娱乐公园和吸引物协会(International Association of Amusement Parks and Attractions)是世界上最大的娱乐公园和吸引物协会。该协会建立于1918 年,在 93 个国家拥有4 000名会员,它为娱乐公园、旅游吸引物、水上公园、微型高尔夫球场、家庭娱乐中心、动物园、水族馆、博物馆、科学中心、度假地、博彩业、娱乐设备和服务的制造商与供应商服务。该协会从事研究,编辑统计数据,出版《娱乐世界》(*Fun World*)和《年度国际指南与购买者指导》。该协会在弗吉尼亚州的亚历山大市每年举办年度会议与世界性的展览。

5.2.2　会展的行业组织

考虑到代表性与国际性,本部分介绍的会展的行业协会主要有:①中国展览馆协会;②美国活动行业理事会。

1) 中国展览馆协会

中国展览馆协会于 1984 年 6 月在国家民政部登记注册成立,是我国目前唯一的全国性展览行业组织,为国家 AAA 级协会,也是国际展览业协会(UFI)的国家级会员。其业务主管单位是国务院国有资产监督管理委员会。

中国展览馆协会主要由展览主办机构、展览场馆、展览中心、展览工程公司、展览运输公司、展览媒体、高等院校、展览科研机构,以及与展览行业相关的且具有法人资格的企事业单位自愿参加组成。目前会员单位 3 000 余家,会员单位业务范围涵盖了整个会展产业链的各个环节。

为适应我国展览业快速发展的形势,应对国际展览界的竞争与合作,根据业界的普遍意见,经国务院国资委和国家民政部批准,中国展览馆协会内设立组展专业委员会、展览工程专业委员会、展览理论研究委员会、展示陈列专业委员会。中国展览馆协会正逐步成为全国性展览行业协会。

中国展览馆协会自成立以来,积极为业界服务,为会员服务,提供政府与业界信息与交流的平台,得到业界的认可。中国展览馆协会成功组织了不同主题的论坛活动,多次组织加强协会内部联系与沟通的联谊活动。

中国展览馆协会的发展战略为:积极发展会员,注重吸收展览组织者、展览工程及相关服务的企事业单位入会;努力为会员办实事,向会员及业界提供多元化的服务;与教育科研机构紧密合作,共同做好业内培训,提升业界专业人才素质;积极组织国际间的交流与合作;构筑展览信息和知识的传播平台,以求行业的共同发展。

2) 美国活动行业理事会

在国际上会议产业部门经常被称为“MICE”部门,“MICE”代表着“会议(meetings),奖励旅游(incentives),定期大会(conventions),展览(exhibitions)”。“MICE”是指小型的和大型的团体旅游活动,通常是事先计划与进行推广的,为了一个特定的目标将大家集合在一起。

美国活动行业理事会(Events Industry Councile,EIC)是一个在美国 MICE(活动)行业的 31 个非营利的国际组织的联合体。它代表了从事会议、定期大会和展览行业的103 500位个人和 19 500 家企业与旅馆场所。活动行业理事会(EIC)促进信息交换,制定促进该行业专业化的方案,教育公众有关该行业的经济影响。

下面是该联合会的成员名单,说明了该行业涉及的范围,以及该联合会能提供的该行业信息的范围:①会议管理咨询顾问联盟(Aliance of Meeting Management Consultants);②会议咨询顾问联盟学院(AMC Institute);③美国旅馆与住宿业协会(American Hotel & Lodging Association);④美国协会经理人与中心社团(American Society of Association Executives and Center);⑤会议营运经理协会(Association for Convention Operations Management);⑥国际的大学会议和活动经理协会(Association of Collegiate Conference and Events Directors-International);⑦目的地管理经理协会(Association of Destination Management Executives);⑧展览行业研究中心(Center for Exhibition Industry Research);⑨工程与科学协会经理理事

会（Council of Engineering and Scintific Society Executives）；⑩国际目的地营销协会（Destination Marketing Associaton International）；⑪展览服务与承包商协会（Exhibition Services & Contractors Association）；⑫金融与保险会议计划者（Financial and Insurance Conference Planners）；⑬绿色会议行业理事会（Green Meetings Industry Council）；⑭医疗保健会议与展览会参加者协会（Healthcare Convention and Exhibitors Association）；⑮国际接待业销售与营销协会（Hospitality Sales and Marketing Association International）；⑯国际会场经理协会（International Association of Venue Managers）；⑰国际会议中心协会（Interantinal Association of Conference Centers）；⑱国际展览与活动协会（International Associatin of Exhibitins and Events）；⑲国际专业会议组织者协会（International Association of Professional Congress Organizers）；⑳国际演讲者联络处协会（International Associations of Speakers Bureaus）；㉑国际代表大会与定期大会协会（International Congress and Convention Association）；㉒国际特殊活动协会（International Special Events Society）；㉓国际会议专业人士协会（Meeting Professionals International）；㉔国家宴会娱乐经理协会（National Association of Catering Executives）；㉕全国黑人会议规划师联盟（National Coalition of Black Meeting Planners）；㉖国家演讲者协会（National Speakers Association）；㉗专业会议管理协会（Professional Convention Management Association）；㉘宗教会议管理协会（Religious Conference Management Association）；㉙政府会议的专业人士协会（Society of Government Meeting Professional）；㉚奖励旅游和旅行经理协会（Society of Incentive & Travel Executives）；㉛美国旅行协会（U.S.Travel Association）。

美国活动行业理事会在 1999 年至 2017 年曾用的名称是会议行业理事会（Convention Industry Council），于 2017 年改为现在的名称：美国活动行业理事会（Event Industry Council）。

5.2.3　旅行社的行业组织

考虑到代表性与国际性,本部分介绍的旅行社的行业协会主要有:①中国旅行社协会;②美国旅行社协会。

1) 中国旅行社协会

中国旅行社协会（China Association of Travel Services, CATS）成立于 1997 年 10 月,是由中国境内的旅行社、各地区性旅行社协会等单位,按照平等自愿的原则结成的全国旅行社行业的专业性协会,是在国家民政部门登记注册的全国性社团组织。具有独立的社团法人资格。代表和维护旅行社行业的共同利益和会员的合法权益,努力为会员与行业服务,在政府和会员之间发挥桥梁和纽带作用,为中国旅行社行业的健康发展作出贡献。

中国旅行社协会实行团体会员制,所有在中国境内依法设立、守法经营、无不良信誉的旅行社与旅行社经营业务密切相关的单位和各地区性旅行社协会或其他同类协会、承认和拥护本会的章程、遵守协会章程、履行应尽义务均可申请加入协会。协会对会员实行年度注册公告制度。每年年初会员单位必须进行注册登记。协会对符合会员条件的会员名单向社会公告。

中国旅行社协会的最高权力机构是会员代表大会,每四年举行一次。协会设立理事会和常务理事会。理事会对会员代表大会负责,是会员代表大会的执行机构,在会员代表大会闭会期间领导协会开展日常工作;常务理事会对理事会负责,在理事会闭会期间,行使其职权。

中国旅行社协会成立以来,在国家旅游局(自 2018 年 3 月起,国家旅游局已与文化部合并,改为文化和旅游部)和民政部门的监督指导下,在全体会员的大力支持下,组织会员单位开展了调研、培训、学习、研讨、交流、考察等一系列活动。宣传贯彻国家旅游业的发展方针和旅行社行业的政策法规,积极反映行业诉求,总结交流旅行社的工作经验,为中国旅行社行业的繁荣发展作出了贡献。

2)美国旅行社协会

美国旅行社协会(The American Society of Travel Agents)是全球旅行与旅游专业人士的最大协会,在全球 140 个国家拥有 2 万多名会员。美国旅行社协会成立于 1931 年,它继续为旅行行业与旅行公众的最佳利益服务。其主要的目标是:①在所有国家的人民中促进与鼓励旅行;②在全球提升旅行社的形象与鼓励使用专业的旅行社;③在与各种政府层面和产业联系时,促进和代表旅行社的观点和利益;④在全球旅行社行业促进专业化的与符合伦理道德的行为;⑤作为全球旅行社行业的信息来源;⑥促进旅行消费者的保护与安全;⑦为成员提供与旅行业相关的课程的教育方案;⑧在全球促进对环境没有损害的旅游。

5.2.4 航空运输的行业组织

考虑到代表性与国际性,本部分介绍的航空运输的行业协会主要有:①中国航空运输协会;②国际航空运输协会。

1)中国航空运输协会

中国航空运输协会(China Air Transport Association,CATA)成立于 2005 年 9 月 9 日,是依据我国有关法律规定,经中华人民共和国民政部核准登记注册,以民用航空公司为主体,由企、事业法人和社团法人自愿参加组成的、行业性的、不以营利为目的的全国性社团法人。截至 2018 年 7 月,协会会员 4 340 家,本级会员 94 家,分支机构会员 4 246 家。行业主管部门为中国民用航空局。2009 年至 2015 年连续被民政部评为全国 5A 级社团组织。

中国航空运输协会设理事长、副理事长、秘书长等领导职务,常务副理事长为法人代表。协会下设综合人事部、财务部、研究部、市场部、培训部、交流部 6 个部门;分支机构有航空安全工作委员会、通用航空分会、航空运输销售代理分会、航空油料分会、航空食品分会、飞行乘务员委员会、法律委员会、财务金融审计工作委员会、收入会计工作委员会、海峡两岸航空运输交流委员会、航空物流发展基金管理委员会和科技教育文化委员会。在华北、华东、中南、西南、西北、东北和新疆分别设有代表处。

中国航空运输协会总体工作思路为:坚持以中国特色社会主义理论体系为指导,深入学习贯彻习近平总书记系列重要讲话和对民航工作的指示精神,认真落实民航总体工作部署,紧密围绕行业发展和会员需要开展工作,促进科学发展、促进持续安全,维护会员权益、维护市场秩序,强化科技教育、强化合作交流,充分发挥引导协调、支持保证和桥梁纽带作用,努力建设研究型、协同型、服务型社会组织,为实现建成民航强国目标贡献力量。

2) 国际航空运输协会

国际航空运输协会(International Air Transport Association,IATA),其使命是代表、领导、服务航空运输业。

从组织形式上看,国际航空运输协会是一个由世界各国航空公司组成的大型国际行业联盟,属非官方性质的组织,准确地说,IATA 应该属于半官方组织,因为虽然国际航空运输协会从组织形式上看是一个航空公司的行业联盟,属非官方组织,但是由于世界上的大多数国家的航空公司是国家所有,即使非国有的航空公司也受到所属国政府的强力参与或控制,因此国际航空运输协会本质上是一个半官方组织。

国际航空运输协会的总部设在加拿大的蒙特利尔,执行办公室设在瑞士日内瓦,并且在世界各地都有地区办事处。

1945 年在古巴哈瓦那市成立之初,国际航空运输协会只有来自31 个国家的 57 个成员,发展到现在,国际航空运输协会拥有了代表 120 个国家的 280 家航空公司,拥有 470 个战略合作伙伴,由它认证过的代理机构达 10 万家。承担了全球 82% 的空中运输量,其中包括全球领先的客运和货运航空公司。我国也有 13 家航空公司成为它的会员公司,它们是:中国国际航空公司、中国东方航空公司、中国南方航空公司、中国北方航空公司、中国西北航空公司、中国西南航空公司、厦门航空公司、中国新疆航空公司、中国云南航空公司、上海航空公司、海南航空公司、山东航空公司、深圳航空公司。

5.2.5　铁路的行业组织

目前与铁路有关的行业协会主要有:中国铁道工程建设协会、中国铁道学会、中国地方铁路协会。考虑到中国铁道工程建设协会偏重于铁路的工程建设,中国铁道学会偏重于铁路的技术研究,中国地方铁路协会偏重于地方铁路交通的发展,后者与旅游铁路交通发展关系更密切,因此,本部分选择对中国地方铁路协会进行介绍。

1984 年成立的中国地方铁路协会,在中央与地方、政府与企业之间起着重要的桥梁作用,充分发挥了行业管理的职能。协会的成立,是中国地方铁路发展的里程碑,改变了地方铁路 20 多年来管理分散、各自为政的状况,走上了行业管理的道路。

中国地方铁路协会担负了对全国地方铁路行业管理的职能,积极组织各省、市、自治区地方铁路系统和有关部门探讨发展地方铁路的具体方针、政策和重大措施;认真执行国家发展地方铁路的各项方针政策,深入贯彻"固本简末、先通后备"的原则,组织编制了地方铁路中长期发展规划;受主管部门的委托,负责平衡、安排地方铁路年度基本建设投资计划,在调查研究的基础上,组织交流地方铁路建设和管理方面的经验,狠抓了有关地方铁路的法规建设;协调实现了国铁与地铁之间的联建、联营、联运;在总结经验的基础上解决企业的扭亏增盈问题;进行了大量的技术咨询工作,推动了地方铁路各项工作,使地方铁路工作步入良性循环、正常快速发展的轨道。

5.2.6 邮轮的行业组织

考虑到代表性与国际性,本部分介绍的邮轮的行业协会主要包括:①中国交通运输协会邮轮游艇分会;②国际邮轮公司协会。

1)中国交通运输协会邮轮游艇分会

中国交通运输协会邮轮游艇分会(China Cruise and Yatch Industry Association,CCYIA)隶属国家发改委,经国家发改委、民政部批准于 2006 年 10 月 22 日在上海虹口区成立,总部设在北京,是邮轮和游艇两大行业相关单位和资深人士自愿结成的国家级行业非营利组织,受中国政府委托促进两大新兴行业在国内的健康发展。

经过 10 多年的发展,中国交通运输协会邮轮游艇分会已经成为中国邮轮、游艇行业最权威、最具号召力的社团组织,现有会员单位近 100 家、专职工作人员 16 人,正在申请升格为国家一级社团——中国邮轮游艇协会。2012 年代表中国成为国际游艇联合会(ICOMIA)的正式成员。

中国交通运输协会邮轮游艇分会成员构成是:①邮轮行业领域:邮轮旅游城市、邮轮港口公司、邮轮建造公司、国际邮轮公司、国际间邮轮行业组织、船务代理、船级社、船舶管理公司、旅行社。②游艇行业领域:游艇及帆船比赛组织、国际间游艇或船舶行业组织、游艇制造商、游艇经销商、游艇租赁机构、游艇俱乐部。③其他相关领域:业界资深人士、研发机构、教育培训机构、码头及港口建造商、媒体及出版机构、劳务输出公司、会展及公关公司、金融及保险机构等。

中国交通运输协会邮轮游艇分会的核心职能是:①参与我国邮轮业、游艇业相关法律、行政法规、行业政策的制定、修改和废止等工作;承担或参与政府部门经济、技术、服务等研究报告的编写。②与中国政府有关部门及国际组织合作,参与邮轮、游艇行业战略规划及调查研究;对邮轮港口及城市、游艇码头及俱乐部等项目的可行性进行前期论证和评估;为各级政府部门制订邮轮、游艇行业发展决策提供咨询。③协助政府部门制定邮轮、游艇行业服务标准,协助政府部门监督行业服务质量。④受政府部门委托,建立邮轮、游艇行业诚信评估体系。⑤建立行业信息网络,收集、整理、统计、分析全行业资料,发布邮轮、游艇行业动态、统计信息、年度报告。⑥向政府部门反映中外邮轮、游艇企业的意见和要求,维护企业的合法权益,为主管部门科学决策提供参考。⑦组织国内国际会议、展览,积极促进邮轮、游艇行业政、产、研、学的交流和合作。⑧采取多种形式培训邮轮、游艇专业人才,提高从业人员的专业水平和整体素质。⑨组建邮轮、游艇交易服务平台,开展经济、技术信息服务。⑩为国外邮轮、游艇企业进入中国提供政策法规咨询,政府与企业公关服务。⑪组织会员企业制订行业自律行规、行约,并协调、督促遵守。⑫承办政府主管部门、国际组织、会员单位委托的有关事项。

2)国际邮轮公司协会

国际邮轮公司协会(Cruise Lines International Association)是全球最大的邮轮协会,致力

于提升与发展邮轮行业。国际邮轮公司协会是由世界上 60 多个主要的邮轮公司组成的,作为一个非政府的咨询组织为国际海事组织服务(the International Maritime Organization, IMO),国际海事组织是联合国的一个专门机构。

国际邮轮协会的目的是促进安全、健康的邮轮发展环境,教育与培训旅行代理商成员,说明和提升邮轮度假的价值、欲望和购买力。国际邮轮协会的主要责任是:①经营安全;②防火;③船上的安全;④环境保护;⑤公共健康;⑥紧急医疗救护;⑦对船员的照顾;⑧对乘客的保护;⑨支持性的立法倡议。

在全球约有 2 万多个旅行社是国际邮轮协会的附属会员,他们能展示国际邮轮协会的印章(即说明他们有权力销售邮轮度假票)。

5.2.7　饭店的行业组织

考虑到代表性与国际性,本部分将介绍以下 3 个饭店业的行业组织,其中两个是中国影响较大的饭店行业组织:中国旅游饭店业协会、中国饭店协会。另外一个是国际饭店与餐馆协会。

1) 中国旅游饭店业协会

中国旅游饭店业协会(China Tourist Hotel Association,CTHA)成立于 1986 年 2 月,是由中国境内的旅游饭店、饭店管理公司(集团)、饭店业主公司、为饭店提供服务或与饭店主营业务紧密相关的企事业单位及各级相关社会团体自愿结成的全国性、行业性社会团体,是非营利性社会组织。该协会会员分布和活动地域为全国。

中国旅游饭店业协会宗旨是:代表和维护中国旅游饭店行业的共同利益,维护会员的合法权益,为会员服务,为行业服务,在政府与会员之间发挥桥梁和纽带作用,为促进我国旅游饭店业的健康发展作出积极贡献。

该协会会员聚集了全国饭店业中知名度高、影响力大、服务规范、信誉良好的星级饭店、主题精品饭店、民宿、国际饭店管理公司等各类住宿业态。

中国旅游饭店业协会的最高权力机构为会员代表大会,由参加协会的全体会员单位代表组成。会员大会的执行机构为理事会,对会员代表大会负责。理事会在会员代表大会闭会期间负责领导协会开展日常工作。理事会闭会期间,常务理事会行使理事会职责。

2018 年 1 月,中国旅游饭店业协会建立了新闻发言人制度,协会设有 2 名新闻发言人(由监事会成员担任)。

中国旅游饭店业协会日常办事机构为秘书处。秘书处设秘书长 1 名。秘书处共有 6 个部门,包括办公室、财务部、大型活动部、会员部、综合部、星级饭店评定办公室。

中国旅游饭店业协会为会员服务的表现:通过对行业数据进行科学统计和分析;对行业发展现状和趋势做出判断和预测,引导和规范市场;组织饭店专业研讨、培训及考察;开展与海外相关协会的交流与合作;利用中国旅游饭店网和中国旅游饭店业协会官方微信向会员提供快捷资讯,为饭店提供专业咨询服务。

中国旅游饭店业协会接受登记管理机关、党建领导机关、有关行业管理部门的业务指导和监督管理。

中国旅游饭店业协会是国际饭店与餐馆协会(英文缩写为 IH&RA)的会员单位,也是世界旅游联盟(英文缩写为 WTA)的创始会员。中国旅游饭店业协会共有会员 1 000 家,其中常务理事单位 49 家,理事单位 340 家。

2) 中国饭店协会

中国饭店协会是由从事住宿和餐饮业经营的各地行业协会、企事业单位、相关产业链机构和经营管理人员自愿组成的全国性社会团体。本会的登记管理机关是民政部,党建领导机关是国务院国资委党委。协会积极贯彻五大发展理念,以"高质量发展饭店餐饮业"为主要任务,搭建合作共享平台,推进行业消费升级、"互联网+"、"一带一路"新发展,促进行业向质量第一、效益优先转型,共同走进高质量发展新时代。

中国饭店协会的主要任务:①政府事务服务。包括:参与制定国家及行业标准;参与政府课题研究;制定行业规范;参与政策法规、行业规范的制定;为行业争取优惠。②行业研究。发布权威的行业年度报告;发布行业发展动态;汇总典型企业情况;盘点行业优秀案例。③品牌服务。为会员企业境内外上市提供服务;为申请中国驰名商标提供服务;创建中国绿色饭店;举办中国餐饮品牌日活动;评选中国金鼎奖。④培训服务。职业经理人等级评价及培训;饭店餐饮各岗位技能培训;企业定制内训;国家级评审员及评委培训;新模式、新业态、新技术培训。⑤信息服务。提供《中国饭店业》会刊;官方微信及网站;专委会年会信息。⑥国际交流服务。国际饭店与餐馆协会亚太区主席单位;组织企业参与国际交流合作;建立"一带一路"沟通合作桥梁。⑦共享平台。行业资源共享;会员资源共享;供应链资源共享;院校资源共享。

3) 国际饭店与餐馆协会

国际饭店与餐馆协会(International Hotel & Restaurant Association,IH & RA)是唯一一个致力于促进与维护全球旅馆和餐馆行业利益的国际贸易协会。据该协会统计,全球有 1 000万家餐馆,50 万家旅馆,1 亿员工。该协会是一个非营利组织,是被联合国正式认可的组织。该协会代表接待业密切关注与游说所有的国际机构。

国际饭店与餐馆协会的成员包括:国际的、国家的、地区的旅馆和/或餐馆协会;国际的和国家的旅馆和/或餐馆连锁集团;业主、开发商和投资者;单个旅馆和餐馆;旅游接待业的学校(旅馆学校、教育中心、大学);学生、单独的旅馆业主和管理者、餐厅的业主。

成为国际饭店与餐馆协会会员的好处:国际饭店与餐馆协会是行业利益的监察者,保护会员的商业利益;高显示度活动的组织者,建立你的商业网络;及时的新闻信息,保证你了解相关方面的情况;行业利益的强有力的代表者,使得全球的行业成员团结起来,加强行业的力量。

国际饭店与餐馆协会的主要工作包括:密切关注由与旅游业有关的主要国际组织提出的问题;在政策制定者面前,代表行业的集体利益;进行游说,让全球的接待业得到更好的认可;对损害或会造成行业成本重大提高的企图进行游说反对;围绕行业的问题建立全球理事会,辩论说明行业的立场与制定问题的解决方案;倾听会员的意见,确保所有的问题都得到处理;规划一系列的提供信息的理事会、董事会和年度大会;对要求关注的地方与地区问题提供支持。

国际饭店与餐馆协会和下列机构合作工作:①私人部门,包括世界旅行与旅游理事会、国际航空运输协会、亚太旅行协会;②公共部门,包括联合国、联合国世界旅游组织、国际标准化组织、联合国环境规划署、世界卫生组织、经济合作与发展组织、国际劳工组织。

国际饭店与餐馆协会总部在日内瓦,在法国有办公室。

5.2.8　旅游接待业综合性的行业组织

中国旅游接待业综合性的行业协会是中国旅游协会。世界旅游接待业综合性的行业协会是世界旅行与旅游理事会。由于世界旅行与旅游理事会的情况将在世界性旅游组织中介绍,本部分就仅介绍中国旅游协会。

中国旅游协会(China Tourism Association,CTA)是由中国旅游行业相关的企事业单位、社会团体自愿结成的全国性、行业性、非营利性社团组织,是经国家民政部核准登记的独立社团法人。

中国旅游协会作为国务院批准正式成立的第一个旅游全行业组织,自 1986 年 1 月 30 日成立以来,秉承"依法设立、自主办会、服务为本、治理规范、行为自律"的宗旨,充分发挥桥梁和纽带作用,搭建行业资源对接平台,为旅游业持续、快速、健康的发展贡献力量。

截至 2018 年 11 月,协会共有会员单位 3 500 余家,其中自有会员 300 家,涵盖大型综合性旅游集团、传统细分业态中的龙头企业、大型涉旅企业、新兴业态中具有发展潜力的创新型企业、与旅游业关联度较高的国家级行业协会、省级旅游协会和重要旅游城市旅游协会共六大类会员主体;同时,下设温泉旅游分会、旅游城市分会、旅游教育分会、旅游商品与装备分会、休闲度假分会、休闲农业与乡村旅游分会、民宿客栈与精品酒店分会、探险旅游分会、妇女旅游委员会和民航旅游专业委员会共十个分支机构共有会员 3 200 余个。

2016 年 2 月,中国旅游协会第六届会员代表大会选举产生了新一届协会领导成员。作为日常办事机构的秘书处内设办公室、财务部、会员部、大型活动部和综合部等 5 个部门。

2018 年,中国旅游协会以创新服务为工作重点,围绕"代表和维护全行业的共同利益和会员的合法权益"的指导思想,以会员需求为导向,认真做好各项服务工作。

5.3　旅游接待业的国家与地方组织

旅游接待业的国家与地方组织主要有以下 3 种类型:①国家旅游组织;②省市旅游组织;③地方旅游业合作发展组织。

由于各个国家与地方的旅游接待业组织之间差别较大,借鉴性较低,因此,本节主要介绍我国旅游接待业的国家和地方组织。2018 年 3 月国务院宣布国家旅游局与文化部合并,组建文化和旅游部,因此,本节选择文化和旅游部为国家旅游组织代表进行介绍。考虑到陕西省拥有世界遗产兵马俑,是我国文化旅游大省,因此,本文选择陕西省文化和旅游厅作为地方旅游组织的代表进行介绍。而长三角地区是我国区域旅游合作发展的先行区,因此,选择长三角旅游合作发展组织作为区域旅游合作发展组织的代表进行介绍。

5.3.1 国家旅游组织

国家旅游组织是中央政府站在国家经济和社会发展全局层面上,统筹、规范、协调全国旅游业发展的相关政府机构。本节以中国文化和旅游部为例,说明国家旅游组织的主要职责与组织机构的状况。

1) 文化和旅游部的主要职责

文化和旅游部是国务院组成部门,为正部级单位。文化和旅游部的主要职责如下:

①贯彻落实党的文化工作方针政策,研究拟订文化和旅游政策措施,起草文化和旅游法律法规草案。

②统筹规划文化事业、文化产业和旅游业发展,拟订发展规划并组织实施,推进文化和旅游融合发展,推进文化和旅游体制机制改革。

③管理全国性重大文化活动,指导国家重点文化设施建设,组织国家旅游整体形象推广,促进文化产业和旅游产业对外合作和国际市场推广,制定旅游市场开发战略并组织实施,指导、推进全域旅游。

④指导、管理文艺事业,指导艺术创作生产,扶持体现社会主义核心价值观、具有导向性代表性示范性的文艺作品,推动各门类艺术、各艺术品种发展。

⑤负责公共文化事业发展,推进国家公共文化服务体系建设和旅游公共服务建设,深入实施文化惠民工程,统筹推进基本公共文化服务标准化、均等化。

⑥指导、推进文化和旅游科技创新发展,推进文化和旅游行业信息化、标准化建设。

⑦负责非物质文化遗产保护,推动非物质文化遗产的保护、传承、普及、弘扬和振兴。

⑧统筹规划文化产业和旅游产业,组织实施文化和旅游资源普查、挖掘、保护和利用工作,促进文化产业和旅游产业发展。

⑨指导文化和旅游市场发展,对文化和旅游市场经营进行行业监管,推进文化和旅游行业信用体系建设,依法规范文化和旅游市场。

⑩指导全国文化市场综合执法,组织查处全国性、跨区域文化、文物、出版、广播电视、电影、旅游等市场的违法行为,督查督办大案要案,维护市场秩序。

⑪指导、管理文化和旅游对外及对港澳台交流、合作和宣传、推广工作,指导驻外及驻港澳台文化和旅游机构工作,代表国家签订中外文化和旅游合作协定,组织大型文化和旅游对外及对港澳台交流活动,推动中华文化走出去。

⑫管理国家文物局。

⑬完成党中央、国务院交办的其他任务。

依据上述文化和旅游部的主要职责中对有关旅游发展职责的规定,本书认为,文化和旅游部在旅游发展方面的主要职责如下：

①研究拟订旅游政策措施，起草旅游法律法规草案。

②统筹规划文化事业、文化产业和旅游业发展，拟订发展规划并组织实施，推进文化和旅游融合发展，推进文化和旅游体制机制改革。

③组织国家旅游整体形象推广，促进文化产业和旅游产业对外合作和国际市场推广，制定旅游市场开发战略并组织实施，指导、推进全域旅游。

④推进国家旅游公共服务建设。

⑤指导、推进文化和旅游科技创新发展，推进文化和旅游行业信息化、标准化建设。

⑥统筹规划文化产业和旅游产业，组织实施文化和旅游资源普查、挖掘、保护和利用工作，促进文化产业和旅游产业发展。

⑦指导文化和旅游市场发展，对文化和旅游市场经营进行行业监管，推进文化和旅游行业信用体系建设，依法规范文化和旅游市场。

⑧指导、管理文化和旅游对外及对港澳台交流、合作和宣传、推广工作，指导驻外及驻港澳台文化和旅游机构工作，代表国家签订中外文化和旅游合作协定，组织大型文化和旅游对外及对港澳台交流活动，推动中华文化走出去。

⑨完成党中央、国务院交办的其他任务。

2) 文化和旅游部中与旅游相关的主要机构与职责

文化和旅游部中与旅游相关的主要机构：①政策法规司；②人事司；③财务司；④公共服务司；⑤科技教育司；⑥产业发展司；⑦资源开发司；⑧市场管理司；⑨国际交流与合作局（港澳台办公室）。

文化和旅游部政策法规司的主要职责：拟订文化和旅游方针政策，组织起草有关法律法规草案，协调重要政策调研工作。组织拟订文化和旅游发展规划并组织实施。承担文化和旅游领域体制机制改革工作。开展法律法规宣传教育。承担机关行政复议和行政应诉工作。

文化和旅游部人事司的主要职责：拟订人才队伍建设规划并组织实施。负责机关、有关驻外文化和旅游机构、直属单位的人事管理、机构编制及队伍建设等工作。

文化和旅游部财务司的主要职责：负责部门预算和相关财政资金管理工作。负责机关、有关驻外文化和旅游机构财务、资产管理。负责全国文化和旅游统计工作。负责机关和直属单位内部审计、政府采购工作。负责有关驻外文化和旅游机构设施建设工作。指导、监督直属单位财务、资产管理。指导国家重点及基层文化和旅游设施建设。

文化和旅游部公共服务司的主要职责：拟订文化和旅游公共服务政策及公共文化事业发展规划并组织实施。承担全国公共文化服务和旅游公共服务的指导、协调和推动工作。拟订文化和旅游公共服务标准并监督实施。指导群众文化、少数民族文化、未成年人文化和老年文化工作。指导图书馆、文化馆事业和基层综合性文化服务中心建设。指导公共数字文化和古籍保护工作。

文化和旅游部科技教育司的主要职责：拟订文化和旅游科技创新发展规划和艺术科研

规划并组织实施。组织开展文化和旅游科研工作及成果推广。组织协调文化和旅游行业信息化、标准化工作。指导文化和旅游装备技术提升。指导文化和旅游高等学校共建和行业职业教育工作。

文化和旅游部产业发展司的主要职责:拟订文化产业、旅游产业政策和发展规划并组织实施。指导、促进文化产业相关门类和旅游产业及新型业态发展。推动产业投融资体系建设。促进文化、旅游与相关产业融合发展。指导文化产业园区、基地建设。

文化和旅游部资源开发司的主要职责:承担文化和旅游资源普查、规划、开发和保护。指导、推进全域旅游。指导重点旅游区域、目的地、线路的规划和乡村旅游、休闲度假旅游发展。指导文化和旅游产品创新及开发体系建设。指导国家文化公园建设。承担红色旅游相关工作。

文化和旅游部市场管理司的主要职责:拟订文化市场和旅游市场政策和发展规划并组织实施。对文化和旅游市场经营进行行业监管。承担文化和旅游行业信用体系建设工作。组织拟订文化和旅游市场经营场所、设施、服务、产品等标准并监督实施。监管文化和旅游市场服务质量,指导服务质量提升。承担旅游经济运行监测、假日旅游市场、旅游安全综合协调和监督管理。

文化和旅游部国际交流与合作局(港澳台办公室)的主要职责:拟订文化和旅游对外及对港澳台交流合作政策。指导、管理文化和旅游对外及对港澳台交流、合作及宣传推广工作。指导、管理有关驻外文化和旅游机构,承担外国政府在华、港澳台在内地(大陆)文化和旅游机构的管理工作。承办文化和旅游中外合作协定及其他合作文件的商签工作。承担政府、民间及国际组织在文化和旅游领域交流合作相关事务。组织大型文化和旅游对外及对港澳台交流推广活动。

5.3.2 地方旅游组织

地方旅游组织是地方政府站在地方经济和社会发展层面上,统筹、规范、协调当地旅游业发展的相关政府机构。本部分以我国比较重视旅游发展的陕西省的旅游组织为例,说明省市地方旅游组织的主要职责与组织机构状况。

事实上,在 2018 年 11 月 12 日建立陕西省文化和旅游厅之前,陕西省主管旅游的是陕西省旅游发展委员会,主管文化的是陕西省文化厅。上述两个机构合并后,总体上还是按照原来各自的职责与机构负责各项工作。

1)陕西省文化和旅游厅有关旅游的职责

陕西省文化和旅游厅是管理全省文化旅游工作的政府组成部门,为正厅级单位。其主要职责有以下 12 个方面:

①贯彻落实国家文化和旅游方面的法律法规和政策规定,拟订全省文化和旅游政策措施,起草文化和旅游地方性法规和政府规章草案。

②统筹规划全省文化事业、文化产业和旅业业发展,拟订发展规划并组织实施,推进文化和旅游融合发展,推进文化和旅游体制机制改革。

③管理全省性重大文化活动,指导全省重点文化设施建设,组织陕西旅游形象推广,促进文化产业和旅游产业对外合作和国际市场推广,制定全省旅游市场开发战略并组织实施,指导、推进全域旅游。

④指导、管理全省文艺事业,指导艺术创作生产,扶持体现社会主义核心价值观,具有导向性代表性示范性的文艺作品,推动各门类艺术、各艺术品种发展。

⑤负责全省公共文化事业发展,推进公共文化服务体系建设和旅游公共服务建设,深入实施文化惠民工程,统筹推进基本公共文化服务标准化、均等化。

⑥指导、推进全省文化和旅游科技创新发展,推进文化和旅游行业信息化、标准化建设。

⑦负责全省非物质文化遗产保护,推动非物质文化遗产的保护、传承、普及、弘扬和振兴。

⑧统筹规划全省文化产业和旅游产业发展,组织实施文化和旅游资源普查、挖掘、保护和利用工作,推进文化产业和旅游产业发展。

⑨指导全省文化和旅游市场发展,对文化和旅游市场安全生产和经营进行行业监管,推进文化和旅游行业信用体系建设,依法规范文化和旅游市场。

⑩指导全省文化市场综合执法,组织查处全省性、跨区域的文化、文物、出版、广播电视、电影、旅游等市场的违法行为,督查督办大案要案,维护市场秩序。

⑪指导、管理全省文化和旅游对外及对港澳台交流、合作和宣传、推广工作,组织大型文化和旅游对外及对港澳台交流活动,推动中华文化走出去。

⑫完成省委、省政府交办的其他任务。

2) 陕西省文化和旅游厅中与旅游相关的主要机构与职责

根据上述职责,原来的陕西省旅游发展委员会设立了以下 7 个机构。在机构改革后的一段时期内,这些机构还照常运行。

①办公室。负责委机关政务工作,督促检查机关工作制度的落实;负责重要会议的组织和会议决定事项的督办;负责文秘与公文管理、办公自动化、机要、保密、档案、信访、维稳、政务公开、保卫和接待工作;负责局机关财务、资产的管理等工作;制订行业信息化发展规划、计划并组织实施;会同有关部门制定行业信息化标准,指导和规范行业信息化建设;加强行业信息安全管理,监督检查行业网络安全规范的实施;负责政务网站的管理,推进电子政务。

②综合法规处。研究拟订全省旅游业发展的政策和措施;起草旅游业地方性法规、政府规章草案并组织实施;对全省旅游业改革与发展中的重大问题进行调查研究;组织指导全省旅游统计工作;监测全省旅游经济运行;组织指导全省旅游行业法制宣传教育工作;负责旅游体制改革有关工作;负责旅游行业执法监督和行政复议工作;负责编纂旅游志及各类相关年鉴;协调和指导假日旅游工作,研究制定假日旅游促进政策,收集、发布、报送假日旅游信息;指导全省旅游行业组织的业务工作。

③国际旅游促进处。负责制定国际旅游市场开发战略、规划和方案并组织实施;负责国际旅游市场信息工作;组织全省旅游整体形象宣传、重大国际旅游促销活动;负责涉外旅游宣传品的组织、审定和使用管理工作;负责外国旅游记者和旅行商的邀请及接待工作;负责

机关外事工作;依法审核境外单位在我省设立旅游机构的资格;负责与外国旅游机构的合作与交流。

④规划发展处。负责拟订全省旅游业发展战略;拟订全省旅游产业发展规划并组织实施;负责全省旅游资源的普查工作;负责省级旅游景区(点)总体规划的编制实施,指导市县旅游景区(点)的规划和开发建设;指导旅游与相关产业融合等工作;组织实施各类旅游景区(点)、度假区的服务标准;组织指导旅游景区(点)的质量等级评定。指导重点旅游项目的开发建设;引导旅游业社会投资;会同有关部门审核省级旅游度假区;申报、管理全省重大旅游投资项目,组织指导重要旅游产品与项目的开发;指导全省县域旅游、乡村旅游等旅游新业态发展;负责旅游公共服务体系的建设和管理;负责旅游扶贫工作。负责红色旅游有关工作。

⑤监督管理处。拟订全省旅游市场管理规定和旅游行业服务标准并指导实施;负责旅游行业精神文明建设和诚信体系建设;依法审批旅行社;管理全省出境旅游事项,核发入境旅游签证通知;组织实施旅游住宿、旅行社、旅游车辆、旅游产品的服务标准;依法对导游人员实施管理;组织指导旅游饭店的星级评定;组织旅游行业服务质量的检查;负责旅游安全综合协调与监督管理工作;组织旅游行业安全宣传教育;制订旅游行业突发事件应急预案并组织实施;指导旅游保险工作;负责特种旅游相关工作。

⑥国内(港澳台)旅游事务处。负责制定国内(港澳台)旅游市场开发战略、规划和方案并组织实施;负责国内(港澳台)旅游市场信息工作;组织全省旅游整体形象宣传、重大旅游促销活动;负责旅游宣传品的组织、审定和使用管理工作;负责培育和完善国内(港澳台)旅游市场,引导国内(港澳台)旅游消费;负责港澳台及内地旅游记者和旅行商的邀请及接待工作;负责与港澳台及内地旅游机构的合作与交流;负责旅游新闻宣传工作。

⑦人事教育处(离退休人员服务管理处)。负责机关的机构编制、人事管理和干部队伍建设工作;负责省目标责任考核日常工作,实施机关内部考核工作;负责干部教育培训工作;制定全省旅游人才规划,指导行业人才开发、交流和管理;依据国家职业标准、等级标准,指导、实施旅游从业人员的资格准入和持证上岗工作;承担旅游人才对口支援工作;负责局机关离退休人员的服务管理工作,指导直属单位离退休人员的服务管理工作。

5.3.3 地方旅游业合作发展的组织

地方旅游业合作组织是指在一个国家范围内,邻近的或有密切关系的地方,为了合作发展旅游业建立的组织。

由于旅游者的旅游线路往往是跨省市、跨地区的,同时,旅游者考虑到交通成本与时间成本,往往又会在邻近地方进行延伸的旅游活动,因此,国内外产生了许多地方旅游接待业合作发展的组织。例如,本书后面在区域旅游接待业组织中要介绍的亚太旅游协会,就是亚太地区相关政府机构、旅游企业组织合作发展亚太地区旅游业的组织;欧洲旅游委员会,就是欧洲国家政府联合将欧洲向世界推广为旅游目的地的合作组织。

我国目前发展较快的地方旅游接待业合作发展组织是长三角城市经济协调会中的旅游专业委员会。

长江三角洲城市经济协调会的前身是 1992 年建立的长江三角洲 15 个城市协作部门主任的联席会议制度。为推动和加强长江三角洲地区经济联合与协作,促进长江三角洲地区的可持续发展,由区域内的上海、无锡、宁波、舟山、苏州、扬州、杭州、绍兴、南京、南通、泰州、常州、湖州、嘉兴、镇江等 15 个城市,经过沟通协商,于 1997 年将长江三角洲 15 个城市协作部门主任的联席会议制度升格为长江三角洲城市经济协调会。协调会按城市笔画每两年在执行主席方城市举行一次市长会议,由市长或分管市长参加一次工作会议。常务主席方是上海市,常设联络处设在上海市人民政府合作交流办公室。

长三角城市经济协调会中的旅游专业委员会是一种交流平台式的组织,还需要不断完善。本书以长三角旅游发展一体化为例,对地方旅游接待业合作发展组织的意义与任务进行说明。

2018 年 11 月 5 日国家主席习近平在首届国际进口博览会开幕式上发表了题为《共建创新包容的开放型世界经济》主旨演讲,其中指出:为了更好地发挥上海等地区在对外开放中的重要作用,我们决定,将支持长江三角洲区域一体化发展并上升为国家战略。

长江三角洲区域一体化发展具有什么重要的目标与意义? 长江三角洲区域旅游一体化发展又有什么重要的目标与意义? 长江三角洲区域旅游一体化的行动方向是什么? 这些问题都是值得我们深入探讨的。

1) 长三角区域一体化发展上升为国家战略的目标与意义

长三角是中国经济最发达、城市化程度最高的区域,长三角区域一体化发展将可以使得区域内的企业更合理地分工合作,避免同质化竞争,创造更高的资源配置与利用的协同效应,使长三角城市群成为世界经济重要的增长极。但是,目前长三角的协同效应还没有很好地发挥出来,资源配置还没有达到最优化的程度。

实施长三角区域一体化发展的国家战略,就是要打破原有的行政区划的隔阂,通过机制创新和具体的项目合作来真正推动长三角的一体化,实现资源共享互补,分工协调,让长三角的经济活力得到进一步提升,在全球竞争和资源配置中发挥更大的影响力。

按照《长三角地区一体化发展三年行动计划(2018—2020 年)》,到 2020 年的初步目标是长三角地区要基本形成世界级城市群框架,未来的长远目标是将长三角地区建设成为全国贯彻新发展理念的引领示范区,成为全球资源配置的亚太门户,成为具有全球竞争力的世界级城市群。

2) 长三角区域旅游一体化发展的目标与意义

旅游业是具有综合性、带动性的大产业,是能够创造更多就业机会、实现人民美好生活目标的幸福事业,也是能够展示各地良好形象的大窗口与大舞台。

旅游者具有从客源地出发,到达目的地、到达延伸地,又回到客源的特点。旅游需求活动是包含旅游信息、旅游吸引物、会展节事活动、旅游交通、旅游餐饮、旅游饭店、旅游文化娱乐表演等内容的综合性需求活动,因此,旅游活动与旅游业具有天然的跨地区、跨产业的性质。

旅游人流可以促进区域内的物流、信息流、项目流、资金流,因此,长三角区域旅游一体化发展,既是长三角区域一体化发展的必然组成部分,又是长三角区域一体化发展的先导者、促进者与分享者。

长三角的旅游政府相关部门、行业协会与企业,可以实施"一程多站"的旅游发展规划、建设与营销战略,即江苏、浙江、上海、安徽,在区域内可以互为旅游客源地、互为旅游目的地、互为旅游延伸地;在区域外,可以建成一个更大的互补性的一体化的旅游目的地、延伸地与中转地。如上海的都市旅游、浙江的美丽乡村旅游、江苏的园林旅游、安徽的山水旅游,是可以互补互联的。

参照《长三角地区一体化发展三年行动计划(2018—2020年)》提出的长三角地区的发展目标,以及《2018年政府工作报告》提出的"创建全域旅游示范区"的任务,长三角区域旅游一体化的目标就是要建成全域旅游发展的引领示范区,成为全球旅游资源配置的亚太门户,成为以具有全球竞争力的世界级城市群为依托的世界一流旅游目的地。

3)长三角区域旅游一体化发展的行动方向

参照《长三角地区一体化发展三年行动计划(2018—2020年)》与国务院办公厅关于促进全域旅游发展的指导意见(国办发〔2018〕15号),长三角区域旅游一体化的主要行动方向如下:

第一,要构建长三角区域旅游一体化发展的工作体制与机制。参照社会治理理论,该工作体制与机制应该有长三角区域旅游一体化的主要利益相关者参加,包括相关的政府领导、中外旅游企业与行业协会及中外旅游咨询专家。

第二,要做好长三角区域旅游一体化的顶层设计。要多规合一,深化区域内旅游发展的分工、协调与合作,防止同质化竞争。

第三,要创造长三角区域旅游一体化的互联互通的旅游交通网络体系、便利的旅游信息标识系统与旅游咨询服务体系。

第四,要以旅游者的需求为导向,将长三角区域内的旅游城市、旅游景区、旅游活动项目组合串联起来,形成长三角区域休闲旅游度假的黄金线路。

第五,要建设长三角区域旅游一体化的旅游目的地、旅游延伸地、旅游中转地的品牌形象。其中的每一个旅游目的地、旅游延伸地与旅游中转地都要具有独特的环境特色、功能特色、文化特色与服务特色。

第六,要建立长三角区域旅游一体化的旅游服务标准体系与投诉体系,成为全国区域旅游发展的高质量示范区。

第七,要完善长三角区域旅游发展的便利投资与营商环境,促进长三角旅游创新创业与新技术的广泛运用及发展。

第八,要建立长三角区域旅游一体化高质量发展的考核评价指标体系,定期开展评估管理,以实现不断发现差距,不断发展完善的目标。

据联合国世界旅游组织2018年10月发布的《世界旅游业晴雨表》统计,2017年我国已经成为全球第四大入境过夜旅游者的接待目的地国;2018年1月至6月,亚太地区的国际过夜旅游者的平均增长率是全球最高的,达到了 7.4%,同期世界平均增长率是 6.1%。长三角区域旅游一体化的发展,将使我国旅游业区域合作机制与效果更上一个台阶,使我国接待国内外游客的品质有较大的提升,这也将大大提高我国旅游业的能级与国际竞争力。

5.4　旅游接待业的区域组织

旅游接待业的区域组织主要是指在一个洲内的一个国家或经济体与其他国家或经济体建立的旅游接待业的合作组织。主要包括亚太旅游协会、欧洲旅游委员会。

5.4.1　亚太旅游协会

亚太旅游协会(Pacific Asia Travel Association,PATA),1951 年在夏威夷成立,是一个非营利的协会,其目的是促进旅游业在亚太地区内与以外地方的负责任发展,当时称为太平洋临时旅游协会。1953 年在第二届年会上更名为太平洋地区旅游协会,去掉了"临时"两个字,直到 1986 年才正式更名为现在我们熟悉的名字"亚太旅游协会"。

亚太旅游协会的宗旨是借助与官方及民间旅游机构的伙伴关系,支持、推动并引领亚太地区旅游业的可持续发展。开发、促进太平洋及其周边地区的旅游业,为前往该地区的游客提供便利,并在这些地区之间开展旅游活动。自从它建立以来,它已经成为它的会员在营销预测、信息、教育、可持续发展和其他与旅行相关活动的最新的、准确的、重要的信息来源。有关亚太旅游协会的活动与长期的规划都会在每年协会的年会上进行检查和调整。

亚太旅游协会(PATA)由各国政府、航空公司和轮船公司、酒店经营者、旅游经营者、旅行社和其他与旅游相关的组织组成。截至目前,它的成员组织有位于亚太地区与以外地区的 95 个政府、州和城市的旅游机构,25 个国际航空公司与机场,108 个酒店组织,72 个教育机构,几百家旅行行业的公司。其运营总部设在泰国曼谷,行政总部则设在加利福尼亚州奥克兰市。另外,在悉尼、北京、迪拜、伦敦、纽约等地区都设有办公室。

5.4.2　欧洲旅游委员会

欧洲旅游委员会(European Travel Commission,ETC)是一个非营利组织,成立于 1948 年。它的独特作用是作为"欧洲的国家旅游办公室"。它是一个负责将欧洲作为一个旅游目的地来推广的组织,努力使欧洲成为第三方市场的旅游目的地。

欧洲旅游委员会由 32 个国家旅游组织组成。这 32 个成员国的国家旅游组织共同努力,通过在分享最佳实践、市场研究和情报以及在推广方面的合作,提升所有欧洲国家的旅游价值,以更好地吸引游客。

欧洲旅游委员会的机构主要包括行政总部、董事会、营销情报团队、营销团队、营运团队。营销活动是由位于每一市场的营运团队负责实施的。欧洲旅游委员会的行政总部设在比利时的布鲁塞尔。

5.5　旅游接待业的世界组织

本书主要介绍了以下 3 类旅游接待业的世界性组织:①各国政府间的组织,即联合国世界旅游组织;②世界旅游业界的组织,即世界旅行与旅游理事会;③中国创建的世界性旅游组织,即世界旅游联盟。

5.5.1　联合国世界旅游组织

联合国世界旅游组织(UNWTO)是当今旅游领域最受认可和发展最快的国际组织。它是一个讨论全球旅游政策问题的论坛,为广大国际旅游部门提供发展引导,并为其会员提供旅游知识。

联合国世界旅游组织的成员包括 158 个国家、6 个准成员和 500 多个代表私营部门、教育机构、旅游协会和地方旅游当局的附属成员。中国于 1983 年 10 月 5 日加入,即在该组织第五届全体大会上成为其第 106 个正式成员国。目前,联合国世界旅游组织的总部设在马德里,是联合国的一个专门机构。

联合国世界旅游组织的主要职能:①将旅游业纳入全球的主要议程。强调旅游业在驱动社会经济增长和发展方面的价值,并且还负责为旅游业的发展和繁荣创造一个公平的竞争环境。②提高旅游竞争力。通过知识创造和交流、人力资源开发、市场营销和推广、旅游产品开发以及风险和危机管理等方面的工作,提高其成员的竞争力。③促进旅游业的可持续发展。充分利用环境资源,尊重东道国社区的社会文化原真性,为所有成员国提供社会经济利益。④促进旅游业对减少贫困和加快经济发展的贡献。最大限度地增加旅游业对减贫的贡献,实现可持续发展目标,使旅游业成为发展的工具,并促进将旅游业纳入发展议程。⑤促进知识、教育和能力建设。支持各国评估和解决它们在教育和培训方面的需求,并为知识创造和交流提供平台。⑥建立伙伴关系。与私营部门、区域和地方旅游组织、学术界和研究机构、民间团体和联合国机构合作,建设一个更加可持续、负责任和更具竞争力的旅游部门。

联合国世界旅游组织的发展历程:

1934 年:在海牙正式成立一个组织即国际官方旅游宣传组织联盟。这就是联合国世界旅游组织的前身。

1946—1951 年:1934 年成立的组织在 1946 年于伦敦召开了其首届国家旅游组织国际大会。而于 1947 年 10 月在巴黎举行了第二届国家旅游组织国际大会,在这次大会上决定正式成立官方旅游组织国际联盟,成为联合国附属机构,当时将其总部设在伦敦,1951 年迁移至瑞士的日内瓦,一直到 1975 年。

1975 年:1975 年该组织就正式更名为世界旅游组织(WTO),并于 1975 年的 5 月在马德里举行了第一次大会,总部也随之移到了马德里。

1976—1977 年:1976 年联合国世界旅游组织成为联合国开发计划署的执行机构;并于1977 年与联合国签署了正式的合作协议。

2003 年:2003 年联合国世界旅游组织成为联合国的专门机构,并重申了其在国际旅游中的主导作用。该组织致力于联合国千年发展目标,致力于减少贫困和促进可持续发展。

联合国世界旅游组织的机构与职责:①全体大会(Assembly)为最高权力机构,每两年召开一次会议,负责批准预算和工作方案,审议该组织的重大问题。大会代表有正式成员和联系会员、附属会员和其他国际组织代表以观察员身份参加。②地区委员会是非常设机构,负责协调、组织本地区的研讨会、工作项目和地区性活动,每年召开一次会议。联合国世界旅游组织一共设有非洲、美洲、东亚和太平洋、南亚、欧洲和中东 6 个地区委员会。③执行委员会负责确保组织机构开展工作,制定其预算。每年至少召开两次会议。④专门委员会对成员国的具体项目的内容和管理提出建议。包括计划和预算委员会、统计和旅游卫星账户委员会、旅游业和竞争力委员会、旅游和可持续发展委员会、世界旅游伦理委员会,以及附属会员申请的审查委员会。⑤秘书处负责日常工作,秘书长(Secretary General)是联合国世界旅游组织的主要负责人,由执委会推荐,由大会选举产生,任期四年,可连任两届。

5.5.2　世界旅行与旅游理事会

世界旅行与旅游理事会(WTTC)是全球旅游业的私营部门的领袖论坛组织,其成员包括 170 多名来自世界各地、涵盖各行各业的全球领先的旅游公司的首席执行官、董事长和总裁。他们要在与旅游业发展相关的所有利益相关者之间建立一种伙伴关系,促进政府将旅游业视为重要产业,追求经济与文化、环境之间的平衡,以及共同追求长期增长和繁荣,使得旅游业的发展符合国家经济、地方和区域政府以及相关地方社区与企业的发展需要。

该组织是在全球范围内代表世界旅游企业的机构。世界旅行与旅游理事会成立于 1990年,其领导机构是一个由 19 名成员组成的执行委员会,该委员会每年举行两次会议,向全体成员的年度会议作报告。公司的日常运营由总裁和驻伦敦的职员负责。

世界旅行与旅游理事会的主要任务:提高人们对旅游业的经济和社会贡献的认识,与各国政府合作制定政策,以释放旅游业创造就业机会和经济繁荣的潜力。

世界旅行与旅游理事会的主要活动:①全球活动。世界旅行与旅游理事会的全球活动包括解决影响全球旅游业所有部门的挑战和机遇。它的成员授权它在与世界各国政府的交往中为该产业发表观点的权利。②区域活动倡议。在旅游业发展潜力巨大但缺乏实现增长的框架或能力的国家和地区提出区域活动倡议。提出这些倡议的目的是通过与各国政府、地方领导人和该区域成员的合作,认识与消除增长障碍,将世界旅行与旅游理事会的使命转化为行动。③经济研究。通过广泛的研究来确定旅游业的总规模和对世界、地区和国家经济的贡献。世界旅行与旅游理事会的预测主要用来传达这样一个信息:旅游业是世界上最大的产业,它的增长速度比大多数其他产业都要快,它将继续强劲增长,它可以创造就业机会,增加国内生产总值。世界旅行与旅游理事会计划继续发布这一预测报告并改进其方法。该组织 2017 年的预测报告涵盖了 185 个国家,显示旅游业目前创造了世界上十分之一(也就是 3.13 亿个)的就业岗位,占全球 GDP 的 10.4%。2017 年,旅游业增长 4.6%,全球经济增长 3%,五分之一的新增就业岗位是由旅游业创造的,也正是因为如此,世界旅行与旅游理事会是政府创造就业岗位的最佳合作伙伴。世界旅行与旅游理事会在提高人们对旅游业经济重要性的认识方面做得比任何其他组织都多。

5.5.3 世界旅游联盟

世界旅游联盟(World Tourism Alliance,WTA)是全球旅游领域的一个非政府、非营利性、世界性组织。会员包括各国全国性旅游协会、有影响力的旅游企业、学界、城市和媒体等,以及国际组织负责人、部分国家前政要、卸任旅游官员、旅游企业负责人和著名学者等。联盟总部和秘书处设在中国杭州。2017 年 9 月 12 日晚,世界旅游联盟在成都举行成立仪式。2017 年 12 月 17 日,世界旅游联盟在北京与浙江省政府签订战略合作文件,世界旅游联盟总部正式落户杭州萧山湘湖。截至目前,共有 89 个会员,来自中国、美国、法国、德国、日本、澳大利亚、马来西亚、巴西等 29 个国家和地区。

世界旅游联盟以"旅游让世界和生活更美好"为宗旨,以旅游促进和平、旅游促进发展、旅游促进减贫为使命,以互信互尊、互利共赢为原则,推动全球旅游界的交流与合作。

世界旅游联盟将致力于为会员提供专业服务,搭建会员之间对话、交流与合作平台,促进会员间业务合作与经验分享;以开放的姿态与相关国际组织沟通协调,促进国际旅游合作;组建高层次旅游研究和咨询机构,研究全球旅游发展趋势;收集、分析、发布全球、地区旅游数据;为政府及企业提供规划编制、决策咨询及业务培训;建立会员间旅游市场互惠机制,促进资源共享,开展旅游市场宣传推介;举办联盟年会、峰会、博览会等活动,为民间和政府搭建交流与合作的平台,推动全球旅游界与其他业界的融合发展。

世界旅游联盟的组织机构包括会员大会、理事会、秘书处。

世界旅游联盟最高权力机构是会员大会,会员大会的职权:①制定和修改章程;②选举和罢免理事;③审议理事会的工作报告和财务报告;④制定和修改会费标准;⑤讨论会员提出的提案;⑥讨论确定下一届会员大会举办地;⑦决定终止事宜;⑧决定其他重大事项。会员大会须有三分之二以上的会员代表出席方能召开,其决议须经到会会员半数以上表决通过方能生效。会员大会每 4 年召开一次。因特殊情况需提前或者延期换届的,须经理事会表决通过,报业务主管单位审查并经社团登记管理机关批准同意,但延期换届最长不超过1 年。

世界旅游联盟理事会是会员大会的执行机构,在闭会期间领导本联盟开展日常工作,对会员大会负责。理事会理事人数不超过全体会员的 30%,人数为单数,理事人数经会员大会批准后可进行增减。每届任期 4 年,可连选连任。理事构成应体现领域及区域均衡原则。理事会的职权:①执行会员大会的决议;②选举和罢免主席、副主席、秘书长;③筹备召开会员大会;④向会员大会报告工作和财务状况;⑤决定会员的吸收或除名;⑥决定设立办事机构、分支机构、代表机构和实体机构;⑦决定副秘书长、各机构主要负责人的聘任;⑧领导联盟各机构开展工作;⑨制定内部管理制度;⑩决定其他重大事项。理事会须有三分之二以上理事出席方能召开,其决议须经到会理事三分之二以上表决通过方能生效。理事会每年至少召开一次会议,情况特殊的,也可采用通讯形式召开。

世界旅游联盟秘书处是世界旅游联盟日常办事机构,同时协调各部门、分支机构、代表机构开展工作。

本章小结

- 组织。组织是人们创立的一种实体。人们在这种实体中,通过这种实体而相互作用,以达到个人和集体的目的。整个旅游接待业是由人与组织的网络所构成的,低级组织通过高级组织联系起来。旅游接待业的最高级的组织是作为整体的旅游接待业本身。
- 旅游接待业的企业组织。①以资金来源或所有权的不同对旅游接待业企业进行分类,旅游接待业企业的主要类型有:a.个人业主制旅游企业;b.合伙制旅游企业;c.旅游上市公司;d.旅游投资信托公司;e.私有共有的度假公寓组织;f.分时度假旅馆组织。②以联系形式分类的旅游接待业企业组织包括:a.单体旅游企业组织;b.连锁旅游企业组织;c.联营旅游企业组织;d.战略联盟与战略联盟网络的旅游企业组织。
- 旅游接待业的行业组织。某一类旅游接待业企业的集合就构成某一类旅游接待业的行业。旅游接待业的行业组织主要有:①旅游景区与游憩娱乐业的行业组织;②会展的行业组织;③旅行社的行业组织;④航空运输的行业组织;⑤铁路的行业组织;⑥邮轮的行业组织;⑦饭店的行业组织;⑧旅游接待业综合性的行业组织。
- 旅游接待业的国家与地方组织。①国家旅游组织;②省市旅游组织;③地方旅游业合作发展的组织。
- 旅游接待业的区域组织。旅游接待业的区域组织主要是指在一个洲内的一个国家或经济体与其他国家或经济体建立的旅游接待业的合作组织。主要包括:①亚太旅游协会;②欧洲旅游委员会。
- 旅游接待业的世界组织。①各国政府间的组织,即联合国世界旅游组织;②世界旅游业界的组织,即世界旅行与旅游理事会;③中国建立的世界性旅游组织,即世界旅游联盟。

复习思考题

1.什么是组织？旅游接待业是由哪些组织构成的？

2.旅游接待业的企业组织类型有哪些？它们各自的特点是什么？

3.旅游接待业的行业组织类型有哪些？它们各自的特点是什么？

4.旅游接待业的国家与地方组织类型有哪些？它们各自的特点是什么？

5.旅游接待业的区域组织有哪些？它们各自的特点是什么？

6.旅游接待业的世界组织有哪些？它们各自的特点是什么？

【延伸阅读文献】

[1] 米尔格罗姆,罗伯茨.经济学、组织与管理[M].费方域,主译.北京:经济科学出版社,2004.

[2] Charles R Goeldner,J R Brent Ritchie.Tourism:Principles,Practices,Philosophies[M]. Twelfth Edition. New Jersey:JOHN WILEY & SONS,INC.,2012.

[3] 何建民.现代宾馆管理原理与实务[M].上海:上海外语教育出版社,1994.

[4] 何建民.美国、日本和中国管理理念的比较研究[J].华东科技,1997(7).

第6章
旅游接待业的市场结构—市场行为—市场绩效及合作与竞争

【学习目标】

通过本章的学习,读者将了解与掌握:

- 旅游接待业的市场结构;
- 旅游接待业的市场行为;
- 旅游接待业的市场绩效;
- 旅游接待业企业的合作策略、竞争策略以及对合作与竞争的引导和管理。

在社会主义市场经济体制下,旅游接待业企业是旅游接待业市场资源配置的主体。要有效配置资源,必须要了解旅游接待业的市场结构—市场行为—市场绩效及合作与竞争的关系。

哈佛大学的梅森与贝恩等人创立的产业组织学体系提出了有关市场结构(环境)决定市场行为、市场行为决定市场绩效的理论与分析框架。

6.1 旅游接待业的市场结构

6.1.1 旅游接待业市场结构的定义和基本类型

1) 旅游接待业市场结构的定义

结构,一般是指构成某一系统的各要素之间的内在联系方式及其特点。旅游接待业市场结构是指旅游接待业企业市场关系的特点和表现方式。其主要有以下几种市场关系:①卖方(旅游接待企业)之间的关系;②买方(旅游接待企业或旅游消费者)之间的关系;③买卖双方的关系;④旅游接待业市场内现有的买方、卖方与正在进入或可能进入该市场的买方、卖方之间的关系;⑤政府对上述市场关系的引导与管理。

2)旅游接待业市场结构的基本类型

旅游接待业的市场结构是反映旅游接待业市场的竞争和垄断关系的概念。依据竞争和垄断的不同程度,至少可以分为以下 4 种基本类型。

（1）完全竞争的市场结构

完全竞争,就是说市场上不存在任何垄断因素。旅游景区点中经常存在的没有专利的、从义乌或温州同一个市场批发来的同质化旅游商品,如手环、佛珠等,就属于完全竞争市场。另外,由景区附近农民生产的、没有品牌的相同的农产品,也属于完全竞争市场。

完全竞争的市场结构的特点:

①产业(行业)集中度低。市场拥有众多的买者和卖者。每个卖者提供的产品数量与每个买者购进的产品数量在市场总量中所占的比例很小,因此,没有一个买者或卖者对市场价格有显著的影响力。价格是由市场总供给和总需求决定的。对于每个买者或卖者而言,他只能是价格的接受者,而不是价格的影响者。在这种情况下,可能需要采用显著的效用竞争的策略。

②产品同一性很高。产业(行业)市场内的每个企业生产的产品几乎是同质的无差异的产品,产品之间具有完全的可替代性。因此,如果其中一个企业提高产品价格,所有旅游消费者都会转而购买其他企业的产品。

③不存在任何进入与退出的壁垒。产业(行业)市场中不存在资金、技术或法律的进入和退出壁垒,新的企业进入该市场或原有企业退出该市场都是完全自由的。例如,企业资产的专用性很低,通用性很强,这些资产就可以及时转移到利润高的地方。

④信息完备。所有的买者和卖者都掌握与交易有关的一切信息。完备的信息使交易各方都能作出最优的决策。

（2）完全垄断的市场结构

与完全竞争相对的另一个极端的市场结构是完全垄断,即只有一个买者或卖者的市场。垄断有买方垄断与卖方垄断,但一般主要分析卖方垄断。

完全垄断市场结构的特点:

①产业(行业)的集中度为 100%,因为市场上只有一个提供这种产品的企业。

②没有替代产品。完全垄断企业出售的产品没有直接的替代产品,因此,它的产品的需求交叉弹性为零。

③进入壁垒非常高。首先是资本壁垒,进入的起始资本量很大。其次是技术性壁垒,指垄断者掌握了某种生产技术和诀窍,其他企业没有掌握。规模经济也属于技术壁垒的一种。再次是法律壁垒,有些独家经营特权是由法律所规定并受到法律保护的,如机场专营权、专利和版权就是法律特许的垄断。最后是策略性的壁垒,如巨额广告费的投入,阻止了其他企业的进入。

（3）寡头垄断的市场结构

寡头垄断的市场是指少数大企业控制着产业(行业)市场大部分产品的供给。它们拥有较高的市场份额。这是一种介于完全竞争与完全垄断之间,以垄断因素为主,同时又具有竞争因素的市场结构。例如,航空运输的市场结构就是寡头垄断型市场结构。国际航空公司、东方航空公司、南方航空公司就是寡头垄断型企业。在线旅行市场也是寡头垄断型市场结构,携程旅行网、同程旅行网也属于寡头垄断型企业。

寡头垄断的市场结构的主要特点:

①产业(行业)集中度高。这是指产业(行业)市场被少数大企业所控制,它们提供和销售的产品在产业(行业)总生产量和总销售量中占据了很高的比例,因此,产业(行业)的集中度很高。

②产品基本同质或差别很大。一种情况是几个大企业提供的产品基本同质,没有较大的差别,相互之间依存度很高。例如携程网与同程网的关系,它们都提供综合性的网上预订旅行服务。另一种情况是产品有较大差别,彼此相关度较低,例如携程网与春秋旅行社的关系,虽然都对旅游者提供旅行服务,但是提供的产品与针对的目标市场有一定的差别。

③进入和退出的壁垒较高。产业(行业)内的少数大企业在资金、技术、生产和销售规模、产品知名度和美誉度、销售渠道等方面占有绝对优势,因此,新企业很难进入这个产业(行业)市场与之抗衡。同时,由于垄断企业的生产服务规模大、投入资本量也很大,所以企业退出市场的壁垒较高。

(4)垄断竞争的市场结构

垄断竞争是一种比较接近现实的旅游接待业大多数企业与产品服务状况的市场结构。例如,民宿业、导游等市场结构。它介于完全竞争和完全垄断之间,而且偏向于完全竞争。它的主要特点有以下3个:

①产业(行业)集中度低。产业(行业)内企业数量较多,因此每个企业的市场占有率低,没有市场力量。这是垄断竞争市场和完全竞争市场的共同特点。

②产品有差别。这是垄断竞争市场和完全竞争市场的主要区别。产业(行业)市场内不同企业生产的产品的品质是不同的,它们销售在质量、外观、商标、售后服务和声誉等方面存在差异的品牌产品,并且各个企业是它自己品牌的唯一的生产者。由于这些产品差异的存在,企业能够在一定程度上排斥其他产品,享有一定的定价自主权。它所具有的垄断影响力的大小取决于旅游消费者对这种差异价值的感知与忠诚程度。不同企业的差别产品之间仍然具有较高的可替代性,所以这种垄断性是非常有限的。

③进入和退出壁垒较低。新企业带有某种新品牌的产品进入市场和原有企业在它们的产品无利可图时退出市场都比较容易。这一点是垄断竞争市场结构和寡头垄断市场结构的一个很重要的区别。垄断竞争市场内企业的规模都不大,原始投入资本也比较低,因而新企业进入或退出、原有企业退出的资本壁垒和技术壁垒都比较低,寡头垄断市场则相反。

6.1.2 决定旅游接待业市场结构的主要因素

1)市场集中度

它指在旅游接待业的特定行业市场中,卖者或买者具有的相对的规模结构。市场集中度越高,垄断程度就有可能越高。例如,在线旅行社市场的集中度要比传统旅行社市场的集中度高,因此,在线旅行社市场的垄断程度就要比传统旅行社市场的垄断程度高。

2)产品差别化

它指旅游消费者感知到的具有差别的旅游产品与服务,并愿意为这种差别支付价格与产生忠诚度。例如,同样是主题公园,上海迪士尼乐园与上海欢乐谷比较,旅游者对前者的特色与声誉的感知非常显著,导致前者的门票价格是后者的两倍多。旅游接待业企业需要深入认识旅游消费者的偏好,创造被认可的特色产品与服务,以提高附加值与价格。创造的具体方式有很多,例如,可以通过产品差异化、服务差异化、广告差异化、目标市场差异化等方式,特别要努力拥有知识产权。

3)进入和退出壁垒

进入壁垒主要包括必要资本量、产品差异化程度、绝对费用、产业(行业)和企业的专利特许数量、交易和批准等各方面的制度规定等。上述条件的要求越高或者数量越多,进入的壁垒就会越高。

退出壁垒主要包括:①资产专用性和沉没成本。如果资产的专用性很高,根本无法转卖或只能以相当低的价格转卖,那么出售价格和企业投资额扣除折旧后的剩余价值之间的差价就是沉没成本。沉没成本越大,企业退出市场的壁垒就会越高。②解雇费用。企业在退出某一市场时,必然会解雇员工,解雇费用越高,退出壁垒就越高。③政策法律的限制。例如,政府对利用公共资源建设的景区的价格限制,可能会导致这些景区的政策性亏损,但政府同时又不准这些景区退出该市场。

6.2 旅游接待业的市场行为

6.2.1 旅游接待业市场行为的定义

旅游接待业的市场行为,是指旅游接待业企业在其产品与服务市场上,为了实现其目标,如快速进入与抢占市场、避免激烈竞争、实现利润最大化等,采取的适应市场状况不断调整其策略的行为。旅游接待业企业的市场行为,受到市场结构的特点与状态的制约。同时,旅游接待业企业的市场行为也影响市场结构,改变市场结构的状态。

6.2.2 旅游接待业市场竞争行为

旅游接待业的市场竞争行为,主要包括定价行为、广告行为与兼并行为。

1)定价行为

目前,旅游接待业的在线市场出现了一种掠夺性的定价方式。其特点是:某一企业为了把竞争对手挤出市场和吓退试图进入市场的潜在对手,采取低于成本的定价方式,目的是将对手挤出市场后又将价格恢复至包含正常利润甚至垄断利润的价格。如果这种定价方式是为了追求通过垄断地位获得垄断利润,又剥夺了其他企业正常的发展机会,就需要予以制止。如果该企业确实引入了新的技术,使得资源配置效率更高,为旅游消费者和社会发展带来了积极的利益,采取合理的低价政策将过时的其他企业挤出市场,还是可以接受的。

2) 广告行为

广告行为是旅游接待业企业在市场上经常采用的一种非价格竞争的方式。广告除了具有告知与说服旅游消费者的功能以外,还具有创造旅游产品与服务的差异性的功能。由于旅游消费者从客源地到旅游目的地,存在着严重的信息不对称现象,因此,有效的广告宣传就特别重要。旅游消费者在旅游目的地逗留期间,会产生综合性的消费,因此,对相应的综合性供给的产品与服务的广告宣传也很重要。特别要加强对旅游吸引物与活动的宣传,这是旅游接待业的核心产品。

3) 兼并行为

旅游接待业企业的兼并,是指两个及以上的旅游接待业的企业在自愿的基础上,依据法律通过订立合同结合后变成一个企业的组织调整行为。企业兼并是资本集中的一种基本形式。它具有3个显著的特点:①伴有产权关系的转移;②通过兼并,原有企业的业务将集中到合并后的新企业中;③多家企业的财产变成一家企业的财产,多个法人变成一个法人。

横向兼并,是指进行兼并的企业属于同一产业或行业、生产同一产品或处于同一服务阶段。横向兼并的重要结果之一是将原来的竞争对手纳入自己旗下,既扩大了自己的规模,又消灭了竞争对手。例如,2007 年 10 月 22 日,经济型酒店集团如家宣布以 3.4 亿元的总代价收购另一家经济型酒店集团——七斗星连锁酒店 100%股权。根据双方的交易条款,如家以总计约为 3.4 亿元的价格收购七斗星在国内所拥有的分布于 18 个城市的 26 家连锁酒店100%的股权。其中 2.6 亿元将以现金支付,剩余 0.8 亿元将以向七斗星股东增发股票的方式支付。七斗星创立于 2005 年 9 月,当时拥有客房数量约 4 200 间,2006 年在中国经济型酒店中排名第 8。由于七斗星的大部分酒店开业时间较短,2006 年 10 月份七斗星的平均出租率为 60%~70%,而如家 2006 年三季度客房出租率保持在 95%的水平,因此如家收购七斗星酒店后,既可以消灭竞争对手,又可以提升兼并后的如家酒店集团的规模和盈利空间。

纵向兼并,是指进行兼并的企业之间存在前向或后向的联系,分别处于服务过程中的不同阶段。

前向联系是企业与位置处于靠近市场端的其他相关企业的联系,如酒店与旅行社的联系。前向兼并的案例,如复星旅文集团收购了英国托马斯·库克旅行社,复星旅文集团旗下的酒店集团向托马斯·库克旅行社提供客房,托马斯·库克旅行社为复星旅文集团旗下的酒店集团提供客源。

后向联系是企业与满足自己企业需求、为自己企业提供供给的企业之间的联系,如酒店与其电梯供应商、食品供应商的联系。后向兼并的案例,如浙江开元酒店集团兼并了法国葡萄酒庄,为开元酒店集团提供品质良好、价格合理的葡萄酒。纵向兼并可以更好地控制整个旅游接待业的产业链,提高内部的协同效应。

6.2.3　旅游接待业市场协调行为

旅游接待业的市场协调行为,是指在同一个市场上的旅游接待业企业为了某些共同的目标而采取的相互协调的市场行为。竞争与合作是两种最基本的市场关系。企业之间选择竞争还是合作,关键取决于竞争与合作产生的结果对自己利益的影响。竞争利益大于合作利益,企业就选择努力战胜对方的竞争方式。合作利益大于竞争利益,企业就选择更好的共同生存的合作方式。

许多市场经济国家规定企业之间不能相互勾结产生垄断力量,因此,许多市场经济国家企业之间的协调往往采取暗中共谋的形式,而不是采用明确的协定形式。我国的情况比较复杂,有时企业之间公开建立最低限价联盟,以应对供给远大于需求的状况,以减少损失。例如,1999年昆明世界园艺博览会举办后的昆明就出现了这种情况。昆明饭店业协会制定了最低的限价条款,并建立了统一的收费中心和监督小组。如何看待最低限价联盟行为?至少有两点值得我们深入思考:①从短期考察,在饭店供给严重超过饭店需求、竞争压力驱使饭店普遍采用导致严重亏损的低价策略情况下,通过建立最低限价联盟,适当减少地方经济的损失,似乎有一定的道理,但存在采用不正当的竞争手段的争议。②从长期考察,运用市场机制即价格机制调节供求关系,包括使过剩的供给在市场上出清,应该是有效配置资源的基本手段。

6.3　旅游接待业的市场绩效

6.3.1　旅游接待业市场绩效的定义

旅游接待业的市场绩效是指在一定的市场结构中,由一定的市场行为所形成的旅游接待业企业的价格、供应量、成本、利润、产品和服务的质量与种类,以及技术进步、竞争力、环境保护与可持续发展等方面最终的经济效益、社会效益与生态效益。可以从不同主体角度与效益角度进行评价,例如,可以从旅游接待业企业的经济效益角度与社会效益角度进行评价,也可以从主要由旅游地政府负责的社会效益角度进行评价。

6.3.2　旅游接待业绩效测度指标

1）旅游接待业企业经济效益的测度指标

本书参照国务院国资委考核分配局考核国有企业的经济绩效指标，提出下列旅游接待业企业经济效益的测度指标。

（1）盈利能力指标

①基本指标

$$净资产收益率 = \frac{归属于母公司所有者的净利润}{平均归属于母公司所有者的权益} \times 100\%$$

其中：平均归属于母公司所有者权益=（年初归属于母公司所有者权益合计+年末归属母公司所有者权益合计）÷2

$$总资产报酬率 = \frac{利润总额+利息支出}{平均资产总额} \times 100\%$$

其中：平均资产总额=（年初资产总额 +年末资产总额）÷ 2

②修正指标

$$销售（营业）利润率（\%） = \frac{销售（营业）利润}{营业总收入} \times 100\%$$

其中：销售（营业）利润=营业总收入-营业成本-营业税金及附加

营业成本包括利息支出、手续费及佣金支出、退保金、赔付支出净额、提取保险合同准备金净额、保单红利支出、分保费用等金融类企业专用科目，下同。

$$盈余现金保障倍数 = \frac{经营现金净流量}{净利润}$$

$$成本费用利润率 = \frac{利润总额}{成本费用总额} \times 100\%$$

其中：成本费用总额=营业成本+营业税金及附加+销售费用+管理费用+财务费用

$$资本收益率 = \frac{归属于母公司所有者的净利润}{平均资本} \times 100\%$$

其中：平均资本=［（年初实收资本+年初资本公积）+（年末实收资本+年末资本公积）］÷ 2

（2）资产质量状况

①基本指标

$$总资产周转率（次） = \frac{营业总收入}{平均资产总额}$$

$$应收账款周转率（次） = \frac{营业总收入}{应收账款平均余额}$$

其中：应收账款平均余额=［（年初应收账款净额+年初应收账款坏账准备）+（年末应收账款净额+年末应收账款坏账准备）］÷ 2

②修正指标

$$不良资产比率=\frac{年末不良资产总额}{资产总额+资产减值准备余额}\times100\%$$

其中:年末不良资产总额=资产减值准备余额+应提未提和应摊未摊的潜亏挂账+未处理资产损失

$$资产现金回收率=\frac{经营现金净流量}{平均资产总额}\times100\%$$

$$流动资产周转次数(次)=\frac{营业总收入}{平均流动资产总额}$$

其中:平均流动资产总额=(年初流动资产总额+年末流动资产总额)÷2

(3)债务风险状况

①基本指标

$$资产负债率=\frac{负债总额}{资产总额}\times100\%$$

$$已获利息倍数=\frac{利润总额+利息支出}{利息支出}$$

②修正指标

$$速动比率=\frac{速动资产}{流动负债}\times100\%$$

其中:速动资产=流动资产−存货

$$现金流动负债比率=\frac{经营现金净流量}{流动负债}\times100\%$$

$$带息负债比率=\frac{短期借款+一年内到期的非流动负债+长期借款+应付债券+应付利息}{负债总额}\times100\%$$

$$或有负债比率=\frac{或有负债余额}{所有者权益}\times100\%$$

其中:或有负债余额=已贴现承兑汇票+担保余额+贴现与担保外的被诉讼事项金额+其他或有负债

(4)经营增长状况

①基本指标

$$销售(营业)增长率=\frac{本年营业总收入增长额}{上年营业总收入}\times100\%$$

$$资本保值增值率=\frac{扣除客观因素后的年末国有资本及权益}{年初国有资本及权益}\times100\%$$

②修正指标

$$总资产增长率=\frac{年末资产总额−年初资产总额}{年初资产总额}\times100\%$$

$$销售(营业)利润增长率=\frac{本年销售(营业)利润-上年销售(营业)利润}{上年销售(营业)利润}×100\%$$

$$技术投入比率=\frac{本年科技支出合计}{营业总收入}×100\%$$

(5)补充资料

$$存货周转率(次)=\frac{营业成本}{存货平均余额}$$

$$两金占流动资产比重=\frac{应收账款+存货}{流动资产}×100\%$$

$$成本费用占营业总收入比重=\frac{成本费用总额}{营业总收入}×100\%$$

$$经济增加值率=\frac{经济增加值}{调整后资本}×100\%$$

其中:经济增加值=净利润+(利息支出+研究开发费用调整项)×(1-25%)-调整后资本×平均资本成本率(5.5%)

调整后资本=平均资产总额-平均应付票据-平均应付账款-平均预收账款-平均应交税费-平均应付利息-平均应付职工薪酬-平均应付股利-平均其他应付款-平均其他流动负债(不含其他带息流动负债)-平均专项应付款-平均特准储备基金-平均在建工程

$$EBITDA 率=\frac{净利润+所得税+利息支出+固定资产折旧+无形资产摊销}{营业总收入}×100\%$$

$$资本积累率=\frac{年末所有者权益-年初所有者权益}{年初所有者权益}×100\%$$

表 6-1 展示了我国住宿业(包括旅游饭店和一般旅馆)2016 年的经济效益指标的具体数值。

表 6-1　2016 年中国住宿业经济效益指标数值

范围:全行业

项　　目	优秀值	良好值	平均值	较低值	较差值
一、盈利能力					
净资产收益率(%)	11.1	6.7	1.4	-2.7	-7.5
总资产报酬率(%)	6.5	4.7	1.6	-0.3	-1.9
销售(营业)利润率(%)	31.7	20.8	8.5	-8.4	-17.4
盈余现金保障倍数	13.1	5.4	1.2	0.3	-1.8
成本费用利润率(%)	10.9	7.6	2.3	-6.2	-11.2
资本收益率(%)	11.8	6.9	1.4	-7.4	-14.9

续表

项 目	优秀值	良好值	平均值	较低值	较差值
二、资产质量状况					
总资产周转次数（次）	1.0	0.5	0.3	0.2	0.1
应收账款周转率（次）	39.4	26.2	15.0	10.3	8.4
不良资产比率（%）	0.4	0.9	2.5	5.2	10.5
流动资产周转率（次）	3.9	2.8	0.8	0.4	0.1
资产现金回报率（%）	15.9	8.3	2.4	1.2	-4.2
三、债务风险状况					
资产负债率（%）	55.0	60.0	65.0	75.0	90.0
已获利息倍数	3.0	1.9	1.3	-1.0	-4.4
速动比率（%）	139.0	102.9	67.9	39.2	30.6
现金流动负债比率（%）	22.6	13.6	7.6	0.6	-6.5
带息负债比率（%）	23.8	34.6	48.5	67.1	78.7
或有负债比率（%）	1.0	2.0	4.3	12.8	22.1
四、经营增长状况					
销售（营业）增长率（%）	25.0	15.5	4.6	-11.5	-18.5
资本保值增值率（%）	116.5	112.4	109.5	104.7	100.2
销售（营业）利润增长率（%）	25.4	16.7	10.7	-2.6	-13.0
总资产增长率（%）	12.7	10.1	3.6	-4.2	-14.3
技术投入比率（%）	0.8	0.6	0.4	0.3	0.2
五、补充资料					
存货周转次率（次）	23.5	12.2	3.6	1.1	0.7
两金占流动资产比重（%）	4.7	10.4	33.4	40.3	44.5
成本费用占营业总收入比重（%）	74.8	84.7	95.0	101.0	106.8
经济增加值率（%）	6.6	0.5	-4.9	-10.3	-16.2
EBITDA 率（%）	28.2	19.1	7.8	-3.3	-10.6
资本积累率（%）	26.0	17.3	5.3	-2.7	-16.5

资料来源：国务院国资委考核分配局.企业绩效评价标准值 2017[M].北京:经济科学出版社,2017:288.

表 6-2 展示了我国大旅游（包括旅行社、旅游饭店、游览景区管理）2016 年的经济效益指标的具体数值。

表 6-2　2016 年中国大旅游经济效益指标数值

范围：全行业

项　目	优秀值	良好值	平均值	较低值	较差值
一、盈利能力					
净资产收益率(%)	20.8	7.1	2.9	−1.7	−6.8
总资产报酬率(%)	11.2	5.1	2.2	−1.0	−6.6
销售(营业)利润率(%)	21.9	10.3	6.8	4.3	0.6
盈余现金保障倍数	2.0	1.4	1.0	0.4	−2.2
成本费用利润率(%)	7.4	5.0	3.7	1.6	0.1
资本收益率(%)	25.4	11.9	6.6	−2.5	−7.3
二、资产质量状况					
总资产周转次数(次)	2.5	0.7	0.5	0.4	0.2
应收账款周转率(次)	15.1	12.3	9.0	4.3	0.7
不良资产比率(%)	0.1	0.9	1.8	4.1	5.4
流动资产周转率(次)	5.4	1.5	0.9	0.7	0.5
资产现金回报率(%)	9.6	6.1	2.8	0.3	−5.5
三、债务风险状况					
资产负债率(%)	55.0	60.0	65.0	75.0	90.0
已获利息倍数	2.8	2.6	2.3	1.9	1.2
速动比率(%)	110.3	106.1	93.9	85.1	76.0
现金流动负债比率(%)	22.9	14.9	7.6	−0.2	−15.0
带息负债比率(%)	27.6	39.5	45.1	52.0	56.2
或有负债比率(%)	0.1	0.5	1.0	1.9	3.3
四、经营增长状况					
销售(营业)增长率(%)	29.8	10.8	3.0	−2.5	−7.7
资本保值增值率(%)	119.5	106.9	100.9	94.1	93.1
销售(营业)利润增长率(%)	23.8	8.3	2.5	−11.6	−22.6

续表

项　目	优秀值	良好值	平均值	较低值	较差值
总资产增长率(%)	26.7	15.4	6.8	-4.6	-0.7
技术投入比率(%)	0.5	0.4	0.3	0.2	0.1
五、补充资料					
存货周转次率(次)	12.7	8.5	5.2	2.5	0.4
两金占流动资产比重(%)	7.0	18.1	34.2	38.1	52.7
成本费用占营业总收入比重(%)	95.4	96.9	97.4	100.4	103.6
经济增加值率(%)	9.5	5.4	2.0	-2.5	-8.8
EBITDA率(%)	14.4	11.2	8.9	3.1	0.3
资本积累率(%)	14.0	10.0	6.0	-1.3	-7.1

资料来源:国务院国资委考核分配局.企业绩效评价标准值2017[M].北京:经济科学出版社,2017:310.

2) 旅游接待业企业社会效益的测度指标

旅游接待业企业的社会效益,是指旅游接待业企业经济活动给社会带来的收入,减去社会成本即其带来的消耗,如旅游接待业企业产生的环境污染就需要减去去除环境污染的治理费用,两者之差就是社会效益,即企业所提供的社会贡献净额。

按照福利经济学的原理,只有在不使任何人有损失情况下,提高某一人的利益,或者在有人损失情况下,增加的总福利减去补偿损失人的利益后还有盈余的情况下,这项决策或项目才是可行的。

旅游接待业各投入要素的代表如下:业主是投入资本的代表,员工是投入劳动的代表,社区居民是投入当地环境的代表,政府是所有公共利益(包括其他利益相关者,如企业竞争对手的公平合理的利益)或投入的公共要素的代表,包括公共交通、环境、土地等,旅游者是市场需求的代表。因此,只有在上述各个利益相关代表者共同认可情况下,才意味着某一决策或项目产生了社会效益。因此,社会效益的测度指标是上述各个利益相关者的综合知晓度与满意度。保证产生社会效益的决策程序是旅游接待业企业的任何决策,应该让各个利益相关者了解与认可。

6.3.3　旅游接待业市场绩效的综合评价与管理

旅游接待业市场绩效的综合评价,至少包括对旅游接待业企业经济绩效的评价与社会绩效的评价。

对旅游接待业企业的经济效益与社会效益的评价结果可以实施底线管理与激励管理。

实施底线管理是指:①企业的经济绩效不合格,如发生长期的亏损,企业将主动退出市场。
②企业的社会效益不合格,如滴滴出行公司的安全责任缺位,导致犯罪分子利用滴滴出行公
司的出租车,实施犯罪行为,滴滴出行公司也需要停业整顿改进,否则,也将被驱逐出市场。

　　实施激励管理是指:①企业的经济绩效非常好,增加了当地的就业与税收,企业将受到
当地政府的奖励。②企业的社会效益非常好,保护环境,做到可持续发展,也将受到政府的
表彰。反之,将受到惩罚。

6.4　旅游接待业企业的合作与竞争

6.4.1　旅游接待业企业的合作策略

旅游接待业企业的合作策略主要表现在以下两种场合:

　　①在为旅游者从客源地到目的地的整条旅游线路上提供各种互补性旅游产品和服务的
各类企业,可以合作提供各自的产品和服务。例如,携程在线旅行社可以提供网上的机票、
出租车、景区点与酒店的预订服务,锦江国际酒店集团可以提供酒店服务,上海迪士尼乐园
可以提供景区点的娱乐活动服务,海底捞可以提供餐饮服务。

　　②不位于同一个地方的互相之间不存在竞争关系的酒店、餐馆、景区点等可以建立合作
关系,采用管理合同、特许经营、联合经营、战略联盟等方式,目的是享受由合作产生的规模
经济、专业化经济、协同经济、网络经济效应。例如,据美国《旅馆》杂志2018年统计,全球最
大的酒店集团是美国万豪国际酒店集团,它拥有酒店6 333家,其中输出管理的酒店有1 491
家,特许经营的酒店有4 400家,这说明了不在同一个地方相互之间不存在竞争关系的酒店,
具有通过分享著名酒店集团的输出管理与特许经营建立合作关系的可能性。

6.4.2　旅游接待业企业的竞争策略

旅游接待业企业可以采用下列两种有效的竞争策略:

　　①对旅游接待业企业而言,最高的竞争境界就是不存在竞争对手。实现这一目标的竞
争策略,就是进入具有巨大发展潜力而目前又没有企业进入的空缺市场;不断创新又积极实
施品牌与专利保护。这方面,成功的典型案例就是华特·迪士尼公司。1928年迪士尼先生
创造了米奇与米妮的故事与人物形象,又注册了专利商标,不断拍摄具有知识产权的动画
片,不断建设具有知识产权的主题乐园,率先进入全球的家庭娱乐市场。

　　②单体旅游接待业企业,在连锁企业巨大的竞争压力下,可以采用独立经营管理企业之
间建立联营或战略联盟关系的策略,以共同享有在营销或其他方面的规模经济、专业化经
济、协同经济与网络经济效应,与连锁企业进行竞争。例如,据美国《旅馆》杂志2018年统
计,全球最大的25家联营酒店集团拥有的酒店数量,从名列第25位的拥有120家酒店,到
名列第1位的拥有2 726家酒店,它们有效地与连锁酒店开展竞争。

6.4.3　对旅游接待业企业合作与竞争的引导和管理

对于旅游接待业行业协会与主管旅游的政府部门而言,依据对旅游接待业企业合作与竞争的经济效益与社会效益的判断,可以对旅游接待业企业合作与竞争实施下列两种引导和管理政策:

①建立旅游接待业产业链上互补性企业合作发展的平台,提供各种合作机会的信息。例如,香港旅游发展局专门建立了旅游接待业企业合作的信息平台。

②积极倡导旅游接待业的单体企业,通过自身品牌化建设获得核心竞争力与竞争优势,或者通过采用加盟形式的特许经营或者联营的形式,享有规模经济、专业化经济、协同经济与网络经济。

③遵循《中华人民共和国反垄断法》,防止垄断现象的出现。

本章小结

- 旅游接待业市场结构的定义与类型。①旅游接待业市场结构是指旅游接待业企业市场关系的特点和表现方式。②旅游接待业的市场结构是反映旅游接待业市场的竞争和垄断关系的概念。依据竞争和垄断的不同程度,至少可以分为以下4种基本类型:完全竞争的市场结构、完全垄断的市场结构、垄断竞争的市场结构、寡头垄断的市场结构。

- 决定旅游接待业市场结构的主要因素。①市场集中度;②产品差别化;③进入和退出壁垒。

- 旅游接待业的市场行为。旅游接待业的市场行为是指旅游接待业企业在其产品与服务市场上,为了实现其目标,如快速进入与抢占市场、避免激烈竞争、实现利润最大化等,采取的适应市场状况不断调整其策略的行为,可分为市场竞争行为与市场协调行为两种。市场竞争行为主要包括定价行为、广告行为与兼并行为。市场协调行为,是指在同一个市场上的旅游接待业企业为了某些共同的目标而采取的相互协调的市场行为。

- 旅游接待业的市场绩效与测度指标。①旅游接待业的市场绩效是指在一定的市场结构中,由一定的市场行为所形成的旅游接待业企业的价格、供应量、成本、利润、产品和服务的质量与种类,以及技术进步、竞争力、环境保护与可持续发展等方面最终的经济效益、社会效益与生态效益。②旅游接待业的绩效测度指标有:旅游接待业企业经济效益的测度指标、旅游接待业企业社会效益的测度指标。

- 旅游接待业市场绩效的综合评价与管理。①旅游接待业市场绩效的综合评价至少包括对旅游接待业企业经济绩效的评价与社会绩效的评价。②对旅游接待业企业的经济效益与社会效益的评价结果可以实施底线管理与激励管理。

- 旅游接待业企业的合作策略。旅游接待业企业的合作策略包括：①在为旅游者从客源地到目的地的整条旅游线路上提供各种互补性旅游产品和服务的企业，可以合作提供各自的产品和服务。②不位于同一个地方的互相之间不存在竞争关系的酒店、餐馆、景区点等可以建立合作关系，采用管理合同、特许经营、联合经营、战略联盟等方式，目的是享受由合作产生的规模经济、专业化经济、协同经济、网络经济的效应。

- 旅游接待业企业的竞争策略。①对旅游接待业企业而言，最高的竞争境界就是不存在竞争对手。实现这一目标的竞争策略，就是进入具有巨大发展潜力，而目前又没有企业进入的空缺市场；不断创新又积极实施品牌与专利保护。②单体旅游接待业企业，在连锁企业巨大的竞争压力下，可以采用独立经营管理企业之间建立联营或战略联盟关系的策略，以共同享有在营销或其他方面的规模经济、专业化经济、协同经济与网络经济效应。

- 对旅游接待业企业合作与竞争的引导和管理。①建立旅游接待业产业链上互补性企业合作发展的平台，提供各种合作机会的信息。②积极倡导旅游接待业的单体企业，通过自身品牌化建设获得核心竞争力与竞争优势，或者通过采用加盟形式的特许经营或者联营的形式，享有规模经济、专业化经济、协同经济与网络经济。③遵循《中华人民共和国反垄断法》，防止垄断现象的出现。

复习思考题

1. 旅游接待业市场结构的定义与类型是什么？
2. 决定旅游接待业市场结构的主要因素包括哪些？
3. 旅游接待业的市场行为有哪些？
4. 旅游接待业的市场绩效与测度指标是什么？
5. 旅游接待业市场绩效的综合评价与管理的内容有哪些？
6. 旅游接待业企业的合作策略有哪些？
7. 旅游接待业企业的竞争策略有哪些？
8. 对旅游接待业企业合作与竞争的引导和管理方式有哪些？

【延伸阅读文献】

[1] 泰勒尔.产业组织理论[M].马捷,等,译.北京:中国人民大学出版社,1997.

[2] 张维迎.博弈与社会[M].北京:北京大学出版社,2013.

[3] 国务院国资委考核分配局.企业绩效评价标准值2017[M].北京:经济科学出版社,2017.

[4] 芮明杰,袁安照.现代公司理论与运行[M].上海:上海财经大学出版社,2005.

[5] 哈梅尔,普拉哈拉德.竞争大未来:企业发展战略[M].王振西,主译.北京:昆仑出版社,1998.

[6] 何建民.论我国旅游业的宏观管理规则[J].管理世界,1987(4).

[7] 何建民.提高我国饭店企业顾客价值与利润的方式——以上海国际品牌饭店为例的研究[J].旅游科学,2004(1).

[8] 何建民.论我国本土旅游饭店集团与跨国旅游饭店集团竞争战略的选择模型及其具体选择[J].旅游科学,2004(4).

[9] 何建民.我国旅游服务业营业税改增值税的影响机理及影响状况研究[J].旅游科学,2013(1).

第7章
旅游接待业的结构与优化

【学习目标】

通过本章的学习,读者将了解与掌握:
- 旅游接待业的结构;
- 旅游接待业结构的合理化;
- 旅游接待业结构的高级化;
- 旅游接待业结构的融合化;
- 旅游接待业的供给侧结构性改革。

由于旅游者参加一次完整的旅游活动的需求涉及旅游吸引物、旅游预订服务、旅游交通、旅游娱乐活动、旅游餐饮、旅游购物、旅游住宿等,是综合性的,相应的供给也是综合性的,这就涉及旅游接待业的结构问题。

旅游接待业的结构是指构成旅游接待业的各相关行业之间的比例关系与协调关系,特别是指构成旅游接待业的各特征行业之间的比例关系与协调关系。

旅游接待业结构的优化包括旅游接待业结构的合理化、高级化与融合化。旅游接待业结构的合理化、高级化与融合化的过程与状态是由旅游需求结构与旅游供给结构及其相互关系决定的。

7.1 旅游接待业的结构

7.1.1 旅游接待业市场的需求结构

旅游接待业市场需求与旅游接待业市场需求结构可以从多个维度展开分析。①从旅游接待业市场需求的实物维度展开分析,旅游接待业市场的实物需求与旅游接待业市场的实物需求结构,就是指旅游者在其一次旅游活动中对旅游信息、旅游吸引物、旅游交通、旅游餐饮、旅游住宿、旅游娱乐活动、旅游服务人员等实物(设施与服务人员)的需求数量及需求的比例关系。②从旅游接待业市场需求的货币维度展开分析,旅游接待业市场需求与旅游接待业市场需求结构,就是指旅游者在其一次旅游活动中的旅游总消费额和消费支出结构。③从旅游接待业市场有效需求维度展开分析,旅游接待业市场有效需求与旅游接待业市场有效需求结构,就是指反映有旅游意愿且有旅游时间、支付能力、交通工具可以到达旅游地并能获得法律许可(如签证、购物免税或退税等)的游客人次及其相关的旅游消费需求额(支付额)的结构。

7.1.2 旅游接待业市场的供给结构

旅游接待业市场供给与旅游接待业市场供给结构也可以从多个维度展开分析。①从旅游接待业市场供给的实物维度展开分析,旅游接待业市场实物供给与旅游接待业市场实物供给结构,就是指为旅游者在其一次旅游活动中所提供的旅游信息、旅游吸引物、旅游交通、旅游餐饮、旅游住宿、旅游娱乐活动、旅游服务人员等实物(设施与服务人员)的供给数量及供给的比例关系。②从旅游接待业市场供给的货币维度展开分析,旅游接待业市场供给与旅游接待业市场供给结构,就是指在一定价格水平下为旅游者提供的各类产品与服务的数量与结构,以及与之相应的旅游经营者获得的收入额与收入结构。③从旅游接待业市场有效供给维度展开分析,旅游接待业市场有效供给与旅游接待业市场有效供给结构,就是指既能满足旅游者有效需求,又能使旅游企业获得盈利的、可持续发展的旅游接待业供给量与供给结构。

7.2 旅游接待业结构的合理化

7.2.1 旅游接待业结构合理化的定义

旅游接待业结构合理化是旅游接待业结构优化的重要内容,也是旅游接待业结构高级化的基础。[1]

旅游接待业结构合理化就是指要做到在合理使用资源、使旅游者满意与旅游接待业企业获得合理效益及旅游业可持续发展的前提下,旅游接待业市场的供给结构与旅游接待业市场的有效需求结构平衡,即旅游接待业供给体系(综合接待能力及其每一构成部分——旅游信息、旅游交通、旅游景区点、旅游住宿、旅游文化娱乐活动、旅游购物等分支行业)既不存在不能满足有效需求的瓶颈缺口,也不存在亏损性的供给过剩现象。[2]

目前,我国的问题是上述两种状况并存,既存在有效供给不足,又存在供给过剩。典型的现象是高品质的旅游主体功能区,中高端、个性化、创意化、体验化的旅游商品、服务、管理

---

① 干春晖.产业经济学教程与案例[M].北京:机械工业出版社,2006:233-236.
② 苏东水.产业经济学[M].北京:高等教育出版社,2000:290-296.

缺乏,导致代表中、高端旅游需求的出境旅游增长过快。同时,我国旅游饭店在总体上过剩,出现总体亏损现象。

通过对我国旅游接待业发展过程的长期追踪研究发现,上述问题产生的主要原因是我国目前普遍缺乏:①系统反映旅游接待业市场有效需求的统计指标体系;②系统反映旅游接待业供给的统计指标体系;③系统反映旅游接待业供给与旅游接待业有效需求平衡状况的统计指标体系;④系统反映旅游接待业企业与旅游接待业资源利用效率和经济效益的统计指标体系;⑤缺乏对上述统计指标数据的系统统计和分析,缺乏依据上述统计指标数据对旅游投资进行有效引导的机构与统计报告。由于上述原因,我国旅游接待业企业容易处在一种自发的盲目性投资状况,容易经常造成旅游接待业供给结构与旅游接待业有效需求结构之间的关系失衡。

7.2.2　旅游接待业结构合理化的方式

基于上述问题及原因的分析,我国旅游接待业结构合理化的方式主要包括:①构建全面反映旅游接待业市场有效需求状况的统计指标体系;②构建全面反映旅游接待业市场供给状况的统计指标体系;③构建全面反映旅游接待业市场供给适配旅游市场需求程度的统计指标体系;④构建全面反映旅游企业与旅游接待业资源利用效率和经济效益的统计指标体系;⑤设立定期发布旅游接待业统计报告、引导旅游接待业结构合理化的组织机构。

我国各级地方文化和旅游局要设立旅游统计部门或岗位,与当地统计局、旅游行业协会和其他相关部门和机构合作,合作单位可参照国务院旅游工作部际联席会议成员的构成确定,定期对旅游接待业的需求统计指标、供给统计指标、旅游供给结构匹配旅游需求结构状况指标、旅游企业和旅游接待业利用资源效率和经济效益指标进行统计分析,发布旅游接待业产能利用率和旅游接待业市场发展趋势报告,主动引导旅游接待业的供给结构符合旅游接待业的需求结构,即做到既能满足旅游者的需要,又能实现旅游接待业企业的合理利润,保护自然与社会人文环境,促进旅游接待业的可持续发展。

1) 构建全面反映旅游接待业市场有效需求状况的统计指标体系

(1)旅游接待业市场有效需求统计指标体系的界定

旅游接待业市场有效需求指标是指反映有旅游意愿且有旅游时间、支付能力、交通工具可以到达旅游地并能获得法律许可(如签证、购物免税或退税等)的游客人次及与其相关的旅游需求(消费)指标。全面反映旅游接待业市场有效需求的统计指标体系由下列多方面的指标构成:反映过去、现实与未来(潜在)的旅游接待业市场有效需求的统计指标;反映国内旅游接待业市场、入境旅游接待业市场、出境旅游接待业市场有效需求的统计指标;反映旅游接待业市场有效需求结构的统计指标。

(2)旅游接待业市场有效需求统计指标体系构建的目的与内容

游客人次包括一日游游客人次与过夜旅游者人次。为了保持旅游接待业统计的准确性与对旅游接待业统计使用主体更具有统计分析价值,不同区域层面与主体关注的旅游接待业需求指标有所不同:①在国家与地区(城市)层面,需要重点关注入境过夜旅游者人次指标及与其相关的需求指标,国内过夜旅游者人次指标及与其相关的需求指标;②对旅游饭店(旅游住宿设施)而言,需要重点关注入境过夜旅游者人次指标、人天指标及与其相关的需求指标,国内过夜旅游者人次指标、人天指标及与其相关的需求指标;③对旅游景区点、旅游交通企业、旅行社而言,需要同时关注国内外过夜旅游者人次指标、一日游游客人次指标及与其相关的需求指标。

参照联合国世界旅游组织倡导的《旅游统计的国际建议(2008)》与中国香港地区的经验,为了更加准确地掌握旅游接待业市场的有效需求状况,旅游接待业市场需求指标可以从以下9个方面进行设计:①游客来源地与目的地;②旅游的主要目的,也可以分为第一目的、第二目的等;③旅游产品的主要类型(游客喜欢的旅游活动、吸引物和购买的旅游商品等);④一次旅游的停留时间;⑤一次旅游的消费结构;⑥游客的交通方式;⑦旅游者住宿的类型;⑧游客到达的时间或季节性;⑨游客对旅游满意度评价及反应方式。

本书按入境旅游接待业市场需求指标、国内旅游接待业市场需求指标与出境旅游接待业市场需求指标分别进行设计说明。

(3)入境旅游接待业市场需求统计指标设计

入境旅游接待业市场需求指标设计的具体内容包括以下两个方面:

第一,入境过夜旅游者接待人次,入境过夜旅游者来源地,入境过夜旅游者目的地,入境过夜旅游者旅游目的(分为两大类:个人旅游目的与商务和专业旅游目的。个人旅游目的包括:度假、休闲和娱乐目的;探亲访友目的;教育和培训目的;健康和医疗目的;宗教/朝圣目的;购物目的;中转目的;其他目的),入境过夜旅游者喜欢的旅游产品类型(喜欢的吸引物、旅游活动和购买不同类型商品)的绝对数量与相对比例,入境过夜旅游者人均过夜天数,入境过夜旅游者人均天消费额,入境过夜旅游者支出结构(包价旅行支出、包价度假支出和包价旅游支出,观光支出,住宿支出,餐饮支出,当地交通支出,城市间交通支出,国际交通支出,娱乐、文化和体育活动支出,购物支出,通信支出,其他支出),入境过夜旅游者的交通方式(航空、水路、陆路交通方式),入境过夜旅游者喜欢旅游住宿设施的类型、档次、地点,入境过夜旅游者在不同时间(天、周、月、年)的到达人次,入境过夜旅游者满意率,入境过夜旅游者重游率(第一次到访人次占旅游总人次比率,第二次到访人次占旅游总人次比率,第三次到访人次占旅游总人次比率等),入境过夜旅游者再次入境旅游意向,入境过夜旅游者推荐率(愿意推荐人次占到访总人次的比率)。

第二,入境一日游游客接待人次,入境一日游游客来源地,入境一日游游客目的地,入境一日游游客的旅游目的(分为两大类:个人旅游目的与商务和专业旅游目的。个人旅游目的包括:度假、休闲和娱乐目的;探亲访友目的;教育和培训目的;健康和医疗目的;宗教/朝圣目的;购物目的;中转目的;其他目的),入境一日游游客喜欢的旅游产品类型(喜欢的吸引物、旅游活动和购买不同类型商品)的绝对数量与相对比例,入境一日游游客平均停留时间,入境一日游游客人均消费额,入境一日游游客的支出结构(包价旅行支出、包价度假支出和包价旅游支出,观光支出,住宿支出,餐饮支出,当地交通支出,城市间交通支出,国际交通支出,娱乐、文化和体育活动支出,购物支出,通信支出,其他支出),入境一日游游客的交通方式(航空、水路、陆路交通方式),入境一日游游客在不同时间(天、周、月、年)的到达人次,入境一日游游客满意率,入境一日游游客重游率(第一次到访人次占旅游总人次比率,第二次到访人次占旅游总人次比率,第三次到访人次占旅游总人次比率等),入境一日游游客再次入境旅游意向,入境一日游游客推荐率(愿意推荐人次占到访总人次的比率)。

(4)国内旅游接待业市场需求统计指标设计

国内旅游接待业市场需求指标设计的具体内容包括以下两个方面:

第一,国内过夜旅游者接待人次,国内过夜旅游者来源地,国内过夜旅游者目的地,国内过夜旅游者的旅游目的(分为两大类:个人旅游目的与商务和专业旅游目的。个人旅游目的包括:度假、休闲和娱乐目的;探亲访友目的;教育和培训目的;健康和医疗目的;宗教/朝圣目的;购物目的;中转目的;其他目的),国内过夜旅游者喜欢的旅游产品类型(喜欢的吸引物、旅游活动和购买不同类型商品)的绝对数量与相对比例,国内过夜旅游者人均过夜天数,国内过夜旅游者人均天消费额,国内过夜旅游者的支出结构(包价旅行支出、包价度假支出和包价旅游支出,观光支出,住宿支出,餐饮支出,当地交通支出,城市间交通支出,娱乐、文化和体育活动支出,购物支出,通信支出,其他支出),国内过夜旅游者的交通方式(航空、水路、陆路交通方式),国内过夜旅游者喜欢旅游住宿设施的类型、档次、地点,入境过夜旅游者在不同时间(天、周、月、年)的到达人次,国内过夜旅游者满意率,国内过夜旅游者重游率(第一次到访人次占旅游总人次比率,第二次到访人次占旅游总人次比率,第三次到访人次占旅游总人次比率等),国内过夜旅游者再次旅游意向,国内过夜旅游者推荐率(愿意推荐人次占到访总人次的比率)。

第二,国内一日游游客接待人次,国内一日游游客来源地,国内一日游游客目的地,国内一日游游客的旅游目的(分为两大类:个人旅游目的与商务和专业旅游目的。个人旅游目的包括:度假、休闲和娱乐目的;探亲访友目的;教育和培训目的;健康和医疗目的;宗教/朝圣目的;购物目的;中转目的;其他目的),国内一日游游客喜欢的旅游产品类型(喜欢的吸引物、旅游活动和购买不同类型商品)的绝对数量与相对比例,国内一日游游客平均停留时间,国内一日游游客人均消费额,国内一日游游客的支出结构(包价旅行支出、包价度假支出和包价旅游支出,观光支出,住宿支出,餐饮支出,当地交通支出,城市间交通支出,娱乐、文化和体育活动支出,购物支出,通信支出,其他支出),国内一日游游客的交通方式(航空、水路、陆路交通方式),国内一日游游客在不同时间(天、周、月、年)的到达人次,国内一日游游客满意率,国内一日游游客重游率(第一次到访人次占旅游总人次比率,第二次到访人次占旅游总人次比率,第三次到访人次占旅游总人次比率等),国内一日游游客再次旅游意向,国内一日游游客推荐率(愿意推荐人次占到访总人次的比率)。

(5)出境旅游接待业市场需求统计指标设计

出境旅游接待业市场需求指标设计的具体内容包括以下两个方面:

第一,出境过夜旅游者人次,出境过夜旅游者来源地,出境过夜旅游者目的地,出境过夜旅游者的旅游目的(分为两大类:个人旅游目的与商务和专业旅游目的。个人旅游目的包括:度假、休闲和娱乐目的;探亲访友目的;教育和培训目的;健康和医疗目的;宗教/朝圣目的;购物目的;中转目的;其他目的),出境过夜旅游者喜欢的旅游产品类型(喜欢的吸引物、旅游活动和购买不同类型商品)的绝对数量与相对比例,出境过夜旅游者的人均过夜天数,出境过夜旅游者的人均天消费额,出境过夜旅游者的支出结构(包价旅行支出、包价度假支出和包价旅游支出,观光支出,住宿支出,餐饮支出,当地交通支出,城市间交通支出,国际交通支出,娱乐、文化和体育活动支出,购物支出,通信支出,其他支出),出境过夜旅游者的交通方式(航空、水路、陆路交通方式),出境过夜旅游者喜欢旅游住宿设施的类型、档次、地点,出境过夜旅游者在不同时间(天、周、月、年)的到达人次,出境过夜旅游者满意率,出境过夜旅游者重游率(第一次到访人次占旅游总人次比率,第二次到访人次占旅游总人次比率,第三次到访人次占旅游总人次比率等),出境过夜旅游者再次出境旅游意向,出境过夜旅游者推荐率(愿意推荐人次占到访总人次的比率)。

第二,出境一日游游客人次,出境一日游游客来源地,出境一日游游客目的地,出境一日游游客的旅游目的(分为两大类:个人旅游目的与商务和专业旅游目的。个人旅游目的包括:度假、休闲和娱乐目的;探亲访友目的;教育和培训目的;健康和医疗目的;宗教/朝圣目的;购物目的;中转目的;其他),出境一日游游客喜欢的旅游产品类型(喜欢的吸引物、旅游活动和购买不同类型商品)的绝对数量与相对比例,出境一日游游客的平均停留时间,出境一日游游客的人均消费,出境一日游游客的支出结构(包价旅行支出、包价度假支出和包价旅游支出,观光支出,住宿支出,餐饮支出,当地交通支出,城市间交通支出,国际交通支出,娱乐、文化和体育活动支出,购物支出,通信支出,其他支出),出境一日游游客的交通方式(航空、水路、陆路交通方式),出境一日游游客在不同时间(天、周、月、年)的出游人次,出境一日游游客满意率,出境一日游游客重游率(第一次到访人次占旅游总人次比率,第二次到访人次占旅游总人次比率,第三次到访人次占旅游总人次比率等),出境一日游游客再次出境旅游意向,出境一日游游客推荐率(愿意推荐人次占到访总人次的比率)。

2)构建全面反映旅游接待业市场供给状况的统计指标体系

旅游接待业是从游客的消费需求视角展开研究的,是指受到旅游消费需求影响较大的相关产业。按照联合国世界旅游组织(UNWTO)出版的《旅游卫星账户:推荐的方法框架(2008)》的观点,旅游接待业至少由以下12个受旅游消费需求影响较大的特征行业构成:①为游客提供住宿的服务业;②餐饮服务业;③铁路客运业;④公路客运业;⑤水路客运业;⑥航空客运业;⑦交通设备租赁业;⑧旅行社与其他预订服务业;⑨文化服务业;⑩体育与娱乐业;⑪某一国家经营旅游特征物品的零售业;⑫某一国家其他旅游特征服务行业。

旅游接待业发展的供给统计指标体系包括旅游接待业单项设施和服务供给存量统计指标、旅游接待业综合接待能力供给存量统计指标、旅游接待业单项设施和服务供给增量预测指标、旅游接待业综合接待能力供给增量预测指标。

本书从上述12个旅游特征行业视角,研究设计旅游接待业单项设施和服务供给存量统计指标、旅游接待业综合接待能力供给存量统计指标、旅游接待业单项设施和服务供给增量预测指标和旅游接待业综合接待能力供给增量预测指标。

（1）旅游接待业单项设施和服务供给存量统计指标设计

这些指标具体包括：旅游住宿设施的地点、类型、档次、数量（规模）指标；旅游餐饮服务设施的地点、类型、档次、数量（规模）指标；旅游铁路客运运能（座位）指标；旅游公路客运运能（座位）指标；旅游水路客运运能（座位）指标；旅游航空客运运能（座位）指标；旅游交通设备租赁业（可租赁的运能如座位）指标；旅行社与其他预订接待服务业的服务接待能力（如可接待人次）指标；旅游文化服务业服务接待能力（如文艺演出剧场的可接待人次）指标；旅游体育与娱乐业服务接待能力（如可接待人次）指标；旅游购物场所的接待能力（如可接待人次）指标；旅游金融服务能力（如可接待人次）指标；其他旅游服务能力（如导游可接待人次）指标。

（2）旅游接待业综合接待能力供给存量统计指标设计

木桶原理告诉我们：盛水的木桶是由许多块木板箍成的，盛水量也是由这些木板共同决定的，若其中一块木板很短，则盛水量就被短板所限制。旅游接待业综合接待能力供给就是指满足游客一次旅游活动所必需的各种相关的设施与服务接待能力的综合供给，按照木桶原理，综合接待量是在上述满足游客一次旅游活动所需要的所有设施与服务接待能力供给指标中，由接待能力最低的单项设施与服务的接待人次决定的。在目前，特别在旅游旺季，我国旅游接待业综合接待能力供给瓶颈往往是旅游交通客运接待能力（可接待人次数量）和旅游景区点容量（可接待的达到舒适旅游水平的旅游人次数量）。

（3）旅游接待业单项设施与服务供给增量预测指标和综合接待能力供给增量预测指标设计

旅游接待业单项设施与服务供给增量预测指标包括：旅游住宿设施的地点、类型、档次、数量（规模）增量预测指标；旅游餐饮服务的地点、类型、档次、数量（规模）增量预测指标；旅游铁路客运运能（座位）增量预测指标；旅游公路客运运能（座位）增量预测指标；旅游水路客运运能（座位）增量预测指标；旅游航空客运运能（座位）增量预测指标；旅游交通设备租赁业（可租赁的运能如座位）增量预测指标；旅行社与其他预订服务业的服务接待能力（如可接待人次）增量预测指标；旅游文化服务业接待能力（如文艺演出剧场的可接待人次）增量预测指标；旅游体育与娱乐业接待能力增量预测（如可接待人次）指标；旅游购物场所的接待能力（如可接待人次）增量预测指标；旅游金融服务能力（如可接待人次）增量预测指标；其他旅游服务能力（如可接待人次）增量预测指标。

旅游接待业供给综合接待能力供给增量预测指标包括：确定一次旅游活动所需要的所有相关的旅游设施与服务，确定这些设施与服务接待能力供给的增量指标，将其中接待能力最低的设施或服务接待量的增量指标作为综合接待能力增量的预测指标。例如，上海世博会为了增加接待人次开设夜场，世博会场馆夜场空间增加的接待能力是5万人次，虽然上海交通、餐饮、住宿增加的接待能力分别是10万人、15万人和8万人，但上海世博会夜场的综合接待能力供给增量被限制在5万人次上。

3）构建全面反映旅游接待业市场供给适配市场需求程度的统计指标体系

旅游接待业资源合理、有效配置的基本要求就是旅游接待业单项设施与服务的供给要符合其有效需求,旅游地的综合接待能力的供给要符合旅游综合性的有效需求,同时要满足利益相关方的利益及资源和环境保护的质量要求。

基于不同的评价维度,旅游接待业发展的供给与需求平衡的评价指标可以分为以下六大类:①旅游接待业供给总量与旅游接待业有效需求总量的平衡指标;②旅游接待业供给的类型与旅游接待业有效需求的类型的平衡指标;③旅游接待业供给的档次与旅游接待业有效需求的档次的平衡指标;④旅游接待业供给的空间布局与旅游接待业有效需求的空间分布要求的平衡指标;⑤不同时间段的旅游接待业供给与该时间段的旅游接待业有效需求的平衡指标;⑥旅游接待业供给结构的合理化指标。

旅游接待业供给结构合理化,就是要做到上述各项指标的平衡,即旅游接待业综合接待能力供给符合旅游接待业综合需求的要求,旅游接待业产业链各环节协调发展,防止出现瓶颈制约或过剩现象,防止出现游客不满意或旅游企业亏损现象。

由于满足一位游客从客源地到某一旅游地的一次完整的旅游活动的需要,必须提供综合性的旅游产品与服务,即综合接待能力,包括旅游信息、旅游交通、旅游观光、旅游购物、旅游餐饮、旅游住宿、旅游文化娱乐活动等方面的服务能力。因此,在综合性旅游产品与服务(如交通、景点、饭店客房与导游人员)中存在的瓶颈缺口,将限制旅游综合接待能力,表现为限制能接待旅游人次的数量。

参照《旅游规划通则(GB/T 18971—2003)》附录A《旅游规划指标选取指南》中有关旅游容量的确定方法,一个旅游区的容量取决于以下三者的最小值:①生态环境容量;②社会心理容量;③空间容量与设施容量之和。因此,在分析综合接待能力时,要将旅游接待业产业链中存在瓶颈制约作用的产品与服务的容量状况,作为分析综合接待能力状况和判断旅游接待业供给同需求平衡的重要参考指标。例如,2012年国庆长假,存在瓶颈制约的单项产品或服务供给是交通与热门景区点,它们限制了游客接待量。另外,在不同时间,旅游接待业供给同需求平衡的状况也是不一样的。例如,在黄金周长假前几天的"去程",即由出发地到目的地,存在交通紧张瓶颈,在长假后几天分散的"回程",即由目的地返回出发地,可能不存在交通的紧张状况;在长假前几天,热门的景区点很拥挤,在长假后几天,热门景区点一般就不拥挤了。

4)构建全面反映旅游接待业企业资源利用效率和经济效益的统计指标体系

以旅游饭店为例,反映旅游接待业企业利用资源效率与经济效益指标的设计方式与内容如下:

通过供求关系分析,判断旅游饭店客房供给量满足需求量的现状和趋势,这方面的主要指标有旅游饭店客房年平均出租率与合理的投资回报期内的旅游饭店客房平均出租率,该统计指标可以帮助旅游饭店开发商与经营者认识旅游饭店客房产能利用率状况。

通过经营指标分析,判断旅游饭店的经营状况,能否使旅游饭店保本盈利和可持续发展,这方面的主要指标有旅游饭店损益平衡点的出租率,以及目前与未来实际出租率与损益平衡点出租率的关系。

从国际旅游饭店业的经营惯例考察,衡量旅游饭店经营和投资状况的基本指标有两个:

一是旅游饭店客房年平均出租率长期达到 60% 为经营保本点,即旅游饭店客房年平均出租率长期平均达到 60%,这是可保本的旅游产能利用率指标;二是一线城市旅游目的地的客房年平均出租率长期达到 70%,作为可以在该城市新建这类旅游饭店的市场需求指标,即可以继续投资的旅游产能利用率指标。

通过客源市场的现状与趋势分析,结合旅游饭店供给存量和增量分析,预测近期、中期和远期旅游饭店类型、档次、数量与空间布局的供求平衡关系,为旅游饭店业的规划提供依据,即要对旅游产能未来趋势进行预测,并制定科学的发展规划。

参照联合国世界旅游组织设置的反映旅游目的地整体接待入境过夜旅游者经济效益指标和美国《财富杂志》评出的美国 500 强旅游企业所运用的反映其经济效益的统计指标[1],考虑到既要反映整个旅游目的地、旅游企业资源利用效率与效益,又要便于与其他类似旅游目的地与旅游企业进行比较分析,旅游企业与旅游接待业资源利用效率和经济效益的统计指标可以设计成以下 7 个:第一,每 100 位居民平均每年接待的入境过夜旅游者人次指标。第二,每 1 位居民平均每年获得的旅游外汇收入指标。第三,每 100 位居民平均每年接待的国内过夜旅游者人次指标。第四,每 1 位居民平均每年获得的国内旅游收入指标。上述 4 个指标的设计依据:旅游是旅游者在旅游目的地的一种综合性的生活方式或商务、公务活动方式,需要旅游目的地提供综合性的生活与交通设施的支持,而居民的数量可以简要反映旅游目的地所拥有的生活与交通设施状况。第五,旅游业的产能利用率指标,包括旅游饭店客房的年平均出租率指标、旅游景区点设施的平均利用率指标、旅游娱乐场所如剧院的上座率指标、旅游交通设施的利用率指标、旅游餐馆的上座率指标等。第六,旅游企业的净资产收益率。第七,旅游企业全员劳动生产率。

参照国务院国资委考核分配局编制的《企业绩效评价标准值 2017》,衡量旅游企业绩效评价指标包括以下 5 个方面:

①盈利能力状况:净资产收益率(%)、总资产报酬率(%)、销售(营业)利润率(%)、盈余现金保障倍数、成本费用利润率(%)、资本收益率(%)。

②资产质量状况:总资产周转率(次)、应收账款周转率(次)、不良资产比率(%)、流动资产周转率(次)、资产现金回收率(%)。

③债务风险状况:资产负债率(%)、已获利息倍数、速动比率(%)、现金流动负债比率(%)、带息负债比率(%)、或有负债比率(%)。

④经营增长状况:销售(营业)增长率(%)、资本保值增值率(%)、销售(营业)利润增长率(%)、总资产增长率(%)、技术投入比率(%)。

⑤补充资料:存货周转率(次)、两金占流动资产比重(%)、成本费用占营业总收入比重(%)、经济增加值率(%)、EBITDA 率(%)、资本积累率(%)。[2]

5) 设立定期发布统计报告引导旅游接待业结构合理化的组织机构

各级地方文化和旅游局要设立旅游统计部门或岗位,与当地统计局、旅游行业协会和其

① 请参阅:Fortune 500. Fortune,June15,2015:289(1-22)。
② 国务院国资委考核分配局.企业绩效评价标准值 2017[M].北京:经济科学出版社,2017:284-292,310-313.

他相关部门和机构合作,合作单位可参照国务院旅游工作部际联席会议成员的构成确定,定期对旅游接待业的需求统计指标、供给统计指标、旅游供给结构匹配旅游需求结构状况指标、旅游企业和旅游接待业利用资源效率和经济效益指标进行统计分析,发布旅游接待业产能利用率和市场趋势报告,主动引导旅游接待业的供给结构符合旅游接待业的需求结构,即做到既能满足旅游者的需要,又能实现旅游企业的合理利润,保护自然与社会人文环境,促进旅游接待业的可持续发展。

7.3 旅游接待业结构的高级化

7.3.1 旅游接待业结构高级化的定义

旅游接待业结构的高级化就是指在与自然和社会环境保持和谐关系与可持续发展前提下,旅游接待业结构朝着满足旅游者的旅游需求升级需要、增加旅游产品和服务附加值、提高旅游资源的利用效率和旅游企业效益方向发展。旅游接待业结构高级化从整个投入产出过程考察,包括旅游接待业结构的投入要素、环境、运营过程、产出结果与各发展主体满意度的高度化。[①]

7.3.2 旅游接待业结构高级化的方式

我国在旅游接待业结构高级化方面存在的显著问题是:用产业结构固化的质量观取代了产业结构高级化的质量观。例如,我国不少城市建设停留在宜业的工作城市的定位上,缺乏对宜居、宜游、宜闲城市的定位,导致缺乏大规模、高品质的旅游休闲度假功能区,缺乏中高端品质的旅游购物品,缺乏大容量、快速的交通支持设施,导致旅游接待业供给结构不能匹配旅游接待业需求结构,更不能满足旅游接待业需求升级的需要,结果产生了大量的内需外流现象。据国家统计局统计,2015 年我国居民出境旅游达到 12 786 万人次,增长 9.7%。其中因私出境 12 172 万人次,增长 10.6%,占旅游出境人次总数的 95.2%[②]。据联合国世界旅游组织统计,2015 年,我国出境旅游支出为 2 922 亿美元,增长率为 24.5%;我国入境旅游外汇收入为 1 141 亿美元,增长率为 8.3%;我国国际旅游服务贸易逆差为 1 781 亿美元,以当年 1 美元合 6.4 元人民币计,我国国际旅游服务贸逆差为人民币 11 398.4 亿元[③]。

旅游接待业结构高级化的主要方式之一是旅游接待业主导业态的创新和转换。因此,要实现旅游接待业结构高级化的目标,必须关注、追随甚至引领旅游主导业态的创新和

① 苏东水.产业经济学[M].北京:高等教育出版社,2000:284-290.

② 中华人民共和国国家统计局.中华人民共和国 2015 年国民经济和社会发展统计公报[EB/OL].国家统计局官网,2016-06-15.

③ World Tourism Organization. UNWTO World Tourism Barometer. Volume 14 · May 2016 statistical Annex:Annex 10, Annex-12.

转换。

　　旅游接待业业态包括旅游接待业产品与服务及其经营管理方式。旅游接待业主导业态具有以下 3 个基本特征：①依靠科学技术进步，获得新的生产函数；②形成持续高速增长的增长率；③具有较强的扩散效应，对整个旅游接待业甚至对所有其他产业和地区经济的增长有较大影响。以上海为例，依托互联网技术的携程旅行网、2016 年 6 月 16 日开业的上海迪士尼度假区就是引领上海及我国旅游接待业发展的主导业态。①

　　我国已经逐步由以观光旅游为主阶段进入了观光、休闲与度假旅游兼容的新阶段，休闲旅游度假区成为这一阶段的新的主导业态。预计我国省级城市、地级城市都要建设休闲旅游度假功能区。2016 年开业的上海迪士尼度假区及预计在 2021 年开业的北京环球影城都是进入这一阶段的重要标志。

　　休闲旅游度假功能区是一个休闲旅游度假产业的集聚区，也是新型城镇化的一种增长极。例如，迪士尼度假区一般包括迪士尼乐园、主题酒店、迪士尼小镇和一系列配套的休闲娱乐设施。

　　据世界主题公园权威研究机构美国主题娱乐协会(TEA)统计，2017 年，以接待人次排名，在全球前 10 家娱乐主题公园中，除两家（名列第 4 位和第 10 位两家是环球影城）外，其余 8 家都是迪士尼品牌的主题乐园。名列第 1 位的是位于美国佛罗里达州迪士尼世界中的神奇王国主题乐园，接待人次为 2 045 万。同年，在亚洲太平洋地区 20 家最大的娱乐主题公园中，名列第一位与第三位的分别是东京迪士尼乐园和东京迪士尼海洋乐园，接待人次分别为 1 660 万和 1 350 万，两者总计达到 3 010 万人次。

　　上海迪士尼度假区建设共分三期。于 2016 年 6 月 16 日开幕的第一期项目包括：上海迪士尼乐园——一座拥有六大主题园区的神奇王国风格的主题乐园、两座主题酒店、迪士尼小镇——一个国际化的购物餐饮娱乐区，以及星愿公园。第一期项目开业一周年，即自 2016 年 6 月 16 日开业至 2017 年 6 月 16 日，接待人次高达 1 100 万，收入高达 70 亿元，直接就业 1 万多人，直接加间接就业 13 万人左右。

　　据上海松江区旅游局统计，2017 年上海在迪士尼东园未开业时的最大的主题公园欢乐谷的接待人次为 300.14 万，收入为 4.3 亿元。据 2018 年新浪网报道：2017 年香港迪士尼乐园的接待人次为 409.2 万，收入为 51 亿港元。显然，上海迪士尼度假区的建成使上海及我国的主题公园与度假区建设进入世界一流行列。

　　上海迪士尼度假区总面积为 7 平方公里，第 1 期项目面积为 3.9 平方公里，总投资额为 56 亿美元。

　　以上海迪士尼度假区为核心的上海国际旅游度假区面积为 24.7 平方公里，其功能是在充分利用上海迪士尼度假区增长极基础上，扩大与优化上海迪士尼度假区在促进周边地区新型城镇化的产业链与空间链的协同效应、高峰客源的分流效应、客源的延伸旅游效应，以及各方面的溢出效应。

　　为了保证整个上海迪士尼度假区高品质环境，同时，为了更好地扩大上海迪士尼度假区

---

① 干春晖.产业经济学[M].北京:机械工业出版社,2006:238.

对周边地区新型城镇化的带动作用,包括上海迪士尼度假区、上海国际旅游度假区在内的整个协调区面积为 105 平方公里。在这个区域里,除了不能引入化工等影响度假区品质的产业外,可以引入与迪士尼度假区互补的其他产业。

旅游产业结构高级化的评价指标,可以采用合理提高旅游用地、设施与员工的利用率指标,合理提高资金利用率指标,以及旅游接待业供给结构高级化指标。旅游接待业供给结构高级化是指能反映旅游接待业需求的收入弹性要求、反映技术创新要求、反映节能环保的要求、反映先进的组织管理方式要求、反映资源的比较优势与市场的竞争优势要求,做到使旅游接待业企业能抓住成长机会的增量发展,能抓住优化机会的增值发展,即在收入既定情况下的合理降低成本型发展,在成本既定情况下的高附加值与高收益型发展,或者虽然成本提高,但附加值与收入增加更多的最佳价值发展。

旅游接待业结构高级化的重要对标分析方式之一是与每年公布的同行业最佳旅游接待业企业的业绩进行比较分析,发现差距,找出原因,不断进行完善。例如,与每年在美国《财富杂志》上公布的美国 500 强企业中的优秀旅游接待业企业的经营业绩进行比较分析,并要努力实现超越。前言表 1 反映了 2017 年美国 500 强企业中的旅游接待业企业的经营绩效指标。

7.4 旅游接待业结构的融合化

7.4.1 旅游接待业结构融合化的内涵、形式与动因

旅游接待业结构融合化发展是指旅游接待业与其他产业或旅游接待业内不同行业相互渗透、相互交叉,协同发展或最终融合为一体,逐步形成新业态、新产业或新产业链的动态发展过程。其结果是既满足了游客市场的有效需求,也节约了相关企业与机构的投入成本,还获得了"1+1>2"的协同效应。

在国家旅游局与文化部合并、组建新的文化和旅游部的背景下,实施"宜融则融,能融尽融;以文促旅,以旅彰文"的文化和旅游的融合发展战略,文化和旅游的融合发展将具有新的组织优势。

按照融合的产业类型与地区分类,旅游接待业融合化发展至少可以分成 4 种形式:

①产业间融合,即旅游接待业与其他相关产业融合,如旅游接待业与地方建筑保护与更新相结合,典型案例就是上海新天地。已成为中央商务游憩区的上海新天地,是上海 30 年代石库门建筑的风貌保护与功能提升同旅游休闲产业相结合的产物,它既满足了中外游客参观、餐饮、休闲、娱乐需要,又提高了该项目的综合效益。

②产业内融合,即旅游接待业内不同行业的融合,如锦江集团,起初发展饭店业,以后逐步发展旅行社业、旅游出租车业、旅游教育业、旅游景点业、在线酒店预订业(Wehotel)等,以有效分享客源与各种经营管理资源。

③在本地融合,即将旅游接待业相关产业集聚在一个空间里,如深圳东部华侨城,将旅游主题公园、旅游饭店、商业住宅与度假地产相结合,互相提升价值,产生复合型旅游商业地产的经营模式。

④跨行政区融合,即指位于不同国家或行政管辖区的旅游接待业与其他产业及旅游接待业内部行业间的融合。例如,美国的组团旅行社与中国的地陪接待旅行社融合发展,上海旅游景点与外地旅游组团社融合发展,可以有效完善与提升旅游产业链。目前,我国旅游接待业的融合发展比较偏重于产业间的融合。

推动旅游企业、工业企业、乡村、各国政府与各地政府等相关利益者实施旅游接待业融合化发展战略的动力因素有:

①融合各方可以分享日益扩大的旅游客源市场。例如,国家"十三五"旅游发展规划预计到 2020 年,国内旅游人数达 64 亿人次,入境旅游人数达 1.5 亿人次,出境旅游人数达 1.5 亿人次,旅游总收入达到 7 万亿元。由此吸引许多国家向我国政府申请成为"中国公民出境旅游目的地国家和地区",目前已达 140 个,其中已实施 110 个。又如,上海有工业旅游示范点 53 个,农业旅游示范点 18 个。

②融合各方可以优化资源配置,获得规模经济与协同经济。例如,旅游接待业与新农村建设相结合产生的新业态——旅游特色乡村游就对上述产业融合的动因提供了较好的解释:可以吸引旅游客源市场;可以充分利用农业资源、农村民俗文化资源,增加农业的附加值,培育农村新产业,加速城乡统筹发展与振兴乡村的步伐。

7.4.2　旅游接待业结构融合化的路径与机制

旅游接待业融合化发展的路径是指有效实施旅游接待业融合化发展战略的方式或道路。具体采用何种旅游接待业融合化发展战略的方式或道路,与旅游活动的特点有关。旅游活动的特点是:游客离开其惯常地到异地停留时间不超过 12 个月,参加除为当地雇主雇用的就业活动外的所有活动。

基于旅游具有游客为不同地区所吸引、在不同地区进行多样化活动的特点,旅游接待业融合发展的路径主有以下 3 种。

第一,旅游接待业要与当地的形象与基础设施建设融合发展。因为游客参加旅游活动,首先是选择旅游目的地,如选择北京、上海、三亚、昆明等。在这方面,当地的形象与基础设施具有"先声夺人、便利驱动"的重要诱导与促进功能。考虑到当地的形象宣传与基础设施建设不是旅游接待业本身能独自承担的,同时,它们也是由当地居民与所有产业分享的公共产品与服务,由当地政府负责提供,因此,旅游接待业首先需要融入当地的形象宣传与基础设施的规划与建设工作中。

第二,旅游接待业要与当地多种旅游相关设施与活动融合发展。例如,研学旅游、医疗旅游、工业旅游、农业旅游,就需要旅行社与当地的教育机构、医疗单位、工业企业、农业组织合作,设计与推广相应的产品与服务。

第三,旅游接待业要与客源地、中转地与延伸地的政府及相关产业融合发展。旅游接待业的最大特点之一是游客的异地活动,即游客从客源地出发,到目的地、中转地与延伸地进行各种旅游活动。如果能与客源地、目的地、中转地、延伸地的政府机构及相关产业融合发展,就可以为游客提供一条无缝衔接的优质旅游线路,在增加对游客吸引力的同时,也可增加旅游经济价值。例如,新加坡政府明确将新加坡定位为旅游目的地与中转到马来西亚去旅游的最佳枢纽地。

作者在分别主持编制延吉市与浦东新区旅游发展规划的调查中发现,旅游接待业融合发展的障碍是:①各相关产业、部门、地区信息交流缺乏;②受行政部门分工与行政区经济制约,存在跨部门与跨地区融合发展困难;③存在旅游行业进入壁垒,如历史上作为互联网公司的携程旅行网经营旅游业务受到阻碍。

旅游接待业融合化发展的机制是指有效实施旅游接待业融合化发展战略的规范与引导相关利益者行为的各种制度安排。解决上述旅游接待业融合化发展障碍问题的机制是:①构建产业融合的信息交流平台,如定期举办当地、区域与全国的旅游产业发展大会;②建立克服行政部门分工分家与行政区经济各自为政的协调组织与制度,如建立地区与全国的旅游发展领导小组,努力贯彻2010年7月国务院办公厅发布的贯彻落实国务院关于加快发展旅游业意见重点工作分工方案;③制定激励其他产业积极与旅游产业融合发展的政策,例如,学习杭州市旅游委员会颁布的《杭州市社会资源转化为旅游产品工程以奖代拨实施办法》;④开放其他行业经营旅游业务的大门,同时,加强旅游市场监管。

7.5　旅游接待业的供给侧结构性改革

7.5.1　旅游接待业供给侧结构特点及需要进行改革的问题

1)旅游接待业供给侧结构的特点

我国旅游接待业的供给结构与一般产业的供给结构相比,具有以下6个显著特点:①旅游需求的收入弹性较高;②游客的旅游活动过程是从客源地到目的地、再回到客源地,具有空间位移的特点;③旅游需求与旅游供给具有综合性的特点;④旅游业既是经济产业,又是社会文化福利事业,具有多重属性及与其他部门、产业、社区和区域融合发展的特点;⑤具有旅游市场与各种资源能力要素组合的特点;⑥具有发展主体与利益相关者较多的特点。上述特点所涉及的短板问题也是我国旅游业供给侧结构性改革的重要方面。

2)旅游接待业需要进行供给侧结构改革的问题

我国旅游接待业存在以下6个方面的问题需要进行供给侧结构性改革。

（1）旅游接待业总供给不能满足旅游总需求的缺口问题

据国家统计局统计,以"十二五"期间国内旅游收入年均增长率11%,与同期全国居民人均可支配收入年均增长率10.74%比较,旅游需求的收入弹性为1.02;以2016年的国内旅游收入增长率15.2%,与同期全国居民人均可支配收入增长率8.4%比较,旅游需求的收入弹性为1.8。在 2017 年 10 月黄金周期间,我国居民出游人次高达 7.05 亿,收入高达 5 836 亿元。

另外,2016 年国内居民出境旅游高达 1.35 亿人次,增长 5.7%,其中因私出境 1.29 亿人次,占 95.56%,比 2015 年增长 5.6%。显然,我国存在着旅游接待业总供给不能满足旅游总需求的数量与质量缺口。

(2)旅游目的地公共产品与服务供给的短板问题

从游客空间位移视角考察,旅游具有游客从客源地到目的地的综合性的活动特点,因此,旅游业供给侧结构性改革应该包括旅游目的地的交通、厕所、信息标识系统等基础设施建设,环境绿化,好客气氛营造,市场推广与市场治理体系等供给短板问题的解决,这些都属于公共产品与服务,因此,主要应由政府来负责解决。

(3)旅游接待业、产品、服务体系存在缺乏综合性、多样化、多层次化、无缝衔接性等发展不平衡与不充分问题

从旅游活动涉及的需求与供给视角考察,旅游具有不同类型与不同层次游客从客源地到目的地的综合性、多样化、多层次化需求的特点,包括对旅游信息、交通、景区点、会展、文化娱乐活动、购物活动、住宿、餐饮等综合性、多样化、多层次化以及对服务无缝衔接的需求,因此,旅游业供给侧结构性改革应该包括对与旅游综合性供给相关的产业、产品、服务体系不平衡不充分发展问题的认识与解决。在发挥市场机制配置资源的背景下,这些问题主要应由旅游企业负责解决。

(4)旅游接待业与其他相关部门、产业、社区、区域融合发展的体制与机制缺位问题

从旅游接待业具有经济产业与社会文化福利事业多重属性及融合发展视角考察,旅游接待业具有跨部门、跨产业、跨社区、跨地区发展的特点,因此,旅游接待业的供给侧结构性改革应该包括旅游接待业与相关部门、产业、社区、区域融合发展的体制机制的建设问题。

(5)旅游接待业核心竞争力构成要素组合的优化问题

从是否存在足够大的旅游接待业市场与占领旅游接待业市场所需要的资源、资金、土地、技术、组织、人员、品牌、能力等要素的组合视角考察,参照核心竞争力理论,旅游接待业供给侧结构性改革,应该包括如何将当地市场与上述要素有效组合以形成具有核心竞争力的供给要素与市场机会的最优匹配及不断优化问题。

(6)驱动旅游接待业发展主体与利益相关者有效合作、追求质量与效益制度供给的完善问题

从旅游接待业需求与供给所涉及的旅游接待业发展主体和利益相关者视角考察,参照《中华人民共和国旅游法》,旅游接待业发展会对旅游者、旅游经营者、履行辅助人、旅游从业人员、当地社区居民、其他旅游者、政府相关部门产生影响,因此,旅游接待业供给侧结构性改革需要认识与兼顾上述各个发展主体或利益相关者的不同诉求,同时,也要完善促使他们更好地追求质量与效益双轮驱动的各种制度供给。

7.5.2 旅游接待业供给侧结构性改革的目标体系构建

本书将在分别说明我国旅游接待业供给侧结构性改革目标体系的概念、构建的原则、构建的参照样本基础上,对我国旅游接待业供给侧结构性改革的目标体系进行构建。

1)我国旅游接待业供给侧结构性改革目标体系的概念

我国旅游接待业供给侧结构性改革的目标体系,是指我国旅游接待业供给侧结构性改革要完成的主要任务,包括降成本、补短板,优化存量资源配置,扩大优质增量供给,实现质量变革、效率变革与动力变革,实现供需动态平衡,不断增强创新力和竞争力,提升旅游业发展质量与效益。它既可以作为我国旅游接待业供给侧结构性改革如何进行的方向指导,又可以作为对我国旅游接待业供给侧结构性改革成效进行评价的参考指标。

2)我国旅游接待业供给侧结构性改革目标体系构建的原则

依据我国供给侧结构性改革的理论与十九大报告的新要求,我国旅游接待业供给侧结构性改革的目标体系构建要遵循下列原则:①以有效解决旅游接待业供给侧结构存在的问题为导向;②突出质量第一、效益优先原则;③突出优化存量资源配置、扩大优质增量供给原则;④突出绿色发展、建设美丽中国原则;⑤突出提升发展的关键要素、加强创新力与竞争力原则;⑥突出保障和改善民生水平、加强与创新社会治理制度建设的原则。

3)我国旅游接待业供给侧结构性改革目标体系构建的参照样本

我国旅游接待业供给侧结构性改革到底应该包括哪些关键内容? 世界经济论坛(WEF)《2017年全球旅行与旅游竞争力报告》中的核心部分《2017年全球旅行与旅游竞争力指数》子报告,对上述问题进行了长达14年的观察与研究。本书依据《2017年全球旅行与旅游竞争力报告》中的《2017年全球旅行与旅游竞争力指数》子报告,对世界经济论坛(WEF)有关旅游接待业供给侧结构的分析框架与指标进行梳理,为构建我国旅游接待业供给侧结构性改革的目标体系提供参考。

《2017年全球旅行与旅游竞争力指数》子报告,将旅游接待业供给侧结构的评价指标设立为:一级指标4项,分别是可发展的环境指标、旅游发展政策与条件、基础设施、自然和文化资源;二级指标14项,又被称为14根支柱,分别是商业环境、功能安全与心理安全、健康与卫生、人力资源与劳动力市场、信息与通信技术准备状况、旅游业发展的优先性、国际开放性、价格竞争性、环境可持续性、航空交通基础设施、地面和港口基础设施、旅游服务基础设施、自然资源、文化资源与商务旅行,具体请参阅表7-1。

从《2017年全球旅行与旅游竞争力指数》子报告对旅游接待业供给侧结构评价指标构建内容可以发现,构建者重视适合旅游接待业企业发展与游客旅游的整体环境的评价指标,重视政府制定的发展旅游业的政策与法规的评价指标,重视基础设施建设的评价指标,重视吸引游客的旅游资源、旅游活动与社会环境方面的评价指标。

在构建我国旅游接待业供给侧结构性改革的目标体系时,可以将上述指标融合到相应目标部分中去。同时,考虑到要引导我国旅游接待业企业更好地发挥市场主体的作用,因此,要适当增加发挥旅游接待业企业主体作用的目标内容。

表 7-1　世界经济论坛的全球旅游业竞争力评价指标

一级指标	二级指标	三级指标
A.可发展的环境	支柱 1:商业环境	1.01 对产权的保护状况
		1.02 制度对外国直接投资的激励与约束影响
		1.03 在处理争议时法律框架的有效性
		1.04 在企业挑战政府规制时法律框架的有效性
		1.05 处理建设许可证所需要的时间
		1.06 处理建设许可证所需要的费用
		1.07 市场竞争的程度
		1.08 企业开业所需时间
		1.09 企业开业所需要的费用
		1.10 税收对降低工作积极性的影响
		1.11 税收对降低投资积极性的影响
		1.12 利润、工资与其他所得等总的税率
	支柱 2:功能安全与心理安全	2.01 犯罪和暴力对增加经营成本的影响
		2.02 警察服务的可靠性
		2.03 恐怖活动对增加经营成本的影响
		2.04 恐怖事件的发生率
		2.05 杀人案件的发生率
	支柱 3:健康与卫生	3.01 每 1 000 人口拥有的医生数量
		3.02 公共环境卫生设施的可获得性
		3.03 公共饮用水的可获得性
		3.04 每 10 000 人口拥有的医院床位数
		3.05 艾滋病流行率
		3.06 疟疾发生率

续表

一级指标	二级指标		三级指标
A.可发展的环境	支柱4:人力资源与劳动力市场	劳动力的资质	4.01 初等教育的入学率
			4.02 中等教育的入学率
			4.03 企业对员工进行培训的状况
			4.04 企业对待顾客的状况
		劳动力市场	4.05 企业录用与开除员工受法规限制的状况
			4.06 企业易于找到拥有所需技术的员工
			4.07 企业易于雇用外国员工
			4.08 薪水支付水平与劳动生产率的关系
			4.09 女性劳动力占总劳动力的比率
	支柱5:信息与通信技术准备状况		5.01 企业间交易使用信息与通信技术的状况
			5.02 企业与消费者交易使用互联网的状况
			5.03 个人使用互联网的状况
			5.04 宽带互联网的使用状况
			5.05 移动手机的使用状况
			5.06 移动宽带使用状况
			5.07 移动互联网信号覆盖状况
			5.08 电力供应的质量
B.旅游发展政策与条件	支柱6:旅游业发展的优先性		6.01 政府发展旅游业政策的优先性
			6.02 旅游相关支出占政府部门总支出的比例
			6.03 吸引旅游者的营销与品牌建设的有效性
			6.04 年度旅游数据的全面性与可获得性
			6.05 提供月度/季度数据的时效性
			6.06 国家品牌战略精准性评价

续表

一级指标	二级指标	三级指标
B.旅游发展政策与条件	支柱 7:国际开放性	7.01 签证的要求
		7.02 双边航空协议的开放性
		7.03 正在实施的地区贸易协议的数量
	支柱 8:价格竞争性	8.01 机票征税与机场收费状况
		8.02 旅馆价格水平
		8.03 购买力平价
		8.04 燃料价格水平
	支柱 9:环境可持续性	9.01 环境法规的严格性
		9.02 环境法规实施的强制性
		9.03 旅游业发展的可持续性
		9.04 PM2.5 的状况
		9.05 环境协议批准的数量
		9.06 基线水压力
		9.07 受到威胁的物种状况
		9.08 森林覆盖率的变化
		9.09 废水的处理
		9.10 对海岸线捕鱼的管理
C.基础设施	支柱 10:航空交通基础设施	10.01 航空交通基础设施的质量
		10.02 定期的国内航班座位公里数
		10.03 定期的国际航班座位公里数
		10.04 每 1 000 人口的飞机起飞次数
		10.05 机场的分布密度
		10.06 定期航班运营的航线数
	支柱 11:地面和港口基础设施	11.01 公路的质量
		11.02 公路分布的密度
		11.03 路面铺砌过的公路的分布密度
		11.04 铁路基础设施的质量

续表

一级指标	二级指标	三级指标
C.基础设施	支柱11:地面和港口基础设施	11.05 铁路的分布密度
		11.06 港口基础设施的质量
		11.07 地面交通效率
	支柱12:旅游服务基础设施	12.01 每100人拥有的旅馆客房数
		12.02 旅游基础设施的质量
		12.03 汽车租赁公司的存在状况
		12.04 每10万成年人拥有的自动柜员机数量
D.自然和文化资源	支柱13:自然资源	13.01 拥有的世界自然遗产的数量
		13.02 已知的全部物种的数量
		13.03 被保护总面积占国家总面积比例
		13.04 自然旅游在线搜寻需求
		13.05 自然资产对国际旅游者的吸引力
	支柱14:文化资源与商务旅行	14.01 世界文化遗产的数量
		14.02 口头的和无形的文化遗产的数量
		14.03 拥有体育场馆的数量
		14.04 国际会议的数量
		14.05 文化与娱乐旅游在线搜寻的需求

资料来源:World Economic Forum. The Travel & Tourism Competitiveness Report 2017:351-361.

4)我国旅游接待业供给侧结构性改革目标体系的构建

依据供给侧结构性改革的理论以及十九大报告提出的供给侧结构性改革的新要求,遵循我国旅游接待业供给侧结构性改革目标体系设计的六大原则,参照世界经济论坛提出的全球旅行与旅游竞争力评价指标,针对我国旅游接待业供给侧结构性改革的特点与问题,我国旅游接待业供给侧结构性改革目标体系的构成包括:①我国旅游接待业总供给不能满足我国旅游总需求缺口问题的解决目标;②我国旅游目的地公共产品与服务供给短板问题解决的目标;③我国旅游接待业、产品、服务体系发展不平衡与不充分的完善目标;④我国旅游接待业与相关部门和产业、乡村振兴、新型城镇化、区域融合发展机制完善的目标;⑤我国旅游接待业核心竞争力构成要素组合的优化目标;⑥驱动我国旅游接待业发展主体与利益相关者有效合作、追求质量与效益制度供给的完善目标。

(1)我国旅游接待业总供给不能满足旅游总需求缺口问题的解决目标

我国旅游接待业总供给不能满足我国旅游总需求缺口问题的解决目标,主要包括:①制定我国旅游接待业总供给满足我国旅游总需求的目标；②制定对部分出境旅游实施"进口替代"战略的目标，或者制定国与国之间互惠发展旅游的目标。

（2）我国旅游目的地公共产品与服务供给短板问题的解决目标

我国旅游目的地公共产品与服务供给短板问题解决的目标，主要包括：基础设施供给短板问题解决的目标，公共环境与好客气氛营造供给短板问题解决的目标，市场推广与市场治理供给短板问题解决的目标。

基础设施供给短板问题解决的主要目标有：①要将旅游交通纳入交通建设规划，着力解决旅游度假活动地的最后 1 公里的交通问题，着力解决各种旅游交通线路的衔接问题；②要将适合主要游客类型需要的旅游交通信息标识系统纳入城镇与乡村的信息标识系统；③要满足游客对品质厕所的需要。

公共环境与好客气氛营造供给短板问题解决的主要目标有：①提高旅游公共环境的绿化率；②提高旅游环境的空气质量；③增加休闲旅游与慢生活的公共空间，如上海市建设以国家公园、郊野公园（区域公园）、城市公园、地区公园、社区公园为主体的城乡公园体系①；④提高作为旅游社区主人的当地居民的好客程度与帮助游客的交流和知识能力。

旅游目的地品牌推广的主要目标有：①提高旅游目的地品牌的知晓度；②提高旅游目的地品牌的美誉度；③提高旅游目的地品牌的忠诚度。

市场治理供给短板问题解决的主要目标有：①要全面制定与及时完善旅游接待业企业经营法规、制度与标准；②要提高旅游接待业企业经营法规、制度与标准的知晓度与接受度；③要提高旅游接待业企业经营法规、制度与标准的执行度；④要全面制定与及时完善游客文明旅游行为法规、制度与标准；⑤要提高游客文明旅游行为法规、制度与标准知晓度与接受度；⑥要提高游客文明旅游行为法规、制度与标准的执行度。

（3）我国旅游接待业、产品、服务体系发展不平衡与不充分的完善目标

我国旅游接待业、产品、服务体系发展不平衡与不充分的完善目标，主要包括：我国旅游接待业、产品、服务存量资源优化目标，优质增量供给扩大的目标。

旅游接待业、产品、服务存量资源优化的主要目标有：①要解决旅游接待业综合接待能力中的瓶颈问题，如交通瓶颈、信息瓶颈与服务质量瓶颈问题；②要解决旅游需求季节性波动导致旅游资源的闲置与不足交替出现的问题；③要实施"旅游+"战略，使得旅游产品丰富多彩、能满足游客多样化的有效需求；④旅游服务既要个性化、优质化，同时旅游服务价值又要得到社会尊重与承认，要适当提高旅游服务人员的收入；⑤要将当地居民的休闲文化娱乐体育产品、服务、场所建设与旅游者对休闲度假文化娱乐体育产品、服务、场所的需要尽可能结合起来；⑥倡导旅游景区点在淡季为低收入者提供优惠旅游。

旅游接待业、产品与服务优质增量供给扩大的主要目标有：①要提供能满足中高端旅游需求的业态、产品、服务与环境，如要加强建设旅游主体功能区、精品酒店与民宿、优质度假农庄、著名研学旅游基地等；②要努力增加旅游产品、服务与环境的历史文化价值、娱乐体验价值与艺术创意价值。

---

① 戚颖璞.为上海城市"客厅"织密"绿网"[N].解放日报,2017-11-5(1).

（4）我国旅游接待业与相关部门和产业、乡村振兴、新型城镇化、社区、区域、扶贫事业融合发展的目标

我国旅游接待业与相关部门和产业、乡村振兴、新型城镇化、社区、区域、扶贫事业发展存在着相互促进、共同发展的密切关系。

旅游接待业与文化部门融合发展的目标有：①充分发挥博物馆、图书馆、剧院、艺术表演团体为游客提供服务的潜力，包括调整服务与表演时间以适合游客的需要；②文化部门、农业部门设立的发展基金，也要考虑如何支持文化旅游项目与农业旅游项目发展的需要。

旅游接待业与园林部门融合发展的目标有：在国家公园、郊野公园（区域公园）、城市公园、地区公园、社区公园内提供同时符合居民和游客需要的休闲旅游产品、服务与场所。

旅游接待业与商业部门融合发展的目标有：①建设旅游特色购物街区；②在旅游景区点、会展、主题活动场所，设立移动的旅游咨询中心与旅游特色购物车；③开发具有当地特色的旅游商品；④联手工商管理部门，保护好旅游商标、专利等知识产权。

旅游接待业与工业部门融合发展的目标有：①倡导工业企业建设工业旅游展示中心，如位于烟台市的张裕酒文化博物馆；②倡导工业企业支持旅游项目的建设，同时可积极推广自身的工业品，如美国通用汽车公司在上海迪士尼乐园建设的极速光轮即最新的过山车项目，同时推广旗下的雪佛兰品牌轿车。

旅游接待业与农业融合发展的目标有：①建设观光农业；②建设休闲度假农庄；③建设农业科学知识研学基地。

旅游接待业与教育融合发展的目标有：①通过立法手段，将研学旅游融入九年制义务教育体系中，并积极争取融入各类学历教育中，强化"产、学、研、用"的联系；②积极倡导开展红色旅游，进行爱国主义教育。

旅游接待业与城市规划建设部门融合发展的目标有：①建设旅游绿道、景观道、跑步道、慢行道、自行车道；②建设旅游特色街区；③建设休闲旅游度假的慢生活区，包括城市公园、绿地、广场、滨江廊道等；④建设旅游特色小镇，如乌镇、周庄等。

旅游接待业与乡村振兴融合发展的目标有：①建设旅游特色乡村，如陕西袁家村、安徽西递宏村等；②建设田园综合体，如无锡阳山镇。

旅游接待业与新型城镇化融合发展的目标有：①新型城镇化建设要积极融入旅游功能，建设宜居、宜业、宜游与宜闲的新城镇；②建设特色旅游小镇，成为新型城镇化"产城融合发展"的重要增长极。

旅游接待业与区域发展融合的目标有：①建设互为旅游客源地、目的地、延伸地的区域旅游合作联盟；②共同策划"一程多站"的区域旅游项目和线路。

旅游接待业与扶贫事业融合发展的目标有：在适合发展旅游业的贫困地区，集聚社会资源，制定旅游发展规划，开展旅游人才培养工作，开发旅游项目，发挥旅游业在扶贫方面的积极作用。

（5）我国旅游接待业核心竞争力构成要素组合的优化目标

旅游目的地与旅游接待业企业核心竞争力的判断标准是：拥有创造目标市场重视价值的要素，这种要素是难以模仿的，这种要素能帮助企业进入新市场、开发新产品。这些要素

主要包括区位、资源、信息、土地、资金、技术、组织、人员、品牌、能力及与市场的最优组合。

依据旅游核心竞争力的理论,提高旅游目的地与旅游接待业企业核心竞争力的目标包括:①提高科学分析、预测与选择目标市场以及精准定位的能力,如上海迪士尼度假区通过科学分析、预测与选择目标市场,开业第一年接待的游客数量就超过 1 100 万人次、收入就超过 70 亿元;②提高充分认识与有效利用区位与资源的能力,如发展迅速的贵州省旅游业,该省92.5%的面积为山地和丘陵,故该省确定将其建设为山地旅游公园省;③提高合理融资的能力,如通过对农村集体土地的确权,以及对农村集体土地的所有权、承包经营权、租赁经营权的确权与承包经营权的合法转让,来提高乡村旅游发展的融资与社会资源配置能力;④提高认识与运用新技术和使用技术的能力,如提高运用互联网、大数据、人工智能的能力;⑤提高认识与运用现代旅游企业组织方式的能力,如提高连锁化、联营化、品牌化、收购、兼并与资产重组等能力;⑥提高创新创业能力;⑦通过与国内外旅游业发展的先进水平对标,实施精细化管理与精益化管理,不断提升旅游接待业发展的质量与效益指标;⑧引入质量认证标准与卓越绩效评价标准,全面提高旅游目的地与旅游接待业企业的经营管理水平;⑨积极发挥旅游接待业企业的主体作用,采用集团化、集聚化与集群化的发展战略。

(6)驱动我国旅游接待业发展主体与利益相关者有效合作、追求质量与效益制度供给完善的目标

①完善保障旅游者获得合理旅游质量、旅游接待业企业获得合理效益、其他相关利益者享有合理权益的法规与标准的供给。它要求:由旅游法规和标准所建立和维护的市场秩序,既要有利于维护旅游者的合法权益、旅游企业之间公平合理的竞争,又要有利于发挥规模经济、范围经济、品牌经济与协同经济;既要保证旅游者的满意质量,又要维护旅游企业与从业人员的合理收益,维护旅游社区居民的生活、生产与生态利益,并倡导旅游者的文明旅游与旅游接待业企业和旅游目的地追求卓越质量、效益及进行一流品牌建设。

②完善保障旅游项目空间布局合理的质量与效益的法规与标准供给。它要求:旅游接待业布局要做到既能满足旅游者旅游活动流空间分布的便利需要,又能充分保护与利用现有的自然资源、人文资源与社区设施,实现旅游目的地紧凑型的精明增长。

③完善加强各相关部门与地区综合监管与属地监管的法规与标准的供给。其主要原因在于旅游接待业是综合性产业和由客源地到目的地的跨地区产业,需要各相关部门与地区进行综合监管与属地监管。

7.5.3 旅游接待业供给侧结构性改革目标的实现路径

我国旅游接待业供给侧结构性改革目标的实现是一个复杂的系统。我们需要认识这一系统,并对这一个系统进行全面管理,这也就是我国旅游接待业供给侧结构性改革目标实现的路径。

按照系统论学者贝塔朗菲的观点:系统是"相互作用的诸要素的综合体",即由若干互相联系、互相作用的要素组成的,具有特定功能和运动规律的整体。1948 年美国应用数学家、控制论的创始人诺伯特·维纳发表了其名著《控制论:或关于在动物和机器中控制和通信的科学》。控制论对"控制"的定义是:为了"改善"某个或某些受控对象的功能或发展,需要获

得并使用信息,以这种信息为基础设计选择有效措施作用于该对象以实现目标的过程,就称为控制。

依据系统论与控制论的原理,我国旅游接待业供给侧结构性改革目标实现的路径包括3个主要管理系统:①前馈管理系统;②过程管理系统;③反馈管理系统。

1)我国旅游接待业供给侧结构性改革的前馈管理系统

我国旅游接待业供给侧结构性改革的前馈管理系统是指对旅游接待业供给侧结构性改革进入实施过程前的准备投入程度的监测控制系统,包括对投入的各种要素与行为习惯和规则的监测,以确定投入是否符合法律规范、标准或能否实现改革的目标与要求,如果不符合,就要改变投入或运行规则,以保证取得预期的结果。

这就要求我们学习与参照供给侧结构性改革的理论,针对旅游业的特点与存在的问题,制定供给侧结构性改革的规划,积极学习,达成共识,明确供给侧结构性改革的路线图。

2)我国旅游接待业供给侧结构性改革的过程管理系统

我国旅游接待业结构性改革的过程管理系统是指对旅游接待业供给结构性改革实施过程进行实时监测、现场监测和控制的系统,是能及时发现与解决问题的要素与规则的有机组合。这就要求我们建立旅游接待业供给侧结构性改革的责任机制与监督机制,保证实施好旅游接待业供给侧结构性改革的规划。

3)我国旅游接待业供给侧结构性改革的反馈管理系统

我国旅游接待业供给侧结构性改革的反馈管理系统是指按照事后的信息反馈进行控制管理的系统。在前馈控制系统、过程监管控制系统都不能有效发挥作用的情况下,只能运用反馈控制系统,采取有效措施,不断完善旅游接待业供给侧结构性改革的规划,不断强化旅游接待业供给侧结构性改革的实施机制与实施的监管、培训与指导机制。

本章小结

- 旅游接待业的结构。旅游接待业的结构是指构成旅游接待业的各相关行业之间的比例关系与协调关系,特别是指构成旅游接待业的各特征行业之间的比例关系与协调关系。
- 旅游接待业市场的需求结构与供给结构研究的维度。旅游接待业市场的需求结构与供给结构研究的维度包括实物维度、货币维度与有效需求与有效供给维度。
- 旅游接待业结构合理化。旅游接待业结构合理化就是指要做到在合理使用资源、使旅游者满意与旅游接待业企业获得合理效益及旅游业可持续发展的前提下,旅游接待业市场的供给结构与旅游接待业市场的有效需求结构平衡,即旅游接待业供给体系(综合接待能力及其每一构成部分——旅游信息、旅游交通、旅游景点、旅游住宿、旅游文化娱乐活动、旅游购物等分支行业)既不存在不能满足有效需求的瓶颈缺口,也不存在亏损性的供给过剩现象。

- 旅游接待业结构的高级化。旅游接待业结构的高级化就是指在与自然和社会环境保持和谐关系与可持续发展前提下,旅游接待业结构朝着满足旅游者的旅游需求升级需要、增加旅游产品和服务附加值、提高旅游资源的利用效率和旅游企业效益方向发展。

- 旅游接待业融合化发展。旅游接待业融合化发展就是指旅游接待业与其他产业或旅游接待业内不同行业相互渗透、相互交叉,最终融合为一体,逐步形成新业态、新产业或新产业链的动态发展过程。其结果是既满足了游客市场的有效需求,也节约了相关企业与机构的投入成本,还获得了"1+1>2"的协同效应。

- 旅游接待业供给侧结构的特点。①旅游需求的收入弹性较高;②游客的旅游活动过程是从客源地到目的地、再回到客源地,具有空间位移的特点;③旅游需求与旅游供给具有综合性的特点;④旅游业既是经济产业,又是社会文化福利事业,具有多重属性及与其他部门、产业、社区和区域融合发展的特点;⑤具有旅游市场与各种资源能力要素组合的特点;⑥具有发展主体与利益相关者较多的特点。

- 我国旅游接待业供给侧结构性改革目标。①我国旅游接待业总供给不能满足我国旅游接待业总需求缺口问题的解决目标;②我国旅游目的地公共产品与服务供给短板问题解决的目标;③我国旅游接待业、产品、服务体系发展不平衡与不充分的完善目标;④我国旅游接待业与相关部门和产业、乡村振兴、新型城镇化、区域融合发展机制完善的目标;⑤我国旅游接待业核心竞争力构成要素组合的优化目标;⑥驱动我国旅游接待业发展主体与利益相关者有效合作、追求质量与效益制度供给的完善目标。

复习思考题

1.什么是旅游接待业的结构?

2.旅游接待业市场的需求结构与供给结构的研究维度有哪些?

3.旅游接待业结构合理化的含义是什么?

4.旅游接待业结构高级化的含义是什么?

5.旅游接待业结构融合化发展的含义是什么?

6.旅游接待业供给侧结构的特点有哪些?

7.我国旅游接待业供给侧结构性改革的目标有哪些?

【延伸阅读文献】

[1] Larry Dwyer, Peter Forsyth, Wayne Dwyer. TOURISM ECONOMICS AND POLICY [M].UK：Channel View Publications,2010.

[2] 芮明杰. 管理学:现代的观点[M]. 上海:上海人民出版社,1999.

[3] 何建民.论我国旅游业的宏观管理规则[J].管理世界,1987(4).

[4] 何建民.城市休闲产业与产品的发展导向研究[J].旅游学刊,2008(7).

[5] 何建民.我国旅游产业融合发展的形式、动因、路径、障碍及机制[J].旅游学刊,2011(4).

[6] 何建民.我国旅游业供给侧结构性改革的理论要求、特点问题与目标路径研究[J].旅游科学,2018(1).

[7] 何建民.我国文化之都建设的理论、标杆、问题与发展方向[J].旅游学刊,2020(7).

[8] World Tourism Organization.Tourism and Culture Synergies. 2018.

第8章
旅游接待业的公共服务体系

【学习目标】

通过本章的学习,读者将了解与掌握:
- 旅游接待业公共服务体系的构建;
- 旅游接待业公共服务体系的最佳实践;
- 我国旅游接待业公共服务体系的优化;
- 旅游接待业的规划;
- 旅游接待业的市场治理。

旅游接待业既是国民经济的战略性支柱产业,又是实现人民群众美好生活目的的幸福事业,因此,旅游接待业的发展不但依赖于旅游接待业公共服务体系的发展,而且,有效构建旅游接待业的公共服务体系也是现代政府义不容辞的责任。

本书运用福利经济学、新制度经济学、市场失灵理论研究了旅游市场机制与政府提供的旅游接待业公共服务的关系,并依据新制度经济学、市场失灵理论与《中华人民共和国旅游法》构建了我国旅游接待业公共服务体系并说明了其主要内容。在上述基础上,本书借鉴世界著名旅游城市新加坡与香港的成功经验,以上海旅游接待业公共服务体系优化的任务与举措为例,说明了我国地方旅游接待业公共服务体系优化的任务与举措,以及我国旅游接待业公共服务体系优化的方向。

8.1 旅游接待业公共服务体系的构建

8.1.1 旅游接待业公共服务体系构建的理论基础

中国共产党十八届三中全会通过的《中共中央关于全面深化改革若干重大问题的决定》指出:经济体制改革是全面深化改革的重点。其核心问题是如何处理好政府和市场的关系,使市场在资源配置中起决定性作用和更好地发挥政府作用。

在旅游发展领域,如何通过旅游接待业公共服务体系的构建,做到"使市场在资源配置中起决定性作用和更好地发挥政府作用"这两者,有必要研究我国旅游接待业公共服务体系构建的理论基础,以明确市场机制配置资源的功能、问题与边界,政府引导资源有效配置的功能、问题与边界,两者有机协调的方式。

我国一些学者从公共产品、公共服务与市场共同需要角度,对旅游公共服务体系及内容进行了研究。2012年国家旅游局在《中国旅游公共服务"十二五"专项规划》中提出:要完善旅游公共信息服务体系、旅游安全保障体系、旅游交通便捷服务体系、旅游惠民便民服务体系,要强化旅游行政服务功能、旅游公共服务示范工程。本书运用福利经济学、新制度经济学与市场失灵理论展开研究,包括:①福利经济学与市场机制配置资源的决定作用;②新制度经济学及市场失灵理论与政府提供公共服务;③市场机制与公共服务的有效结合:既防止市场失灵,又防止政府失灵。

1)福利经济学与市场机制配置资源的决定作用

按照福利经济学的理论,每一种竞争性的市场经济都是帕累托效率(Pareto efficiency)或称帕累托最优(Pareto optimum),即指一种资源或社会制度的配置状态,与该状态相比,不存在另外一种可选择的状态,使得至少一个人的处境可以变得更好,而同时没有任何其他人的处境变得更差。其原因是:①每个人只关心自己的福利,每个人对自己的福利要求最清楚,通过竞争性市场上的自愿、公平的交易,就能实现各自利益的最大化。②可以通过对初始收入再分配来调节公平与效率关系,给定适当的初始再分配,每一帕累托效率资源配置都可以通过竞争性市场机制来实现。因此,要充分发挥市场机制配置资源的决定性作用。

2)新制度经济学及市场失灵理论与政府提供公共服务

需要政府提供公共服务的主要依据是:按照新制度经济学的理论,政府要负责建立与维护市场经济活动的基础,即建立与实施保护公民和财产、实施合约和界定产权的规制,否则会发生各种侵权行为。

政府要解决以下6种市场失灵问题。①竞争失灵,如存在自然垄断现象。②公共物品提供失效。在私人边际成本超过私人边际收益的情况下,即使社会边际收益高于私人边际成本,市场也不会提供公共物品,如灯塔等。③存在外部性。只要存在外部性,市场的资源配置就不会是有效的。当个人不用承担自己所从事活动的全部外部性成本的时候,此类活动就会过多;相反,如果个人不能享受正外部性的全部利益,此类活动就会过少。例如,没有政府干预,污染水平就会过高。④不完全市场。只要私人市场不能提供公众所必需的产品或服务,即使提供的成本低于个人愿意支付水平,市场失灵就会存在。例如,私人市场对个人面临的许多重要风险仍不能提供保险,政府就需要实施必需的保险项目。⑤信息失灵。许多政府活动都是因为消费者掌握的信息不完全,市场本身提供的信息太少,需要政府帮助提供信息。⑥失业、通货膨胀、需求与供给失衡。人们的有限理性和市场在波动中走向供需平衡的规律,要求政府对市场进行积极引导。

3) 市场机制与公共服务的有效结合：既防止市场失灵，又防止政府失灵

事实上，我们需要将市场机制与公共服务有效结合起来，既要防止市场失灵，又要防止政府失灵。政府失灵的主要原因是：①政府掌握信息的有限性，使其难于预测行动的后果。②对私人市场反应的有限控制，因此，要倡导社会治理。③对政府规制实施机构与程序的有限控制。④政治过程的局限性。例如，利益相关者没有参加合理的决策过程，决策者存在非理性行为，或腐败行为。

8.1.2　我国旅游接待业公共服务体系的构建

新制度经济学及市场失灵理论为政府提供公共服务与构建旅游公共服务体系提供了重要的理论依据。上述理论至少说明：①政府要建立产权制度与市场自愿、公平、诚信、守信的交易秩序；②政府要提供公众必需而市场不会提供的公共物品；③政府要制定产业与环境管理政策，激励具有正外部性的活动行为，约束具有负外部性的活动行为；④政府要制定规划、提供统计信息与采取措施，引导市场供给与市场需求的动态平衡。

下面，本书将《中华人民共和国旅游法》中有关旅游公共服务体系建设的内容与旅游公共服务体系构建的理论相结合，说明我国旅游公共服务体系的基本概念、构成及其内容。

1) 我国旅游接待业公共服务体系的基本概念

依据《中华人民共和国旅游法》，旅游接待业公共服务体系是指以县级以上政府为主导、以社会团体（如旅游行业组织）和私人机构（履行辅助人）等为补充的供给主体，在财政资源及社会合作资源可行范围内，以为旅游者与旅游企业及相关组织提供旅游公益性服务为目的的有关服务内容、服务形式、服务机制、服务政策等的制度安排，以弥补市场机制配置资源的不足。

依据对《中华人民共和国旅游法》相关条款内容的梳理与提炼，我国旅游接待业公共服务体系主要包括：①旅游资源节约与环境保护体系；②旅游市场规则与服务标准体系；③旅游综合协调体系（机制）；④旅游行业组织自律体系；⑤旅游规划和促进体系；⑥旅游经营与服务的规范体系；⑦旅游安全体系；⑧旅游监督管理体系；⑨旅游纠纷处理体系；⑩违法的责任与惩罚体系。

2) 我国旅游接待业公共服务体系的构成及其内容

依据旅游服务体系构建的理论，考虑到中国旅游接待业发展的环境与特点的要求，将上述依据我国旅游法梳理出的我国旅游接待业公共服务体系的内容逻辑化，可以将我国旅游接待业公共服务体系的构成及其内容概述如下：

第一是旅游资源节约与环境保护体系。按照旅游法，我国旅游业发展要做到社会效益、经济效益与生态效益三者相统一。中国不少城市出现的雾霾天气阻碍了旅游活动的开展，说明该体系是我国旅游业发展的重要基础。该体系包括自然资源与社会人文资源的节约、社会环境（如文化习俗环境）和生态环境的保护。

第二是旅游市场规则与监管体系。该体系是保证旅游市场交易活动主体行为符合基本质量要求的强制性规范与推荐性标准,包括准许旅游活动主体(旅游经营者、履行辅助人、旅游者等)进入旅游市场的法规与标准,监管旅游活动主体行为符合基本质量要求的法规与标准,旅游活动主体退出旅游市场的法规与标准。例如,旅游企业或品牌的资质要求或开业条件,设施的最大承载量与价格管理。

第三是旅游综合协调体系。该体系是对所有与旅游需求活动相关的政府部门提供的公共服务的协调机制。例如,《中华人民共和国旅游法》第83条规定:县级以上人民政府应当组织旅游主管部门、有关主管部门和工商行政管理、产品质量监督、交通等执法部门对相关旅游经营行为实施监督检查。又如,为贯彻落实《中华人民共和国旅游法》,加强部门间协调配合,促进我国旅游业持续健康发展,2014年9月经国务院同意,建立国务院旅游工作部际联席会议(以下简称"联席会议")制度。联席会议由旅游局、中央宣传部、外交部、发展改革委、教育部、公安部、财政部、国土资源部、环境保护部、住房城乡建设部、交通运输部、农业部、商务部、文化部、卫生计生委、工商总局、质检总局、新闻出版广电总局、安全监管总局、食品药品监管总局、统计局、林业局、气象局、铁路局、民航局、文物局、中医药局、扶贫办共28个部门组成,旅游局为牵头单位。国务院分管旅游工作的领导同志担任联席会议召集人,协助分管旅游工作的国务院副秘书长、旅游局主要负责同志和中央宣传部、发展改革委、财政部有关负责同志担任副召集人,其他成员单位有关负责同志为联席会议成员。联席会议可根据工作需要,邀请其他相关部门参加。联席会议成员因工作变动需要调整的,由所在单位提出,联席会议确定。

第四是旅游业规划、统计及政策体系。该体系是将旅游业发展纳入国民经济和社会发展规划的保障,也是对促进旅游业发展所需要的土地资源、旅游基础设施、旅游产品(项目)、旅游质量、旅游产业政策(如促进消费免税与退税、便利签证)、旅游产业与市场统计服务的全面安排。

第五是旅游发展基金筹集与配置体系。该体系是提供旅游业建设资金,加强旅游休闲基础设施建设,实施公共资金与社会资金合作发展的PPP(Public and private partnership)战略的保障。

第六是旅游目的地服务与推广体系。该体系包括建立旅游公共信息和咨询平台,建立旅游客运与专线或者游客中转站,为旅游者在城市及周边提供旅游服务,同时,进行旅游目的地的形象推广工作。

第七是旅游人力资源开发体系。该体系包括发展旅游职业教育和培训,建立旅游院校与旅游企业之间的合作机制,提高旅游从业人员的素质。

第八是旅游安全与质量的社会治理体系。该体系包括建立旅游应急机制,促进旅游保险发展,建立旅游智库,建立旅游服务与监督管理的志愿者队伍等。

表8-1　我国旅游接待业公共服务体系的构成及其主要内容

序号	旅游接待业公共服务体系构成	主要内容
1	旅游资源节约与环境保护体系	自然资源与社会人文资源的节约,社会环境和生态环境的保护

续表

序号	旅游接待业公共服务体系构成	主要内容
2	旅游市场规范与监管体系	旅游活动主体进入旅游市场的法规与标准,监管旅游活动主体行为符合基本质量要求的法规与标准,旅游活动主体被驱逐出旅游市场的法规与标准
3	旅游综合协调体系	对所有与旅游需求活动相关的政府部门提供的公共服务的协调机制
4	旅游业规划、统计与政策体系	对发展旅游所必需的土地资源、旅游基础设施建设、旅游产品(项目)开发、旅游质量提升、旅游产业政策、旅游产业与市场统计服务的全面安排
5	旅游发展基金筹集与配置体系	提供旅游业建设基金,加强旅游休闲基础设施建设,实施公共资金与社会资金合作发展的 PPP 战略
6	旅游目的地服务与推广体系	建立旅游公共信息和咨询平台,旅游客运与专线或者游客中转站,进行旅游目的地的形象推广工作
7	旅游人力资源开发体系	发展旅游职业教育和培训,建立旅游院校与旅游企业之间的合作机制
8	旅游安全与质量的社会治理体系	建立旅游应急机制,促进旅游保险发展,建立旅游智库,建立旅游服务与监督管理的志愿者队伍

8.2　旅游接待业公共服务体系建设的最佳实践

选择新加坡与香港作为重点研究样本的主要原因是:这两个城市都是具有全球影响力的世界著名旅游城市,同时,又位于亚洲,主要居民是华人,实施市场经济与法治经济,就城市比较而言,上海与它们具有高度的可比性,对上海与我国整体而言,它们都具有可借鉴性。

现在,比较一下主要居民都是华人的上海与新加坡、中国香港入境旅游业的发展状况与潜力。2016 年,上海人口 2 419.70 万,土地面积 6 340 平方公里;香港人口 737 万,土地面积 1 104.43 平方公里;新加坡人口 560.73 万,土地面积 719.1 平方公里。上海人口是香港的 3.28倍,新加坡的 4.32 倍。上海的土地面积是香港的 5.74 倍,新加坡的 8.82 倍。

从入境过夜旅游人次、旅游外汇收入考察,据联合国世界旅游组织统计,2016 年香港入境过夜旅游人次是 2 660 万人次,香港旅游外汇收入是 329 亿美元;新加坡入境过夜旅游人次是 1 290 万人次,新加坡旅游外汇收入是 184 亿美元;上海入境过夜旅游人次是 690.43 万人次,上海旅游外汇收入是 65.30 亿美元。2016 年,香港入境过夜旅游人次是上海的 3.85倍,新加坡是上海的 1.87 倍。2016 年香港居民的人均旅游外汇收入是 4 460 美元,新加坡居民的人均旅游外汇收入是 3 281 美元,上海居民的人均旅游外汇收入是 269.87 美元。2016

年,香港居民人均旅游外汇收入是上海的 16.53 倍,新加坡是上海的 12.16 倍。上述差距,也是上海建设国际著名旅游城市的巨大的发展潜力。

显然,新加坡和中国香港是上海的学习榜样。新加坡和中国香港取得上述发展成果,与它们拥有世界一流的旅游接待业公共服务体系是密切相关的。因此,它们的旅游接待业公共服务体系的成功经验值得我们研究借鉴。

8.2.1 新加坡旅游接待业公共服务体系建设的成功经验分析

新加坡旅游接待业公共服务体系建设的成功经验可以概括为以下 9 个方面。

1) 将旅游接待业确立为关键性的支柱产业,明确旅游接待业发展的倍增目标与资金投入保障

2005 年 1 月 11 日,新加坡贸易与工业部长林勋强(Lim Hng Kiang)揭示了新加坡旅游业至 2015 年发展的宏伟目标,即要确保新加坡旅游业保持为关键性的经济支柱产业。

到 2015 年,要将新加坡的旅游收入扩大 3 倍,达到 300 亿新加坡元,旅游人次扩大 2 倍,达到 1 700 万人次,新创造 10 万个就业岗位。这些目标将驱动未来 10 年在旅游业的创意发展与跨越式发展,并决定投入 20 亿新加坡元(约合 100 亿元人民币)的旅游发展基金以促进新加坡旅游业的发展。

表 8-2 新加坡旅游局制定的 2015 年新加坡旅游业发展目标

发展目标指标	2004 年	2015 年要达到的目标
入境旅游收入(10 亿新加坡元)	10	30
入境过夜旅游者人次(百万)	8	17
旅游就业(人数)	150 000	250 000

2) 法治化与市场化的科学结合,严格维护旅游接待业市场秩序与积极建设旅游目的地品牌

为了维护好旅游市场秩序与积极建设旅游目的地的整体品牌形象,新加坡制定与实施了一系列旅游法规。

新加坡的旅游法规可以分为两大部分,第一部分是由新加坡国家议会专门制定的具有强制性的《新加坡旅游局法》《新加坡旅行社法》和《新加坡旅馆法》等。这些法律往往有附件,例如《新加坡旅游局法》的附件一是《新加坡国家旅游标志使用说明》,附件二是《新加坡旅游局标志使用说明》。

第二部分是由上述法律授权这些法律的实施主管部门可以制定相应的、具有强制性的管理规范及处罚条例。例如,新加坡旅游局依据《新加坡旅游局法》的授权,制定了各种相关的新加坡旅游管理条例,其中包括 1973 年 7 月 1 日颁布的《新加坡旅游局法:新加坡导游许可与管理条例》,该条例的附件《导游许可证的先决条件》;1973 年 9 月 1 日颁布的《新加坡旅游局法:新加坡旅游局准成员管理条例》;1988 年 3 月 5 日制定的《新加坡旅游局法:新加坡旅游局条例》等。

与中国旅游法规比较,新加坡旅游法规的显著特点是:①旅游法律适用的对象与约束的行为主体明确,即以某一行为主体的人为主要适用对象,包括企业或机构,企业或机构也要落实到具体的负责人上。例如,旅游股份制企业的所有董事要承担法律责任,员工要对自己的违法行为承担责任,同时,企业管理人员也要对员工的违法行为承担连带责任。②旅游法律规定的行为要求非常明确,即明确说明应该做什么,哪些行为属于违法行为。③法律实施主体与实施权力非常明确,规定实施主体具有制定实施条例权力与强制执行权力。例如,《新加坡旅游局法》明确规定新加坡旅游局负责对导游的管理工作,可以制定具有强制执行力的导游管理条例。④对任何违法行为要能够立即进行查处与处罚,要保证产生"违法损失大、要主动防止发生违法行为的自觉效应与积极效应"。在新加坡,任何违法行为除了要受到暂停营业、取消营业资格等处罚外,都要受到罚款、监禁的处罚或者同时接受上述两种处罚,具有强制执行力。⑤法律遵守情况的检查及法律执行条件完善。《新加坡旅游局法》规定执法机关可以随时进入个人或企业办公室,检查个人或企业有无犯罪行为,具有可以立即制止违法行为的能力与条件。例如,《新加坡旅游局法》规定,只要得到旅游局长的授权,新加坡旅游局的官员可以随时进入旅行社的办公室,查阅各种相关资料,也可以拘留旅行社的工作人员。

新加坡旅游法规按照不同的标准,可以分成不同的类型,依据新加坡旅游法针对的不同行为主体,新加坡旅游法规可以分为:①《新加坡旅游局法》;②《新加坡旅行社法》;③《新加坡旅馆法》;④《新加坡导游条例》;⑤《新加坡旅游税收征收法》。

3) 从旅游行政管理走向旅游社会治理,建立各种汇聚社会资源的旅游组织

据《2002/2003 年新加坡旅游局年度报告》报道:面对"9·11"事件,新加坡旅游局调整其公司的业务单位与运作方式,强化与国内旅游企业的合作,并建立国际合作联盟,其中包括建立旅游业国际咨询委员会。当时国际咨询委员会成员有:新加坡航空有限公司的副董事长和首席执行官,亚洲太平洋威士卡公司总裁与首席执行官,澳大利亚维多利亚州的前总理,新加坡旅游局副主席、首席经理,亚洲和印度 Kuoni 旅行社董事长和首席执行官,美国卡尔森公司董事长和首席执行官,比利时国际文化咨询公司总裁,美国运通公司全球旅行服务总裁,英国 Reed 展览公司董事长,日本旅行社协会主席,中国阳光电视网主席。在 2003 年 7月,新加坡旅游业国际咨询委员会名单从 12 人扩展到 15 人,又增加或调整为新加坡 Ascott集团有限公司主席,马来西亚星光邮轮总裁与总经理,上海交通大学校长谢绳武教授,新加坡 Silverlink 控股有限公司董事长,美国烹饪学院财务委员会主席等。

4) 用规划与立法方式,保障旅游公共服务需要投入的资金

1964 年 1 月 1 日颁布的《新加坡旅游局法》已经提出了要设立旅游基金。1973 年 2 月 6日公布的《新加坡旅游税收征收法》规定,新加坡旅游局可以征收旅游税作为旅游基金来源之一。新加坡政府于 2005 年制定的《新加坡 2015 年旅游发展纲要》,又明确其后 10 年新加坡政府为新加坡旅游业发展基金提供 20 亿新加坡元。

5)实施便利签证政策,深度开发旅游市场

新加坡实行过境免签证 96 小时政策。新加坡樟宜机场还专门为转机旅客提供旅游服务,如果转机时间超过 6 个小时,可以在旅客咨询中心报名参加免费的新加坡观光大巴旅游。

新加坡樟宜机场是整个东南亚的重要交通枢纽,与 60 个国家或地区的大约 280 个城市相连接,每周大约 6 900 次航班可为乘客和货物提供便捷和有效的服务。据统计,樟宜机场平均每天接待旅客近 14 万人次。2012 年接待了 5 000 万人次,其中约 30%是中转旅客,中转客达到了 1 500 万人次。樟宜机场凭借其优质的服务和设施,连续 20 年蝉联亚洲最佳机场称号,并成为很多在东南亚转机旅客首选的中转站。

6)实施旅游购物退税政策,千方百计便利旅游消费

在新加坡购物,离境的游客可以享受 7%的商品与服务税的退税优惠。游客可以寻找贴有"退税"标识的商家,或者在同一店消费满 100 新元即可享受退税。

缓解退税程序的烦琐问题至关重要。2011 年 5 月,新加坡推出电子旅客退税计划,境外旅客只需要使用同一张信用卡作为退税卡,至新加坡樟宜国际机场办理出境手续时,可直接去位于航站楼内的自助退税服务机办理退税手续。与通过退税表格申请退税的旧系统比较,旅客不再需要为每项购物填写表格,在离境时也省去了排队申请海关验核、排队办理退税手续的复杂程序。

7)利用各种方式,积极推广旅游目的地

新加坡政府采用伞形的旅游目的地推广方式,即政府主导,联合旅游企业一起推广,并吸引全世界各种相关资源推广新加坡。例如,新加坡政府支持外国电影公司在新加坡拍摄电影,对到国外推广新加坡旅游业的当地企业,允许其到国外推广所产生的往返交通费在其税收中减免,还在全世界设立了 20 多个地区性推广机构。

8)突破旅游接待业产业链的瓶颈制约环节,支持旅游接待业核心能力建设

新加坡政府 2005 年制定的《新加坡 2015 年旅游发展纲要》,明确规定用 20 亿新加坡元的旅游发展基金聚焦支持以下 4 个发展领域:

①基础设施建设:开发关键性的基础设施以支持旅游业的发展;

②旅游企业能力建设:提高以新加坡为基地的旅行与旅游企业的能力,也提高吸引世界一流旅行与旅游企业和组织到新加坡建立其机构的能力;

③主持偶像性或者有重要影响的节事活动:吸引偶像性的或者大型的节事活动在新加坡举行,以提升新加坡作为一流的休闲、商务和服务目的地的形象;

④开发具有战略性的旅游产品:例如开发作为亚洲服务中心的疗养健身与研学旅游产品。

9）强化文明旅游行为，运用各种力量绿化、美化与亮化旅游环境

（1）对任何影响环境的行为制订法律进行强制性的规范约束

新加坡法律规定：严禁在电梯、影院、地铁车厢内抽烟，抽烟者罚款 5 000 新元，约合人民币 3 万元。行人过马路闯红灯，或者未走斑马线要罚 20 新元，随地吐痰罚 70 新元，乱扔垃圾罚款 500 新元。

（2）实施公共交通优先政策

运用经济杠杆控制私家车的发展。大力发展巴士、地铁等公共交通。新加坡不仅买车的价格昂贵，而且，还必须事先购买与道路增长量相适应的拥车证，拥车证市场拍卖，最高价格与车价相当，并且要支付高昂的公路费和停车费。在控制私家车的同时，努力创造公共交通条件，设置了巴士专用道，实施十字路口巴士优先政策。

（3）绿化建设全面细致，营造赏心悦目的环境

一是绿化尽可能覆盖每一寸土地。道路两旁强制性地实施绿化，立交桥、人行天桥、楼顶处处可看到立体绿化，路边挡土墙留出 15 厘米栽种攀爬植物，停车场也采用透气砖进行绿化，真正做到了见缝插绿、土不露天。无论是在大街上，还是在购物中心、宾馆、餐厅，目光所及的都是绿树青草。二是绿色廊道独具特色。从 20 世纪 90 年代起，新加坡就着手建立公园串联廊道，用以连接各大公园、自然保护区与居住区公园。廊道系统宽 6 米，包括 4 米宽的路面，居民可以不受机动车辆的干扰，通过骑自行车或步行游览各个公园，也可以作为前往地铁站、巴士站的捷径。2012 年，廊道总长达到了 300 公里。

（4）严格执法形成整洁有序的市容环境

新加坡城市里几乎看不到交警和城管队员在现场执勤管理，但是市容整洁、交通畅通，街道上看不到乱停放和摆设摊点现象，几乎没有乱扔垃圾的现象。整座城市日常运行十分规范有序。一是法律法规健全。针对城市管理制定如《环境污染控制法》《环境公共健康条例》《公共设施条例》等各种法规 300 多种，这在全世界是罕见的。二是严格执法。成立了"花园城市行动委员会"，突出城市管理的组织协调和考评监督，建立了一支素质精良的执法队伍和遍及社会各阶层的监控网络，执法过程始终突出一个"严"字，执法如山，毫无例外。

8.2.2　中国香港旅游接待业公共服务体系建设的成功经验分析

香港旅游接待业公共服务体系建设的成功经验可以概括为以下 11 个方面。

1）建立完善的旅游接待业公共服务体制与机制

香港将旅游业与金融服务、贸易及物流、专业服务及其他工商业支援服务并列为四大支柱产业，并建立了比较完善的旅游接待业公共服务体制与机制。

香港旅游接待业公共服务的体制与机制主要包括：①香港立法会负责制定旅游立法，即建立旅游法律规制；②香港旅游事务署代表香港政府制定、落实、评估与调整旅游产业政策；

③香港旅游业议会、香港饭店协会、香港展览会议业协会等民间行业协会代表香港旅游业者实施、评估与反馈旅游产业政策,同时制定行业的自律规制;④香港旅游发展局专门实施、评估与反馈香港旅游推广领域的产业发展政策,积极推广香港"亚洲的世界城市"这一旅游品牌形象。

2)资助旅游吸引物建设项目的开发

以香港迪士尼乐园为例,该项目投资数百亿元,除交通、土地等费用外,主题公园本身建设耗资约 66 亿港元,其中香港特区政府占 57% 的股份。此外,香港政府在亚洲国际博物馆、湿地公园和东涌吊车等项目上也投入数亿元资金,支持香港旅游产品的开发与更新。

3)积极推广免签证

目前,全世界约有 170 个国家和地区的居民可免签证到香港旅游 7 天到 6 个月不等,香港政府积极使中国中央政府与香港特别行政区政府同时取消内地到香港旅游的配额限制,实施"个人游政策"和香港旅游年推广政策等。

4)积极提供旅游信息服务

旅游信息服务包括:在全世界主要客源地设立 13 个办事处与 8 个代办机构,香港旅游发展局还专设"旅游网",为游客提供最新资讯,设立游客咨询及服务中心、旅游热线,而且在大型国际会议和展览现场设置咨询服务台来处理大量的游客咨询。

在中国内地游客不断增加的情况下,香港旅游发展局 2003 年在罗湖口岸增设旅客咨询及服务中心,还在有些入境口岸、酒店、购物中心及旅游景点等上百个场所设置自助旅游资料架。

在互联网时代,香港特区政府还特别建设了下列旅游目的地公共服务信息网站:①香港旅游发展局为赴港游客提供的公共信息服务网站,称为"发现香港旅客网站";②香港旅游发展局为协助香港旅游企业推销香港提供的公共信息服务网站,称为"香港旅游业网"。③香港特别行政区政府旅游事务署提供的处理旅游行政管理的公共服务信息网站,称为"香港旅游事务署网站"。

5)倡导发展城市公共交通

为了保障交通的安全性、可靠性、环保性和高效性,以优先发展铁路(地铁)作为发展公共交通系统的重点,同时也大力发展公交车。政府在汽车上牌、保险、停车和加油等各方面出台一系列优惠政策支持公交车,同时采取措施限制私家车的使用。

6)保障游客与旅行社的合理利益

1978 年香港旅游业议会(旅行社行业协会)正式成立。它的工作目标就是维持旅游业的高专业化水平,并且保障旅游业者与出入境游客双方的利益。

从 2002 年 11 月起,按修订的《旅行代理商条例》,所有在香港经营出境游和入境游业务的旅行代理商,都必须领取旅行代理商牌照。而领取牌照的必要条件就是要先成为旅游业议会会员。通过这一政策可以把香港经营出入境业务的旅行代理商纳入行业协会的管理范围。

从 2002 年 2 月开始,旅游业议会对游客推行"14 天百分百退款保证计划",并且设立投诉机构,以确保游客在香港合理的消费利益。此外,旅游业议会也规定会员旅行社不得向入境游客收取离团费、年龄差别费及职业附加费等。在保障游客和旅行社利益方面,旅游业议会也通过设立"旅游业赔偿基金"和"旅游团意外紧急援助基金计划"来给予支持。

1988 年香港政府颁布了《1988 年旅行代理商条例》,正式设立"香港旅游业议会赔偿基金",规定旅行社组织游客外出旅游时,必须在给游客的发票或收据上加盖旅游业议会制作的印花,由旅游业议会对旅行社的经营进行监督,同时旅行社要向旅游业议会缴付团费 1% 的印花费,其中 50% 注入赔偿基金。遇到旅行社破产、倒闭时,按照相关条款,受影响的游客可以从基金中获得 70% 团费的补偿。随着香港旅游业议会收取印花费积累的旅游业赔偿基金不断增加,香港政府多次下调印花费率,并且上调损失补偿率。目前,法律规定的印花费率降至 0.3%,而损失补偿率增至团费的 90%。另外,法律规定收取的 50% 印花费作为旅游业议会的管理费,支付日常开支和员工工资,可以为旅游业议会更好地开展日常工作提供资金保障。

1996 年,旅游业议会又推出"旅游团意外紧急援助基金计划",为参加外出旅游的旅行团游客意外伤亡提供紧急援助,最高金额达 18 万港元,并将收取的印花费部分用于旅行团队外出旅游发生意外的援助。这样做既减轻了旅行社的风险,也最大限度地保护了游客的利益。

7) 积极开发旅游业人力资源

2001 年香港旅游事务署针对香港青少年推出名为"好客文化遍香江"的全港性公众教育活动,并于 2003 年继续推行。同时香港旅游事务署还与香港青年协会合办香港青年大使计划,培训青年领袖成为接待游客的青年大使。2003 年,香港特区政府为香港旅游发展局专项拨款 4 000 万港元,实施旅游业英才实习计划。在进一步提升香港好客文化的同时,为有志投身旅游业的人士提供在第一线工作的实习机会。

8) 强化旅游业的环境保护

香港特区政府成立跨部门的绿化委员会实施绿化计划,推行强制性的产品责任制,坚持对污染环境者实施"污染者自付"的原则。另外,香港特区政府要求每一个在香港注册的上市公司,每年要撰写该上市公司的社会责任报告。

9) 建设世界旅游购物胜地

香港充分利用自由港的免税购物政策,吸引游客到香港来旅游,使香港成为世界著名的免税购物胜地。据《2017 年香港旅游业统计》报道,在 2016 及 2017 年,香港入境过夜旅游者的购物消费支出要分别占他们消费总支出的 54.5% 和 50.8%,香港入境不过夜旅游者的购物消费支出要分别占他们消费总支出的 87.1% 和 86.2%。

10) 利用自由贸易港与税收优惠政策来吸引旅游投资

香港是自由贸易港，没有关税，企业的所得税率仅为 16.5%。香港税务局对在内地生产、香港进行销售的企业，给予 50% 免征所得税优惠。另外，《香港行政长官 2017 年施政报告》指出，要继续发挥香港简单低税制的优势。在所得税两级制方面，企业首 200 万港元的所得税率将由所建议的 10% 进一步降至 8.25%，即是现行所得税率的一半，其后的利润则继续按标准税率 16.5% 征收。第一级的税率更低，进一步减轻中小企的税务负担。在推动企业投资科研方面，香港创新及科技局会就研发开支获额外扣税的建议咨询业界，建议首 200 万港元的符合资格研发开支可获 300% 扣税，余额则获 200% 的扣税。

在香港，除地铁、港口、机场、邮政和工业村公司由当局直接经营外，其余都由私人自由经营。不论本地公司还是外国公司都按公司法注册登记，自由竞争，优胜劣汰。

11) 开展旅游产业与市场的统计研究工作

香港旅游发展局定期提供的旅游统计资料主要有：①酒店分类制度；②会展奖励旅游统计；③与入境旅游相关的消费；④访港旅客统计；⑤访港旅客分析报告；⑥访港旅客的访港目的统计；⑦邮轮旅客统计；⑧酒店供应情况；⑨酒店入住率报告；⑩香港旅游业统计；⑪香港酒店业回顾；⑫香港酒店业回顾概览。

香港统计处提供香港旅游增加值与就业量占香港 GDP 与总就业量比重的统计数据。

8.3 我国旅游接待业公共服务体系建设的优化

8.3.1 地方旅游接待业公共服务体系建设的优化方向

上海是我国旅游接待业的发达地区。本书以上海为例，说明我国地方旅游接待业公共服务体系建设的优化方向。这对我国地方旅游接待业公共服务体系建设优化具有普遍的借鉴意义。

依据上海旅游接待业公共服务体系的现状，以及与新加坡和香港比较存在的差距，围绕上海建设具有全球影响力的世界著名旅游城市的机遇与目标，上海市旅游接待业公共服务体系建设优化的任务与举措有以下 12 个方面。

1) 引导上海各相关部门主动做好各自相关的旅游公共服务

针对上海旅游接待业发展进入了"全球化、全域化、全产业链化、全主体相关化、生态化、法治化、提质增效"的新阶段，确立旅游接待业是促进上海经济发展的关键性支柱产业，促进上海社会发展的目的性产业，促进上海服务贸易出口的新增长点，完善投资环境的先导性产业,以此引导上海各相关部门主动做好各自相关的旅游公共服务。

2) 完善上海旅游公共服务提供的体制与机制

这方面的主要任务与举措包括:①完善上海旅游领导小组这一协调相关政府部门有效提供旅游接待业公共服务的协调机制;②完善长三角旅游发展一体化的长三角旅游发展协调领导小组;③每年召开上海市旅游业发展大会,建立使各利益相关方达成共识、共建、共治、共享目标的交流平台;④组建上海市旅游发展战略咨询委员会;⑤依据实际需要,成立跨部门的工作机构或工作小组,有效完成提供跨部门旅游公共服务的任务;⑥建立各政府相关部门与单位的旅游工作负责人工作业绩考核制度。

3) 完善上海市的旅游法规、标准以维护市场秩序

这方面的主要任务与举措包括:①制定上海市旅游会展处、旅游景区点、旅游饭店、旅行社、旅游购物店、旅游交通、旅游咨询中心、旅游集散中心、旅游目的地品牌的相关法规;②制定上海市旅游会展处、旅游景区点、旅游饭店、旅行社、旅游购物店、旅游交通、旅游咨询中心、旅游集散中心、旅游目的地品牌的工作标准;③要求旅游企业和机构遵循旅游业质量的基本标准,即底线标准,同时,倡导旅游业的卓越质量标准,促进旅游业品牌建设;④严格实施上述法规和标准,切实做到"不想违法、不敢违法、不能违法",同时,切实做到"想干,能干,干好",即切实做到每个人或每个岗位的工作"有利、有责、有能、有戒"。

4) 要破解旅游接待业产业链的瓶颈制约问题

这方面的主要任务与举措包括:①解决旅游交通短板的旅游集散中心建设与旅游交通便利设施建设。②解决旅游信息短板的旅游咨询中心建设。③解决旅游人力资源短板的全球旅游职业院校与高等院校的人才实践基地建设,旅游服务的志愿者队伍建设,旅游服务人员与经营管理人员的培训中心建设,旅游相关政府部门领导的旅游与国民经济和社会融合发展战略培训。④解决旅游发展的土地要素制约,制定适当的土地政策。⑤强制实施旅游经营者的经营责任保险,积极倡导游客主动承保人身意外伤害保险,包括但不限于航空意外险、旅游意外险、紧急救援保险、特殊项目意外险。既努力防止风险发生,又为发生风险后准备好赔偿资金。

5) 要保障旅游接待业公共服务的资金来源

要制定、宣传与实施有关上海市旅游发展基金、旅游税收来源与使用的详细法规。

6) 要优化旅游者出入境的签证服务

要积极促进与实施免签证政策,针对不同类型的入境旅游者,要将过境免签证政策由目前的 144 小时增加到 60 天、90 天等,例如,针对海外高级管理人员的医疗旅游者,可实施 90 天的免签证政策,同时,要使得 144 小时的免签证政策也适用于邮轮游客,并引导相关旅游接待业企业开发过境免签证的系列旅游服务和产品。

7)要加强旅游目的地推广的公共服务

要积极推广上海旅游目的地的形象品牌。上海要制定旅游目的地优质服务品牌的认证与推广机制,要在全国与世界重要客源地区建立推广网络,与国内外传统媒体与新媒体建立互利的推广平台,如设立上海电视台的旅游频道,并与主要客源国或地区的电视台互换旅游推广节目。

8)要完善旅游统计指标体系与旅游市场研究工作

要完善旅游接待业统计与积极开展旅游接待业市场研究工作。定期为相关部门、旅游接待业企业提供下列旅游统计资料:①旅游接待业的就业与增加值贡献统计;②会展奖励旅游统计;③与入境旅游相关的消费;④访问上海的游客统计;⑤访问上海游客的分析报告;⑥邮轮游客统计;⑦酒店供应情况;⑧酒店入住率报告;⑨上海旅游业统计;⑩上海酒店业发展专题报告。

9)强化游客文明旅游行为,绿化、洁化、亮化、美化、便捷化旅游环境

联合各相关机构与组织,包括上海市建设交通委员会、环保市容局、城管执法局、文广影视局、市场监督管理局、教育局建立上海市旅游环境建设委员会,强化文明旅游行为,防止由大客流产生的大量垃圾现象,将所有的上海地铁乘客进入车站的门建成刷卡后自动感应开启门,并方便旅游者的拉杆箱通行,绿化、洁化、亮化、美化、便捷化旅游交通环境、旅游信息环境(信息标志系统)、旅游社区环境,实施"谁污染,谁负责"制度,让每一位游客主动防止环境污染。

10)要完善促进旅游投资、创业与创新的公共服务

要将上海自由贸易试验区创新的体制机制与政策引入上海旅游接待业的发展中来,研究如何营造达到或胜过新加坡与香港的旅游投资环境,建设亚洲旅游总部,亚洲旅游医疗、旅游研学的服务中心。

11)要完善促进旅游消费的公共服务

积极推广旅游者购物离境退税的政策,加大旅游购物定点商店数量,促进旅游购物离境退税手续的便利化。倡导旅游景点利用每周、每月、每季、每年的淡季,开展半价或免费的公益性旅游活动,同时,开展积极的公益性营销活动。

12)建设亚洲的旅游接待业教育与实习基地,每年表彰优秀的旅游接待业人才、文明游客与旅游设施

依托上海迪士尼度假区与200多家星级饭店,上海要积极建设亚洲的旅游教育与实习基地,联合上海电视台每年评选十大旅游接待业发展的最可爱的人与最可爱的设施,树立学

习的榜样,包括:①最可爱的文明旅游者;②最可爱的旅游志愿者;③最可爱的环境营造者;④最可爱的旅游服务者;⑤最可爱的旅游目的地;⑥最可爱的旅游厕所;⑦最可爱的旅游公共服务与管理模范;⑧最可爱的旅游服务人员;⑨最可爱的旅游交通专线;⑩最可爱的旅游业实习生。

8.3.2　国家旅游接待业公共服务体系建设的优化方向

本书在前面构建的我国旅游接待业公共服务体系,对新加坡和香港旅游接待业公共服务体系成功经验的分析,以及在上述基础上对上海旅游接待业公共服务体系优化的任务与举措的建议,对我国旅游接待业公共服务体系完善与优化方向具有重要的启示。

我国各地政府,可以根据当地旅游接待业发展的目标、特点与瓶颈问题,从以下 8 个方面或 8 个方向借鉴新加坡、中国香港的成功经验,参考上海的优化任务与举措,完善当地的旅游接待业公共服务:①旅游资源节约与环境保护体系;②旅游市场规范与监管体系;③旅游综合协调体系;④旅游业规划、统计及政策体系;⑤旅游发展基金筹集与配置体系;⑥旅游目的地服务与推广体系;⑦旅游人力资源开发体系;⑧旅游安全与质量的社会治理体系。

各地政府在完善与优化我国旅游接待业的公共服务体系建设时,需要考虑我国地大物博、各地发展程度不同,以及纵向的行政区域管理层级与横向的行政区块之间的协调问题。《中华人民共和国宪法》明确规定了目前中国的行政区域划分,第三十条规定中华人民共和国的行政区域划分如下:①全国分为省、自治区、直辖市;②省、自治区分为自治州、县、自治县、市;③县、自治县分为乡、民族乡、镇。直辖市和较大的市分为区、县。自治州分为县、自治县、市。自治区、自治州、自治县都是民族自治地方。第三十一条规定国家在必要时得设立特别行政区。在特别行政区内实行的制度按照具体情况由全国人民代表大会以法律规定。

截至 2013 年 12 月,全国共有 34 个省级行政区(其中:4 个直辖市、23 个省、5 个自治区、2 个特别行政区),333 个地级行政区划单位(不含港澳台,其中:286 个地级市、14 个地区、30 个自治州、3 个盟),2 853 个县级行政区划单位(不含港澳台,其中:872 个市辖区、368 个县级市、1 442 个县、117 自治县、49 个旗、3 个自治旗、1 个特区、1 个林区),40 497 个乡级行政区划单位(不含港澳台,其中:2 个区公所、7 566 个街道、20 117 个镇、11 626 个乡、1 034 个民族乡、151 个苏木、1 个民族苏木)。662 238 个村级行政单位(不含港澳台,包括社区居委会)。

考虑到我国地大物博,有省、自治区与直辖市,有地区与地级市,有县与县级市,各直辖市与地级市中又有区县,县级市或县中有乡镇,因此,纵向跨层级(省、市、县、镇、乡、村)、横向跨地区(长三角地区、珠江三角洲地区、京津冀环渤海地区等)的旅游接待业公共服务的协调优化也是我国旅游公共服务体系完善的重要任务之一。

8.4 旅游接待业的规划

8.4.1 旅游接待业规划的定义与编制的思路和内容

1)旅游接待业规划的定义

按照国家标准《旅游规划通则》(GB/T 18971—2003)的界定:旅游发展规划是根据旅游业的历史、现状和市场要素的变化所制定的目标体系,以及为实现目标体系在特定的发展条件下对旅游发展的要素所做的安排。

本书依据作者对接待业规划编制的长期研究与实践经验,将旅游接待业规划定义为:以旅游产业经济学、战略管理理论、利益相关者理论与营销理论和方法为指导,以历史与现状为起点,以市场需求为基础,以资源与能力为依托,以机会与竞争优势为突破口,以主要利益相关者(政府、社区居民、旅游者、旅游企业等)的集体意愿的和谐平衡为导向,对未来旅游接待业发展的目标、指标、战略、布局、核心产品体系、支撑服务体系、品牌营销体系、环境保护体系、营运与管理体系、实施保障体系的系统安排。

2)旅游接待业规划要解决的问题与编制的思路和内容

(1)旅游接待业规划要解决的问题

依据旅游产业经济学、战略管理理论与营销理论和方法,我国旅游接待业规划编制的主要任务是要研究解决下列旅游接待业发展的基本问题:

①研究掌握国际与国内发展重大事件、因素与趋势对我国旅游接待业有效需求的影响状况,包括我国入境旅游市场、国内旅游市场与出境旅游市场的发展现状与发展潜力;

②研究掌握我国旅游接待业的供给基础和特点,包括我国旅游接待业发展的阶段特点与发展规律,在目前与未来竞争环境下旅游接待业发展必须依托的资源与能力的优势与劣势状况;

③研究掌握我国政府发展旅游产业的目标与政策导向,如扩大消费需求,培育新的战略型产业,调整优化城乡结构,振兴乡村,促进区域合理分工与协调发展,节能减排、发展绿色经济和低碳经济以增强可持续发展能力,完善公共服务、加强社会管理以促进社会和谐稳定,完善社会主义市场经济体制,转变对外经济发展方式以形成国际合作和对外竞争的新优势等;

④在上述研究基础上,需要依据旅游接待业目标市场发展潜力,旅游资源与能力的优势,我国政府发展旅游业的目标与政策导向,明确我国旅游接待业发展的定位与功能,包括产业定位、市场定位,制定我国旅游接待业发展的总体目标、阶段目标、指标体系和发展战略;

　　⑤依据我国旅游接待业的发展目标与发展战略,编制我国旅游接待业发展空间的功能布局和旅游项目的发展规划;

　　⑥依据被细分的不同旅游目标市场的需求特点,制定旅游产品与旅游线路发展规划;

　　⑦依据游客选择旅游产品或活动时往往同时选择旅游目的地、旅游延伸地、旅游中转地,即选择一系列旅游产品或旅游线路的行为规律,需要注意本区域内与本区域外旅游产品或旅游线路的合作开发与推广;

　　⑧依据旅游功能布局与旅游项目发展规划,同时依据旅游产品和旅游线路开发规划,编制相应的旅游支持系统规划,包括旅游咨询服务中心、旅游交通与信息标识系统、旅游厕所、旅游餐饮、旅游住宿、旅游文化娱乐设施与活动、旅游文化娱乐夜经济集聚区与活动、旅游人力资源培训机构、各类旅游企业培育发展、旅游行业协会发展等规划;

　　⑨依据环境保护与可持续发展的要求,编制自然环境与社会人文环境的保护规划;

　　⑩依据旅游目标市场特点、营销机会和投入资源,编制旅游地(旅游目的地、旅游延伸地、旅游中转地或上述三者结合)与旅游接待业的品牌营销规划;

　　⑪制定上述规划项目的投资、建设、运营、管理规划;

　　⑫制定上述旅游规划实施的保障体系与行动计划。

　　(2)旅游接待业规划编制的思路和内容

　　解决我国旅游接待业规划编制的上述基本问题,需要遵循的旅游接待业规划编制的基本思路和内容是:

　　①旅游接待业发展的历史回顾与资源及产业的现状评价;

　　②旅游接待业发展的机遇、威胁、优势、劣势分析;

　　③旅游接待业市场的历史、现状与趋势分析;

　　④旅游接待业发展的定位、目标与指标体系制定;

　　⑤旅游接待业发展的战略制定;

　　⑥旅游接待业发展空间的功能与项目布局;

　　⑦旅游吸引物产品与旅游活动的线路设计;

　　⑧旅游支持产业体系设计;

　　⑨旅游品牌与营销体系设计;

　　⑩旅游自然环境与社会人文环境的保护体系设计;

　　⑪旅游项目投资、建设、运营、管理体系设计;

　　⑫旅游接待业规划实施的综合保障体系设计;

　　⑬旅游接待业规划实施的行动计划;

　　⑭旅游接待业规划的附件:专题调查研究报告、相关图件、相关表格。

8.4.2　旅游接待业规划编制的案例分析

　　旅游接待业规划主要可以分成以下两类,①旅游接待业的总体规划;②旅游接待业的专项规划。现在分别说明它们的编制案例。

1）旅游接待业总体规划编制的案例分析

本书以中国改革开放的先行区、示范区,具有 3 个 5A 级景区与内地第一个迪士尼度假区的上海浦东新区旅游业发展"十三五"（2016—2020 年）规划编制的案例进行分析说明。事实上,不同地区、处于不同发展阶段的旅游接待业发展的总体规划具有自身的特点,但下面展示的上海浦东新区旅游业发展"十三五"规划编制的目录,至少可以给读者增加一些旅游接待业总体规划编制的经验感受。

第一部分是"十二五"发展评估,主要包括:发展现状、存在的问题、机遇与挑战;

第二部分是背景、导向与目标,主要包括:背景、指导思想、发展定位、发展目标、发展指标;

第三部分是深化空间布局,主要包括:一轴、两带、七大板块、三条长廊;

第四部分是完善产业（项目）体系,主要包括:提升传统产业综合服务能力,促进产业融合,培育新业态;

第五部分是创新旅游产品,主要包括:培育度假旅游产品,深化都市文化、观光旅游产品内涵,创建都市休闲旅游产品,创新乡村旅游产品,重构基于城市快速交通系统的旅游线路产品,构建以"都市 Event"为框架的都市旅游产品体系;

第六部分是着力重点任务与项目,主要包括:重点任务、重点项目;

第七部分是强化保障措施,主要包括:推进旅游管理的体制机制改革,推进旅游发展的政策创新,促进旅游投资便利化与大型旅游机构引入,加大旅游公共服务体系建设投入,加强生态环境保护;

最后是附表。

2）旅游接待业专项规划编制的案例分析

本书继续以上海浦东新区"十一五"（2006—2010 年）旅游住宿业专项规划编制的案例进行分析说明。事实上,不同地区、处于不同发展阶段上的旅游住宿业的专项规划具有自身的特点,但下面展示的上海浦东新区旅游住宿业规划编制的目录,至少可以给读者增加一些旅游接待业专项规划编制的经验感受。

第一章是浦东新区旅游住宿业发展现状分析,主要包括:①旅游住宿业的定义;②旅游住宿业供给与需求积极的平衡管理的目的;③浦东新区旅游住宿业供给与需求平衡的衡量标准;④浦东新区旅游住宿业发展现状的分析框架结构;⑤浦东新区旅游住宿业总需求与总供给的现状分析;⑥浦东新区旅游住宿业需求等级与供给等级的现状分析;⑦浦东新区旅游住宿业需求类型与供给类型的现状分析;⑧浦东新区旅游住宿业需求的空间区位与供给的空间区位的现状分析;⑨浦东新区旅游住宿业需求波动与供给波动的现状分析;⑩市场态势及存在问题。

第二章是自然增长情况下浦东旅游住宿业需求预测,主要包括:①浦东旅游住宿业发展阶段划分;②影响浦东旅游住宿业需求增长的主要因素分析;③未来浦东旅游住宿业发展的国际比较;④预测浦东旅游住宿业接待人次数;⑤浦东新区旅游宾馆客房需求预测。

第三章是世博会期间浦东旅游宾馆需求总量及等级分布预测,主要包括:①世博会期间浦东旅游宾馆需求总量及等级分布预测;②考虑世博会增量因素的浦东旅游宾馆客房需求预测。

第四章是"十一五"浦东旅游住宿业规划,主要包括:①浦东新区旅游住宿业发展的总体思路;②浦东新区旅游住宿业的建设规划;③浦东目前已立项在建和拟建的星级宾馆建设项目;④浦东各功能区的旅游住宿业建设规划;⑤解决世博会期间客房供需缺口的方案;⑥浦东新区政府对旅游住宿业供需的调控方式。

最后部分是 3 个附录:附录 1 是香港迪士尼乐园对香港旅游住宿业建设规划的影响;附录 2 是 1988—2000 年美国不同等级品牌旅馆经营业绩关键指标值;附录 3 是浦东各功能区旅游宾馆供给一览表。

8.5　旅游接待业的市场治理

8.5.1　旅游接待业市场治理的基本理论

在依法治国背景下,我国旅游市场秩序治理基本理论要回答的问题是:①依法明确与落实旅游市场秩序整治的目的与依据;②明确与落实维护旅游市场秩序的各类主体的权利、义务与违法责任。

1) 依法明确与落实旅游市场秩序治理的目的与依据

我国旅游市场秩序治理就是要在更好地发挥旅游市场对资源决定性配置作用与更好地发挥政府的引导作用的框架下,依据市场机制与政府监管的相关理论和法规,由旅游市场监管主体对旅游服务(质量)标准与市场规则(秩序)进行监管,具体就是对旅游市场活动主体旅游者、旅旅游经营者与受他们活动影响的主体(其他旅游者、其他经营者、旅游目的地区的居民)和要素(资源与环境)之间的关系与行为进行监管,包括旅游市场准入条件、在市场中的活动规则、退出市场的条件进行制度安排与监管。

市场经济活动主要通过买卖双方签订合同、进行市场交易来进行。按照《中华人民共和国合同法》"保护合同当事人的合法权益,维护社会经济秩序"的规定,旅游市场秩序整治的目的是维护各主体之间平等、自愿、公平、诚实信用(守信)的关系,要求遵守法律、行政法规,尊重社会公德,不扰乱社会经济秩序,不损害社会公共利益,保证基本质量,倡导优秀质量,建立国家、地方、旅游企业、旅游者诚实守信、安全优质的旅游品牌,以实现旅游业发展的利益相关者的质量、效益与可持续目标,包括旅游业发展的社会效益目标、经济效益目标、生态效益目标。

2)明确与落实维护旅游市场秩序的各类主体的权利、义务与违法责任

在明确与落实维护旅游市场秩序的各类主体的权利、义务与违法责任方面,具体包括:①按照《中华人民共和国旅游法》的规定,明确与落实旅游市场秩序的各类主体的权利、义务与责任;②按照《中华人民共和国侵权责任法》的规定,明确与落实旅游市场秩序各类主体的侵权责任;③按照《中华人民共和国刑法》的规定,明确与落实破坏旅游市场秩序的犯罪行为及其处罚。

(1)按照《中华人民共和国旅游法》的规定,明确与落实旅游市场秩序各类主体的权利、义务与责任

按照《中华人民共和国旅游法》的规定,旅游市场监管主体是指县级以上地方人民政府(以及由其明确的相关部门或者机构),包括旅游主管部门,有关主管部门和工商行政管理、产品质量监督、交通执法部门,他们对相关旅游经营行为实施监督检查。

旅游活动的主体是旅游者、旅游消费者组织(各类社会机构)等。

旅游经营活动的主体是旅游经营者(旅行社、组团社、地接社、履行辅助人、景区经营者、住宿经营者)和提供具体服务的旅游从业人员(如导游和领队等),以及满足旅游者其他旅游需求的经营者。

具体的旅游经营活动的主体类型可以按照《国家旅游及相关产业统计分类(2018)》中对供给主体的分类进行详细说明。

受旅游活动和旅游经营活动影响的主体是当地居民、他人(其他旅游者和其他旅游经营者)。

旅游业发展应当遵循社会效益、经济效益与生态效益相统一的原则。

旅游市场监管者、旅游活动主体、旅游经营活动主体与受旅游活动和旅游经营活动影响的主体之间的权利、义务与责任关系可以表述如下:

①对旅游市场监管主体即政府主管部门而言,要保障旅游者和旅游经营者的合法权益,规范旅游市场秩序,保护和合理利用旅游资源,促进旅游业持续健康发展;要建立健全旅游服务标准和市场规则,禁止行业垄断和地区垄断。

②对旅游活动主体即旅游者而言,在旅游活动中或者在解决纠纷时,不得损害当地居民的合法权益,不得干扰他人的旅游活动,不得损害旅游经营者和旅游从业人员的合法权益。

③对旅游经营活动主体即旅游经营者而言,应当诚信经营,公平竞争,承担社会责任,为旅游者提供安全、健康、卫生、方便的旅游服务。

(2)按照《中华人民共和国侵权责任法》的规定,明确与落实旅游市场秩序各类主体的侵权责任

《中华人民共和国侵权责任法》第1条规定:"为了保护民事主体的合法权益,明确侵权

责任,预防并制裁侵权行为,促进社会和谐和稳定,制定本法。"该法与旅游市场秩序治理有关的主要规定有:

①侵害民事权益,应当遵照本法承担侵权责任。本法所称民事权益,包括生命权、健康权、姓名权、名誉权、荣誉权、肖像权、隐私权、婚姻自主权、监护权、所有权、用益权、担保权、著作权、专利权、商标专用权、发现权、股权、继承权等人身、财产权益。

②被侵权人有权请求侵权人承担侵权责任。

③侵权人因同一行为应当承担行政责任或者刑事责任的,不影响依法承担侵权责任。因同一行为应当承担侵权和行政责任、刑事责任,侵权的财产不足以支付的,先承担侵权责任。

④行为人因过错侵害他人权益,应当承担侵权责任。根据法律规定推定行为人有过错,行为人不能证明自己没有过错的,应当承担侵权责任。

⑤网络用户、网络服务提供者利用网络侵害他人民事权益的,应当承担侵权责任。

⑥宾馆、商场、银行、车站、娱乐场所等公共场所的管理人或者群众性活动的组织者,未尽到安全保障义务,造成他人损害的,应当承担侵权责任。因第三人的行为造成他人损害的,由第三人承担侵权责任;管理人员或者组织者未尽到安全保障义务的,承担相应的补充责任。

⑦因产品存在缺陷造成他人损害的,生产者应当承担责任。

⑧因销售者的过错使产品存在缺陷,造成他人损害的,销售者应当承担侵权责任。销售者不能指明缺陷产品的生产者也不能指明缺陷产品的供货者的,销售者应当承担侵权责任。

⑨因污染环境造成害的,污染者应当承担侵权责任。

⑩因污染环境发生纠纷,污染者应当就法律规定的不承担责任或者减轻责任的情形及其行为与损害之间不存在因果关系承担举证责任。

(3)按照《中华人民共和国刑法》的规定,明确与落实破坏旅游市场秩序的犯罪行为及其处罚

考虑到旅游欺诈经营行为对异地来的旅游者与当地形象及旅游产业和其他经济和社会发展危害较大,而且经常发生,可以运用或完善刑法来进行管理。

例如,治理"黑店、黑导"欺诈旅游者购物行为,就可以运用《中华人民共和国刑法》第三章破坏社会主义市场经济秩序罪的第140条规定:"生产者、销售者在产品中掺杂、掺假,以假充真,依次充好或者以不合格产品冒充合格产品,销售金额五万元以上不满二十万元的,处二年以下有期徒刑或者拘役,并处或者单处销售金额百分之五十以上二倍以下罚金;销售金额二十万元以上不满五十万元的,处二年以上七年以下有期徒刑,并处销售金额百分之五十以上二倍以下罚金;销售金额五十万元以上不满二百万元的,处七年以上有期徒刑,并处销售金额百分之五十以上二倍以下罚金;销售金额二百万元以上的,处十五年有期徒刑或者无期徒刑,并处销售金额百分之五十以上二倍以下罚金或者没收财产。"而且要明确解释说明,上述金额可以按累计金额计算。这对打击"以购物点为欺诈经营据点—组团—导游—导购"一条龙的欺诈犯罪行为特别有效。

8.5.2　旅游接待业市场治理的长效机制构建

在文化和旅游部的直接督办下,我国旅游市场秩序整治取得了巨大成绩。现在迫切需要研究解决的一个问题是:每年面对几十亿人次到国内外各地旅游并消费成千上万种商品与服务的旅游市场秩序如何进行有效的常态化管理? 显然,需要构建"全程—全主体—综合动力—全要素—分类管理"的旅游市场秩序治理的长效机制。

需要从以下 5 个方面来构建我国旅游市场秩序治理的长效机制:①建立旅游市场秩序治理的全程监管控制系统;②建立旅游市场质量全部责任主体的责任分担系统;③建立旅游市场质量责任主体责任强化的综合动力系统;④加强和完善动员各种要素的旅游市场监管的社会治理机制;⑤建立旅游市场秩序整治重点区、试验区、示范区的分类管理系统。

1) 建立旅游市场秩序治理的全程监管控制系统:从事后管理、被动管理、单项管理,转变为事先管理、主动管理与全面管理

治理旅游市场秩序的全程监管控制系统包括以下 4 个子系统。

(1) 构建旅游市场前馈监管控制系统:使旅游市场相关主体能做到"事先认知—达成共识—充分准备好监管控制工作"

其主要含义是:①事先制定好维护旅游市场秩序的法律规范、标准、合同和实施程序,即适用旅游者、旅游经营者行为的法律规范、标准、合同和程序;②进行积极宣传和推广,以形成每个旅游市场主体维护旅游市场秩序的自觉意识与共识,包括形成对优秀质量奖励、违法行为受罚(得不偿失)的预期;③培育主动维护旅游市场秩序的社会规范(社会自觉意识与习惯),使旅游者与旅游经营者之间的权利、义务和违约责任可以参照旅游监管部门所提供的合同样本,用书面形式进行约定,为以后双方或第三方对合同实施状况评价与监管提供依据。

这方面的主要举措有:

①加快形成旅游市场秩序监管的完备的法律规范、标准、参考合同样本与实施程序体系。法律规范、标准与程序可以按照它们要求的不同性质分为两大类。

第一类是保证旅游基本质量的法律规范、强制性标准与程序,参照新加坡的成功经验,要制定《旅游局法》《旅行社法》和《旅馆法》等。考虑到旅游欺诈经营行为对异地来的旅游者与当地形象及旅游接待业和其他经济和社会发展危害较大,而且经常发生,需要寻找有效方法加以治理:规定有欺骗行为的人,不能经营旅游业务,或者至少规定五年内不能经营旅游业务;将旅游欺骗经营行为定为犯罪行为;旅行社要对员工进行诚信保险;要充分运用《中华人民共和国刑法》的相关规定,对破坏旅游市场秩序的犯罪行为进行处罚,研究制定有关的刑法条例与行政处罚条例。

第二类是表彰旅游优秀质量的法规与推荐性标准。

标准按照制定者或适用范围,可以分为国家标准、行业标准与地方标准。除了国家标准、行业标准与地方标准外,建议各个旅游责任主体都要建立自己的工作岗位、产品或服务的质量标准,包括每一个旅游经营者(旅游企业、履行辅助人)、旅游企业的员工、旅游监管部门都要建立自己工作服务与行为的质量标准,更加细化国家标准、行业标准或地方标准在自己工作岗位、活动行为、产品或服务上的体现,便于操作落实与对照检查。中央文明办公室与国家旅游局于 2006 年 10 月颁布的《中国公民出境旅游文明行为指南》和《中国公民国内旅游文明行为公约》就是一个很好的范例。

另外,按照"创新、协调、绿色、开放、共享"的发展理念,质量标准的内容,不但要包括旅游者与旅游经营者之间的权利、义务和违约责任,而且也要包括他们对社会文化环境(其他旅游者、其他经营者与旅游地居民、物质与非物质文化遗产、民俗)和自然环境(节约资源、防止污染与保护生态)的责任。

法规与标准可以参照国家统计局 2018 年发布的《国家旅游及相关产业统计分类(2018)》中所规定的旅游业和旅游相关产业的具体分类,采用科学与民主方式,分类制定。

②培育维护旅游市场秩序的自觉意识,养成维护旅游市场秩序的社会规范(社会自觉意识和习惯)。值得注意的是:社会规范是有效实施法律的基础。例如,文化和旅游部可以与教育部、外交部联合编写国内与出境文明旅游的教材,纳入小学、中学与大学的课程。

又如,文化和旅游部可以与航空公司、铁路公司(高铁和动车)合作,积极宣传有关文明旅游和旅游市场秩序的法规、标准与程序。

再如,文化和旅游部可以与中央电视台和中央人民广播电台合作,地方旅游局可以与地方电视台与地方人民广播电台合作,宣传旅游市场法规、标准与程序,以及对相关典型事例处理的追踪报道,以提高宣传警示效果。

③旅游市场监管部门、旅游接待业企业要分别采用有效的培训方式或告知方式,让旅游经营者和旅游者了解维护旅游市场秩序的法律规范、标准和程序,特别是要知道如何遵循这些法律规范和标准的操作程序。

(2)构建旅游市场同期监管控制系统:使旅游市场相关主体能做到"事中落实—监测—及时解决发生的问题"

其主要含义是:在旅游合同实施过程中,旅游者、旅游经营者、政府相关主管部门、旅游质量监管所要实时监测与及时处理合同履约过程中出现的问题。

这方面的主要举措有:

①每一家旅游企业要安排实时的监测与投诉问题受理机制与责任人。②当地旅游局旅游质量监管所与文化和旅游部旅游质量监管所要安排实时的监测与投诉问题受理机制与责任人,还需要安排定期的检查或抽查活动。③建立综合执法机构实施综合执法。

按照《中华人民共和国旅游法》第 83 条的规定:"县级以上人民政府应当组织旅游主管部门,有关主管部门和工商行政管理、产品质量监督、交通执法部门对相关旅游经营行为实施监督检查。"按照《中共中央关于制定国民经济和社会发展第十三个五年规划的建议》,要"推行综合执法",因此,除了上述举措外,还需要建立可以实时综合处理旅游问题的综合机构,包括工商行政管理、产品质量监督、交通执法、公安、新闻媒体等机构。特别是要做好县级以上政府主要领导的工作,可以开展全国县级政府领导,至少是旅游业发达地区的县级政府领导的旅游发展与综合执法监管的培训工作。

(3)构建旅游市场反馈监管控制系统:使旅游市场相关主体能做到"事后对标—评估—不断完善旅游监管控制系统"

其主要含义是:①当旅游者旅游结束后,旅游接待业企业和从业人员要撰写总结报告,旅游接待业企业或旅游监管部门要对旅游者与旅游地进行抽样调查,了解旅游者与旅游地居民对旅游活动及其对自然和社会环境影响满意度的意见;②对照合同承诺与国内外同行的先进标杆进行对照分析,发现问题,纠正错误,不断提高旅游质量;③向新加坡学习,新加坡要求每个导游要保留其作为一名导游的全部工作记录,每隔半年将工作记录递交给新加坡旅游局,新加坡旅游局在每年的 1 月 15 日和 7 月前归还给导游,我们每个地方的旅游质量监管所也可以施行类似制度。

如果能有效运用上述 3 个系统,就有可能使我国旅游监管工作真正做到:"预见管理,预防管理,及时管理,有效管理与不断完善管理。"

(4)构建对旅游市场监管者的协调与监管控制系统:使旅游市场相关监管者的监管工作更加及时、有效与具有协同效应

构建"对旅游市场监管者的协调与监管控制系统"特别重要,其主要原因在于:①当旅游市场秩序出现问题时,旅游市场监管者是解决问题、防止发生恶性问题的最后一道关口;②监控者在控制工作中居于主导地位,他们往往又是拥有相当权力的管理者,对他们缺乏监控机制,常常会酿成许多重大问题;③按照《中华人民共和国旅游法》第 83 条的规定,旅游市场监管涉及多部门监管,容易出现九龙治水现象,即多头管理、职能交叉、权责不一、效率不高,甚至互相推诿的现象。

为了贯彻落实《中华人民共和国旅游法》,加强部门间协调配合,促进我国旅游业持续健康发展,2014 年 9 月经国务院同意,建立了国务院旅游工作部际联席会议(以下简称"联席会议")制度。建议国务院旅游工作部际联席会议要授权国家旅游局(文化和旅游部)负责协调与监管其他相关部门是否有效履行旅游市场监管的责任。

"对旅游市场监管者的协调与监管控制系统"的内容主要包括:①对涉及监管旅游市场的相关部门的责任人制定监管责任的法律规范或标准;②对相关法律规范或标准进行培训和宣传教育;③建立检查制度,对涉及监管旅游市场的相关部门的责任人的履责状况进行定期检查或抽查,并撰写定期的检查报告进行公布交流;④对提供监管先进经验的部门表扬与推广,对发生严重监管事故的部门提出处理建议。

原国家旅游局于 2015 年 2 月 25 日印发的《全国旅游市场秩序综合水平指数工作方案》,每季度发布一次评价结果,上一年度评价结果将作为原国家旅游局支持地方宣传促销、项目资金安排、人才培训等扶持政策的重要依据,这是一项很好的实践措施。

2016 年 2 月 19 日国务院办公厅印发《关于加强旅游市场综合监管的通知》,从"建立责任清单""完善法规体系""健全监管标准""市场监管抽查""诚信体系建设""监管改革试点""加强执法与司法相衔接"等 7 方面部署改革创新监管机制和加强旅游市场综合监管工作。积极落实《关于加强旅游市场综合监管的通知》将大大促进"对旅游市场监管者的协调

与监管控制系统"的建设。

2) 构建旅游市场质量所有责任主体的责任分担系统:从旅游市场质量责任主体模糊、责任链缺失,转变为旅游市场质量责任主体到位、旅游市场综合监管责任链无缝衔接、旅游市场监管及时和有效

要运用利益相关者理论、产业链理论和《中华人民共和国旅游法》《中华人民共和国合同法》《中华人民共和国消费者权益保护法》《中华人民共和国产品质量法》《企业信息公示条例》《中华人民共和国广告法》《中华人民共和国商标法》《中华人民共和国社会保险法》《中华人民共和国环境保护法》《中华人民共和国侵权责任法》等,明确旅游质量的责任人构成与责任人的权利、义务以及违约责任内容,主要包括:

①要明确旅游市场质量责任主体是旅游者、旅游经营者(旅行社、组团社、地接社、履行辅助人、景区经营者、住宿经营者)、县级以上地方人民政府(其明确的相关部门或者机构)、旅游从业人员(如导游和领队等)、当地居民、旅游行业组织(依法建立的各种旅游协会)、依法建立的消费者组织等。

②要明确每个责任主体既享有提升旅游质量与效益产生利益的权利,也必须履行提升旅游质量与效益所要求的义务,同时也必须承担违约的责任。

③要明确当责任主体所承担的责任实际上由多个自然人或法人履行时,按照《中华人民共和国旅游法》的表述即由履行辅助人履行时,他们各自除了承担自己的责任外,还必须承担连带责任,如旅游经营者要承担员工与履行辅助人的连带责任。

④要针对旅游活动特点,对旅游经营者、旅游者与旅游环境实施属地监管、现场监管、综合监管方式。

⑤考虑到旅游业发展的跨地域性、跨部门性以及在某些地方与时间的集聚性,因此,各地与各部门可以探索两种旅游市场综合监管的创新机制:第一种是将旅游市场监管工作融入原有地方与部门的工作职责中。例如,原有的交通部门要明确增加负责旅游交通市场秩序的管理工作。第二种是在旅游活动集聚的重点地区(如大型景区点)与重点时间(如黄金周),可以设立旅游市场监管的专门工作机构或工作小组,如设立旅游警察或者旅游工商分局等。在这方面,各地与各部门可以因地制宜、创新探索。

3) 构建旅游市场质量责任主体责任强化的综合动力系统:选用综合驱动的行为合理化引导机制

要提高旅游市场秩序整治效果,需要解决引导旅游质量责任主体行为合理化失效问题,需要深入研究旅游市场质量责任主体行为合理化引导的基本理论与完善内容。

引导旅游市场质量责任主体行为合理化的基本理论是行为主义学习理论与旅游主体行为合理化机制构建的内容模块。按照美国心理学家约翰·华生(John Watson)与伯尔赫斯·弗雷德里克·斯金纳(Burrhus Frederic Skinner)提出的行为主义学习理论(learning theory of behavior),旅游主体的行为都是后天通过学习获得的。依据行为学习的"刺激—反应"原理和专门行为养成的"操作性条件反射"原理,设计奖励、惩罚与提高实现的概率等刺激措施用

来帮助人们养成良好行为预期与习惯的学习过程,也可以称为行为合理化引导机制①。

旅游市场质量责任主体行为合理化引导机制构建的内容模块主要包括:行为前因(行为的驱动力设计,即对行为动机或理由的说明与认识,如旅游者喝酒后不能驾驶机动车,因为容易出车祸,因此喝酒后驾驶机动车要受到严重处罚)→行为(对行为具体表现与要求的规定,如规定旅游者酒后不能驾驶机动车)→行为后果(对行为表现的鼓励或惩罚的因素与措施的设计,如旅游者喝酒后驾驶机动车要受到严惩)→下次行为前因(对上次行为的鼓励或惩罚会成为下次是否产生类似行为的动机或理由)→下次行为(受到鼓励会强化原有表现,受到惩罚会抑制原有表现)→下次行为后果(继续受到鼓励会强化原有表现,逐渐养成习惯;继续受到惩罚,会抑制原有表现,逐渐根除原有表现)。

按照不同类型的行为驱动力的不同特点划分,可以将旅游质量责任主体行为合理化的引导机制分为以下4种不同的类型。①以对正确与错误认识为主要驱动力的,是旅游主体行为合理化的伦理机制(包括自觉—自我约束的伦理机制,他人劝说—自我约束的伦理机制);②以品牌传播为主要驱动力的,是旅游主体行为合理化的声誉机制;③以奖惩利益为主要驱动力的,是旅游主体行为合理化的经济机制(在实际管理中往往表现为惩戒机制,如政府主管部门按照行政处罚条例进行罚款);④以强制性为主要驱动力的,是旅游主体行为合理化的法律机制(如拘役、强制劳动、判刑)。

另外,依据旅游市场质量责任主体对上述不同类型的引导机制认知—反应的不同特点,可采用不同的引导机制。对具有自觉的认知—反应特点的旅游质量责任主体,可采用伦理的自觉机制。对具有不自觉的认知—反应特点的旅游市场质量责任主体,需要采用法律的强制机制。对大多数处于上述两极之间的旅游质量责任主体,可综合采用伦理机制(包括自觉—自我约束的伦理机制,他人劝说—自我约束的伦理机制)、声誉机制、经济机制(惩戒机制)、法律机制(强制机制)。为了充分与有效利用"刺激—反应"的行为合理化引导机制,可以采用类似交通违章管理的记分制度,以及酒醉驾驶机动车作为刑事犯罪处理方式。

例如,针对旅游市场质量责任主体行为影响的性质与程度不同,可采用不同的引导机制。对于社会影响较小、初次犯错误者,如第一次随地扔纸屑,可以采用说服教育的伦理机制,但要记录在案,如记录在"产生社会负面影响"的记分本上,类似对出租车司机交通违纪管理那样,可以采用扣分方法,如1年总分为10分,发生一次扣1分。第二次再犯,就要在公共平台上公布名单,同时罚款100元,即同时采用声誉机制与激励机制进行引导与约束。第三次再犯,就要采用拘役5天的措施,即采用强制性的法律机制进行约束。对犯错误的旅游质量责任主体递进采用上述引导措施后,有可能通过条件反射的行为学习机制,引导其行为达到合理化的要求。同时,社会学习理论认为,大多数人的行为是通过观察、模仿习得的,因此,上述处理方式也可以引导、强化其他旅游质量主体产生文明旅游与经营的合理化行为。

---

① Duane Schultz,Sydney Ellen Schultz.现代心理学史[M].10版.叶浩生,杨文登,译.北京:中国轻工业出版社,2014:300-303,344.桑特洛克.发展心理学[M].田媛,吴娜,等,译.北京:机械工业出版社,2014:15-17.

4) 加强和完善动员各种相关主体与要素参与的旅游市场监管的社会治理机制

《中共中央关于制定国民经济和社会发展第十三个五年规划的建议》提出了下列要求："发展为了人民、发展依靠人民、发展成果由人民共享"，"完善党委领导、政府主导、社会协同、公众参与、法治保障的社会治理体制，推进社会治理精细化，构建全民共建共享的社会治理格局。健全利益表达、利益协调、利益保护机制，引导群众依法行使权利，实现政府治理和社会调节、居民自治良性互动"。因此，我们要探索与构建我国旅游监管的社会治理机制。

社会是指有着共同传统、价值观、习俗、集体活动与利益的一个社区、一个民族或有着广泛组成的一群人。

社会责任要求个人（每个社会成员）从整个社会系统去考虑他（或她）的行为，对自己在该系统任何位置上的行为结果负责任。事实上，在公平交易的市场经济里，只有每一个人履行了他合理的责任，与他交易的其他人才能享有合理的权益。

社会责任的依据在于人类分工、合作与社会和自然环境互相依赖及互相影响的特点。亚当·斯密认为，人很难独立生活，需要其他人的帮助，但不能始终无偿地获得别人的帮助，这样就产生了交换的通论，即你帮助我，我也帮助你。同时，分工也提高了整个社会的生产效率，大家可以分享由分工与合作创造的更多的社会财富与利益。在这种情况下，对分工与合作的交换双方而言，你的权利，就是我的义务，你的义务，就是我的权利。因此，广而言之，我们每一个旅游接待业发展质量主体承担的社会责任，就是在该社会团体中的其他成员享受的权利，反之，其他成员承当的社会责任，就是我们自己享受的权利。结果，也可以增加合作方各自的利益。另外，旅游接待业的发展都会对社会环境与自然环境产生影响，同时，受到社会环境与自然环境的约束，因此，每一旅游接待业的发展主体也要对社会环境与自然环境承担责任。

个人的社会责任包括经济责任、法律责任、伦理责任和自由决定（慈善）责任。个人的经济责任包括他合理的收入责任、支付责任以及对其产生的负外部性承担赔偿的责任。个人的法律责任是指他应该在法律许可的框架内活动。个人的伦理责任包括被社会成员所期望或禁止的但尚未形成法律条文的活动或做法。个人的慈善责任是由个人自愿、自由处理的活动，被视为责任的原因在于它们反映了公众对个人善举的期望①。

全球治理委员会 1995 年对治理这一概念作出下列界定：治理是或公或私的个人和机构经营管理相同事务的诸多方式的总和。它是使相互冲突或不同的利益得以调和并且采取联合行动的持续的过程。它包括有权迫使人们服从的正式机构和规章制度，以及种种非正式安排。而凡此种种均由人民和机构或者同意，或者认为符合他们的利益而授予其权力。它有 4 个特征：治理不是一套规则条例，也不是一种活动，而是一个过程；治理的建立不以支配为基础，而以调和为基础；治理同时涉及公、私部门；治理并不意味着一种正式制度，而确实

---

① 卡罗尔，巴克霍尔茨.企业利益与社会：伦理与利益相关者管理[M].5 版.北京：机械工业出版社，2004：3，20，23-25.

有赖于持续的相互作用①。

我国旅游监管的社会治理机制是指由旅游者、旅游经营者、旅游行业协会、旅游社区居民、旅游志愿者、旅游政府相关部门组成的旅游社会群体,相互交流与合作以实现旅游发展质量和效益目标的行为、过程与结果的制度安排、交流平台与合作方式。

我国旅游监管的社会治理机制的内容可包括:①基于我国旅游业发展进入了"全球化、全域化、全产业链化、全主体相关化、生态化、法治化、提质增效"的新阶段,旅游业是促进经济发展的战略支柱性产业、享受小康社会发展成果的目的性事业,要积极引导政府各部门主动做好各自相关的旅游市场监管工作与质量提升工作,实行一岗多责制度,属地管理、现场管理、综合管理与在空间上分工合作的网格化管理。例如,旅游交通部门的工作人员,也是当地旅游咨询与平安旅游的责任者。②建立旅游者与旅游经营者的信息、合同与旅游活动计划安排的备案库,包括各自文明旅游和文明经营的社会责任书等,以作为监管的依据。③建立旅游者自律机制。④建立旅游经营者(行业协会)自律机制。⑤建立旅游监管的志愿者队伍,特别要建立有热情、有专长的旅游专业大学生与相关部门退休人员组成的志愿者队伍。⑥旅游者有检举、控告侵犯旅游者权益行为的权利,要充分利用旅游者的监管力量。⑦建立旅游者集体诉讼与法律援助制度,以降低单个旅游者承担法律诉讼任务的时间和经费支出。⑧建立旅游模拟法庭,对恶性违反法规的行为的处理要进行充分的讨论与宣传,以扩大教育效果。⑨建立由各利益相关者代表与专家(包括旅行社、旅游饭店、景区、旅游管理专家、律师等)组成的旅游监管咨询委员会。⑩为了解决政府直接从事旅游监管工作缺乏人力与物力的问题,可采用旅游监管工作的政府采购与外包试点方式。

5)建立旅游市场秩序整治重点区、试验区、示范区的分类管理系统

按旅游地区的重要性以及文化和旅游部拥有的监管资源状况,在对全国旅游地区实行全面指导监管基础上,实行分类重点监管。

至少可以将全国旅游地区分为3类进行监管:

①旅游市场监管重点区,包括具有全国性或区域性重要影响的旅游主体功能区,如5A级景区、上海迪士尼度假区等,以及旅游市场秩序混乱、产生全国性或区域性恶劣影响的旅游地区,如历史上的三亚与昆明。

②旅游市场监管试点区,如对自由贸易试验区内的旅游地,上海、广东、天津、福建4个自贸试验区,边境旅游区,一带一路中的旅游区,可以建立旅游监管试点区,探索符合国际惯例的旅游投资、签证、消费惯例。

③旅游市场监管示范区,培育和推广具有典型示范意义的旅游监管区,如三亚的旅游警察监管模式。

---

① 俞可平.治理与善治[M].北京:社会科学文献出版社,2000:270-271.

本章小结

- 旅游接待业公共服务体系。旅游接待业公共服务体系是指以县级以上政府为主导、以社会团体(如旅游行业组织)和私人机构(履行辅助人)等为补充的供给主体,在财政资源及社会合作资源可行范围内,以为旅游者与旅游企业及相关组织提供旅游公益性服务为目的的有关服务内容、服务形式、服务机制、服务政策等的制度安排,以弥补市场机制配置资源的不足。

- 旅游接待业公共服务体系的构成。第一是旅游资源节约与环境保护体系。第二是旅游市场规则与监管体系。第三是旅游综合协调体系。第四是旅游业规划、统计及政策体系。第五是旅游发展基金筹集与配置体系。第六是旅游目的地服务与推广体系。第七是旅游人力资源开发体系。第八是旅游安全与质量的社会治理体系。

- 旅游接待业公共服务体系的优化方向。①引导各相关部门主动做好各自相关的旅游公共服务;②完善旅游公共服务提供的体制与机制;③完善旅游法规、标准以维护市场秩序;④要破解旅游接待业产业链的瓶颈制约问题;⑤要保障旅游接待业公共服务的资金来源;⑥要优化旅游者出入境的签证服务;⑦要加强旅游目的地推广的公共服务;⑧要完善旅游统计指标体系与旅游市场研究工作;⑨强化游客文明旅游行为,绿化、洁化、亮化、美化、便捷化旅游环境;⑩要完善促进旅游投资、创业与创新的公共服务;⑪要完善促进旅游消费的公共服务;⑫建设亚洲的旅游接待业教育与实习基地,每年表彰优秀的旅游接待业人才、文明游客与旅游设施。

- 旅游接待业规划的定义。旅游接待业规划的定义是以旅游产业经济学、战略管理理论、利益相关者理论与营销理论和方法为指导,以历史与现状为起点,以市场需求为基础,以资源与能力为依托,以机会与竞争优势为突破口,以主要利益相关者(政府、社区居民、旅游者、旅游企业等)的集体意愿的和谐平衡为导向,对未来旅游接待业发展的目标、指标、战略、布局、核心产品体系、支撑服务体系、品牌营销体系、环境保护体系、营运与管理体系、实施保障体系的系统安排。

- 旅游接待业规划编制的思路与内容。①旅游接待业发展的历史回顾与资源及产业的现状评价;②旅游接待业发展的机遇、威胁、优势、劣势分析;③旅游接待业的市场历史、现状与趋势分析;④旅游接待业发展的定位、目标与指标体系制定;⑤旅游接待业发展的战略制定;⑥旅游接待业发展空间的功能与项目布局;

⑦旅游吸引物产品与活动的线路设计;⑧旅游支持产业体系设计;⑨旅游品牌与营销体系设计;⑩旅游自然环境与社会人文环境的保护体系设计;⑪旅游项目投资、建设、运营、管理体系设计;⑫旅游接待业规划实施的综合保障体系设计;⑬旅游接待业规划实施的行动计划;⑭旅游接待业规划的附件:专题调查研究报告、相关图片、相关表格。

- 旅游市场治理的长效机制。①建立旅游市场治理的全程监管控制系统;②建立旅游市场质量所有责任主体的责任分担系统;③建立旅游市场质量责任主体责任强化的综合动力系统;④加强和完善动员各种要素参加旅游市场监管的社会治理机制;⑤建立旅游市场秩序整治重点区、试验区、示范区的分类管理系统。

复习思考题

1.旅游接待业公共服务体系的定义是什么?

2.旅游接待业公共服务体系的构成是什么?

3.旅游接待业公共服务体系优化的方向有哪些?

4.旅游接待业规划的定义是什么?

5.旅游接待业规划编制的思路与内容有哪些?

6.旅游市场秩序治理的长效机制包括哪些方面?

【延伸阅读文献】

[1] 何建民.我国旅游公共服务体系的构建及优化研究[J].旅游导刊,2017(1).

[2] 斯蒂格利茨.公共部门经济学[M].郭庆旺,杨志勇,刘晓路,等,译.郭庆旺,校.3 版.北京:中国人民大学出版社,2005.

[3]《中华人民共和国旅游法》解读编写组.《中华人民共和国旅游法》解读[M].北京:中国旅游出版社,2013.

[4] 卡罗尔,巴克霍尔茨.企业利益与社会:伦理与利益相关者管理[M].5 版.北京:机械工业出版社,2004.

[5] Duane P. Schultz, Sydney Ellen Schultz.现代心理学史[M].10 版.叶浩生,杨文登,译.北京:中国轻工业出版社,2014.

[6] 何建民.改革开放 40 年中国旅游业发展的基本规律与管理原理[J].旅游学刊,2019(1).

第9章
旅游接待业的高质量发展体系

【学习目标】

通过本章学习,读者将了解与掌握:
- 旅游接待业高质量发展体系的基本概念与构建方法;
- 旅游接待业高质量发展体系构建的标杆分析与借鉴;
- 旅游接待业高质量发展体系的构建及运用研究。

高质量发展是旅游接待业需要始终努力探索与实现的目标。如何实现旅游接待业的高质量发展? 这就需要研究、构建与运用旅游接待业的高质量发展体系。

9.1 旅游接待业高质量发展体系的基本概念与构建方法

9.1.1 高质量发展的基本概念

十九大提出了"贯彻新发展理念、建设现代化经济体系"的任务,并指出"我国经济已由高速增长阶段转向高质量发展阶段"。

什么是高质量发展? 参照中华人民共和国国家标准《质量管理体系:基础和术语(GB/T 19000—2008/ISO 9000:2005)》对质量概念的界定:质量是一组固有特性满足要求的程度。考虑到高质量发展是由相关主体共识、共建、共治、共享的结果,因此,高质量发展是指发展的规划、实施过程、实施结果高质量满足相关主体共识、共建、共治、共享的程度。对低质量还是高质量发展的评价,取决于所确立的评价标准,或对标标准评价的结果。例如,比较历史上的发展程度,比较竞争参照组的发展水平。

9.1.2 旅游接待业高质量发展体系的基本概念

体系与系统是同义词,英文的表述都是"system"。按照系统论学者贝塔朗菲的观点:系统(体系)是"相互作用的诸要素的综合体",即由若干互相联系、互相作用的要素组成的,具有特定功能和运动规律的整体①。

那么,旅游接待业高质量发展体系即"相互作用的诸要素的综合体"是指什么呢?本书从十九大报告对经济高质量发展的全面要求与联合国世界旅游组织对"旅游质量"定义两个方面进行研究界定。

1)基于经济高质量发展全面要求视角对旅游接待业高质量发展体系的界定

十九大报告对经济高质量发展的全面要求是:转变发展方式、优化经济结构、转换增长动力,坚持质量第一、效益优先,以供给侧结构性改革为主线,推动经济发展质量变革、效率变革、动力变革,提高全要素生产率,着力加快建设实体经济、科技创新、现代金融、人力资源协同发展的产业体系,着力构建市场机制有效、微观主体有活力、宏观调控有度的经济体制,不断增强我国经济创新力、竞争力和可持续发展力。

参照十九大报告对经济高质量发展的全面要求,旅游接待业高质量发展体系就是下列诸要素相互作用的综合体:①旅游接待业发展方式由粗放、外延向集约、内涵转变;②旅游接待业的产业结构由供求不平衡、低端化向合理化与高级化转变;③旅游接待业增长动力由要素投入转变为更注重创新与创意驱动;④坚持质量第一、效益优先的原则,使得旅游者、旅游投资者、旅游企业经营管理与服务人员、旅游社区居民、旅游政府相关部门等多方共识、共建、共治与共享,各自的目标或利益在旅游接待业发展与市场交易中都能得到公平实现;⑤按照上述要求实施旅游接待业供给侧结构性改革,推动旅游接待业发展质量变革、效率变革、动力变革,提高全要素生产率;⑥加快建设旅游实体经济、科技创新、现代金融、人力资源协同发展的旅游产业体系;⑦着力构建旅游市场机制有效、微观主体有活力、宏观调控有度的经济体制;⑧不断增强我国旅游接待业的创新力、竞争力和可持续发展力。

2)基于联合国世界旅游组织旅游质量定义视角对旅游接待业高质量发展体系的界定

联合国世界旅游组织质量支持委员会(the WTO Quality Support Committee),于2003年5月9日到10日在古巴瓦拉德罗举行的第六次会议上指出,世界旅游组织的工作方案是由对旅游质量的认识所指导的,并对旅游(产品)质量概念进行了界定:"旅游质量是旅游过程的结果,这一结果意味着,在可接受的价格水平上,符合相互接受的合同条款和基本的质量要素,诸如旅游产品和服务要具有功能安全性与心理安全性、可进入性、透明性和原真性,旅游活动与所涉及的人文和社会环境的和谐性,做到使顾客对所有合法(合理)产品和服务需要的满意。"

我们从联合国世界旅游组织质量支持委员会对旅游产品质量的定义中可以发现,旅游产品质量是旅游者、旅游经营者、当地居民、资源、社会人文环境和自然环境之间和谐、合法(合理)、满意的可持续发展的质量。因此,参照联合国世界旅游组织质量支持委员会对旅游产品质量定义,旅游接待业高质量发展体系是旅游活动利益相关者之间,旅游活动利益相关者追求的各自利益与资源、社会人文环境和自然环境之间和谐、合法(合理)的诸要素相互作

---

① 贝塔朗菲.普通系统论的历史和现状[A]//科学学译文集.北京:科学出版社,1980:311.

用达到较高水平的综合体,具体包括 3 个子体系:①旅游接待业高质量发展的目标及绩效指标体系;②旅游接待业高质量发展目标实现的主体、要素及动力指标体系;③旅游接待业高质量发展目标实现的社会治理体系。本书以上述定义展开对旅游接待业高质量发展体系构建与运用的研究工作。

9.1.3　旅游接待业高质量发展体系的构建方法

旅游接待业高质量发展体系构建的基本方法包括:

①运用标杆研究方法,选择适合本国与本地区旅游接待业高质量发展的学习标杆,分析其旅游接待业高质量发展的目标及绩效指标体系,实现旅游接待业高质量发展目标及绩效指标的主体、要素及动力指标体系,以及实现旅游接待业高质量发展目标及绩效指标的社会治理体系;

②参照标杆研究的成果,运用平衡计分卡的设计方法,将旅游接待业高质量发展体系转化为可行动考核的发展目标及指标体系;

③参照标杆研究的成果,运用机制设计方法,参照《2017 年全球旅行与旅游竞争力报告》所阐述的旅游竞争力评价指标体系,将旅游接待业高质量发展体系转化为具有明确实施主体、要素及实施动力的指标体系;

④参照标杆研究的成果,运用社会治理理论,将旅游接待业高质量发展体系转化为社会治理体系。

9.2　旅游接待业高质量发展体系构建的标杆分析与借鉴

9.2.1　旅游接待业高质量发展体系构建标杆研究的样本选择

1)选择原则

旅游接待业高质量发展学习标杆研究样本的选择原则包括以下 3 个方面:

第一是被选的样本城市是具有全球影响力的高品质的世界著名旅游城市,在旅游接待业高质量发展方面取得了显著业绩,并且该业绩得到了世界的认可,其标志是已经长期入选联合国世界旅游组织(UNWTO)编辑的《世界旅游业发展晴雨表》(UNWTO World Tourism Barometer)中的入境过夜旅游者接待人次与旅游外汇收入的世界 50 强旅游目的地。

选择世界著名旅游城市的原因,是从接待人次与接待收入两个指标考察,城市是我国旅游接待业发展的主要目的地。

第二是被选的样本城市拥有旅游接待业高质量发展的体系,有明确的旅游接待业发展目标及绩效指标体系,有明确的旅游高质量发展的主体及动力体系,有明确的旅游接待业高质量发展的社会治理体系,可以为旅游接待业高质量发展提供研究案例与借鉴经验。

第三是被选的样本城市,与我国在文化历史、地理区位、资源特点等方面具有可比性与可借鉴性。

2）选择样本

依据上述 3 项选择原则,本书选择了中国香港特别行政区这个具有全球影响力的高品质世界著名旅游城市作为旅游接待业高质量发展体系构建标杆的研究样本,对它的成功经验进行借鉴研究。同时,也选择东亚和太平洋地区国家与经济体的旅游接待业作为比较对象。

3）样本的可比性及可借鉴性

据联合国世界旅游组织(UNWTO)编辑的《世界旅游业发展晴雨表》(*UNWTO World Tourism Barometer*)2018 年 10 月统计,2017 年,香港接待入境过夜旅游者为 2 790 万人次,在世界前 50 强国际旅游目的地中排名第 13 位;香港旅游外汇收入为 333 亿美元,在世界前 50 强国际旅游目的地中排名第 11 位。据位于瑞士的世界经济论坛(World Economic Forum)发布的《2017 年全球旅行与旅游竞争力报告》,香港被评为全球旅行与旅游竞争力的第 11 位。

香港是中华人民共和国的特别行政区,是重要的国际金融、贸易和航运中心,也是全球最具竞争力的城市之一,在世界享有极高声誉。全境由香港岛、九龙半岛、新界等三大区域组成。

2017 年,香港人口数量为 740.98 万人,土地面积为 1 106.34 平方公里,地区生产总值为 26 626.37 亿港元,人均地区生产总值为 36.022 0 万港元。

据《中华人民共和国 2017 年国民经济和社会发展统计公报》统计,2017 年,我国入境过夜游客 6 074 万人次,旅游外汇收入 1 234 亿美元。同年,我国有人口 13.9 亿,土地面积 960 万平方公里,省级行政区划为 4 个直辖市,23 个省,5 个自治区,2 个特别行政区。

在我国进一步实施改革开放政策背景下,香港旅游接待业高质量发展的业绩及其体系,值得我们作为标杆进行研究。

香港是中西方文化交融之地,以廉洁的政府、良好的治安、自由的经济体系及完善的法制闻名于世,有"东方之珠""美食天堂"和"购物天堂"等美誉。

考虑到香港是具有全球影响力的高品质世界著名旅游城市,香港 95% 的人口是华人,与我国内地具有相近的历史文化与资源,因此具有高度的可比性与可借鉴性。

同时,我国地处东亚和太平洋地区,因此,东亚和太平洋地区国家与经济体旅游接待业高质量发展主体及动力指标体系对我国也具有可比性与可借鉴性。

9.2.2 旅游接待业高质量发展体系构建标杆的系统分析与借鉴

1）香港旅游接待业高质量发展的主要目标及绩效指标

本书将旅游接待业高质量发展的主要目标及绩效指标分为以下两大类:

第一类是旅游接待业高质量发展的结果性目标及绩效指标。它们是指旅游接待业发展主体或利益相关者(游客、旅游企业、政府机构、非政府组织如旅游行业协会、社区、居民、新闻媒体等)在一定时期内期望或已经实现的成果,即结果性目标及指标。例如,反映接待游客的人次与收入,游客人均旅游消费(收入),游客消费结构,游客满意度,旅游增加值,旅游就业人数等状况的目标及绩效指标。

第二类是旅游接待业高质量发展的任务性目标及绩效指标。它们是指旅游接待业发展主体或利益相关者(游客、旅游企业、政府机构、非政府组织如旅游行业协会、社区、居民、新闻媒体等)在一定时期内要完成的任务,即任务性目标及指标。这些任务性目标及指标是实现结果性目标及指标的支撑性目标及指标。例如,反映旅游吸引物提供的数量与利用状况,会展与奖励旅游活动开展的状况,邮轮旅游发展状况,酒店设施的提供与利用状况,旅游航空设施提供与利用状况等目标及绩效指标。

上述两类目标及绩效指标的基本关系是:结果性目标及绩效指标,是任务性目标及绩效指标的努力方向与成果;任务性目标及绩效指标,是实现结果性目标及绩效指标的工作要求、生产过程与必备条件。从旅游接待业高质量发展的投入产出角度考虑,任务性的目标及绩效指标与结果性目标及绩效指标存在投入与产出的因果关系链。

按不同性质或领域划分,旅游接待业高质量发展的目标及绩效指标可以分成不同的类型。例如,旅游经济效益的目标及绩效指标,旅游社会效益的目标及绩效指标,旅游生态效益的目标及绩效指标。

按不同利益相关者划分,旅游接待业高质量发展目标及绩效指标还可以分成旅游者的目标及绩效指标,旅游企业的目标及绩效指标,旅游行业协会的目标及绩效指标,旅游消费者协会的目标及绩效指标,旅游政府主管部门的目标及绩效指标,旅游社区居民的目标及绩效指标,以及上述利益相关者共识、共建、共治与共享的目标及绩效指标等。

需要特别说明的是:香港目前只统计包括入境旅游与出境旅游的国际旅游业的发展状况,没有统计香港本地居民在本地旅游的状况。因此,香港旅游接待业高质量发展的主要目标及绩效指标的统计范围是国际旅游业。但是,其设计原理与统计内容,对任何地方国际旅游业与国内旅游业的高质量发展都具有普遍的借鉴意义。

运用上面阐明的旅游接待业高质量发展的主要目标及绩效指标分类与关系的原理,通过对香港旅游发展局发布的自《2007 年香港旅游业统计》(*A Statistical Review of Hong Kong Tourism 2007*)至《2017 年香港旅游业统计》(*A Statistical Review of Hong Kong Tourism 2017*)长达 11 年即 11 期的香港旅游业统计的研究分析,通过对香港政府统计处发布的自 2000 年至 2016 年《香港 4 个主要行业的增加值与就业人数统计》的研究发现,香港旅游接待业高质量发展的主要目标及绩效指标包括以下具有投入和产出因果链关系的 7 类:①香港入境旅游接待业发展的结果性目标及绩效指标;②香港入境旅游接待业发展支撑性的游客市场开发目标及绩效指标;③香港入境旅游接待业发展支撑性的吸引物提供与利用目标及绩效指标;④香港入境旅游接待业发展支撑性的旅游活动组织目标及绩效指标;⑤香港入境旅游接待业发展支撑性的酒店设施提供与经营目标及绩效指标;⑥香港入境旅游接待业发展支撑性的游客市场维护目标及绩效指标;⑦香港入境旅游接待业发展支撑性的交通能力建设目标及绩效指标。

(1)香港入境旅游接待业发展的结果性目标及绩效指标

香港入境旅游接待业发展的结果性目标及绩效指标主要包括:①旅游行业增加值(包括入境旅游与外访旅游);②旅游行业就业人数;③旅游行业增加值占本地生产总值的百分比(%);④旅游行业就业人数占总就业人数的百分比(%);⑤年入境游客人次(万)及比上年增长率(%);⑥年入境过夜游客人次(万)及占入境游客总人次比例(%);⑦过夜游客平均停留天数(天)与上年变化率(%);⑧入境游客外汇收入(亿美元)与上年变化率(%);⑨入境一日游游客人均消费额(美元)与上年变化率(%);⑩入境一日游游客的消费结构(%);⑪入境过夜游客人均消费额(美元);⑫入境过夜游客消费结构(%);⑬乘坐同一邮轮进出

香港的游客人次(万)与上年变动率(%);⑭全年每月入境游客人次(千);⑮近5年入境游客人次的年增长率(%);⑯近5年入境游客收入(消费)的年增长率(%)。

(2)香港入境旅游接待业发展支撑性的游客市场开发目标及绩效指标

香港入境旅游接待业发展支撑性的游客市场开发目标及绩效指标主要包括:①五大入境客源市场到达人次(万)及排名;②五大入境客源市场到达人次占总人次比重(%);③五大入境过夜游客消费额(亿美元)及排名;④五大入境过夜游客消费额占总消费额比重(%)。

(3)香港入境旅游接待业发展支撑性的吸引物提供与利用目标及绩效指标

香港入境旅游接待业发展支撑性的吸引物提供与利用目标及绩效指标主要包括:①年接待过夜游客人次超过100万的旅游吸引物数量(个);②参观主要旅游吸引物的过夜旅游者人次(万)及排名;③参观主要旅游吸引物的过夜旅游者人次占过夜旅游者总人次的比重(%)及排名;④过夜旅游者购买十大旅游购物商品的人次(万)及排名;⑤过夜旅游者购买十大旅游购物商品的人次占过夜旅游者总人次比重(%)及排名;⑥最受过夜旅游者喜欢的五大购物地区到达的人次(万)及排名;⑦最受过夜旅游者喜欢的五大购物地区到达人次占过夜旅游者总人次比重(%)及排名。

(4)香港入境旅游接待业发展支撑性的旅游活动组织目标及绩效指标

香港入境旅游接待业发展支撑性的旅游活动组织目标及绩效指标主要包括:①入境过夜MICE游客人次(万);②入境过夜MICE游客人次占过夜商务游客总人次比重(%)。

(5)香港入境旅游接待业发展支撑性的酒店设施提供与经营目标及绩效指标

香港入境旅游接待业发展支撑性的酒店设施提供与经营目标及绩效指标主要包括:①近5年酒店客房供应数量(间);②酒店客房年平均出租率(%);③酒店客房年平均房价(港元与美元);④酒店收入结构(%);⑤酒店支出结构(%);⑥酒店客房全年每月平均出租率(%);⑦近5年酒店客房年平均出租率发展趋势(%);⑧近5年酒店客房年平均房价发展趋势(港元)。

(6)香港入境旅游接待业发展支撑性的游客市场维护目标及绩效指标

香港入境旅游接待业发展支撑性的游客市场维护目标及绩效指标主要包括:①入境游客首次访港比例(%);②入境游客再次访港比例(%);③入境游客再度访港意向(%);④入境游客将香港推荐给亲友的比例(%);⑤入境游客整体满意度评价的平均分数(最高为10分);⑥商品物有所值评价的平均分数(最高为100分);⑦整体购物评价的平均分数(最高为100分);⑧整体酒店评价的平均分数(最高为100分);⑨整体餐饮评价的平均分数(最高为100分)。

(7)香港入境旅游接待业发展支撑性的交通能力建设目标及绩效指标

香港入境旅游接待业发展支撑性的交通能力建设目标及绩效指标主要包括:①航空公司数量(家);②航空公司每周航班次数(次);③每周总载客量(按航班座位容量计:座)。

表9-1展示了2017年香港旅游接待业高质量发展目标及绩效指标体系,其中旅游业的增加值与就业指标的数据是2016年的。

表 9-1 2017 年香港国际旅游接待业高质量发展目标及绩效指标体系（增加值与就业数据是 2016 年度的）

目标类型	绩效指标	绝对指标（人次/金额）	相对指标（年增长率/占比）
	国际旅游行业增加值及占本地生产总值百分比（%）	112 400 百万港元（合 144.94 亿美元）	4.7%
	国际旅游行业就业人数及占就业总数百分比（%）	25.98 万人	6.9%
	年入境游客人次（万）及比上年增长率（%）	5 847.215 7 万人次	3.2%
	年入境过夜游客人次（万）及占入境游客总人次比例（%）	2 788 万人次	47.7%
	过夜游客平均停留天数及与上年变化率（天）	3.2 天	-0.1
	入境游客外汇收入（亿美元）及与上年变化率（%）	332 亿美元	1.6
	入境一日游游客人均消费额（美元）及与上年变化率（%）	230.39 美元	-10.4%
	入境一日游游客的消费结构（%）		购物:86.2%;酒店账单:0.6%;酒店外膳食:5.5%;其他:7.7%
	入境过夜游客人均消费额（美元）	720.95 美元	-2.4%
	入境过夜游客消费结构（%）		购物:50.8%;酒店账单:21.4%;酒店外膳食:15.2%;本地观光游:0.4%;娱乐:4.2%;其他:8.1%
	乘坐同一邮轮进出香港的游客人次（万）及与上年变动率（%）	9.731 3 万	-10.5%
结果性的目标	全年每月入境游客人次（千）		1月:5 475;2月:4 181;3月:4 586;4月:4 776;5月:4 587;6月:4 203;7月:5 168;8月:5 023;9月:4 635;10月:5 279;11月:4 971;12月:5 587

续表

目标类型	绩效指标	绩效指标值	
		绝对指标（人次/金额）	相对指标（年增长率/占比）
结果性的目标	近5年入境游客人次的年增长率（%）		2013—2017年:①2013年:+8.0%;②2014年:+8.2%;③2015年:-3.9%;④2016年:-0.5%;⑤2017年:+5.0%
	近5年入境游客收入（消费）的年增长率（%）		2013—2017年:①2013年:+14.4%;②2014年:+8.6%;③2015年:-8.4%;④2016年:-10.8%;⑤2017年:+1.0%
支撑性的游客市场开发目标	五大入境客源市场到达人次（万）及排名	①中国内地:4 444.525 9;②中国台湾:201.075 5;③韩国:148.767 0;④日本:123.001 0;⑤美国:121.562 9	
	五大入境客源市场到达人次占总人次比重（%）		①中国内地:76.0%;②中国台湾:3.4%;③韩国:2.5%;④日本:2.1%;⑤美国:2.1%
	五大入境过夜游客消费额（亿美元）及排名	①中国内地:145.32;②美国:6.02;③韩国:5.08;④中国台湾:4.57;⑤日本:3.72	
	五大入境过夜游客消费额占总消费额比重（%）		①中国内地:72.3%;②美国:3.0%;③韩国:2.5%;④中国台湾:2.3%;⑤日本:1.8%

支撑性的吸引物提供与利用目标	年接待过夜游客人次超过 100 万的旅游吸引物数量（个）	10	①太平山顶:641.24;②尖沙咀海滨:557.6;③香港迪士尼乐园:446.08;④露天市场—女人街:362.44;⑤香港海洋公园:306.68;⑥露天市场—庙街:278.8;⑦兰桂坊/苏豪区:250.92;⑧香港会议展览中心:223.04;⑨大屿山—昂坪:167.28;⑩赤柱/赤柱市场:139.4	
	参观主要旅游吸引物的过夜旅游者总人次（万）及排名			
	参观主要旅游吸引物的过夜旅游者人次占过夜旅游者总人次的比重（%）及排名			①太平山顶:23%;②尖沙咀海滨:20%;③香港迪士尼乐园:16%;④露天市场—女人街:13%;⑤香港海洋公园:11%;⑥露天市场—庙街:10%;⑦兰桂坊/苏豪区:9%;⑧香港会议展览中心:8%;⑨大屿山—昂坪:6%;⑩赤柱/赤柱市场:5%
	过夜旅游者购买十大旅游商品的人次（万）及排名		①现成服装:836.4;②化妆品:780.64;③小食/糖果:669.12;④药品、中药:418.2;⑤皮鞋/其他鞋类:418.2;⑥手袋/银包/皮带:306.68;⑦纪念品及手工艺品:167.28;⑧奶粉:139.4;⑨香水:139.4;⑩个人护理用品（例如洗发水、尿布等）:139.4	

续表

目标类型	绩效指标	绩效指标值		
		绝对指标（人次／金额）	相对指标（年增长率／占比）	
	过夜旅游者购买十大旅游商品的人次占过夜旅游者总人次比重（%）及排名		①现成服装：30%；②化妆品：28%；③小食／糖果：24%；④药品、中药：15%；⑤皮鞋／其他鞋类：15%；⑥手袋／银包／皮带：11%；⑦纪念品及手工艺品：6%；⑧奶粉：5%；⑨香水：5%；⑩个人护理用品（例如洗发水、尿布等）：5%	
支撑性的吸引物提供与利用目标	最受过夜旅游者喜欢的五大购物地区到达的人次（万）及排名	①尖沙咀：1 310.36；②旺角、太子：836.4；③铜锣湾：808.52；④中环：557.6；⑤油麻地、佐敦：223.04		
	最受过夜旅游者喜欢的五大购物地区到达人次占过夜旅游者总人次比重（%）及排名		①尖沙咀：47%；②旺角、太子：30%；③铜锣湾：29%；④中环：20%；⑤油麻地，佐敦：8%	
支撑性的旅游活动组织目标	入境过夜MICE游客人次（万）	2 788（过夜游客）×14%（商务客比重）×48.8%（入境过夜MICE游客人次比重）＝190.48万		
	入境过夜MICE游客人次占过夜商务游客总人次比重（%）		48.8%	
支撑性的酒店设施提供与经营目标	近5年酒店客房供应数量（间）	①2013 年：70 017；②2014 年：72 721;③2015 年:73 846;④2016 年:74 868;⑤2017 年:78 935		

项目		
酒店客房年平均出租率(%)	89%	+2.0%
酒店客房年平均房价(港元与美元)	1 288 港元÷8.936 7 = 144.12 美元	+0.1%
酒店收入结构(%)	①房间营业额:63.0%;②餐饮营业额:33.4%;③分支运作部门营业额:1.8%;④电话营业额:0.1%;⑤租金及其他收入:1.7%	
酒店支出结构(%)	①餐饮部门开支:33.9%;②固定费用:8.3%;③房间部门开支:22.6%;④行政及一般开支:9.0%;⑤能源:6.0%;⑥物业营运及保养:5.2%;⑦市场开拓:6.8%;⑧管理费:5.6%;⑨分支运作部门开支:1.6%;⑩电话部门开支:0.8%	
酒店客房全年每月平均出租率(%)	1月:87%;2月:87%;3月:90%;4月:89%;5月:84%;6月:87%;7月:90%;8月:91%;9月:87%;10月:92%;11月:95%;12月:92%	
近5年酒店客房年平均出租率发展趋势(%)	2013—2017年:①2013年:89%;②2014年:90%;③2015年:86%;④2016年:87%;⑤2017年:89%	
支撑性的酒店设施提供与经营目标	近5年酒店客房年平均房价发展趋势(港元)	2013—2017年:①2013年:1 447;②2014年:1 473;③2015年:1 337;④2016年:1 287;⑤2017年:1 288

续表

目标类型	绩效指标	绩效指标值	
		绝对指标（人次/金额）	相对指标（年增长率/占比）
支撑性的游客市场维护目标	入境游客首次访港比例（%）		24%
	入境游客多过一次访港比例（%）		76%
	入境游客再度访港意向（%）		92%
	入境游客将香港推荐给亲友的比例（%）		92%
	入境游客整体满意度评价的平均分数（最高为 10 分）		8.4
	商品物有所值评价的平均分数（最高为 100 分）		74.9
	整体购物评价的平均分数（最高为 100 分）		80.0
	整体酒店评价的平均分数（最高为 100 分）		76.2
	整体餐饮评价的平均分数（最高为 100 分）		79.7
支撑性的交通能力建设目标	航空公司数量（家）		87
	航空公司每周航班次数（次）		3 500
	每周总载客量（按航班座位容量计：座）		948 733

资料来源：Hong Kong Tourism Board. A Statistical Review of Hong Kong Tourism 2017.

注释：香港港元与美元的汇率以 2017 年度的 1 美元 = 8.936 7 港元计。

2) 香港与东亚和太平洋地区国家与经济体旅游接待业高质量发展的主体、要素及动力指标体系

(1) 旅游接待业高质量发展的主体、要素及动力指标体系的界定

旅游接待业高质量发展目标及绩效指标需要有人、有要素与有动力去实现,这就需要研究说明旅游接待业高质量发展的主体、要素及动力指标体系。

本书将旅游接待业高质量发展的主体、要素及动力指标体系分为狭义与广义两种类型。

狭义的旅游接待业高质量发展主体、要素及动力指标体系,是指其发展主体、要素及动力指标体系表现为单一主体(如游客)或少数主体(如游客与旅游接待业企业)的质量发展目标、要素及动力指标。例如,游客的优质服务目标及相应的行为要素与满意度指标,旅游接待业企业的精益管理目标及相应的行为要素与降低成本指标。狭义的旅游接待业高质量发展主体及要素与动力指标体系的特点是:仅做到使单一主体或少数主体需要的满足。例如,满足游客的需要,或者同时能实现旅游接待业企业的利润目标。

广义的旅游接待业高质量发展的主体、要素及动力指标体系是指旅游接待业高质量发展所涉及的各个相关主体、要素及其动力指标体系,即各个相关主体,实现旅游接待业高质量发展目标的,公平、诚信、自愿、共识、共建、共享、共赢又富有竞争力与可持续发展力的要素与合作性动力指标体系。这往往表现为某一国家、经济体或地区的旅游接待业所具有的吸引旅游企业、旅游者整体的经营服务环境与要素,可以采用《2017 年全球旅行与旅游竞争力报告》评价一个国家或地区旅游接待业高质量发展所必须具备的竞争力环境与要素状况所采用的评价指标。

我国以往对提高旅游接待业质量的研究,比较偏重于从使旅游者满意的单一维度出发。事实上,旅游者也有不文明的行为,旅游者在享有旅游接待业发展质量权利的同时,也需要承担旅游接待业发展质量的义务与责任。另外,在市场公平、自愿交易情况下,旅游接待业发展质量又必须满足其他主体的需要,受到其他主体要求与因素的制约。因此,旅游接待业高质量发展体系,需要从影响旅游接待业高质量发展与受旅游接待业高质量发展影响的多维度视角构建,即包括从旅游者、旅游经营者(旅游企业)、旅游从业人员、旅游供应链企业(履行辅助人)、旅游产业结构(旅游供给结构适配旅游需求结构的现状与动态变化)、旅游目的地、旅游目的地的居民、旅游资源、旅游社会和自然环境、政府主管部门出发,开展对旅游接待业发展质量的全面研究、设计与管理,以真实地反映影响旅游接待业发展质量与受旅游接待业发展质量影响的主体与要素,以及这些主体与要素各自的要求及利益关系的平衡性。

大量的事实表明,如果单纯从旅游者角度研究旅游接待业发展质量的要求,不考虑其他主体与要素的合理要求,不仅会导致旅游者的质量要求难以满足,同时,也会导致旅游接待业难以持续发展。例如,在导游的正常工资收入没有得到合理保障情况下,就容易发生导游误导或欺骗旅游者购物的行为。又如,旅游目的地的污染——如北京的雾霾天气不加以防治的话,就会导致旅游活动难以正常进行。

因此,本书运用《2017 年全球旅行与旅游竞争力报告》评价一个国家或经济体旅游接待业高质量发展所必须具备的竞争力要素状况所采用的指标,来分析与反映香港特别行政区旅游接待业发展整体的经营服务环境和要素,即反映旅游者、旅游经营者(旅游企业)、旅游从业人员、旅游供应链企业(履行辅助人)、旅游产业结构(旅游供给结构适配旅游需求结构的现状与动态变化)、旅游目的地、旅游目的地的居民、旅游资源、旅游社会和自然环境、政府主管部门政策等协调、合作促进旅游接待业高质量发展的基础与条件,以及反映促进旅游接待业发展的质量、效率与效益的主体状况及动力指标体系。

(2)香港与东亚和太平洋地区国家与经济体旅游接待业高质量发展的主体、要素及动力指标体系状况分析

《2017 年全球旅行与旅游竞争力报告》中的核心部分《2017 年全球旅行与旅游竞争力指数》子报告,对是否具有旅游接待业高质量发展的有竞争力的营商服务环境与要素进行了长达 14 年的观察与研究。

本书依据《2017 年全球旅行与旅游竞争力指数》子报告,参照世界经济论坛(WEF)有关是否具有旅游接待业高质量发展必须具备的竞争力的营商服务环境与要素的评价指标,对香港旅游接待业高质量发展的主体、要素及动力指标表现状况——旅游接待业的营商服务环境与要素进行分析。

在本书第 7 章旅游接待业的结构与优化的第 5 节旅游接待业的供给侧结构性改革中,已经对《2017 年全球旅行与旅游竞争力指数》子报告的内容做过介绍。

从《2017 年全球旅行与旅游竞争力指数》子报告对是否具有旅游业高质量发展必须具备的富有竞争力的营商服务环境与要素的评价指标构建内容中可以发现,构建者重视适合旅游接待业企业发展与游客旅游的整体营商服务环境与要素的评价指标,重视政府制定的发展旅游业的政策与法规的评价指标,重视基础设施建设的评价指标,重视吸引游客的旅游资源、旅游活动与社会环境方面的评价指标。

表 9-2 2017 年全球旅游业竞争力排名前 20 名

国家/经济体	排 名	得 分	自 2015 年以来的变化
西班牙	1	5.43	0
法国	2	5.32	0
德国	3	5.28	0
日本	4	5.26	5
英国	5	5.20	0
美国	6	5.12	−2
澳大利亚	7	5.10	0

国家/经济体	排　名	得　分	自 2015 年以来的变化
意大利	8	4.99	0
加拿大	9	4.97	1
瑞士	10	4.94	−4
香港特别行政区（中国）	11	4.86	2
奥地利	12	4.86	0
新加坡	13	4.85	−2
葡萄牙	14	4.74	1
中国	15	4.72	2
新西兰	16	4.68	0
荷兰	17	4.64	−3
挪威	18	4.64	2
韩国	19	4.57	10
瑞典	20	4.55	3

资料来源：World Economic Forum. The Travel & Tourism Competitiveness Report 2017：9.

据《2017 年全球旅行与旅游竞争力指数》报告分析，中国排在第 15 位，与排在第 11 位的中国香港特别行政区的差距，以及与中国所在的东亚和太平洋地区国家和经济体平均水平的差距主要表现在以下各方面。

①在可发展环境方面：a.商业环境，中国得 4.2 分，比香港特别行政区的 6.2 分低 2 分，比东亚和太平洋地区的国家与经济体的平均得分 5.1 分低 0.9 分；b.功能安全与心理安全，中国得 5.0 分，比香港特别行政区的 6.5 分低 1.5 分，比东亚和太平洋地区的国家与经济体的平均得分 5.9 分低 0.9 分；c.健康与卫生，中国得 5.4 分，比香港特别行政区的 6.6 分低 1.2 分，比东亚和太平洋地区的国家与经济体的平均得分 6.1 分低 0.7 分；d.人力资源与劳动力市场，中国得 5.2 分，比香港特别行政区的 5.4 分低 0.2 分，比东亚和太平洋地区的国家与经济体的平均得分 5.1 分高 0.1 分；e.信息与通信技术准备状况，中国得 4.6 分，比香港特别行政区的 6.5 分低 1.9 分，比东亚和太平洋地区的国家与经济体的平均得分 5.6 分低 1 分。参阅表 9-3。

表 9-3　东亚和太平洋地区国家与经济体的全球旅游业竞争力评价指标比较

可发展环境					
国家/经济体	全球排名	商业环境	功能安全与心理安全	健康与卫生	人力资源与劳动力市场	信息与通信技术准备状况
东亚和太平洋地区					
日本	4	5.3	6.1	6.4	5.2	6.1
澳大利亚	7	5.1	6.1	6.1	5.1	6.0
香港特别行政区（中国）	11	6.2	6.5	6.6	5.4	6.5
中国	15	4.2	5.0	5.4	5.2	4.6
新西兰	16	5.6	6.3	5.7	5.5	6.0
韩国	19	4.7	5.8	6.4	4.9	6.2
台湾（中国）	30	5.2	6.0	6.1	5.3	5.5
蒙古国	102	4.4	5.7	5.8	4.5	4.0
东亚和太平洋地区		5.1	5.9	6.1	5.1	5.6

资料来源：World Economic Forum. The Travel & Tourism Competitiveness Report 2017:22.

②在旅游发展政策与条件方面：a.旅游业发展的优先性，中国得 4.8 分，比香港特别行政区的 5.8 分低 1 分，比东亚和太平洋地区的国家与经济体的平均得分 5.0 分低 0.2 分；b.国际开放性，中国得 3.0 分，比香港特别行政区的 3.9 分低 0.9 分，比东亚和太平洋地区的国家与经济体的平均得分 3.9 分低 0.9 分；c.价格竞争性，中国得 5.3 分，比香港特别行政区的 4.2 分高 1.1 分，比东亚和太平洋地区的国家与经济体的平均得分 5.2 分高 0.1 分；d.环境可持续性，中国得 3.2 分，比香港特别行政区的 4.3 分低 1.1 分，比东亚和太平洋地区的国家与经济体的平均得分 4.1 分低 0.9 分。请参阅表 9-4。

③在基础设施方面：a.航空交通基础设施，中国得 4.3 分，比香港特别行政区的 5.5 分低 1.2 分，比东亚和太平洋地区的国家与经济体的平均得分 4.4 分低 0.1 分；b.地面和港口基础设施，中国得 4.0 分，比香港特别行政区的 6.4 分低 2.4 分，比东亚和太平洋地区的国家与经济体的平均得分 4.4 分低 0.4 分；c.旅游服务基础设施，中国得 3.2 分，比香港特别行政区的 4.4 分低 1.2 分，比东亚和太平洋地区的国家与经济体的平均得分 4.6 分低 1.4 分。请参阅表 9-4。

④在自然和文化资源方面：a.自然资源，中国得 5.3 分，比香港特别行政区的 3.5 分高 1.8 分，比东亚和太平洋地区的国家与经济体的平均得分 3.9 分高 1.4 分；b.文化资源与商务旅行，中国得 6.9 分，比香港特别行政区的 3.0 分高 3.9 分，比东亚和太平洋地区的国家与经济

体的平均得分 4.2 分高 2.7 分。请参阅表 9-4。

表 9-4　东亚和太平洋地区国家与经济体全球旅游业竞争力评价指标比较

国家/经济体	旅游发展政策与条件				基础设施			自然和文化资源	
	旅游业发展的优先性	国际开放性	价格竞争性	环境可持续性	航空交通基础设施	地面和港口基础设施	旅游服务基础设施	自然资源	文化资源与商务旅行
东亚和太平洋地区									
日本	5.4	4.4	4.6	4.4	4.6	5.4	5.3	4.3	6.5
澳大利亚	5.1	4.8	3.8	4.5	5.7	3.6	6.1	5.2	5.0
香港特别行政区(中国)	5.8	3.9	4.2	4.3	5.5	6.4	4.4	3.5	3.0
中国	4.8	3.0	5.3	3.2	4.3	4.0	3.2	5.3	6.9
新西兰	5.6	4.5	4.4	4.7	4.7	3.7	5.7	4.5	2.3
韩国	4.6	4.3	4.7	4.2	4.3	5.0	4.6	2.3	4.9
台湾(中国)	4.7	4.2	5.2	4.1	3.5	5.2	4.5	3.4	3.2
蒙古国	4.0	1.9	5.7	3.4	2.2	2.1	2.7	2.7	1.8
东亚和太平洋地区	5.0	3.9	4.7	4.1	4.4	4.4	4.6	3.9	4.2

资料来源:World Economic Forum. The Travel & Tourism Competitiveness Report 2017:23.

　　从上述中国与中国香港特别行政区的差距,以及与中国所在的东亚和太平洋地区国家和经济体平均水平的差距比较中可以发现:①在可发展环境方面,中国全面落后。在本来应该具有显著优势的人力资源与劳动力市场方面,中国得 5.2 分,比香港特别行政区的 5.4 分低 0.2 分,比东亚和太平洋地区的国家与经济体的平均得分 5.1 分仅高 0.1 分,优势不够显著。②在旅游发展政策与条件方面,中国也全面落后。仅在价格竞争性方面,中国得 5.3 分,比香港特别行政区的 4.2 分高 1.1 分,比东亚和太平洋地区的国家与经济体的平均得分 5.2 分高 0.1 分。事实上,我国具有优质的自然与文化资源,实现高质量发展的话,价格应该合理提高。③在基础设施方面,中国全面落后。特别是在旅游服务基础设施方面落后比较显著,中国得 3.2 分,比香港特别行政区的 4.4 分低 1.2 分,比东亚和太平洋地区的国家与经济体的平均得分 4.6 分低 1.4 分。④在自然和文化资源方面,中国具有显著优势,但是由于前面三个方面落后了,导致该优势没有被很好地利用。

3) 香港旅游接待业高质量发展的社会治理体系

　　旅游接待业高质量发展目标及绩效指标体系的实现,取决于旅游接待业高质量发展主体、要素与动力指标体系的状况,即现有的整体的旅游营商服务环境的状况。而现有的整体的旅游营商服务环境优化则取决于旅游接待业高质量发展的社会治理体系。

旅游接待业高质量发展的社会治理体系主要包括:①旅游接待业高质量发展的主体类型及其责任;②旅游接待业高质量发展的文化包容性;③旅游接待业高质量发展的战略;④旅游接待业高质量发展的强制性的行为法规;⑤旅游接待业高质量发展的引导性的行为标准;⑥旅游接待业高质量发展的交流与合作平台;⑦旅游接待业高质量发展的促进方式。

(1)香港旅游接待业高质量发展的主体类型及其责任

从供给侧角度考察,香港旅游接待业高质量发展的主体类型及其责任可以分为以下10类,因此,这部分内容主要包括以下10类主体及责任的说明:①香港旅游事务署的责任;②香港旅游发展局的责任;③香港旅游事务署与香港旅游发展局的关系;④香港旅行代理商注册处的责任(香港旅游规制局的责任);⑤香港旅游业策略小组的责任;⑥香港旅游业发展的相关机构;⑦香港旅游业发展的其他相关机构;⑧香港酒店业主联合会的责任;⑨香港酒店业协会的责任;⑩香港旅游业议会的责任。对上述10类主体责任的说明目的是为我们分析与设计旅游接待业高质量发展主体的责任提供参考。

第一,香港旅游事务署的责任。香港旅游事务署于1999年5月成立,隶属于香港商务及经济发展局,由香港旅游事务专员掌管,负责制定香港政府的旅游发展政策和策略,并统筹与业界的联系,加强协调推动旅游业的发展。

第二,香港旅游发展局的责任。香港旅游发展局负责香港旅游目的地的推广工作。香港旅游发展局于2001年4月1日成立,前身是1957年根据法律设立的香港旅游协会。香港旅游发展局成立后,不再沿用香港旅游协会的会员制度,与业内界别或组织也没有从属关系,能更全面地协助推动香港整体旅游业的发展。

根据2001年生效的《香港旅游发展局条例》,香港旅游发展局的六项宗旨是:其一,致力于扩大旅游业对香港的贡献;其二,在全世界推广香港为亚洲区内一个具有领导地位的国际城市和列为世界级的旅游目的地;其三,提倡对旅客设施加以改善;其四,在政府向公众推广旅游业的过程中给予支持;其五,在适当的情况下支持为到访香港旅客提供服务的人员的活动;其六,就促进以上事宜所可采取的措施向香港特别行政区行政长官作出建议及提供意见。

为了实现上述目标,香港旅游发展局一直与利益相关者定期沟通,同时参加多个与旅游业相关的策略小组及会议,致力与政府有关部门及机构、旅游业界及其他直接或间接与旅游业有关的机构保持紧密合作。

此外,香港旅游发展局也进行广泛的旅客访问及研究,收集有关访港旅客特点、喜好等各方面的资料。香港旅游发展局会参考这些研究数据,加上旅游业的最新趋势和发展模式、国际机构所作的分析及预测,进而为不同客源市场及客群,制订合适的推广策略。

香港旅游发展局于全年不同时间均进行不同形式的宣传,同时通过举办各项大型活动或盛事,向全球各地的旅游业界、媒体及消费者推广香港的品牌,以及丰富旅客在港期间的旅游体验,并为香港旅游业界创造业务合作平台。

第三,香港旅游事务署与香港旅游发展局的关系。香港旅游事务署与香港旅游发展局

（即前香港旅游协会）及其他机构紧密合作,推动香港旅游业的发展。

香港旅游事务署的主要职责,是制定和统筹落实各项促进旅游业发展的政策、策略和计划,同时负责领导和协调其他政府决策局和部门,推行对旅游业有影响的政策和措施。

香港旅游发展局是根据《香港旅游发展局条例》成立的法定机构,主要职能是在世界各地宣传和推广香港作为旅游胜地,并积极提升访港旅客在港的体验。香港旅游发展局会就香港旅游设施的种类及素质,定期向政府和其他有关机构提出建议。

第四,香港旅行代理商注册处的责任。香港旅行代理商注册处成立于 1985 年,负责执行《旅行代理商条例》(依据其中的第 218 章的规定)。以监管旅行代理商从而提高业界的水平为目标,力求维护从香港到海外旅游的旅客及到港访客的权益,并提升香港作为一个友善待客城市的声誉。按照《旅游业条例草案》,香港旅行代理商注册处在未来将归入香港旅游监管局。

第五,香港旅游业策略小组的责任。由旅游业界、政府部门及社会相关人士组成,从策略部署的角度,研究并向香港政府提出促进旅游业发展的建议。

第六,香港旅游业发展的相关机构。香港旅游事务署认为与香港旅游业发展相关的机构是指政府决策局或部门,包括:香港经济分析及方便营商处、商务及经济发展局、康乐及文化事务署、牌照事务处(负责发放旅馆经营牌照)、文物保育专员办事处等。

第七,香港旅游业发展的其他相关机构。香港旅游事务署认为香港旅游业发展的其他相关机构包括:海洋公园董事局、香港酒店业主联合会、香港酒店业协会、香港贸易发展局、香港旅游业议会、"优质旅游服务"计划制定与实施机构。

第八,香港酒店业主联合会的责任。香港酒店业主联合会于 1983 年成立,是一个非营利团体,并于 1984 年正式注册为有限公司。该会会员是以酒店控股公司为单位,会员旗下拥有的房间数占全港房间总数 90% 以上,会员入会采用个别邀请形式。

该会的宗旨是:保护业主的权益;为会员服务及提供有关酒店业的服务;向酒店总经理和经营者发出有关政策方面的指引;与政府部门磋商所有关系到酒店业的政策;对于有关酒店业的立法建议提出支持或反对意见;推广及支持酒店与旅游业教育和培训;推广及支持酒店与旅游业长远发展策略;联络各大商会、政治团体及酒店旅游业相关的机构,以配合整体旅游业的发展。

第九,香港酒店业协会的责任。香港酒店业协会于 1961 年成立,旨在保障香港酒店业的合法权益,并致力加强业内会员的团结和合作。同时,通过为会员提供与酒店业相关的统计资料及信息,从而提升业内的专业性。作为香港酒店业从业人员的正式发言机构,香港酒店业协会代表业界反映一切有关影响酒店业的综合性意见,协会同时扮演顾问角色,协助政府立法及检讨有关酒店业的政策和措施。香港酒店业协会的一个重要的功能是通过培训课程和讲座,为酒店从业人员提供在职进修机会。有些课程为专业高级行政人员而设,邀请国际顶级酒店学院的教授亲临主讲,此举广受各会员及业界认同。

协会另一个主要目标是确保贯彻服务与品质标准,并通过引进新技术和管理技术来提升酒店业的国际声誉。

第十,香港旅游业议会的责任。香港旅游业议会(旅行社协会)成立于 1978 年,以保障旅行社的利益为宗旨。1985 年,经过香港旅游业议会建议,香港政府制定了《旅行代理商条例》,规定所有经营到境外旅游业务的旅行社必须领取牌照。

香港旅游业议会多年来竭力推动行业自律,逐渐赢得广泛认同。上述条例于 1988 年修订时,香港旅游业议会被香港政府委以负责保障出境游客权益的重任。按《1988 年旅行代理商(修订)条例》的规定,任何公司必须先成为议会会员,才可以申领旅行代理商牌照,合法经营离港出境旅游业务。

(2)香港旅游接待业高质量发展的文化包容性

旅游业的发展是以文化吸引力与包容性为前提条件的。因为,要吸引具有不同文化背景的海外旅游者到旅游目的地来,这一旅游目的地必须具备文化吸引力及与不同国家游客的语言交流能力。香港的文化包容性支持了香港旅游接待业的高质量发展。

香港最显著的标志是:中文和英文都是香港的官方语言,香港旅游发展局的推广网站用 22 种文字向全世界推广香港,并且不但注意文字的差别,而且注意文化的差别,如中文有简体字与繁体字,简体字适合内地居民的语言交流习惯,繁体字适合台湾同胞与海外侨胞的语言交流习惯;又如英文有澳大利亚英文、加拿大英文、新西兰英文等,以适合不同的讲英语国家的居民语言交流的特点。

(3)香港旅游接待业高质量融合发展的战略

满足不同类型、不同消费能力游客的多元化与个性化的需要,同时,又能最充分地利用旅游目的地与旅游接待业的资源禀赋与设施活动,产生良好的经济效益,这是旅游目的地与旅游接待业高质量发展的重要战略。

香港旅游目的地与旅游接待业实施上述战略的重要方式是编制旅游文化节庆活动的电子日历,即汇聚香港各行各业的旅游文化节庆活动,将它们按照举行的时间顺序,呈现在日历上,甚至将未来计划的活动提前几年呈现在日历上,供游客选择、计划与分享。

(4)香港旅游接待业高质量发展的强制性的行为法规

香港政府采用立法形式,对旅游经营者的基本质量要求即质量底线进行强制性的行为规范管理。

香港旅游接待业高质量发展的强制性的行为法规主要包括:《旅行代理商条例》《香港旅游发展局条例》《旅馆业条例》《旅游业条例草案》。

(5)香港旅游接待业高质量发展的引导性的行为标准

香港政府采用推荐性的旅游优质服务的集体品牌认证与推广方式,来引导与促进旅游企业的高质量发展。例如,香港旅游发展局设立"优质旅游服务"计划,要求获得认证的商户必须做到"明码实价,资料清晰,优质服务",以推动香港旅游接待业不断提升服务素质。

(6)香港旅游接待业高质量发展的交流与合作平台

旅游者旅游需求的综合性,导致旅游供给的综合性。为了有效满足旅游者的综合性旅游需求,同时,又为不同的旅游供应服务商提供经营与合作机会,政府需要为旅游者和旅游供应服务商提供交流与合作平台。香港旅游发展局为香港旅游业界提供了合作伙伴网站。

(7)香港旅游接待业高质量发展的促进方式

香港将旅游接待业列为香港的四大支柱产业之一。每年在香港政府的施政报告中,都会报告旅游业的发展政策。本书依据目前收集到从 1997 年到 2017 年期间香港政府的 10 份施政报告中有关旅游接待业的发展政策,总结香港旅游接待业高质量发展的促进方式。在这 10 份施政报告中,有 8 份都将旅游接待业的发展问题及政策作为一个专题内容进行报告说明。

下面以香港《行政长官 2017 年施政报告:一起同行,拥抱希望,分享快乐》(下面简称《香港行政长官 2017 年施政报告》)中有关旅游接待业的发展问题及发展政策内容为例,进行说明。

第一,在市场经济背景下,香港政府要担任"服务提供者""监管者""促成者"和"推广者"的责任。

第二,香港注意发挥它营商环境的整体优势,特别是税收优势。

第三,积极安排旅游发展用地。《香港行政长官 2017 年施政报告》专门设立了"经济发展土地供应"专项政策内容,其中包括有旅游业发展的用地政策。

第四,《香港行政长官 2017 年施政报告》专门设立了"旅游业"专项政策内容。主要包括:

①说明旅游业是香港的支柱产业,要将香港发展成世界级的首选旅游目的地,增加更多的高增值过夜旅游者。

②关注与抓住新的发展机会。

③由于旅游业是综合性产业,因此,要加强各相关行业的合作与协同效应。

④针对旅游接待业发展的具体问题,提出一系列解决问题的政策。《香港行政长官 2017 年施政报告》指出:

为香港开拓多元化的客源市场,集中吸引高增值过夜旅客来香港,包括在 2018 年促进业界把握大湾区的旅游机遇,并计划举办"一带一路"旅游论坛,邀请"一带一路"沿线国家和相关旅游业界参加,以协助香港业界开拓更多元化的客源市场;持续支持香港旅游发展局在客源市场宣传香港旅游特色和形象,包括推广"一程多站"。中、长期方面,香港政府会与国家旅游局及旅游业界商讨继续深化内地与香港的旅游合作。

培育及拓展具有香港及国际特色的旅游产品及项目,包括文化、古迹、绿色及创意旅游,从而丰富旅客体验。例如在短、中期方面,香港政府会探讨开发不同的绿色景点,并与当地社区携手推动可持续的绿色旅游发展,以及如何完善这些景点的交通配套安排;香港政府也会探讨与创意媒体院校合作,通过运用多媒体和创意科技,让旅客即使身处现代都市也可在具有丰厚历史文化的地点穿梭体验其历史时代的面貌和当时的社区文化,以丰富本港文化历史的旅游产品;巩固和提升香港作为会议展览旅游目的地及地区邮轮枢纽的地位,并致力吸引不同种类和崭新的盛事在香港举行。解决旅游会展业发展的用地问题。

推动智慧旅游,包括在短、中期逐步在旅游热点加强 Wi-Fi 设施,并探讨利用智能科技在合适景点及边境管制站为旅客提供便利旅游的服务,例如向到香港旅客手机发出在港旅游的基本实用资讯及往返不同景点的公共交通服务等,协助他们规划行程及在港活动,以及鼓励业界善用创新科技以增强竞争力。

提升香港旅游业的服务素质,并争取立法会尽快通过《旅游业条例草案》,以保障旅客权益,并推动业界采用良好营商手法,维持香港作为旅游城市的形象。

9.3 旅游接待业高质量发展体系的构建及运用研究

9.3.1 旅游接待业高质量发展目标及绩效指标体系的构建与运用研究

依据旅游接待业高质量发展目标及绩效指标体系构建的原理,参照香港旅游接待业高质量发展的目标及绩效指标体系,我国与地方旅游接待业高质量发展的目标及绩效指标体系可以构建如下。

1)旅游接待业高质量发展的结果性目标及绩效指标

我国和地方旅游接待业高质量发展的结果性目标及绩效指标主要包括:①旅游产业增加值(包括国内旅游与入境旅游);②旅游产业就业人数;③旅游产业增加值占本地生产总值的百分比;④旅游产业就业人数占总就业人数的百分比;⑤年入境游客与国内游客人次(万)及比上年增长率(%);⑥年入境过夜游客与国内过夜游客人次(万)及占入境游客总人次与国内游客人次比例(%);⑦入境过夜游客与国内过夜游客平均停留天数与上年变化率(天);⑧入境游客外汇收入(亿美元)与上年变化率(%);⑨入境一日游游客与国内一日游游客人均消费额(美元/人民币元)与上年变化率(%);⑩入境一日游游客与国内一日游游客的消费结构(%);⑪入境过夜游客与国内过夜游客人均消费额(美元/人民币元);⑫入境过夜游客与国内过夜游客消费结构(%);⑬乘坐同一邮轮进出本地的游客人次(万)与上年变动率(%);⑭全年每月入境游客与国内游客人次(千);⑮近5年入境游客人次与国内游客人次的年增长率(%);⑯近5年入境游客与国内游客收入(消费)的年增长率(%)。

2)支撑入境与国内旅游接待业发展的游客市场开发目标及绩效指标

我国和地方支撑入境与国内旅游接待业发展的游客市场开发目标及绩效指标主要包括:①五大入境客源市场与国内客源市场到达人次(万)及排名;②五大入境客源市场到达人次与国内客源市场人次分别占入境游客总人次与国内游客总人次的比重(%);③五大入境过夜游客消费额(亿美元)与国内过夜游客消费额(万人民币元)及排名;④五大入境过夜游客消费额与国内过夜游客消费额分别占入境游客总消费额与国内游客总消费额的比重(%)。

3)支撑入境与国内旅游接待业发展的吸引物提供与利用目标及绩效指标

我国和地方支撑入境与国内旅游接待业发展的吸引物提供与利用目标及绩效指标主要

包括:①年接待过夜游客人次超过 100 万的旅游吸引物数量(个);②参观主要旅游吸引物的过夜游客人次(万)及排名;③参观主要旅游吸引物的过夜游客人次占过夜游客总人次的比重(%)及排名;④过夜游客购买十大旅游购物商品的人次(万)及排名;⑤过夜游客购买十大旅游购物商品的人次占过夜游客总人次比重(%)及排名;⑥最受过夜游客喜欢的五大购物地区到达的人次(万)及排名;⑦最受过夜游客喜欢的五大购物地区到达人次占过夜游客总人次比重(%)及排名。

4)支撑入境与国内旅游接待业发展的旅游活动组织目标及绩效指标

我国和地方支撑入境与国内旅游接待业发展的旅游活动组织目标及绩效指标主要包括:①入境过夜 MICE 游客人次(万)与国内过夜 MICE 游客人次(万);②入境过夜 MICE 游客人次占入境过夜商务游客总人次比重(%),国内过夜 MICE 游客人次占国内过夜商务游客总人次比重(%)。

5)支撑入境与国内旅游接待业发展的酒店设施提供与经营目标及绩效指标

我国和地方支撑入境与国内旅游接待业发展的酒店设施提供与经营目标及绩效指标主要包括:①近 5 年酒店客房供应数量(间);②酒店客房年平均出租率(%);③酒店客房年平均房价(人民币元);④酒店收入结构(%);⑤酒店支出结构(%);⑥酒店客房全年每月平均出租率(%);⑦近 5 年酒店客房年平均出租率的发展趋势(%);⑧近 5 年酒店客房年平均房价发展趋势(人民币元)。

6)支撑入境与国内旅游接待业发展的游客市场维护目标及绩效指标

我国和地方支撑入境与国内旅游接待业发展的游客市场维护目标及绩效指标主要包括:①入境游客与国内游客首次访问我国(某地)的比例(%);②入境游客与国内游客再次访问我国(某地)的比例(%);③入境游客与国内游客再度访问我国(某地)的意向(%);④入境游客与国内游客将我国(某地)推荐给亲友的比例(%);⑤入境游客与国内游客整体满意度评价的平均分数(最高为 10 分);⑥商品物有所值评价的平均分数(最高为 100 分);⑦整体购物评价的平均分数(最高为 100 分);⑧整体酒店评价的平均分数(最高为 100 分);⑨整体餐饮评价的平均分数(最高为 100 分)。

7)支撑入境与国内旅游接待业发展的交通能力建设目标及绩效指标

我国和地方支撑入境与国内旅游接待业发展的交通能力建设目标及绩效指标主要包括:①航空公司数量(家);②航空公司每周航班次数(次);③每周总载客量(按航班座位容量计:座);④每天或每周高铁的班次与容量。

8)旅游接待业高质量发展目标及绩效指标体系的运用研究

我国和地方旅游接待业高质量发展目标及绩效指标体系的运用研究可以分为以下两个方面:①不断依据发展需要参照国内外先进的目标及绩效指标体系,来完善我国和地方的旅游接待业高质量发展的目标及绩效指标体系;②运用旅游接待业高质量发展的目标及绩效指标体系,对我国和地方的旅游接待业发展现状进行统计分析,并与具有可比性和可借鉴性的先进水平相比较,发现存在的差距及其原因,然后提出改进对策。

9.3.2 旅游接待业高质量发展目标实现主体、要素与动力指标体系的构建及运用研究

依据旅游接待业高质量发展目标实现主体、要素与动力指标体系构建的原理,参照香港旅游接待业高质量发展目标实现的主体、要素与动力指标体系构建的经验,我国和地方旅游接待业高质量发展目标实现的主体、要素与动力指标体系可以构建如下。

1)旅游接待业高质量发展目标实现主体、要素与动力指标体系的构建

我国和地方旅游接待业高质量发展目标实现主体、要素与动力指标体系构建包括:一级指标4项,分别是:①可发展的环境指标,②旅游发展政策与条件,③基础设施,④自然和文化资源;二级指标14项,又被称为14根支柱;三级指标90项,请参阅表9-5。

从对上述评价指标内容的分析中可以发现,我国和地方需要重视适合旅游接待业企业发展与游客旅游的整体营商服务环境与要素的评价指标,重视政府制定的发展旅游接待业的政策与法规的评价指标,重视基础设施建设的评价指标,重视吸引游客的旅游资源、旅游活动与社会环境方面的评价指标。

表9-5　旅游接待业高质量发展目标实现主体、要素与动力指标体系

一级指标	二级指标	三级指标
A.可发展的环境	支柱1:商业环境	1.01 对产权的保护状况
		1.02 制度对国内外直接投资的激励与约束影响
		1.03 在处理争议时法律框架的有效性
		1.04 在企业挑战政府规制时法律框架的有效性
		1.05 处理建设许可证时需要的时间
		1.06 处理建设许可证时需要的费用
		1.07 市场竞争的程度
		1.08 企业开业所需时间
		1.09 企业开业所需要花的费用
		1.10 税收对降低工作积极性的影响
		1.11 税收对降低投资积极性的影响
		1.12 利润、工资与其他所得等总的税率
	支柱2:功能安全与心理安全	2.01 犯罪和暴力对增加经营成本的影响

续表

一级指标	二级指标	三级指标
		2.02 警察服务的可靠性
		2.03 恐怖活动对增加经营成本的影响
		2.04 恐怖事件的发生率
		2.05 杀人案件的发生率
	支柱 3:健康与卫生	3.01 每 1 000 人口拥有的医生数量
		3.02 公共环境卫生设施的可获得性
		3.03 公共饮用水的可获得性
		3.04 每 10 000 人口拥有的医院床位数
		3.05 艾滋病流行率
		3.06 疟疾发生率
	支柱 4:人力资源与劳动力市场	
	劳动力的资质	4.01 初等教育的入学率
		4.02 中等教育的入学率
		4.03 企业对员工进行培训的状况
		4.04 企业对待顾客的状况
	劳动力市场	4.05 企业录用与开除员工受法规限制的状况
		4.06 企业易找到拥有所需技术的员工
		4.07 企业易雇用外国员工
		4.08 薪水支付水平与劳动生产率的关系
		4.09 女性劳动力占总劳动力的比率
	支柱 5:信息与通信技术准备状况	5.01 企业间交易使用信息与通信技术的状况
		5.02 企业与消费者交易使用互联网的状况
		5.03 个人使用互联网的状况
		5.04 宽带互联网的使用状况
		5.05 移动手机的使用状况
		5.06 移动宽带使用状况
		5.07 移动互联网信号覆盖状况

续表

一级指标	二级指标	三级指标
		5.08 电力供应的质量
B.旅游发展政策与条件	支柱6:旅游业发展的优先性	6.01 政府发展旅游业政策的优先性
		6.02 旅游相关支出占政府部门总支出的比例
		6.03 吸引旅游者的营销与品牌建设的有效性
		6.04 年度旅游数据的全面性与可获得性
		6.05 提供月度/季度数据的时效性
		6.06 国家品牌战略精准性评价
	支柱7:国际开放性	7.01 签证的要求
		7.02 双边航空协议的开放性
		7.03 正在实施的地区贸易协议的数量
	支柱8:价格竞争性	8.01 机票征税与机场收费状况
		8.02 旅馆价格水平
		8.03 购买力平价
		8.04 燃料价格水平
	支柱9:环境可持续性	9.01 环境法规的严格性
		9.02 环境法规实施的强制性
		9.03 旅游业发展的可持续性
		9.04 PM2.5 的状况
		9.05 环境协议批准的数量
		9.06 基线水压力
		9.07 受到威胁的物种状况
		9.08 森林覆盖率的变化
		9.09 废水的处理
		9.10 对海岸线捕鱼的管理
C.基础设施	支柱10:航空交通基础设施	10.01 航空交通基础设施的质量
		10.02 定期的国内航班座位公里数
		10.03 定期的国际航班座位公里数

续表

一级指标	二级指标	三级指标
		10.04 每 1 000 人口的飞机起飞次数
		10.05 机场的分布密度
		10.06 定期航班运营的航线数
	支柱 11:地面和港口基础设施	11.01 公路的质量
		11.02 公路分布的密度
		11.03 路面铺砌过的公路的分布密度
		11.04 铁路基础设施的质量
		11.05 铁路的分布密度
		11.06 港口基础设施的质量
		11.07 地面交通效率
	支柱 12:旅游服务基础设施	12.01 每 100 人拥有的旅馆客房数
		12.02 旅游基础设施的质量
		12.03 汽车租赁公司的存在状况
		12.04 每 10 万成年人拥有的自动柜员机数量
D.自然和文化资源	支柱 13:自然资源	13.01 拥有的世界自然遗产的数量
		13.02 已知的全部物种的数量
		13.03 被保护总面积占国家总面积比例
		13.04 自然旅游在线搜寻需求状况
		13.05 自然资产对国际旅游者的吸引力
	支柱 14:文化资源与商务旅行	14.01 世界文化遗产的数量
		14.02 口头的和无形的文化遗产的数量
		14.03 拥有体育场馆的数量
		14.04 国际会议的数量
		14.05 文化与娱乐旅游在线搜寻的需求状况

资料来源:作者依据相关研究成果编制。

2) 旅游接待业高质量发展目标实现主体、要素与动力指标体系的运用研究

我国和地方旅游接待业高质量发展目标实现主体、要素与动力指标体系的运用研究可以分为以下两个方面：①不断依据发展需要与参照国内外先进的实现高质量发展目标的主体、要素与动力指标体系，来完善我国和地方的旅游接待业高质量发展目标实现的主体、要素与动力指标体系；②运用旅游接待业高质量发展目标实现的主体、要素与动力指标体系，对我国和地方的旅游接待业高质量发展的现状进行分析，并与具有可比性和可借鉴性的先进水平相比较，发现存在的差距及其原因，然后提出改进对策。

9.3.3 旅游接待业高质量发展目标实现的社会治理体系的构建与运用研究

1) 明确旅游接待业高质量发展目标实现的主体及其各自的权利与责任

在发挥市场在资源配置中的决定性作用、更好地发挥政府作用情况下，依据《中华人民共和国旅游法》，我国和地方旅游接待业高质量发展目标实现的主体从需求方考察，是游客；从供给方考察，是旅游企业、当地政府；从供给环境考察，是当地居民与其他利益相关者（如其他相关企业和机构，包括作为非政府组织的行业协会、教育培训机构等）。

依据《中华人民共和国旅游法》《中华人民共和国合同法》《中华人民共和国消费者权益保护法》等，上述发展主体的基本权利与责任是：①游客要公平、诚信、自愿、合法、合理地消费，尊重社会公德，不得扰乱社会经济秩序，损害社会公共利益；②旅游企业要公平、诚信、合法、合理地经营，尊重社会公德，不得扰乱社会经济秩序，损害社会公共利益；③政府要合法、合理地提供基础设施与公共服务；④居民要用合法、合理的方式对待旅游业的发展；⑤其他利益相关者要用合法、合理的方式促进旅游接待业健康与可持续发展；⑥对于违反上述权利与责任的行为，要按照法规进行处罚治理；⑦对于先进的个人与组织和机构，要给予表彰与奖励，以形成遵纪守法的自觉的社会风尚与习俗。

2) 构建旅游接待业高质量发展目标实现的社会治理结构

旅游接待业高质量发展目标实现的社会治理结构是指由相关政府机构、相关企业、相关行业协会、相关智库、相关法规与标准所组成的治理体系。

参照香港的经验，我国和地方旅游接待业高质量发展目标实现的社会治理结构包括：①建立政府主管旅游接待业发展政策与公共投资基金和项目的机构，如国家层面的文化和旅游部、地方层面的文化和旅游局或文化和旅游厅；②建立政府主管地方旅游目的地推广的机构，如旅游推广局；③建立协调与旅游发展相关的各个政府部门关系的旅游领导小组；④建立旅游发展咨询委员会，其成员是包括与旅游相关的各个政府部门、社会机构、旅游企业、大学与研究机构的代表，以利于集思广益和协调各方的观点及利益；⑤建立旅游行业协会，代表行业利益、统计行业数据、进行行业自律；⑥制定旅游接待业发展的法规与标准，以保障旅游接待业经营服务管理和发展的质量底线，同时建立旅游接待业法规与标准实施的监管局，监管局审判委员会成员要由各界人士组成，以代表社会各界的观点与利益；⑦制定旅游目的地优秀品牌认证与推荐标准,促进旅游目的地的优秀品牌建设。

3) 旅游接待业高质量发展目标实现的社会治理体系的运用研究

我国和地方旅游接待业高质量发展目标实现的社会治理体系的运用研究可以分为以下两个方面:①不断依据发展需要参照国内外先进的实现高质量发展目标的社会治理体系,来完善我国和地方的旅游接待业高质量发展目标实现的社会治理体系;②运用旅游接待业高质量发展目标实现的社会治理体系,对我国和地方旅游接待业社会治理体系的现状进行分析,并与具有可比性和可借鉴性的先进水平相比较,发现存在的差距及其原因,然后提出改进对策。

本章小结

- 旅游接待业高质量发展体系。旅游接待业高质量发展体系是指旅游活动利益相关者之间、旅游活动利益相关者追求的各自利益与资源、社会人文环境和自然环境之间和谐、合法(合理)的诸要素相互作用达到较高水平的综合体,具体包括 3 个子体系:①旅游接待业高质量发展的目标及绩效指标体系;②旅游接待业高质量发展目标实现的主体、要素及动力指标体系;③旅游接待业高质量发展目标实现的社会治理体系。

- 旅游接待业高质量发展目标及绩效指标体系。①旅游接待业高质量发展的结果性目标及绩效指标;②支撑入境与国内旅游接待业发展的游客市场开发目标及绩效指标;③支撑入境与国内旅游接待业发展的吸引物提供与利用目标及绩效指标;④支撑入境与国内旅游接待业发展的旅游活动组织目标及绩效指标;⑤支撑入境与国内旅游接待业发展的酒店设施提供与经营目标及绩效指标;⑥支撑入境与国内旅游接待业发展的游客市场维护目标及绩效指标;⑦支撑入境与国内旅游接待业发展的交通能力建设目标及绩效指标。

- 旅游接待业高质量发展目标实现主体、要素与动力指标体系。一级指标4项,分别是:①可发展的环境指标,②旅游发展政策与条件,③基础设施,④自然和文化资源;二级指标14项,又被称为14根支柱;三级指标90项。

- 旅游接待业高质量发展目标实现的社会治理体系。①明确旅游接待业高质量发展目标实现的主体及其各自的权利与责任;②构建旅游接待业高质量发展目标实现的社会治理结构。

- 旅游接待业高质量发展体系的运用研究。①不断依据发展需要参照国内外先进的旅游接待业高质量发展体系,来完善我国和地方的旅游接待业高质量发展体系;②运用旅游接待业高质量发展体系,对我国和地方旅游接待业高质量发展体系的现状进行分析,并与具有可比性和可借鉴性的先进水平进行比较,发现存在的差距及其原因,然后提出改进对策。

复习思考题

1.旅游接待业高质量发展体系的内容是什么?

2.旅游接待业高质量发展目标及绩效指标体系包括哪些方面?

3.旅游接待业高质量发展目标实现主体、要素与动力指标体系包括哪些方面?

4.旅游接待业高质量发展目标实现的社会治理体系包括哪些方面?

5.旅游接待业高质量发展体系的运用研究包括哪些内容?

【延伸阅读文献】

[1] Hong Kong Tourism Board. A Statistical Review of Hong Kong Tourism 2017.

[2] World Economic Forum. The Travel & Tourism Competitiveness Report 2017.

[3] 何建民.论旅游服务的国际标准及我国的接轨方式[J].旅游学刊,1995(5).

[4] 何建民.新时代我国旅游业高质量发展系统与战略[J].旅游学刊,2018(10).

第 10 章
旅游接待业的人才培养与学科建设

【学习目标】

通过本章学习,读者将了解与掌握:
- 旅游接待业人才培养与学科建设的特色;
- 旅游接待业人才培养的素质要求与教学质量管理。

旅游接待业的各项发展任务最后都是需要由拥有高质量的专业化工作能力与创造性智慧的旅游人才来完成的。这既为旅游人才发展提供了成长的机会,又对旅游人才的培养提出了挑战。因此,对旅游人才自身,对培养旅游人才的学校和机构而言,都需要了解旅游人才能力与素质培养的要求,都需要学习与研究旅游接待业的人才培养方式、旅游专业与旅游学科的建设要求。历史告诉我们,不少大学生与专业人才,自身也有可能从事旅游接待业的教育与培训工作。

据中国旅游研究院发布的《2017 年中国旅游统计公报》报道,截至 2017 年年末,全国共有高等旅游院校及开设旅游系(专业)的普通高等院校 1 694 所,比上年增加 4 所,招生17.24 万人;中等职业学校 947 所,比 2016 年末增加 23 所,招生 10.15 万人。两项合计,旅游院校总数 2 641 所,招生 27.39 万人。全年,全行业从业人员教育培训总量达 586.5 万人次,比 2016 年增长 112 万人次,增长率为 23.6%。

事实上,我国旅游管理专业人才,包括中专生、大专生、本科生、硕士生与博士生的毕业分配已经采用市场化机制。在上述背景下,旅游接待业的人才,从事旅游接待业人才培养与学科建设的学校,如何在旅游接待业人才培养与学科建设市场上,具备拥有核心竞争力,同时又能满足旅游接待业人才培养与学科建设过程中所涉及的利益相关者需要的特色,成为旅游接待业人才培养与学科建设的一项重要任务。

本章将旅游教育管理理论、营销学理论与利益相关者理论运用于旅游接待业人才的培养与学科建设,借鉴发达国家旅游接待业人才培养与学科建设的成功经验,参照上海高校本科专业达标评估指标体系,说明我国高等教育旅游接待业人才培养与学科建设的特色选择、特色的类型与内容,旅游接待业人才的素质要求与教学质量管理方式。

10.1　旅游接待业人才培养与学科建设的特色

10.1.1　旅游接待业人才培养与学科建设特色及选择

1) 学科与专业的关系

学科是科学知识体系的分类,不同的学科就是不同的科学知识体系。专业是在一定学科知识体系的基础上构成的,离开了学科知识体系,专业也就丧失了其存在的合理性依据。

在一个学科,可以组成若干专业;在不同学科之间也可以组成跨学科专业。旅游学科建设是旅游专业人才培养的基础。

按照教育部高等学校教学指导委员会于 2018 年 3 月编辑出版的《旅游管理类教学质量国家标准》规定,旅游管理类学科代码是 1209,本标准适用的专业包括:旅游管理(代码:120901K)、酒店管理(代码:120902)、会展经济与管理(代码:120903)、旅游管理与服务教育(代码:120904T)。

2) 旅游接待业人才培养与学科建设特色及选择

在市场经济条件下,旅游管理人才的需求(如企业与政府机构的人才招聘数量)与供给(如学校和学生人才供给意愿和数量)是在相关法规与标准的引导和约束下,相关利益者互利的合作结果,即各自需求满足的结果。

因此,我国旅游管理专业人才培养的目标与路径的选择,需要研究旅游管理专业人才需求与供给相关主体的需要及需要的动态变化过程。

旅游接待业人才培养与学科建设的特色选择主要是由满足旅游接待业人才培养相关利益者的利益需要与拥有旅游接待业人才市场上的核心竞争力这两者共同决定的。

在一个竞争性的人才供给与需求市场上,学生的招生、培育、就业(销售)涉及学生(家长)、用人单位、竞争对手、学校 4 个主要的利益相关者。从长期考察,只有使上述 4 个利益相关者都满意或实现均衡,才有可能持续发展。因此,旅游接待业人才培养与学科建设的特色,就是指旅游院校拥有比竞争对手更好地满足用人单位需要与科研项目招标单位需要(毕业生就业率高、薪酬高与教师获得更多、更高等级的研究课题)、满足毕业学生与家长需要(毕业后工作好引致生源充足、学校也可以优选学生)、最优配置学校教学资源(教师与学校有积极性坚持办好这一专业)的人才招生、培育、就业与科学研究的投入产出系统。

首先,按照营销学的原理,特色就是指具有核心竞争力的系统差异。因此,学校要具备旅游接待业人才培养与学科建设的特色,就需要对旅游接待业人才市场进行细分,选好进入的目标市场并进行独特的核心竞争能力培育的定位。例如,旅游接待业人才按层次可以分为中专、大专、本科、硕士研究生和博士研究生,当然,还可以分为接受过不同层次培训的人才;按专业可以分为旅游饭店人才、旅游餐饮人才、旅行社人才、旅游规划人才、旅游会展人才、高尔夫人才、俱乐部人才、旅游行政管理人才、旅游信息技术人才和旅游金融人才等。

其次,按照利益相关者原理,一种产品及其产业链要能持续发展,必须使所有利益相关者分享合理的利益。因此,学校要选择进入既能满足用人单位需要,又能发挥自身教学科研资源优势,还能具有持续竞争优势,特别是能持续吸引与满足学生和家长需要的教育市场,即要做到使相关利益者都乐于接受或满意学校的教育产品。例如,瑞士洛桑旅馆管理学院进入了偏重旅馆职业教育的目标市场,美国康奈尔大学进入了偏重应用管理的旅馆职能部门与旅馆经营管理咨询和研究的目标市场。上述两所学校都选择了聚焦部分细分市场的营销策略,而且做到使相关利益者满意,因此,这两所学校的旅游人才培养与学科建设的特色是成功的,历史证明这两所学校也做到了近百年的可持续发展。

10.1.2　旅游接待业人才培养与学科建设特色的类型与内容

自 1893 年瑞士洛桑旅馆管理学院建立算起,欧洲的旅游管理教育与学科建设已有 120 多年历史;自 1922 年美国康奈尔大学旅馆管理学院建立算起,美国旅游管理教育与学科建设也已有近 100 年历史。

有关旅游接待业人才培养与学科建设特色的类型与内容方面的国际经验,基本上可以分为以下两大类:第一类是理论与实践相结合偏重于理论研究与教学的成功经验,主要为旅游企业、旅游行政管理部门、旅游院校和研究机构提供中高级经营管理人员和教学、研究人员,美国大学提供了这方面的经验,美国康奈尔大学旅馆管理学院是这方面的代表;第二类是理论与实践相结合偏重于实务的研究与教学的成功经验,主要为旅游企业提供经营管理人员,欧洲大学提供了这方面的经验,瑞士洛桑旅馆管理学院是这方面的代表。美国康奈尔大学的经验比较适用于本科及以上层次的人才培养,瑞士旅馆管理学院的经验比较适用于旅游中高级职业技术人才的培养。本书简要对上述两所学校的经验进行分析借鉴。

1)美国康奈尔大学旅馆管理教育与学科建设特色

(1)美国康奈尔大学旅馆管理教育的发展历程

美国康奈尔大学建立于 1865 年,是美国常青藤名牌大学之一,也是美国第一所从事旅馆管理教育的大学。1922 年,在美国主要旅馆经理与美国旅馆协会的要求下,康奈尔旅馆管理学院(Cornell School of Hotel Administration)诞生了,提供了世界上第一个接待业本科学位课程,当时仅有 21 名学生,仅有一位名叫 Howard B. Meek 的教授。这也符合美国康奈尔大学建立的宗旨:要建立一所让每一个想学习的人都能学习到他所需要的任何方面的知识的学校(found an institution where any person can find instruction in any study)。

1973 年以来,康奈尔旅馆管理学院开启旅馆管理硕士与博士研究生教育。2014 年,康奈尔大学旅馆管理学院与上海中欧国际工商管理学院合作提供旅馆管理硕士与工商管理硕士的双学位课程。

(2)美国康奈尔大学旅馆管理教学与科研的层次与规模

目前,美国康奈尔大学旅馆管理学院是世界上闻名的以服务教学研究为导向的管理学院。2018年,康奈尔大学旅馆管理学院注册学习的本科生有888名,他们来自32个国家。其中每年有79名学生在国外学习。学生除了主修旅馆管理外,还可以副修不动产专业,选修接待业领导方向,选修金融、财务与不动产方向。学生除了可以学习在旅馆管理学院提供的必修课与选修课外,还可以在其他6个学院依据兴趣在4 000门选修课中进行选择。学生的俱乐部与组织有23个。旅馆校友会会员有13 000人,53个分会遍布六大洲。2017年毕业生的平均基本年薪是59 306美元,中位数基本年薪是58 843美元。

2018年,美国康奈尔大学除了有888名本科生外,还有硕士研究生与博士研究生,也为旅游行业专业人士提供经理课程。

2018年,美国康奈尔大学旅馆管理学院拥有83名专职的教师队伍,这是世界上旅馆服务管理专业的最大一群学者团体。康奈尔大学旅馆管理学院与200多个公司建立合作关系,为毕业生的就业与各种活动提供支持。

美国康奈尔大学旅馆管理学院主要提供5种学习课程:①旅馆管理的科学学士课程(Bachelor of Science in Hotel Administration);②旅馆管理的专业硕士课程(Master of Management in Hospitality:MMH);③旅馆管理的科学硕士课程(Master of Science in Hotel Administration:MS);④旅馆管理的博士课程(Doctor of Philosophy in Hotel Administration:Ph.D.);⑤旅馆经理人培训课程(Executive Education),包括在线课程(Online Programs),在教室上课的课程(Classroom Programs)与定制化课程(Custom programs)。

(3)美国康奈尔大学旅馆管理本科生的课程设计

康奈尔大学旅馆管理专业本科生的教学与课程建设分为以下14个模块。

①营运管理模块(Operations Management):包括旅馆介绍、食品服务营运介绍、旅馆业的数量分析、俱乐部管理、餐馆管理、独立公司餐厅营运管理讲座、特色食品与饮料营运的客座厨师讲座、团体餐饮与特别的节事管理、旅馆营运讲座、博彩营运介绍、温泉和温泉旅馆与度假旅馆的开发与管理、服务营运管理、收益管理、餐馆收入管理、航班飞行管理与食品服务、数量分析方法、食品与饮料管理。

②营销与旅游业模块(Marketing and Tourism):服务业的微观经济学、营销原理、旅馆业的营销管理、旅馆业的特许经营、营销研究、旅游学Ⅰ、旅馆销售、消费者行为、国际营销、旅游学Ⅱ、服务营销、旅馆的营销计划、旅游业的分销渠道、服务企业的营销决策模型、营销管理、追求卓越服务的创新与管理。

③管理沟通模块(Managerial Communication):管理沟通Ⅰ、高级商务写作、管理沟通Ⅱ、沟通与多元文化组织、组织中的说服沟通、经理的组织沟通。

④管理和组织行为模块(Management and Organizational Behavior):旅馆管理的著名讲座、组织行为与人际技术、旅馆管理研讨、旅馆业的谈判、组织变化管理、企业家精神、组织制度与流程、21世纪管理的领导者、薪酬管理、跨文化管理、领导与小组流程、组织中人的行为。

⑤法律模块(Law):企业法、保险与风险管理、企业与旅馆法、就业歧视法与工会关系管理、不动产法、互联网和电子商务法。

⑥信息系统模块(Information Systems):微型计算机、数据管理与数据分析原理、旅馆计算机应用、公司信息系统管理、旅馆经理的信息技术、视觉运用基础——最终使用者的计算

机程序编制、战略信息系统、互联网技术。

⑦人力资源管理模块(Human Resources Management):管理原理、人力资源管理、旅馆业的培训、人力资源的专题研究——服务文化、旅馆与服务调查研讨。

⑧餐饮管理模块(Food & Beverage Management):烹饪的理论与实践,餐厅考察——消费者对餐厅用餐体验的看法,目前的食品与卫生问题,葡萄酒与食品匹配原理与促销,葡萄酒的文化与历史Ⅰ,葡萄酒介绍,当代健康食品,甜品销售规划,选择、采购与供应管理,饮料管理,优质酿造和啤酒研讨,文化与烹饪研讨,葡萄酒的文化与历史Ⅱ,多个营业单位餐馆管理的战略问题,餐饮营销战略。

⑨会计模块(Accounting):财务会计原理、财务会计、财务报表的报告与分析、旅馆营运的内部控制、管理会计。

⑩财务模块(Finance):个人财务管理、金融学、旅馆财务管理、投资管理原理、国际财务管理、公司财务、税收与管理决策、财务管理政策、旅馆管理合同、财务经济学、旅馆财务管理。

⑪设施管理、规划与设计模块(Facilities Management,Planning & Design):旅馆开发与规划、旅馆设施设计、旅馆规划与内部设计、食品服务设施设计、计算机辅助设计、旅馆设施营运、安全与损失防止管理、可持续发展与全球旅馆业、高级计算机辅助设计与 3D 造型、国际旅馆发展。

⑫战略模块(Strategy):战略管理、战略营销、旅馆业的竞争战略。

⑬不动产开发模块(Real Estate):旅馆不动产融资、证券分析与证券组合管理、资产证券化与结构性融资产品、不动产与融资的高级专题、资本投资分析。

⑭其他模块(Other):论文写作方法、参加专业实习,如本科生需要参加 800 个小时的专业实习活动。

(4)美国康奈尔大学旅馆管理硕士研究生与博士研究生的课程设计

康奈尔大学旅馆管理专业硕士课程(Master of Management in Hospitality:MMH)是一年制(12 个月)的专业化、密集型研究生课程,它是专门为培养旅馆管理的领导人设计的,它包括了在信息系统、财务、食品与饮料、人力资源、营运、营销、资产和服务质量方面的核心课程,研究方向有营销管理、营运与收益管理、企业家能力、自我导向的研究。

康奈尔大学旅馆管理学院还提供不动产硕士课程,研究方向有国际不动产,不动产咨询与市场分析,物业、资产和业务组合管理,可持续发展,不动产融资与投资,独立研究方向。

康奈尔大学旅馆管理学院还为旅馆管理硕士课程提供不动产的副修方向。

另外,学生还可以在康奈尔大学的约翰逊管理研究生院、产业与劳工关系学院和旅馆管理学院选修其他课程。旅馆管理专业硕士课程的突出亮点之一是有行业领导对硕士研究生的指导计划:旅馆管理的硕士研究生参与由资深旅馆行业经理指导的为期两周的专业实习。

科学硕士课程(Master of Science:MS)和博士课程(Doctor of Philosophy:Ph.D.)是为计划在高等院校担任教师或者从事与旅馆相关的研究工作的学生提供的。科学硕士和博士学位课程是高度个性化的。当学生要攻读这两个学位中的任何一个,他需要选择研究生指导导师组(博士候选人有三名指导教师,科学硕士候选人有两名指导教师)。这些研究生的指导老师将和学生一起设计一个适合学生背景与兴趣的学习课程。科学硕士与博士课程的申请直接向康奈尔大学研究生院提出,旅馆管理专业硕士研究生课程的申请直接向旅馆管理学院提出。

对攻读科学硕士学位与博士学位研究生的共同要求是:建立旅馆与餐馆管理的宽广的知识基础,学习研究方法,包括统计方法,擅长于深度研究,掌握教学与管理技术。这两个学位的主修课程都是旅馆管理,副修课程可以从旅馆管理学院所有课程中挑选,或者可以从整个大学的研究生课程中挑选。

科学硕士学位的单独要求是:如果候选人的学士学位不是从康奈尔大学旅馆管理学院获得的,他会被要求完成旅馆管理学士学位的核心课程,完成研究生导师组决定的适合于他的课程,至少在康奈尔大学住4个学期,完成1篇论文。

博士学位的单独要求是:你必须拥有硕士学位或康奈尔大学旅馆管理学院授予的学士学位才能被接受进入博士课程。如果你的学士学位是从康奈尔大学旅馆管理学院取得的,你可以直接申请博士学位。如果你的硕士学位不是旅馆管理,你将申请作为暂时的博士候选人课程。如果你被接受,你需要完成旅馆管理硕士所要完成的课程,然后开始你的博士学位课程。完成旅馆管理硕士课程将花3个学期的时间。在攻读博士学位期间,你会被要求完成你和你的导师组同意的适合你的所有课程,并准备1篇博士学位论文。你至少要在康奈尔大学住6个学期。在康奈尔大学住读学习两个学期后,才能申请参加博士候选人资格考试,这一考试必须在住读第7个学期前通过。在通过博士候选人资格考试后,必须至少住读研究2个学期后才能申请论文答辩。

(5)美国康奈尔大学旅馆管理学院的研究中心与研究刊物

康奈尔大学旅馆管理学院设有向全世界开放的旅馆管理研究中心(The Center For Hospitality Research),并创办了闻名世界旅馆业的《康奈尔大学旅馆与餐厅管理季刊》(Cornell Hotel and Restaurant Administration Quarterly),在2004年已经改名为"Cornell Hospitality Quarterly",从事大量的咨询研究工作,不少旅馆管理的硕士研究生也直接参加各种课题的研究工作。

康奈尔大学酒店管理学院还设立了5个有关旅游接待业的研究机构,包括:

①旅游接待业研究中心。该中心建于1992年,目的是提升研究的质量与扩大研究的数量,以支持旅游接待业及与其相关服务行业的发展。

②不动产与金融研究中心。这一研究中心建立于2009年,其研究工作是由世界上数量最多的和最有名的学者支持的,他们具有最深与最广泛的产业经验,也作出了最有价值和多元化的研究贡献。

③接待业企业家能力研究所,该研究所有一流的行业专家和老师教育学生,为学生提供实践机会来学习企业家能力的各个方面的内容。为了支持这些关键目标的实现,该研究所为学生、企业家和老师提供了一系列扩展性的课程、方案与活动,聚焦提升学生的企业家知识与能力。

④康奈尔劳动与就业关系研究所,该所将学术资源和行业资源结合起来开展研究、教育与对话,对接待业劳动与管理层的关系,以及人力资源管理的研究作出贡献。为了支持劳动者与管理层的关系研究,该研究所赞助研究项目、提高课堂内容的丰富性、举办行业的圆桌

会议。该研究所也为整个产业的专家和行业实践者提供论坛,对最近的有关劳动与就业的法律问题进行分析。

⑤康奈尔健康未来研究所。由于保健行业面临有关护理成本和质量的前所未有的挑战,在设计以人为中心的护理与健康产品、服务和解决方案领域,出现了一个令人兴奋的新机会。康奈尔健康未来研究所是为抓住这一机会而由酒店管理学院和人类生态学院联合建立的。

作为美国在该领域的第一家研究所,康奈尔健康未来研究所的使命是:提供一个多学科的平台,将接待业、政策、设计融为一体,策划如何提高在健康、健康护理、老年生活和相关行业的品质。

(6)美国康奈尔大学旅馆管理学院的主要特色与经验

美国康奈尔大学旅游管理教育与学科建设特色为我们提供的主要经验是:

①需要专注于具有巨大社会需求与自己学院资源能力擅长的人才培养与学科(专业)建设领域。例如,康奈尔大学旅馆管理学院专注于旅馆人才培养与旅馆管理专业建设的目标市场。

②针对旅游管理学科属于应用性学科的特点,在各类课程设计与教师队伍建设上要强调理论与实践(实务)的紧密结合。

③注重宽广与系统的学科(专业)基础建设,如旅馆管理课程设计包括 14 个模块:营运模块,营销与旅游业模块,管理沟通模块,管理和组织行为模块,法律模块,信息系统模块,人力资源管理模块,餐饮管理模块,会计模块,财务模块,设施管理、规划与设计模块,战略模块,不动产模块。

④针对不同的人才培养目标设计不同的学位及课程。例如,康奈尔大学旅馆管理学院设计出旅馆管理专业硕士学位与科学硕士学位和博士学位课程,旅馆管理专业硕士学位课程的设计用于满足培养旅馆领导人的需要,科学硕士学位和博士学位课程的设计用于满足高等院校教学与研究工作的需要。另外,为了便于因材施教与因需施教,硕士与博士研究生可以选择指导教师,与导师一起讨论设计适合他们的有关课程。

⑤针对旅游业开放经济的特点,注意办学与学科建设的国际化,本科生来自 32 个国家,参加经理培训班的学员来自 90 个国家,每年在网上向全世界招聘客座教授与研究人员。

⑥建立研究中心与创办研究刊物,追随与引导发展新趋势,注重专业理论知识的创新研究,成为旅馆业的思想库,成为旅馆管理新课程的建设者与提供者。

⑦充分利用学校的教学与科研资源,完成好教书育人、知识创造与为社会服务等多重任务,同时做到教书育人、知识创造与社会服务三者之间的良性循环与正螺旋上升。

⑧充分利用学生学习的主动性与大学各学院的教学资源,学生有主修专业,也可以有副修专业,还可以选修全校各个学院的课程。

2)瑞士洛桑旅馆管理学院旅馆管理教育与学科建设的特色

(1)瑞士洛桑旅馆管理学院旅馆管理教育的发展历程

瑞士洛桑旅馆管理学院,在 1893 年是由 Jacques Tschumi 先生作为创始人与校长建立的,他当时是旅馆(the Lausanne Beau Rivage Palace)的管理总监(managing director),也是瑞士旅馆经理协会中的有影响的成员,他支持建立旅馆学校来培训专业的旅馆员工。

学生的第一堂课,就是在旅馆(the Hôtel d'Angleterre)的一间客房里上的。1893年10月15日,27名学生在一起,学习算术、会计、地理和语言,同样,增加对旅馆接待业的认识。并且,直接将他们新学习到的知识运用于这家旅馆的服务与管理中。

在1924年,洛桑旅馆管理学院录取了4名女生,建立了男女生混合的班级。从80名申请者中录取了62名学生,其中32名是外国留学生,30名是瑞士本国学生。

1926年瑞士洛桑旅馆管理学院建立了校友会。500名以前的毕业生成为第一届校友会成员,其中许多同学担任了瑞士与国外的著名旅馆的经理。

第二次世界大战期间瑞士洛桑旅馆管理学院关闭了。在1943年,在600名校友的努力下,学院又恢复开学了。

第二次世界大战后,随着经济恢复与繁荣,学院加速发展。在1951年,课程的学术性加强了,课程由高水平的教授与专业人士执教。

1959年,瑞士洛桑旅馆管理学院引入了新教学理念,就是学生要参加实习。当时,旅馆行业对实习生的需求旺盛,需求的实习生的数量超过了实习生的供给数量。

1986年,瑞士洛桑旅馆管理学院引入了入学考试。之前决定被录取与否的唯一条件是依据申请排队的时间先后。这也标志着对申请入学者开始了一个更加严格的挑选过程。

1989年开启了一个"瑞士洛桑旅馆管理学院2000项目",这是瑞士洛桑旅馆管理学院基于调查研究成果对它的教育理念进行的再次大规模评估。瑞士洛桑旅馆管理学院进一步向管理方向发展,开始使用最符合大学要求的教学方法。

1994年瑞士洛桑旅馆管理学院推出了新的国际接待业(旅馆)管理学士学位课程。

1998年瑞士洛桑旅馆管理学院加入了瑞士西部的应用大学联盟,成为瑞士第一所被瑞士政府承认为大学的旅馆管理学校。

2004年瑞士洛桑旅馆管理学院被新英格兰学校与学院协会(the New England Association of Schools and Colleges,NEASC)认证为更高层次的大学。瑞士洛桑旅馆管理学院是欧洲第一所在这一高层次上被认证的旅馆管理学校。

2006年瑞士洛桑旅馆管理学院建立了新的校友会中心,目的是为校友提供更多的服务,同时促进他们对学校承担义务。2011年瑞士洛桑旅馆管理学院培训餐厅对公众开放,为私人提供精美的餐饮体验。

2013年瑞士洛桑旅馆管理学院庆祝它建立120年的光荣历史。2013年年底,瑞士洛桑旅馆管理学院收购了另外一所在瑞士的旅游与旅馆学校[the Swiss School of Tourism and Hospitality AG(SSTH)in Passugg,Switzerland]。

2014年,瑞士洛桑旅馆管理学院,同香港理工大学旅馆与旅游管理学院以及美国休斯敦大学的康拉德·N.希尔顿学院一起合作,推出了"全球接待业(旅馆)经营的科学硕士学位"(Master of Science in Global Hospitality Business)。它是全日制的为期16个月的课程,在瑞士、美国与中国香港三个地方学习,可以分享三个学校的校友网,拥有三个学校的专业证书,见到行业专家并建立行业专家网。

2015年,瑞士洛桑旅馆管理学院组建立了瑞士洛桑旅馆管理学院集团或控股公司,以保证其每一个业务单位都能得到有效的管理。瑞士洛桑旅馆管理学院集团的业务分为三大块：①接待业（旅馆）管理教育，这是瑞士洛桑旅馆管理学院的核心使命；②国际活动，包括对不动产的收购、更新与管理；③瑞士洛桑旅馆管理学院的咨询工作。

（2）瑞士洛桑旅馆管理学院的课程设计

瑞士洛桑旅馆管理学院针对不同学生的需要提供了可供选择的 3 个层次的课程：第一层次是 2 年制的旅馆与餐馆管理证书课程（Diploma in Hotel and Restaurant Management），适合已经具有旅馆工作经验准备自己创业和提升自己经营管理能力的人员学习。第一年的学习模块有：①餐具与烹饪学（Arts de la table and Gastronomy）；②旅馆与生活方式（Hospitality and Art de vivre）；③经营与技术Ⅰ（Business and Technology Ⅰ）；④营运能力（Operational Competences）。第二年的学习模块有：①旅馆和烹饪学（Hospitality and Gastronomy）；②经营与技术（Business and Technology）；③领导和督导（Leadership and Supervision）。

第二个层次是授予科学学士学位的国际旅馆管理课程（Bachelor of Science in International Hospitality Management），它包括四年学习时间，提供的课程从服务到总经理管理的所有内容，还包括实习。第一年是预备学习年，学习模块是：①预科模块（Preparatory Modules），包括语言与计算机学习，数学与应用逻辑学习；②营运模块（Operational Modules），包括旅馆管理基本原理，食品生产，饮料服务与宾客关系，并要求参加 16 周实习。第二年的学习模块是：①决策工具介绍（Introductory Decision-making tools）；②决策工具（Decision-making tools）；③管理原理（Principles of management）。第三年的学习模块是：①公司价值创造（Value creation for the company）；②体验经济时代的价值创造（Value creation in experience economy）；③服务过程管理（Service management process），并要求实习 20 周。第四年的学习模块是：①战略与创新（Strategy and innovation）；②选择性方向课——财务（Option Finance）；③选择性方向课——营销（Option Marketing）；④选择性方向课——企业家能力（Option Entrepreneurship），为了获得旅馆管理证书需要工作 10 周。在第二学年到第四学年期间还有许多选修课程。

第三个层次是授予国际旅馆管理硕士学位的课程（Master in Hospitality Administration），类似于工商管理硕士（MBA）的课程，要求全日制学习 13 个月，分为两个学期，每周 20 个小时，包括课堂学习与学习准备。这是为期望未来职业转型与获得晋升的学生设计的课程。学习内容包括：第 1 学期有 2 个模块：①旅馆业的管理艺术（The art of hospitality）；②管理科学（The science of management）。第 2 学期也有 2 个模块：①战略与公司愿景（Strategy and Corporate Vision）；②创新与领导（Innovation and leadership）。

另外，瑞士旅馆管理学院的子公司——咨询机构还为中级与高级经理人士提供教育课程（Education Programmes for middle and senior executives），主要包括：①旅馆业家族企业的经营管理（Family Business in Hospitality：FBH）；②暑期与冬季课程（Summer Programme and Winter Programme），为旅馆经理更新知识服务；③公司管理课程（Corporate Management Programme），为期 5 天的课程，为提高旅馆职业经理人的自身能力与价值服务；④水疗管理证书课程（Certificate in Spa Management）；⑤定制化培训课程（Training for "A la Carte"）。

（3）瑞士洛桑旅馆管理学院的主要特色与经验

瑞士洛桑旅馆管理学院在旅游管理教育与学科建设特色方面为我们提供的主要经验有：

①理论、方法与实践紧密结合，理论分析能力与实践运用能力同时提高，努力做到学以致用，学以能用。典型的教学方式是：上午在课堂上学习的内容，下午在模拟实习室里进行操作演练，让学生的学习内容、环境与行为同他们未来的工作任务、环境与行为融为一体。

②按照学以致用的特色要求配备老师与建设学习的环境和设施。学生的专业老师都是从事过该项工作的行家与专家，因此，专业课的老师事实上更像专业运动队的"教练"。同时，有的课程就在学校真实的模拟环境中学习。

③每一层次人才的专业课程的设计，与其未来可能的工作专业要高度匹配，具有很强的针对性，避免泛泛而谈的"通识与通才教育"。

④充分利用学校与旅馆行业联合办学的资源，做到教学、培训与咨询三者互相促进，"产、学、研、用"四者良性循环。

⑤不断创新。1893年瑞士洛桑旅馆管理学院创造了旅馆管理教育。在以后的125年的发展过程中，它不断引入新的课程与教学方法，努力提供高质量的教育，并开辟新的业务领域。

⑥实施相关多元化发展战略。瑞士洛桑旅馆管理学院在2015年建立瑞士洛桑旅馆管理学院集团或控股公司，发展三大业务板块：接待业（旅馆）管理教育，这是瑞士洛桑旅馆管理学院的核心使命；国际活动，包括对不动产的收购、更新与管理；瑞士洛桑旅馆管理学院的咨询工作。

⑦全球合作办学。瑞士洛桑旅馆管理学院与香港理工大学旅馆与旅游管理学院以及美国休斯敦大学的康拉德·N.希尔顿学院一起合作，推出了"全球接待业（旅馆）经营的科学硕士学位"。

10.2　旅游接待业人才的素质要求与教学质量管理

10.2.1　旅游接待业人才的素质要求

1）对处于不同层级岗位上的人才的素质要求

素质是人完成某种活动必须具备的基本条件。人的素质包括自然素质、心理素质和文化素质。人的素质是以人的先天禀赋为基础，在后天环境和教育影响下形成并发展起来的内在的、相对稳定的身心组织结构及其质量水平。能力是实现一个目标或完成一项任务所表现出来的综合素质。

可以简要地将处于旅游接待业不同层级岗位上的人才大致分为三类：第一类是服务与技术人才，围绕他们将自己承担的工作做好这一职能，对他们素质的基本要求是具有良好的职业态度、良好的职业技能与良好的职业习惯。第二类是初级与中级管理人才，围绕他们将自己负责的一个团队或部门的工作做好这一职能,对他们素质的基本要求是具有专业的服务与管理知识、专业的技术,程序化的组织管理能力。第三类是高级管理人才与创新、创业人才,围绕他们将自己负责的整个企业的工作做好与不断创新创业的使命,对他们的基本素质的要求是具有不拍挫折、不断探索、不断成长的良好性格,具有远见与激情,具有先见与智慧,具有冒险精神,具有进行程序化与非程序化的管理能力,包括想象力与创新能力。

2)对具有发展潜力的人才的素质要求

事实上,旅游接待业的人才从其动态的成长角度考察,会经历不同的成长阶段。对具有成长潜力的人才的素质要求是他们具有动态的适合在不同环境与不同场合下工作的灵动性即适配度与影响力,具体包括:①具有适合不同行业、不同类型岗位工作的适配宽度;②具有适合不同区域、不同环境工作的适配广度;③具有适合不同层级岗位工作的适配高度;④具有适合不同岗位工作内容要求的适配丰度;⑤具有适合广泛的学科与专业领域工作要求的适配跨度;⑥具有将"政、产、研、学、用"结合起来的适配连接度;⑦具有身体健康、朝气蓬勃、感染他人的影响力。

10.2.2　旅游接待业人才培养的教学质量管理

参照《旅游管理类教学质量国家标准》,旅游管理类教学质量需要进行全方位、全过程、全要素与动态的精细化管理,主要包括:①全方位设计,具体包括培养目标、培养规格、课程体系、教师队伍、教学条件、教学效果、质量管理等 7 个方面;②准入管理,即要建立旅游管理类本科专业与课程的设置标准;③建设管理,即要建立旅游管理类本科专业的建设标准;④评估管理,即要建立旅游管理类本科专业的评估标准;⑤持续改进管理,即要建立旅游管理类本科专业的持续改进机制。

事实上,《旅游管理类教学质量国家标准》既是旅游管理类本科专业的设置标准,又是旅游管理类本科专业的建设标准,还是旅游管理类本科专业的评估标准。

旅游接待业人才培养的教学质量管理的关键有以下两个方面:第一个方面是要注意以下 4 个导向的合理与有效的结合。第一个是国家的政策法规导向,第二个是满足人才需求的市场导向,第三个是要发挥学校老师与专业的竞争优势导向,第四个是创造性导向,即要进行将上述三者结合起来的、可持续发展的特色定位。第二个方面是要建立既有质量目标、又有实现质量目标各项措施的质量保障体系。

要定期开展对专业与课程教学的评估工作,这是教学质量管理的重要方面。上海市教育委员会提出要建立 5 年一轮的本科专业的评估制度。《上海市教育委员会关于推进本市高校本科专业评估工作的若干意见》(沪教委高〔2015〕18 号)中指出:上海各高校要充分重视和发挥专业评估在保障和提升教学质量中的重要作用,积极建立起 5 年一轮的本科专业评估制度,即从 2015 年起到 2019 年,5 年内要对本校所有本科专业分期分批进行一轮评估。

下面所附的是上海高校本科专业达标评估指标体系,如表 10-1 所示。这一评估体系对旅馆管理专业教学质量管理的重要启示是:关键要建立旅游管理专业合理的质量目标与实现这一目标涉及的所有要素的质量保障体系。

表10-1　上海高校本科专业达标评估指标体系

一级指标	二级指标	内涵（观察点）	达标标准
1.培养目标与培养方案（16分）	1.1 专业定位与人才培养目标（6分）	1.专业定位和服务面向 2.人才培养目标 3.专业建设目标及成效	1.专业定位和服务面向较清晰，符合社会实际需求和学校办学定位。 2.人才培养目标的知识、能力、素质有可衡量的明确要求或质量标准。 3.专业建设思路清晰，目标明确，有建设措施，并初见成效。
	1.2 培养方案（5分）	1.修订专业培养方案的主要依据 2.专业培养方案	1.专业培养方案的修订有切实有效的社会需求调查作为依据，在基本执行教育部或教指委建议的专业基本要求基础上，体现本校特点。 2.专业培养方案符合人才培养目标的要求，体现学生德、智、美全面发展，有利于人文素质和科学素养的提高，有利于创新精神和实践能力的培养。
	1.3 课程体系（5分）	1.课程体系结构和学分学时分配 2.课程开设情况	1.课程体系（包括理论教学体系和实践教学体系）结构比较合理，学分学时分配比较合理，人文类、实践教学占总学分（学时）不低于20%，理工农医类专业实践教学占总学分（学时）不低于25%（说明3）。 2.按照专业培养方案开设课程，其中的专业选修课开出率不小于90%。
2.教师队伍（18分）	2.1 数量与结构（6分）	1.专任教师总体情况 2.兼职教师情况 3.专业课和专业基础课主讲教师情况	1.由教授担任专业负责人；有该专业背景的专任教师数量不少于7人，且能与学生规模相匹配，其中至少有1人具有行业经历，高级职称教师不少于3人且至少有1人具有教授职称（说明2）；具有硕士及以上学位的专任教师比例不小于50%（说明3）；年龄结构基本合理。 2.聘用具有实践经验的专业技术人员担任兼职教师，开设讲座，指导实习，指导毕业论文等；专兼职教师的比例符合要求（说明3）。 3.专业基础课主讲教师90%以上具有讲师职称或硕士学位（说明3），副高及以上职称的专任教师均担任专业课或专业基础课的教学任务。

2.2 教学工作（5 分）	1. 师德修养和敬业精神 2. 主要教学环节的执行情况	1. 教师能履行岗位职责，遵守学术道德，教书育人，为人师表，热心与学生交流，指导学生学业成长。（提供 3 个专任教师的例证） 2. 教师能按照教学要求，在教学准备、课堂教学、实验教学、课外辅导、作业批改和学业评价等教学环节中，认真完成教学任务，能基本保证教学质量，其教学水平达到任职的要求。
2.3 科研情况（3 分）	教师参与科研，成果支持教学	专业学科方向基本清晰；近 3 年，至少有 60%的教师参与专业相关的科学研究并发正式发表科研论文；有专业教师主持校级以上科研课题或横向科研课题；提供 3 个科研成果支持教学的例证。
2.4 培养培训（4 分）	1. 专业师资建设 2. 教师职业发展	1. 专业师资建设有目标，有措施，有实效；重视并开展教师教学激励计划和青年教师培养计划。 2. 有参加海外研修或参加实践锻炼的专业教师，有提高教师教学水平和能力的措施。
3.1 实验室建设及实验管理人员配置 3.2 实习基地建设及利用	1. 实验室建设及实验管理人员配置 2. 实习基地建设及利用	1. 专业实验室建设有规划，有投入，场地和设备能基本满足专业培养计划的需求；有专门设置的实验管理人员，保证实验教学达到教学要求。 2. 有不少于 2 个较为稳定的校外实习基地，保持每学期至少有 1 批学生在基地实习，为每届学生的实习提供主要实习岗位；举例说明实习基地在人才培养中所起的作用。
3.2 图书资料（4 分）	1. 专业图书资料的配置 2. 图书馆、阅览室提供的服务	1. 专业图书和期刊（包括电子资料）数量能满足专业教学要求（统计 5 门专业主要课程参考书的复本数及借阅人次数），电子资料使用方便。 2. 图书馆和阅览室能满足师生需求，图书馆、阅览室能保证周末和晚上开放。
3. 基本教学条件及利用（12 分）		

一级指标	二级指标	内涵（观察点）	达标标准
4.专业教学（24分）	3.3 教学经费（3分）	专业日常教学经费及专项建设经费	有专业生均日常教学经费标准（注明其中实践环节的经费标准），能基本满足教学需求；提供近3年专业建设专项经费明细表，说明其在专业建设和发展中发挥的作用。
	4.1 课程教学（6分）	1.教学大纲等基本教学文件 2.专业教材的选用情况 3.考试考核	1.课程教学大纲、教案等基本教学文件及课考试试卷等教学文档资料齐全，基本规范。 2.教材选用合理，使用效果良好；有支持特色教材建设的措施和效果。 3.考试考核管理严格、规范，评分公平、公正。
	4.2 实践教学（6分）	1.实验开设与实验内容 2.实验教学大纲等基本教学文件 3.实习开展情况	1.独立设置实验课程与理论课程中的实验，开出率均不小于大纲要求的90%（说明3）；开设的实验中包含有一定数量的设计性、综合性实验，实验教学质量有保证。 2.实验教学大纲、实验指导书等基本教学文件及学生实验报告等教学文档资料齐全，基本规范。 3.实习有明确的目标和内容，配备实习指导教师，学生有实习报告，指导教师有实习总结。
	4.3 教学改革（6分）	1.开展教学研究情况 2.教改与质量工程建设 3.其他教学资源及利用	1.定期组织教研活动（每月不少于一次），积极参加政府部门或学会（协会）主办的教学研讨；近3年至少有80%的教师参与教学研究，有一半教师正式发表教研论文。 2.重视教改，努力提高教学效果，有教师主持校级以上教改或质量工程建设项目，获得校级及以上奖励。 3.努力丰富专业教学资源，如构建信息化平台，建设网络课程、聘请外教，使用原版教材，开设双语课程等。

4.4 毕业设计 (论文)（6分）	1. 毕业设计 (论文) 选题 2. 毕业设计 (论文) 指导 3. 毕业设计 (论文) 质量	1. 毕业设计 (论文) 选题结合生产和社会实际，教师科研，体现人才培养目标的综合训练要求，难度、工作量适当。 2. 一位教师指导学生人数一般不超过 8 人，有指导记录，有检查落实。 3. 有 50% 以上的毕业设计 (论文) 在实验、实习、工程实践和社会实践中完成 (说明 3)，毕业答辩规范，坚持标准，毕业设计 (论文) 质量基本合格。
5. 教学管理（12分）	5.1 组织机构及规章制度（4分）	1. 院系教学管理人员的职责及履职情况 2. 教学管理规章制度及专业教学文件的知晓程度与执行状况	1. 院系教学管理人员落实，职责明确，本专业教学运行规范有序。 2. 院系教学管理规章制度，专业教学文件基本规范，实施前预先告知，大多数师生知晓并执行认真，实施的记录文档基本齐全。
	5.2 学生服务（4分）	对学生的专业学习指导、职业生涯指导，就业指导、创业教育指导	能针对学生在专业学习，职业规划，就业及创业等各个环节中遇到的问题和困难，及时提供指导和服务。
	5.3 质量监控（4分）	1. 教学质量的检查、评价、反馈、改进机制 2. 专业质量报告制度	1. 对专业教学实施经常性检查、评价和反馈，对反馈结果有及时分析和改进措施，初步建立了教学质量监控体系；主要教学环节教学质量保证的责任主体明确，工作到位。 2. 开始定期发布专业质量报告。
6. 教学效果（18分）	6.1 学风（6分）	1. 学生遵守校纪校规，出勤与迟到情况 2. 早 (晚) 自学风气 3. 参加专业学习之外的其他学习情况	1. 多数学生遵守校纪校规，认真学习，主要教学活动的出勤率大于 90%，迟到率小于 10%，都能控制在正常状态。 2. 多数学生坚持早 (晚) 自学。 3. 参加专业学习之外的其他学习项目 (如辅修第二专业、考证等) 的学生人数占总数的 20% 以上。

一级指标	二级指标	内涵（观察点）	达标标准
6.教学效果（18分）	6.2人才培养目标实现情况（6分）	1.学生思想道德素养 2.学生的基本理论与基本技能 3.学生的创新精神与实践能力	1.学生思想道德素质较好，每年参加献血等公益活动和参加各种志愿者行动的学生人数不少于25%。 2.学生各类课程考试成绩分布正常（统计5门主要课程的补考率和重修率）。 3.组织学生参加学科竞赛（如英语、计算机、数学建模、电子设计等）；学生参加创新创业活动、课外兴趣小组及教师科研学生人数不少于30%，有一定的创新精神与实践能力。
	6.3就业与社会评价（6分）	1.当年毕业生就业率 2.学生评价 3.社会评价	1.统计毕业班学生的毕业率、学位授予率（说明4），近3年毕业生就业率均大于90%。 2.各年级学生评教优良率均大于80%。 3.近3年本专业新生一志愿录取率大于25%，报到率大于90%，有对主要用人单位关于毕业生满意度的跟踪调查制度，调查结果基本满意。

说明：

1.按照最小招生规模每年60人，4届240学生，生师比1∶18计算，教师数为13.3人。注意到教学计划中的公共教学课程学分数约占1/3，专业教师的最低数量为8.9人。其中外聘教师最多占1/4，故本校该专业专任教师最少为7人。

2.见《教育部印发〈普通本科学校设置暂行规定〉的通知》（教发〔2006〕18号）。

3.见《教育部本科教学工作合格评估指标》要求。

4.毕业班学生的毕业率=毕业班学生中取得毕业证书的人数/毕业班学生人数，学位授予率=毕业班学生中取得学位证书的人数/毕业班学生人数。

5.各指标的赋分反映了各指标的权重，学校可根据实际情况，确定专业通过达标的分值标准。

资料来源：《上海市教育委员会关于推进本市高校本科专业评估工作的若干意见》（沪教委高〔2015〕18号）。

本章小结

- 学科与专业的关系。学科是科学知识体系的分类,不同的学科就是不同的科学知识体系。专业是在一定学科知识体系的基础上构成的,离开了学科知识体系,专业也就没有其存在的合理依据。在一个学科,可以组成若干专业;在不同学科之间也可以组成跨学科专业。旅游学科建设是旅游专业人才培养的基础。

- 特色与旅游接待业人才培养与学科建设的特色。特色就是指具有核心竞争力的系统差异。因此,学校要具备旅游接待业人才培养与学科建设的特色,就需要对旅游接待业人才市场进行细分,选好要进入的目标市场,并进行独特的核心竞争能力培育的定位。

- 旅游接待业人才培养与学科建设特色的类型与内容方面的国际经验。基本上可以分为以下两大类:第一类是理论与实践相结合,偏重于理论研究与教学的成功经验,主要为旅游企业、旅游行政管理部门、旅游院校和研究机构培养中高级经营管理人员和教学、研究人员,美国大学提供了这方面的经验,美国康奈尔大学旅馆管理学院是这方面的代表;第二类是理论与实践相结合,偏重于实务的研究与教学的成功经验,主要为旅游企业培养经营管理人员,欧洲大学提供了这方面的经验,瑞士洛桑旅馆管理学院是这方面的代表。美国康奈尔大学的经验比较适用于本科及以上层次的人才培养,瑞士旅馆管理学院的经验比较适用于旅游中高级职业技术人才的培养。

- 对处于旅游接待业不同层级岗位上的人才的素质要求。第一类是服务与技术人才,围绕他们将自己承担的工作做好这一中心,对他们素质的基本要求是具有良好的职业态度、良好的职业技能与良好的职业习惯。第二类是初级与中级管理人才,围绕他们将自己负责的一个团队或部门的工作做好这一中心,对他们素质的基本要求是具有专业的服务与管理知识、专业的技术,程序化的组织管理能力。第三类是高级管理人才与创新、创业人才,围绕他们将自己负责的整个企业的工作做好与不断创新创业的使命,对他们的基本素质的要求是具有不怕挫折、不断探索、不断成长的良好性格,具有远见与激情,具有先见与智慧,具有进行程序化与非程序化的管理能力,包括想象力与创新力。

- 对旅游接待业具有成长潜力的人才的素质要求。他们具有动态的适合在不同环境与不同场合下工作的灵动性,即适配度与影响度,具有适合不同行业、不同类型岗位工作的适配宽度;具有适合不同区域、不同环境工作的适配广度;具有适合不同层级岗位工作的适配高度;具有适合不同岗位工作要求内容的适配丰度;具有适合广泛的学科与专业领域工作要求的适配跨度;具有将"政、产、研、学、用"结合起来的适配连接度;具有身体健康、朝气蓬勃、感染他人的影响度。

- 旅游管理类专业教学质量管理。需要对旅游管理类专业教学质量进行全方位、全过程、全要素与动态的精细化管理,主要包括:①全方位设计,具体包括培养目标、培养规格、课程体系、教师队伍、教学条件、教学效果、质量管理等7个方面;②准入管理,即要建立旅游管理类本科专业的设置标准;③建设管理,即要建立旅游管理类本科专业的建设标准;④评估管理,即要建立旅游管理类本科专业的评估标准;⑤持续改进管理,即要建立旅游管理类本科专业的持续改进机制。

复习思考题

1.学科与专业的关系是什么?

2.特色与旅游接待业人才培养与学科建设的特色是什么?

3.旅游接待业人才培养与学科建设特色的类型和内容的国际经验包括哪些方面?

4.对处于旅游接待业不同层级岗位上的人才的素质要求有哪些?

5.对旅游接待业具有成长潜力的人才的素质要求有哪些?

6.旅游管理类专业教学质量管理的内容包括哪些方面?

【延伸阅读文献】

[1] 教育部高等学校教学指导委员会.普通高等学校本科专业类教学质量国家标准(上、下)[M].北京:高等教育出版社,2018.

[2] 孙莱祥.上海高校本科专业评估工作指南[M].上海:上海教育评估院,2017.

[3] 何建民.现代旅游教育的成功经验与我国旅游教育的改进方向[J].旅游学刊,1992(4).

[4] 何建民.旅游管理教育与学科建设的国际经验与我国问题及发展设想[J].旅游科学,2006(1).

[5] 何建民.基于战略管理理论与国际经验的我国旅游高等教育发展定位与创新[J].旅游学刊,2008(2).

[6] 何建民.我国旅游人才培养与学科建设的特色研究[M]//旅游学:新理论新场域.上海:复旦大学出版社,2011.

第11章
旅游接待业的安全质量管理

【学习目标】

通过本章学习,读者将了解与掌握:
- 旅游接待业安全质量概念的界定;
- 旅游接待业安全质量事故原因及控制管理系统构建问题的提出;
- 旅游接待业安全质量控制管理系统的构建与运用。

本章围绕如何防止我国旅游接待业安全质量事故发生,对我国旅游接待业安全质量概念进行了研究与界定,对我国重大的旅游接待业安全质量事故发生的原因进行了分析,提出了需要研究与建设全面提升我国旅游接待业安全质量控制管理系统,构建了全面提升我国旅游接待业安全质量管理的前馈控制系统、同期实时监管控制系统、反馈控制系统、对监管者的监管系统、责任主体与社会治理系统、责任主体的动力系统、分类管理系统,对如何运用全面提升我国旅游接待业安全质量控制管理系统的举措进行了分析说明,并运用制度变迁理论,研究说明了推广采用全面提升我国旅游安全质量控制管理系统的步骤。

11.1 旅游接待业安全质量概念的界定

11.1.1 旅游接待业安全概念的界定

我国旅游接待业安全研究学者郑向敏、谢朝武认为:"旅游安全是指旅游活动可以容忍的风险程度,是对旅游活动和旅游产业处于平衡、稳定、正常状态的统称,主要表现为旅游者、旅游从业人员、旅游企业和旅游资源等主体不受威胁和外界因素干扰而免于承受身心压力、伤害或财务损失的自然状态。"[①]

本书从旅游的特点出发,从旅游活动的需求主体、供给主体、资源与环境4个维度考虑,

---

① 邵琪伟.中国旅游大词典[M].北京:上海辞书出版社,2012:257-258.

认为:旅游安全是指旅游者的旅游活动或旅游经营者的旅游生产和服务活动及其对资源和环境的影响,处在可接受的愉悦度、压力、损失与伤害风险或可持续发展的状态。

如果旅游者的愉悦度处在不可接受状况,或者旅游经营者的工作压力过大、面临受到损失与伤害的风险过大,或者自然与社会资源和环境处在不可持续发展状况,就意味着旅游不安全,旅游者的旅游活动就会减少或停止,旅游经营者的生产与服务活动也会减少或停止。前者如超过旅游景点承载力产生过度拥挤的危险信号时,后者如某地出现越来越严重的威胁人们健康的雾霾天气时。当然,对处于不同发展阶段的不同国家的不同主体而言,他们对可接受的愉悦度、压力、损失与伤害风险或可持续发展状态的认知及要求是不同的。

11.1.2 旅游接待业安全质量概念的界定

第一,旅游接待业安全质量应该包括从旅游接待业需求侧考虑的旅游者对旅游接待业安全质量的要求与实现程度。在这方面,应该遵循《中华人民共和国消费者权益保护法》的规定,其中第18条的规定是:"经营者应当保证其提供的商品或者服务符合保障人身、财产安全的要求。对可能危及人身、财产安全的商品和服务,应当向消费者作出真实的说明和明确的警示,并说明和标明正确使用商品或者接受服务的方法及防止危害发生的方法。宾馆、商场、餐馆、银行、机场、车站、港口、影剧院等经营场所的经营者,应当对消费者尽到安全保障义务。"

第二,旅游接待业安全质量应该包括从旅游接待业供给侧考虑的旅游经营者(旅游企业与其从业人员)对旅游经营与服务活动安全质量的要求与实现程度。在这方面,应该遵循《中华人民共和国安全生产法》的规定,其中第17条的规定是:"生产经营单位应当具备本法和有关法律、行政法规和国家标准或者行业标准规定的安全生产条件;不具备安全生产条件的,不得从事生产经营活动。"其中第49条的规定是:"生产经营单位与从业人员订立的劳动合同,应当载明有关保障从业人员劳动安全、防止职业危害的事项,以及依法为从业人员办理工伤保险事项。"

第三,旅游接待业安全质量应该包括旅游地居民的安全质量要求与实现程度,其他旅游者的安全质量要求与实现程度。在这方面,应该遵循《中华人民共和国旅游法》的规定,其中第14条的规定是:"旅游者在旅游活动中或者解决纠纷时,不得损害当地居民的合法权益,不得干扰他人的旅游活动,不得损害旅游经营者和旅游从业人员的合法权益。"

第四,从可持续发展角度考虑,旅游接待业安全质量应该包括旅游资源、自然生态环境与社会人文环境维护和优化的安全质量要求与实现程度。在这方面,应该遵循《中华人民共和国旅游法》第21条的规定:"对自然资源和文物资源进行旅游利用,必须严格遵守有关法律、法规的规定,符合资源、生态保护和文物安全的要求,尊重和维护当地传统文化和习俗,维护资源的区域整体性、文化代表性和地域特殊性。"同时,应该遵循《中华人民共和国环境保护法》的规定,其中第2条的规定是:"本法所称环境,是指影响人类生存和发展的各种天然的和经过人工改造的自然因素的总体,包括大气、水、海洋、土地、矿藏、森林、草原、湿地、野生生物、自然遗迹、人文遗迹、自然保护区、风景名胜区、城市和乡村等"。第6条的规定是:"一切单位和个人都有保护环境的义务。地方各级政府应当对本行政区域的环境质量负责。企业事业单位和其他生产经营者应当防止、减少环境污染和生态破坏,对所造成的损失依法承担责任。公民应当增强环境保护意识,采取低碳、节俭的生活方式,自觉履行环境保护义务。"

综上所述,旅游接待业安全质量是指旅游者、旅游经营者(旅游企业与其从业人员)、旅游地居民对旅游接待业安全质量的要求与实现程度,包括旅游者的人身安全、财产安全、情感安全、精神安全、社交关系安全,也包括旅游接待业企业的生产安全等多个维度。同时,从可持续发展角度考察,旅游接待业安全质量是整个社会对旅游自然资源与人文资源、社会环境和自然环境安全质量的要求与实现程度,包括旅游自然资源安全、旅游人文资源安全、旅游生态安全与旅游地的社会公共安全等多个维度。

11.2　旅游接待业安全质量事故原因及控制管理系统构建问题的提出

11.2.1　旅游接待业安全质量事故发生的原因

本书选择上海外滩踩踏事件与广西桂林市叠彩山发生的山石坠落事故作为研究旅游接待业安全重大问题的样本,其主要原因是大规模人群集聚容易产生安全问题,另外,旅游胜地与景区点也经常是旅游接待业安全问题发生的地方,因此,选择上述两个事例作为研究样本具有代表性。

1)上海外滩踩踏事件及其发生的原因分析

2014 年 12 月 31 日 23 时 35 分左右,正值跨年夜活动,很多游客与市民聚集在上海外滩迎接新年。由于事先缺乏对人流规模及可能发生的安全问题的预测,因此没有进行有效的交通分流和安排足够的人员维持安全秩序。当时,上海黄浦区外滩陈毅广场进入和退出的人流对冲,导致有人摔倒,之后发生了大规模的踩踏事件。截至 2015 年 1 月 23 日 11 点,事件造成 36 人死亡,49 人受伤。

2015 年 1 月 21 日上海公布的"12·31"外滩拥挤踩踏事件的调查报告,认定这是一起对群众性活动预防准备不足、现场管理不力、应对处置不当而引发的拥挤踩踏并造成重大伤亡和严重后果的公共安全责任事件。

2)广西桂林市叠彩山山石坠落事故及其原因分析

2015 年 3 月 19 日 9 时 25 分左右,广西桂林市叠彩山发生山石坠落事故,共造成游客 7 人死亡、25 人不同程度受伤。当天在事故现场的游客分别来自桂林漓江国际旅行社、桂林市桂冠国际旅行社、桂林市战友旅行社和桂林山水铭源国际旅行社,其中大多数为陕西和重庆籍游客。

灾难发生后,广西国土部门专家迅速赶到现场调查,得出结论:这是一次自然突发性的崩塌性的地质灾害。崩塌位于叠彩山木龙洞北侧出口处,崩塌所在位置高程约176米,相对地面高差为30米,崩塌岩石体积约60立方米。岩体崩落后撞击下方的过道,破碎形成多块碎石,直接砸向下方游客。事实上事前有预兆,景区发生过碎石滑落现象,但未引起景区管理部门的足够重视。

11.2.2　旅游接待业安全质量控制管理系统构建问题的提出

依据系统论和控制论进行科学分析,我国旅游接待业经常发生重大安全质量问题的普遍原因是尚未建立全面提升我国旅游接待业安全质量的控制管理系统,特别是没有建立与实施事前的前馈控制系统、事中的同期实时的监管控制系统以及对旅游接待业安全质量监管者的监管系统,目前比较偏重采用事后的反馈控制系统,导致经常出现在安全事故发生后才进行"灭火式""补救型"的管理现象。

实践经验告诉我们,单纯按照事后的反馈系统进行控制管理,虽然能对其后发生事件发挥控制作用,但不能对本次事件进行及时有效的控制管理,因为存在"时滞"因素。因此,为了弥补反馈控制系统的不足,要充分发挥前馈控制系统、同期实时监管控制系统、对旅游安全质量监管者的监管系统的管理作用。

11.3　旅游接待业安全质量控制管理系统的构建与运用

首先需要说明全面提升我国旅游接待业安全质量控制管理系统及运用研究的框架与思路,然后按照这一框架与思路,对全面提升我国旅游接待业安全质量控制管理系统进行构建,并针对存在问题,以云台山5A级景区旅游安全质量管理实践为例,对如何运用全面提升我国旅游接待业安全质量控制管理系统的举措进行研究说明。

11.3.1　旅游接待业安全质量控制管理系统及运用研究的框架与思路

全面提升我国旅游接待业安全质量控制管理系统及运用研究的理论基础是旅游安全质量概念、系统论、控制论、社会责任与治理理论、行为学与旅游安全的相关法规。按照系统论学者贝塔朗菲的观点:系统是相互作用的诸要素的综合体,即由若干互相联系、互相作用的要素组成的,具有特定功能和运动规律的整体。控制论对"控制"的定义是:为了"改善"某个或某些受控对象的功能或发展,需要获得并使用信息,以这种信息为基础设计选择有效措施作用于该对象以实现目标的过程,就称为控制。

参照系统论与控制论的原理,全面提升我国旅游接待业安全质量控制管理系统就是指要实现旅游接待业安全质量目标的相互关联要素的有机综合体,这些要素包括旅游接待业安全质量责任主体、责任主体的意识与行为,责任主体间的权利、义务与违约责任,对责任主体影响旅游接待业安全质量行为的激励与约束机制,对旅游接待业安全质量行为与状况的监管主体与监管机制,对旅游接待业安全质量监管者的监管机制;按控制的时间不同,也可分为前馈控制系统、同期监管控制系统与反馈控制系统;按控制的对象不同,也可分为对旅游接待业经营者的控制系统,对旅游者的控制系统,对旅游接待业从业人员的控制系统,对旅游接待业质量监管者的监管系统等。全面提升我国旅游接待业安全质量的控制管理举措,就是指依据控制管理系统运行的信息反馈,采取的更有效地实现旅游接待业安全质量目标的方案或行动。

全面提升我国旅游接待业安全质量控制管理系统及运用研究的主要内容包括:①我国旅游接待业安全质量控制管理的前馈系统及运用;②我国旅游接待业安全质量控制管理的同期监管系统及运用;③我国旅游接待业安全质量控制管理的反馈系统及运用;④对我国旅游接待业安全质量监管者的监管系统及运用;⑤我国旅游接待业安全质量责任主体与社会治理系统及运用;⑥我国旅游接待业安全质量责任主体的动力系统及运用;⑦我国旅游接待业安全质量的分类管理系统及运用;⑧旅游接待业安全质量控制管理系统推广步骤。具体如图 11-1 所示。

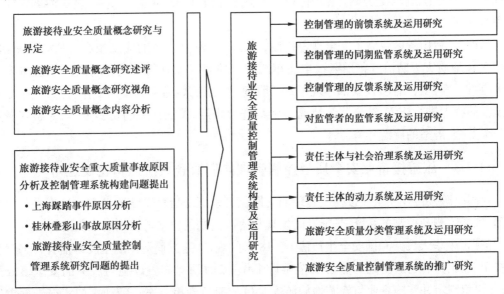

图 11-1　全面提升我国旅游接待业安全质量控制管理系统及运用研究的框架与思路

下面,将对全面提升我国旅游接待业安全质量控制管理系统构建及运用的每一方面进行研究,并以荣获国家旅游局全国旅游标准化示范单位称号的河南云台山 5A 级景区为例进行说明。云台山景区 2017 年全年接待游客 556 万人次,实现旅游综合收入 5.05 亿元,是我国人气最旺的自然山水景区之一。

11.3.2　旅游接待业安全质量控制管理前馈系统的构建及运用

我国旅游接待业安全质量前馈控制系统是指对旅游接待业质量进入实施过程前的准备投入程度的监测控制系统,包括对投入的各种要素与行为习惯和规则的监测,以确定投入是否符合法律规范、标准或实现安全质量计划目标的要求,如果不符合,就要改变投入或运行规则,以保证取得预期结果。

依据《中华人民共和国安全生产法》第18条和第78条的规定,这方面运用的主要举措有:①建立、健全企业与旅游地的旅游安全质量责任制;②组织制定企业、旅游者与旅游地的旅游安全生产与活动的规章制度和操作规程;③组织制定并实施企业与旅游者的旅游安全生产与活动的教育和培训计划;④保证企业、旅游者和目的地的旅游接待业安全服务质量、旅游接待业安全生产质量、旅游接待业安全管理质量与旅游接待业安全活动质量的投入的有效实施;⑤生产经营单位应当制定本单位生产事故应急救援预案,与所在地县级以上人民政府组织制定的生产安全事故应急救援预案相衔接,并定期组织演练。

例如,云台山景区在景点开发阶段就开始实施质量安全风险控制,对景区地质灾害的规模、发育程度、危害程度进行了研究,针对不同的地质灾害类型提出了相应的防治措施和安全建议,并编制了《云台山风景名胜区地质灾害危险性调查与防治措施研究》。云台山景区在主要设施设备上安装避雷针,在游览的危险地段设置防护网、护栏,采用先进的技术设备进行监测,在危险地段设立安全警示标识。旅游线路设计成环形游览线路,避免游客对流发生冲撞,以确保游客的安全。

又如,云台山景区建立了安全预警机制,制定了一系列相关的应急预案。如《反恐怖应急预案》《地质灾害防治应急预案》《电瓶车队应急预案》《意外伤害应急预案》《黄金周安全事故应急预案》等。各项预案都体现了责任明确、分工细致、落实到位的工作特点,并根据各个预案的特点进行演练,结合演练情况对预案进行修订,保证预案的切实可行,为游客营造了一个安全、舒适的旅游环境。

11.3.3 旅游接待业安全质量控制管理同期监管系统的构建及运用

我国旅游接待业安全质量控制管理的同期监管系统是指对安全质量实施过程进行实时监测、现场监测和控制的系统,是能及时发现与解决问题的要素与规则的有机组合。

依据《中华人民共和国安全生产法》第18条的规定,这方面运用的主要举措有:①督促、检查企业、旅游者与旅游地的旅游安全质量工作,及时消除旅游设施与服务的安全事故隐患;②组织制定并实施企业与旅游地旅游安全事故应急救援方案;③及时、如实报告旅游安全事故。

例如,云台山景区实施景点运行阶段的质量安全风险控制,以游客、员工人身和行车安全风险管理为重点,建立了质量安全风险信息收集及防控机制,突出人员、设备和管理三大要素,突出重点领域和关键环节,制定严格的安全技术保障及管理保障措施。对于可能发生的水灾、火灾、泥石流等自然灾害,每年有针对性地开展应急处置演练,做到快速反应,以减少或避免公司资源被破坏。日常工作中对危险源进行识别、检测,加强对工作人员的安全教育与安全意识的培育等。

11.3.4 旅游接待业安全质量控制管理反馈系统的构建及运用

我国旅游接待业安全质量控制管理的反馈系统是指按照事后的信息反馈进行控制管理

的系统。在前馈控制系统、同期监管控制系统都不能发挥有效作用的情况下,只能运用反馈控制系统,采取有效措施,以防止类似旅游接待业安全质量事故的再次发生。

依据《中华人民共和国安全生产法》第 6 章的规定,这方面运用的主要举措有:对负有安全生产监督管理职责部门的工作人员,对生产经营单位的决策机构、主要负责人或者个人经营的投资人不依照本法规定保证安全生产所必需的资金投入,未履行本法规定的安全生产管理职责的,或导致发生安全事故的,对生产经营单位的安全生产管理人员未履行本法规定的安全生产管理职责的,对生产经营单位从业人员不服从管理,违反安全生产规章制度或者操作规程的,要给予批评教育,责令改正,罚款,甚至追究刑事责任,以做到:立即制止与积极防止旅游接待业安全质量事故发生,在不幸发生旅游接待业安全事故后,要努力做到通过处理一个人或一件事、教育一大片的目的。

例如,云台山景区实施对服务交付后的质量安全风险控制。为确保做到让游客高兴而来、满意而归,云台山 5A 级景区设立了 24 小时值班电话,制定了《客户投诉处理流程》。为处理好每一件投诉,对投诉规定了处理时效:游客前来投诉时工作人员应做好记录,对于一般性的投诉应在 10 分钟内予以解决,较大的问题应在当日内解决,对于信件投诉应在 3 日内给予回复,对于网络投诉应在 24 小时内转到投诉办公室,由投诉办公室进行处理。

11.3.5　旅游接待业安全质量控制管理监管系统的构建及运用

目前,我国经常忽略对旅游接待业安全质量监管者的监管工作。例如,2014 年 12 月 31 日发生的上海外滩踩踏事件,其重要原因之一就是缺乏对旅游接待业安全质量监管者——上海黄浦区政府主管部门与上海市公安局相关主管部门的监管,丧失了防止事故发生的最后一道防线。

对旅游接待业安全监管者进行监管控制的主要原因在于:①当旅游接待业安全质量问题出现时,旅游接待业安全质量监管者是解决与防止发生恶性问题的最后一道关口;②监管者在控制工作中居于主导地位,他们往往又是拥有相当权力的管理者,对他们缺乏监控机制,常常会酿成许多重大事故。

依据《中华人民共和国安全生产法》第 68 条规定:监察机关按照行政监察法的规定,对负有安全生产监督管理职责的部门及其工作人员履行安全生产监督管理职责实施监察。针对旅游接待业重大安全质量问题发生的特点,完善对旅游安全监管者的监管控制系统的主要举措有:①对涉及监管旅游安全质量的相关部门的责任人制定监管责任的法律规范或标准;②对相关法律规范或标准进行宣传教育和培训;③建立检查制度,对涉及监管旅游安全质量相关部门责任人的履责状况进行定期检查或抽查,特别在可能发生重大旅游安全质量问题的时期与场合,如旅游旺季(黄金周)的热门景区点,并对定期撰写的检查报告进行公布交流;④对提供监管先进经验的部门,进行表扬与推广,对发生严重监管事故的部门提出处理建议。

例如,云台山景区通过车载的无线摄像机实时掌握旅游车的车内情况,对司机和讲解员的工作情况作出有效监督。同时数控中心可对正处于超速、抛锚等情况的车辆实施报警措施,大大加强了对内部区间交通的安全管理。

11.3.6　旅游接待业安全质量责任主体与社会治理系统的构建及运用

目前,我国比较重视旅游接待业经营者与政府有关部门所承担的旅游安全质量责任,存在忽视旅游者、旅游从业人员应该承担旅游安全质量责任现象。按照《中华人民共和国旅游法》和《中华人民共和国安全生产法》的规定,我国旅游接待业安全质量的责任主体应该包括旅游者、旅游经营者、政府有关部门和旅游从业人员。按照利益相关者理论,旅游接待业安全质量责任主体还应该包括旅游地居民、非政府旅游组织、旅游志愿者等。按照社会治理理论,以上各种旅游接待业安全质量责任主体,包括政府部门的和非政府部门的,应当共同参加提升旅游接待业安全质量的活动。因此,需要构建一个包括旅游者、旅游经营者、旅游从业人员、政府相关部门、旅游地居民、非政府旅游组织、旅游志愿者等组成的我国旅游接待业安全质量责任主体与社会治理系统。

《中华人民共和国旅游法》明确规定我国旅游接待业安全质量责任主体应该包括旅游者、旅游经营者和政府有关部门,其中第15条的规定是:旅游者对国家应对重大突发事件暂时限制旅游活动的措施以及有关部门、机构或者旅游经营者采取的安全防范和应急处置措施,应当予以配合。旅游者违反安全警示规定,或者对国家应对重大突发事件暂时限制旅游活动的措施、安全防范和应急处置不予配合的,依法承担相应责任。其中第76条的规定是:县级以上人民政府统一负责旅游安全工作。县级以上人民政府有关部门依照法律、法规履行旅游安全监管职责。其中第79条的规定是:旅游经营者应当严格执行安全生产管理和消防安全管理的法律、法规和国家标准、行业标准,具备相应的安全生产条件,制定旅游者安全保护制度和应急预案。

《中华人民共和国安全生产法》明确规定我国旅游安全质量责任主体还应该包括旅游从业人员,其中第104条的规定是:生产经营单位的从业人员不服从管理,违反安全生产规章制度或者操作规程的,由生产经营单位给予批评教育,依照有关规章制度给予处分;构成犯罪的,依照刑法有关规定追究刑事责任。

参照著名的利益相关理论学者爱德华·弗里曼的观点:组织中的利益相关者是指任何能够影响公司目标的实现,或者受公司目标实现影响的团体或个人。显然,受旅游接待业安全质量影响或能影响旅游安全质量的利益相关者还有当地居民、非政府旅游组织与旅游志愿者等,他们也是旅游安全质量的责任者。例如,假设旅游地居民随意燃放爆竹,就必然会影响游客旅游安全的质量。

基于社会责任与治理理论,旅游接待业安全质量的社会治理系统就是指动员旅游活动所涉及的旅游社会的全部利益相关者或旅游接待业安全质量责任者,承担自己必须承担或自愿承担的旅游安全质量方面的经济责任、法律责任、伦理责任和自由决定的慈善责任,以提高旅游接待业安全质量的各种要素与规则的有机组合。这方面的主要举措有:①积极引导与旅游发展相关的各政府部门主动做好各自相关的旅游安全质量工作,实行一岗多责制度。例如,旅游交通部门的管理人员,同时也应该是当地旅游交通安全质量的监管者。②建立由各利益相关者代表与专家(包括旅行社、旅游饭店、旅游景区、旅游交通、旅游管理专家、律师等)组成的旅游安全质量咨询委员会。③建立旅游安全质量管理的志愿者队伍。

例如,云台山景区认为:旅游接待业的高关联性,决定了旅游接待业是一把手工程。因此,云台山景区安全质量及整个景区的管理体制是:党委重视,政府主导,部门联动,市场化运作,企业化管理。这也是云台山景区飞速发展的关键所在。

11.3.7　旅游接待业安全质量责任主体动力系统的构建及运用

引导旅游接待业安全质量责任主体行为合理化的基本理论是行为主义理论。按照美国心理学家约翰·华生(John Watson)与伯尔赫斯·弗雷德里克·斯金纳(Burrhus Frederic Skinner)提出的行为主义学习理论(learning theory of behavior),旅游接待业安全质量责任主体的行为都是后天通过学习获得的。依据行为学习的"刺激—反应"原理和专门行为养成的"操作性条件反射"原理,设计奖励、惩罚制度与提高其实现的概率等刺激措施来帮助人们养成良好行为预期与习惯的学习过程,也可以称为行为合理化的引导机制。

按照旅游接待业质量责任主体对不同类型的行为驱动力反应的不同特点划分,可以将旅游接待业安全质量责任主体行为合理化的引导机制分为以下4种不同的类型。①以对正确与错误认识为主要驱动力的,是旅游主体行为合理化的伦理机制(包括自觉—自我约束的伦理机制,他人劝说—自我约束的伦理机制);②以品牌传播—追求长期市场价值为主要驱动力的,是旅游主体行为合理化的声誉机制;③以奖惩利益为主要驱动力的,是旅游主体行为合理化的激励机制,在实际管理中往往表现为惩戒机制,如政府主管部门按照行政处罚条例对违规者进行罚款;④以强制性为主要驱动力的,是旅游接待业安全质量责任主体行为合理化的法律机制,如拘役、判刑等。

另外,依据旅游接待业安全质量责任主体对上述不同类型的引导机制"认知—反应"的不同特点,可以采用不同的引导机制。对具有自觉的"认知—反应"特点的旅游接待业安全质量责任主体,可采用伦理的自觉机制。对具有不自觉的"认知—反应"特点的旅游接待业安全质量责任主体,需要采用法律的强制机制。对大多数具有处于上述两极之间的"认知—反应"特点的旅游接待业安全质量责任主体,可综合采用伦理机制、声誉机制、激励机制、法律机制。伦理机制是所有其他机制的思想认识基础,首先要明辨是非,进行宣传教育。

例如,云台山景区加强安全制度建设与实施质量考核制度相结合。在安全质量制度建设方面,建立健全以责任制为基础的安全规章制度,主要包括基本制度、工作制度和责任制度,实现专人专岗,专人专责的良好的生产秩序。在质量考核制度方面,通过与各责任部门签订目标管理责任书,进一步明确责任,强化落实,加强考核,严格兑现奖惩措施,实现工作绩效与奖惩机制挂钩。

11.3.8　旅游接待业安全质量分类管理系统的构建及运用

按照对提升我国旅游接待业安全质量重要性的不同,以及我国各地拥有提升旅游接待业安全质量资源的不同情况,在对旅游接待业安全质量实行全面指导管理基础上,应该实行重点分类管理。可以采用下列两种方法确定进行重点管理的对象或任务。

第一种是在每年年末之前对旅游接待业安全质量利益相关者或责任主体进行调查研究，并参考当年发生的旅游安全质量问题、各旅游安全质量利益相关者或责任主体的建议，以及预测明年旅游安全质量趋势，确定明年旅游安全质量重点管理的领域和问题。

第二种是对全国旅游接待业安全质量分3种类型进行重点指导与管理：①旅游质量管理的重点区域，包括具有全国性或地区性重要影响的旅游主体功能区，如5A级景区。②旅游旺季的全国性或地区性的热点景区，如黄金周期间的九寨沟、华山、故宫博物院等。③其他容易出现旅游安全事故的季节与地方。如作为我国国际旅游度假岛的海南岛，在每年七八月遭遇台风的季节，又如发生地震与恐怖事件的旅游地，以及容易出现山体滑坡的景区点等。

11.3.9 旅游接待业安全质量控制管理系统的推广

推广与实施全面提升旅游接待业安全质量控制管理系统是一场在旅游接待业安全管理领域的制度变革，需要研究与运用制度变迁理论来指导我们进行有效的制度变革。

诺贝尔经济学奖获得者、美国经济学家道格拉斯·诺思（Douglass C. North）认为，制度变迁要注意运用下列原理：①人类的活动是由意识和人造结构共同决定的，人造结构产生于地理环境、人口、意识等的交互作用，它以文化遗产的形式决定了信念结构，在信念结构的约束和引导下，产生了人类社会的制度结构和各种组织。②人类社会变迁的动力是不断变化的环境，各种变化通过组织或个人的学习被引入社会的信念结构，更新后的信念结构将推动制度结构的改变，改变后的制度结构将支持新的适应性政策的实施，以应对环境的变化。③制度的构成要素主要包括正式制约（例如法律）、非正式制约（例如习俗、宗教等）以及它们的实施，这三者共同界定了社会的尤其是经济的激励结构。所谓的制度变迁是指一种制度框架的创新和被打破。④制度变迁的成本与收益之比对于促进或推迟制度变迁起着关键作用，只有在预期收益大于预期成本的情形下，作为利益相关者的行为主体才会去推动直至最终实现制度的变迁。⑤在制度变迁过程中要不断解决路径依赖问题。路径依赖（path dependence）类似于物理学中的"惯性"。一旦进入某一路径，无论是好的还是坏的，就可能对这种路径产生依赖。

参照诺思的制度变迁理论，旅游接待业安全质量控制管理系统的推广需要遵循下列步骤：①要通过积极宣传，改变旅游接待业安全质量责任主体的心智模式，帮助他们建立新的信念结构，使他们认识到需要引入全面的旅游接待业安全质量概念，要实施包括旅游接待业安全质量前馈控制系统、同期监管控制系统、反馈控制系统、对监管者的监管控制系统、责任主体与社会治理系统、责任主体的动力系统与分类管理系统。②要建立一种机制，使得旅游接待业安全质量责任主体切实感受到实施全面提升旅游接待业安全质量控制管理系统能获得收益，否则将会受到损失或惩罚。③明确实施的主体与步骤，由文化和旅游部推动地方文化和旅游局或文化和旅游厅，由国务院旅游工作部际联席会议推动各级政府部门实施全面提升旅游接待业安全质量的控制管理系统。

本章小结

- 旅游接待业安全质量。它是指旅游者、旅游经营者(旅游企业与其从业人员)、旅游地居民对旅游接待业安全质量的要求与实现程度,包括旅游者的人身安全、财产安全、情感安全、精神安全、社交关系安全,也包括旅游接待业企业的生产安全等多个维度。同时,从可持续发展角度考察,旅游接待业安全质量是整个社会对旅游自然资源与人文资源、社会环境和自然环境安全质量的要求与实现程度,包括旅游自然资源安全、旅游人文资源安全、旅游生态安全与旅游地的社会公共安全等多个维度。

- 全面提升我国旅游接待业安全质量控制管理系统。它是指要实现旅游接待业安全质量目标的相互关联要素的有机综合体,这些要素包括旅游接待业安全质量责任主体、责任主体的意识与行为,责任主体间的权利、义务与违约责任,对责任主体影响旅游接待业安全质量行为的激励与约束机制,对旅游接待业安全质量行为与状况的监管主体与监管机制,对旅游接待业安全质量监管者的监管机制;按控制的时间分,也可分为前馈控制系统、同期监管控制系统与反馈控制系统;按控制的对象分,也可分为对旅游接待业经营者的控制系统,对旅游者的控制系统,对旅游接待业从业人员的控制系统,对旅游接待业质量监管者的监管系统等。

- 旅游接待业安全质量前馈控制系统。它是指对旅游接待业质量进入实施过程前的准备投入程度的监测控制系统,包括对投入的各种要素与行为习惯和规则的监测,以确定投入是否符合法律规范、标准或实现安全质量计划目标的要求,如果不符合,就要改变投入或运行规则,以保证取得预期结果。

- 旅游接待业安全质量控制管理的同期监管系统。它是指对安全质量实施过程进行实时监测、现场监测和控制的系统,是能及时发现与解决问题的要素与规则的有机组合。

- 旅游接待业安全质量控制管理的反馈系统。它是指按照事后的信息反馈进行控制管理的系统。在前馈控制系统、同期监管控制系统都不能发挥有效作用的情况下,只能运用反馈控制系统,采取有效措施,以防止类似旅游接待业安全质量事故的再次发生。

- 旅游安全监管者的监管控制系统的主要举措。①对涉及监管旅游安全质量的相关部门的责任人制定监管责任的法律规范或标准;②对相关法律规范或标准进行宣传教育和培训;③建立检查制度,对涉及监管旅游安全质量相关部门责任人的履责状况进行定期检查或抽查,特别在可能发生重大旅游安全质量问题的时期与场合,如旅游旺季(黄金周)的热点景区点,并对定期撰写的检查报告进行公布交流;④对提供监管先进经验的部门,进行表扬与推广,对发生严重监管事故的部门提出处理建议。

- 旅游接待业安全质量的社会治理系统。它是指动员旅游活动所涉及的旅游社会的全部利益相关者或旅游接待业安全质量责任者,承担自己必须承担或自愿承担的旅游安全质量方面的经济责任、法律责任、伦理责任和自由决定的慈善责任,以提高旅游接待业安全质量的各种要素与规则的有机组合。

- 旅游接待业安全质量责任主体行为合理化的引导机制。旅游接待业安全质量责任主体行为合理化的引导机制,可分为以下4种不同的类型:①以对正确与错误认识为主要驱动力的,是旅游主体行为合理化的伦理机制(包括自觉—自我约束的伦理机制,他人劝说—自我约束的伦理机制);②以品牌传播—追求长期市场价值为主要驱动力的,是旅游主体行为合理化的声誉机制;③以奖惩利益为主要驱动力的,是旅游主体行为合理化的激励机制,在实际管理中往往表现为惩戒机制,如政府主管部门按照行政处罚条例对违规者进行罚款;④以强制性为主要驱动力的,是旅游接待业安全质量责任主体行为合理化的法律机制,如拘役、判刑等。

- 旅游接待业安全质量控制管理系统的推广需要遵循的步骤。①要通过积极宣传,改变旅游接待业安全质量责任主体的心智模式,帮助他们建立新的信念结构,使他们认识到需要引入全面的旅游接待业安全质量概念,要实施包括旅游接待业安全质量前馈控制系统、同期监管控制系统、反馈控制系统、对监管者的监管控制系统、责任主体与社会治理系统、责任主体的动力系统与分类管理系统。②要建立一种机制,使得旅游接待业安全质量责任主体切实感受到实施全面提升旅游接待业安全质量控制管理系统能获得收益,否则将会受到损失或惩罚。③明确实施的主体与步骤,由文化和旅游部推动地方文化和旅游局或文化和旅游厅,由国务院旅游工作部际联席会议推动各级政府部门实施全面提升旅游接待业安全质量的控制管理系统。

复习思考题

1.旅游接待业安全质量的概念是什么？

2.全面提升我国旅游接待业安全质量控制管理系统包括哪些内容？

3.旅游接待业安全质量前馈控制系统的含义是什么？

4.旅游接待业安全质量控制管理的同期监管系统的含义是什么？

5.旅游接待业安全质量控制管理的反馈系统的含义是什么？

6.旅游安全监管者的监管控制系统的主要举措有哪些？

7.旅游接待业安全质量的社会治理系统的含义是什么？

8.旅游接待业安全质量责任主体行为合理化的引导机制包括哪些？

9.旅游接待业安全质量控制管理系统推广需要遵循哪些步骤？

【延伸阅读文献】

[1] 贝塔朗菲.普通系统论的历史和现状[A]//科学学译文集.北京:科学出版社,1998.

[2] 维纳.控制论:或关于在动物和机器中控制和通信的科学[M].北京:北京大学出版社,2007.

[3] 哈罗德·孔茨,海茵茨·韦里克.管理学[M].10版.北京:经济科学出版社,1998.

[4] 爱德华·弗里曼.战略管理——利益相关者方法[M].王彦华,梁豪,译.上海:上海译文出版社,2006.

[5] 何建民.旅游主体行为合理化的伦理机制与引导策略[J].旅游学刊,2014(11).

[6] 何建民.全面提升我国旅游安全质量控制管理系统的构建与运用研究[J].旅游科学,2016(1).

[7] 何建民.旅游产业的体制与机制[M]//自由贸易区促进中国旅游服务贸易与产业改革开放研究.上海:格致出版社,2015.

[8] 何建民.世界各国疫情防控主要模式及文化和旅游恢复发展路径研究[J].旅游学刊,2021(2).

参考文献

［1］United Nations. International Recommendations for Tourism Statistics 2008.

［2］World Tourism Organization. Tourism Satellite Account：Recommended Methodological Framework 2008.

［3］United Nations. System of National Account 2008.

［4］Oxford Economics. WTTC/Oxford Economics 2017 Travel & Tourism Economic Impact Research Methodology. March 2017.

［5］European Commission. Sustainable Tourism for Development Guidebook：Enhancing Capacities for Sustainable Tourism for Development in Developing Countries,2013.

［6］World Economic Forum. The Travel & Tourism Competitiveness Report 2017.

［7］Larry Dwyer,Peter Forsyth, Wayne Dwyer. TOURISM ECONOMICS AND POLICY［M］. UK：Channel View Publications,2010.

［8］Charles R Goeldner, J R Brent Ritchie. TOURISM：Principles, Practices, Philosophies［M］. TWELFTH EDITION. New Jersey：John Wiley & Sons, Inc., 2012.

［9］Hong Kong Tourism Board. A Statistical Review of Hong Kong Tourism 2017.

［10］联合国秘书处经济和社会事务部统计司.2010年国际服务贸易统计手册［M］. 2012.

［11］国家统计局.中国国民经济核算体系2016.

［12］国家统计局.国民经济行业分类(GB/T 4754-2017).

［13］国家统计局.国家旅游及相关产业统计分类(2018).

［14］国家旅游局.旅游统计调查制度(2017).

［15］国家旅游局.旅游统计管理办法(1998).

［16］中华人民共和国国家质量监督检验检疫总局,中华人民共和国标准化委员会.中华人民共和国国家标准《质量管理体系:基础和术语》(GB/T 1900—2008/ISO 9000:2005代替GB/T 1900—2000)［M］.北京:中国标准化出版社, 2009.

［17］《中华人民共和国旅游法》解读编写组.《中华人民共和国旅游法》解读［M］.北京:中国旅游出版社, 2013.

［18］中华人民共和国国务院.关于加快发展旅游业的意见［N］.中国旅游报, 2009-12-4(1).

［19］曼昆.经济学原理［M］.北京:北京大学出版社, 1999.

[20] 斯蒂格利茨.公共部门经济学[M].北京:中国人民大学出版社,2005.

[21] 泰勒尔.产业组织理论[M].北京:中国人民大学出版社,1997.

[22] 约瑟夫·派恩,詹姆斯·吉尔摩.体验经济[M].北京:机械工业出版社,2002.

[23] 温茨巴奇,等.现代不动产[M].北京:中国人民大学出版社,2001.

[24] Duane P Schultz, Sydney Ellen Schultz.现代心理学史[M].叶浩生,杨文登,译.10版.北京:中国轻工业出版社,2014.

[25] 哈梅尔,C K普拉哈拉德.竞争大未来:企业发展战略[M].北京:昆仑出版社,1998.

[26] 卡罗尔,巴克霍尔茨.企业利益与社会:伦理与利益相关者管理[M].5版.北京:机械工业出版社,2004.

[27] 贝塔朗菲.普通系统论的历史和现状[A]//科学学译文集.北京:科学出版社,1998.

[28] 维纳.控制论:或关于在动物和机器中控制和通信的科学[M].北京:北京大学出版社,2007.

[29] 哈罗德·孔茨,海茵茨·韦里克.管理学[M].10版.北京:经济科学出版社,1998.

[30] 爱德华·弗里曼.战略管理——利益相关者方法[M].王彦华,梁豪,译.上海:上海译文出版社,2006.

[31] 苏东水.产业经济学[M].北京:高等教育出版社,2000.

[32] 张维迎.博弈与社会[M].北京:北京大学出版社,2013.

[33] 俞可平.治理与善治[M].北京:社会科学文献出版社,2000.

[34] 芮明杰,袁安照.现代公司理论与运行[M].上海:上海财经大学出版社,2005.

[35] 国务院国资委财务监督与考核评价局.企业绩效评价标准值2017[M].北京:经济科学出版社,2017.

[36] 中华人民共和国国家旅游局.2017中国旅游统计年鉴[M].北京:中国旅游出版社,2017.

[37] 中国旅游饭店业协会,浩华管理顾问公司.2017中国饭店业务统计[M].北京:中国旅游出版社,2017.

[38] 何建民.试论我国国际旅游业的经济效益[J].经济理论与经济管理,1984(5).

[39] 何建民.论我国旅游业的宏观管理规则[J].管理世界,1987(4).

[40] 何建民.中国对外经济战略抉择[M].重庆:重庆出版社,1988.

[41] 何建民.旅游现代化开发经营与管理[M].上海:上海学林出版社,1989.

[42] 何建民.现代旅游教育的成功经验与我国旅游教育的改进方向[J].旅游学刊,1992(4).

[43] 何建民.现代宾馆管理原理与实务[M].上海:上海外语教育出版社,1994.

[44] 何建民.论旅游服务的国际标准及与我国的接轨方式[J].旅游学刊,1995(5).

[45] 何建民.现代酒店管理经典[M].大连:辽宁科学技术出版社,1996.

[46] 何建民.现代国际营销策略——成功者与失败者研究[M].上海:上海外语教育出版社,1999.

[47] 何建民.培育一流国际工商管理人才[M].上海:上海外语教育出版社,1999.

[48] 何建民.现代酒店营销管理实务[M].沈阳:辽宁科学技术出版社,1999.

[49] 何建民.现代营销管理案例分析[M].上海:上海外语教育出版社,2001.

[50] 何建民.创造名牌产品的理论与方法[M].上海:华东理工大学出版社,2002.

[51] 何建民.精彩世博的多重效应[N].解放日报,2003-6-16.

[52] 何建民.提高假日旅游经济价值[N].解放日报,2003-10-4.

[53] 何建民.提高我国饭店企业顾客价值与利润的方式——以上海国际品牌饭店为例的研究[J].旅游科学,2004(1).

[54] 何建民.论我国本土旅游饭店集团与跨国旅游饭店集团竞争战略的选择模型及其具体选择[J].旅游科学,2004(4).

[55] 何建民.论旅游品牌建设的理论与方法[M]//人文旅游(论文集).杭州:浙江大学出版社,2005.

[56] 何建民.新视野发展旅游业[N].解放日报,2005-12-5.

[57] 何建民.现代饭店前厅的营运与管理[M].北京:高等教育出版社,2005.

[58] 何建民.旅游管理教育与学科建设的国际经验与我国问题及发展设想[J].旅游科学,2006(1).

[59] 何建民.上海春秋旅行社导游管理经验的调查报告[N].中国旅游报,2006-6-26,2006-7-3.

[60] 何建民.我国都市旅游产业政策研究——上海问题与国际经验[J].旅游科学,2006(6).

[61] 何建民.奥运与旅游相互促进的功能及方式[J].旅游科学,2007(3).

[62] 何建民.第十三编 中国旅游业发展史[M]//中国经济发展史1949—2005(下册).上海:上海财经大学出版社,2007.

[63] 何建民.基于战略管理理论与国际经验的我国旅游高等教育发展定位与创新[J].旅游学刊,2008(2).

[64] 何建民.第七章 旅游业[M]//2008中国产业发展报告.上海:上海财经大学出版社,2008.

[65] 何建民.上海世博会旅游经济增量效应及优化对策研究[M]//改革开放:制度 发展 管理.上海:上海人民出版社,2008.

[66] 何建民.城市休闲产业与产品的发展导向研究[J].旅游学刊,2008(7).

[67] 何建民.上海世博会旅游的经济增量效应[N].文汇报,2008-11-17.

[68] 何建民.国际金融危机影响及中国旅游饭店的经营策略[J].旅游科学,2009(1).

[69] 何建民.上海建设世界一流旅游城市的潜力、差距与路径研究[M]//中国经济60年:道路、模式与发展.上海:上海人民出版社,2009.

[70] 何建民."十二五"规划编制的战略问题及对策研究[J].旅游学刊,2010(1).

[71] 何建民.基于"十二五"规划视角的浦东新区旅游业发展研究——现状、问题及构想[J].旅游科学,2010(1).

[72] 何建民.外资进入中国旅游业的现状、趋向及对策研究[M].上海:上海财经大学出版社,2010.

[73] 何建民.我国旅游产业融合发展的形式、动因、路径、障碍及机制[J].旅游学刊,2011(4).

[74] 何建民.上海旅游业培育成战略性支柱产业的要求、路径、潜力与对策研究[J].旅游学刊,2011(5).

[75] 何建民.我国旅游人才培养与学科建设的特色研究[M]//旅游学:新理论新场域.上海:复旦大学出版社,2011.

[76] 何建民.国际金融危机对世界国际旅游业的影响研究[J].旅游科学,2012(1).

[77] 何建民.旅游公共信息服务网站建设及服务质量标准[J].旅游学刊,2012(2).

[78] 何建民.我国旅游服务业营业税改增值税的影响机理及影响状况研究[J].旅游科学,2013(1).

[79] 何建民.该解决内需"外流"问题了[N].文汇报,2013-2-20(5).

[80] 何建民.上海自贸区运行旅游业面临新机遇[N].中国旅游报,2013-10-21.

[81] 何建民.基于集体理性视角的旅游目的地承载力规划与治理[N].文汇报:理论版,2014-5-13.

[82] 何建民.自贸区促进我国旅游服务贸易与发展的路径[N].中国旅游报,2015-4-22.

[83] 何建民.第十五编 中国会展旅游业发展史[M]//中国经济发展史 1949—2010(第四卷).上海:上海财经大学出版社,2014.

[84] 何建民.旅游主体行为合理化的伦理机制与引导策略[J].旅游学刊,2014(6).

[85] 何建民."营改增"对中国旅游业影响分析及对策建议[J].旅游学刊,2015(7).

[86] 何建民.自由贸易区促进中国旅游服务贸易与产业改革开放研究[M].上海:上海人民出版社,2015.

[87] 何建民."营改增"对旅游企业影响分析与政策选择[M].中国旅游报,2015-8-5.

[88] 何建民.促进旅游投资和消费亟须实现五大转变[N].文汇报,2015-9-14(5).

[89] 何建民.迪士尼来了,会让什么变不同[N].解放日报,2016-3-15(14).

[90] 何建民.全面提升我国旅游安全质量控制管理系统的构建与运用研究[J].旅游科学,2016(1).

[91] 何建民.旅游发展的理念与模式研究:兼论全域旅游发展的理念与模式[J].旅游学刊,2016(12).

[92] 何建民.我国旅游公共服务体系的构建及优化研究——基于新加坡与中国香港经验及上海案例分析[J].旅游导刊,2017(1).

[93] 何建民.科学的旅游理论研究与实践的关系——基于诺贝尔经济学奖获得者的研究与成长的视角[J].旅游学刊,2017(1).

[94] 何建民.我国旅游业供给侧结构性改革的理论要求、特点问题与目标路径研究[J].旅游科学,2018(1).

[95] 何建民.旅游管理研究的特点、基础、问题、方法及成果评价探索[J].旅游导刊,2018(2).

[96] 何建民.新时代我国旅游业高质量发展系统与战略[J].旅游学刊,2018(10).

[97] 罗格·斯宾塞,大卫·麦克弗森.23 位经济学奖得主的瑰丽人生[M].颜超凡,邹方斌,译.北京:中信出版社,2017.

[98] 何建民.改革开放 40 年中国旅游业发展的基本规律与管理原理[J].旅游学刊,2019(1).

［99］何建民.我国文化之都建设的理论、标杆、问题与发展方向［J］.旅游学刊,2020(7).

［100］何建民.世界各国疫情防控主要模式及文化和旅游恢复发展路径研究［J］.旅游学刊,
2021(2).

［101］国家统计局.文化及相关产业分类(2018).

［102］UNESCO Institue for Statistics. THE 2009 UNESCO FRAMEWORK FOR CULTURAL
STATISTICS(FCS).

［103］UNESCO Institue for Statistics. Measuring the economic contribution and assessment of
cultural industries. Published in 2012.

［104］World Tourism Organization.Tourism and Culture Synergies. Published in 2018.

［105］何建民.第十五编 中国会展旅游业发展史［M］//中国经济发展史 1949-2019(第五
卷).上海:上海财经大学出版社,2020.